Research Report on Technique Strength of Chinese Men's Football Team

(Green Book 2015)

中国男足技术实力研究报告

（绿皮书 2015）

张　辉　成守彬　著

ZHEJIANG UNIVERSITY PRESS
浙江大学出版社

前 言

如果说现代竞技体育好比是和平时期的“战争”，那么足球运动无疑是一个典型代表。然而，2015 年的中国足球就像是游乐场的过山车，让国人在喜与忧、爱与恨、希望与失望中煎熬……年初亚洲杯上出色的表现，给人一种惊喜与久违的感觉，似乎世界杯预选赛亚洲区 40 强小组赛出线不会存在任何问题。可是，下半年两平中国香港队，1 球小输卡塔尔队，中国男足再次把自己逼到了仅剩理论上出线可能性的境地，还好，这次“理论”上的天平终于偏向了我们。

既然是“战争”，我们就应该做到“知彼知己”，才有可能在今后的比赛中扬长避短，克敌制胜。为此，本书首次以年度研究报告的形式，全程记录中国男足 2015 年所有的比赛过程，借此为我国众多的球迷、爱好者、足球专业学生、足球教练员、运动员和管理人员等提供完整的比赛数据和技术实力分析资料。本书运用 24 项进攻指标和 19 项防守指标，采集了 20406 次技术动作数据，从进攻行为、防守行为和攻防转换三个方面，对中国队的 15 场比赛进行了详细的分析。全书共分为六章，第一章是足球比赛技术实力分析指标，解释了每一项指标的定义及数据采集标准；第二章、第三章、第四章和第五章分别对中国队参加亚洲杯、热身赛、东亚杯和世界杯预选赛亚洲区 40 强的比赛进行了深入的剖析；第六章为中国队 2015 年度技术实力水平的综合研究与评估。

最后，真诚希望广大读者朋友能够给我们提出宝贵意见，以便我们不断提高工作水平，共同为我国足球运动的发展做出贡献。

张　辉　成守彬

2016 年 4 月于杭州

目　录

第一章　足球比赛技术实力分析指标

足球比赛的技术实力由进攻与防守两部分构成，分别从空间、时间和技术行为三个维度进行详细的分析。

第一节　进攻指标及其操作定义

一、进攻指标体系

将比赛场地分为前场、中场和后场三个区域，以 5 分钟为一个时段，观察运动员的每一次技术行为，包括所有的进攻行为、定位球和射门等。

（一）进攻场地区域划分

根据现代足球进攻分析理论及本项研究的需要，足球比赛进攻场地区域划分如图 1-1 所示。

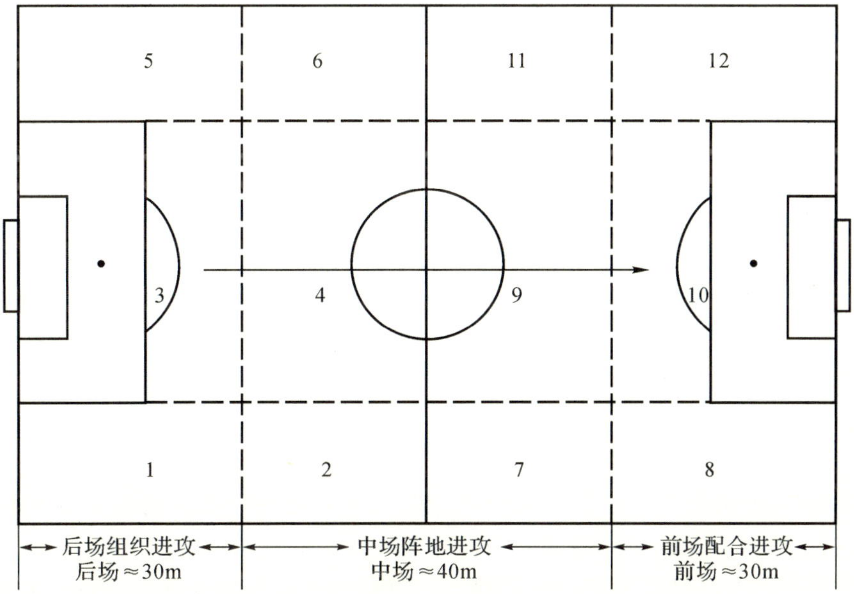

图 1-1　足球比赛进攻场地区域划分

(二)比赛时段划分

为了能够观察与分析球队在各个时段技术实力发挥的情况,本研究根据全场 90 分钟、伤停补时及加时赛等情况,将整场比赛以 5 分钟为一个时段,对进攻技术行为进行观察(在技术统计处理时,目前暂时只划分为上、下半场)。

(三)进攻分析指标体系

足球比赛的进攻可分为整体进攻、定位球进攻和射门。其中,整体进攻又按照比赛场区分为前场配合进攻、中场阵地进攻和后场组织进攻;定位球进攻包括角球、前场 30 米任意球,如表 1-1 所示。

表 1-1　足球比赛进攻分析指标

类别		分析指标
整体进攻	前场配合进攻	个人突破、直传球、直传身后、直传脚下、斜传球、二过一、传中、内切、控带球、横传球、回传球
	中场阵地进攻	向前带球、中长直传、短直传、直传身后、直传脚下、长传转移、二过一、斜传边路、边路斜传、控带球、横传球、回传球
	后场组织进攻	向前带球、向前长传、向前中传、斜传边路、短直传、控带球、横传球、回传球
射门与定位球进攻		运动战(禁区内、禁区外)、角球、前场 30 米任意球、点球

(四)进攻分值计算

进攻分值曲线是以 5 分钟为一个时段,依据球队在不同场地区域进攻行为的得、失总分进行绘制,以判断比赛双方在整场比赛中进攻实力的变化趋势与特征,如表 1-2 所示。

表 1-2　比赛进攻行为得、失分评判值

场地区域	球推进并保留球权	丢失球权	射门
对方大禁区	+2.0	—	+3.5
前场 30 米	+1.0	—	+3.0
中场(对方场区)	—	−1.0	+2.5
后场	—	−2.0	—
进球	—	—	+5.0

二、进攻指标的操作定义

(一)整体进攻指标定义与数据采集标准

1. 个人突破:指个人带球通过变向、变速以及虚晃等假动作,造成对方防守队员位置或重心偏移,从而突破对方的防守。

数据采集标准:通过个人突破形成传中、射门,或者突破时造成对方犯规或被对方踢出界外为成功;被对方防守队员截获或向回传球则为突破失误。

2. 直传球:是按运行轨迹划分的一种传球线路,球的运行轨迹基本上平行边线的进攻性传球,直传球是突破对方防线具有威胁性的传球。

数据采集标准:直传出的球被本方队员所控制,或造成对方犯规,或被对方踢出界外为成功;反之则为失误。

3. 直传身后:是按运行轨迹划分的一种传球线路,球的运行轨迹基本上平行边线,并将球直接传至对方防线身后空档,形成直接威胁对方球门的传球。

数据采集标准:直传至对方防守队员身后的球,被本方队员所控制,或造成对方犯规,或被对方踢出界外为成功;反之则为失误。

4. 直传脚下:是将球传至本方队员脚下可控制范围内的一种传球。

数据采集标准:直传至本方队员脚下的球,被本方球员控制,或造成对方犯规,或被对方踢出界外为成功;反之则为失误。

5. 斜传球:是按运行轨迹划分的一种传球,介于直传与横传之间的向前传球。

数据采集标准:斜传出的球被本方队员控制,或造成对方犯规,或被对方踢出界外为成功;反之则为失误。

6. 二过一:指在局部区域,有两名进攻队员通过传球与跑位,突破对方一名防守队员的配合行动,包括(踢墙式、直传斜插、斜传直插、交叉掩护、居后插上、回传反切)等。

数据采集标准:通过两人各种形式的传、跑配合,形成突破为成功;被对方防守队员截获或向回传球则为失误。

7. 传中:指在前场边路区域,向前场中路或对方防守三区中部区域的传球。

数据采集标准:传中的球被本方队员控制、射门,或造成对方犯规,或被对方踢出界外为成功;反之则为失误。

8. 内切:指在对方防守 30 米区域内,进攻队员全速向前跑向空档或带球向内线突破的行为,本文特指带球向内线突破的行为。

数据采集标准:内切的球形成威胁性的传球、射门,或造成对方犯规,或被对方踢出界外为成功;反之则为失误。

9. 控带球:指队员接同伴的传球后,通过带球、利用身体护球等动作,将球控制在自己的身体范围之内,以防对方抢截、破坏的行为。

数据采集标准:持球队员在对方的施压下,不能向前带球、向前传球,又无本方队员支援,采取控球的方式护球,在对方的施压下,能够将球带出、传出,或造成对方犯规,或被对方踢出界外为成功;反之则为失误。

10. 横传球:是按运行轨迹划分的一种传球,球的运行轨迹基本上平行于中场线。

数据采集标准:横传至本方队员控制,或造成对方犯规,或被对方踢出界外为成功;反之则为失误。

11. 回球传:指在该区域传球的方向与进攻方向相反。

数据采集标准:回传的球被本方队员控制,或造成对方犯规,或被对方踢出界外为成功;反之则为失误。

12. 向前带球:指队员在中场或后场得球后,在对方未及时组织好防线时,快速向前带球寻找进攻机会。

数据采集标准:向前带的球未被对方截获,并形成威胁性传球、射门,或造成对方犯规,或被对方踢出界外为成功;向前带的球受到对方阻碍,延缓了向前带球的推进速度,或被对方截获则为失误。

13. 中长直传:是按球运行距离划分的一种传球。一般 15 米以上的传球为中长传球。

数据采集标准:(在中场边路区域)中长直传的球为本方队员控制,或造成对方犯规,或被对方踢出界外为成功;反之则为失误。

14. 短直传:是按球运行距离划分的一种传球,是指向前 15 米以内的直传球。

数据采集标准:短直传的球为本方队员所控制,或造成对方犯规,或被对方踢出界外为成功;反之则为失误。

15. 长传转移:指传球距离在 25 米以上,将球传向另一个进攻方向,以此突破对方防守薄弱点的一种传球。

数据采集标准:长传转移的球为本方队员所控制,或造成对方犯规,或被对方踢出界外为成功;反之则为失误。

16. 斜传边路:指在边路以内的区域(包括边路区域),传球的线路介于直传和横传,向边线转移的传球。

数据采集标准:斜传边路的球为本方队员所控制,或造成对方犯规,或被对方踢出界外为成功;反之则为失误。

17. 边路斜传:即 45°角斜线传球,一般在中场或后场的左、右两侧或两肋直接传入禁区内,也属于此类。

数据采集标准:边路斜传至对方禁区内的球被本方接球队员所控制、射门,或造成对方犯规,或被对方踢出界外则为成功;反之则为失误。

18. 向前长传:按球运行距离划分的一种传球。一般将 25 米以上的传球确定为长传。

数据采集标准:向前长传的球为本方队员所控制,或造成对方犯规,或被对方踢出界外为成功;反之则为失误。

19. 向前中传:按球运行距离划分的一种传球。一般将 15～25 米的传球为中传。

数据采集标准:(在后场区域)向前中传的球为本方队员所控制,或造成对方犯规,或被对方踢出界外为成功;反之则为失误。

(二)射门与定位球进攻的定义与数据采集标准

1. 禁区内射门:在前场进攻中,通过个人带球、各种传球及二过一配合、传中,将球传至禁区内形成并完成射门为禁区内射门。

数据采集标准:在禁区内射门,无论是射高、射偏、被挡、进球,均为射门;进攻队员把球射在对方球门的门框以内(包括射中横梁、立柱)为射正;在禁区内射门,球的整体越过球门线,为禁区内射门进球。

2. 禁区外射门:在前场大禁区以外的射门,为禁区外射门。

数据采集标准:在禁区外射门,无论是射高、射偏、被挡、进球,均为射门;队员把球射在对方球门的门框以内(包括射中横梁、立柱)为射正;在禁区外的射门,球的整体越过球门线,为禁区外射门进球(补射进球另外计算)。

3. 角球进攻:指利用角球组织的进攻战术,分为三种:(1)直接利用弧线球射门;(2)直接将球踢向球门区域由本方队员完成射门;(3)通过短传战术配合完成进攻射门。

数据采集标准:角球发出后,在无人触碰的情况下偏出、高出,没有形成射门的为失误;角球发出后,三脚之内的传球形成射门的为射门,把球射在对方球门的门框以内(包括射中横梁、立柱)为射正;角球发出后,三脚之内形成的射门,球的整体越过球门线为进球。

4. 前场 30 米任意球：是定位球战术的一种，指在前场 30 米进攻三区内，利用发直（间）接任意球组织进攻的战术配合手段。

数据采集标准：无论罚出直接和间接任意球，只要没有形成射门的均为失误；任意球发出后，无论是射高、射偏、被挡、进球均为射门；进攻队员把球射在对方球门的门框以内（包括射中横梁、立柱）为射正；任意球罚出后，三脚（触球）之内形成的射门，球的整体越过球门线，为任意球进球。

5. 点球进攻：主罚队员在罚球点（距门线 12 码）进行射门的行为。

数据采集标准：主罚队员射门，球的整体越过球门线，或者被对方守门员扑出后，进攻队员补射后球的整体越过球门线为进球，否则为失误。

第二节　防守指标及其操作定义

一、防守指标体系

与进攻指标体系相同，也将比赛场地分为前场、中场和后场三个区域，以 5 分钟为一个时段，观察与分析队员个人和小组的每一个技术行为，包括所有的个人防守、小组防守、定位球防守和守门员技术等。

（一）防守场地区域划分

依据现代足球防守分析理论及本项研究工作的需要，将比赛场地划分为前场高压防守区域、中场高位防守区域和后场深度防守区域，如图 1-2 所示。

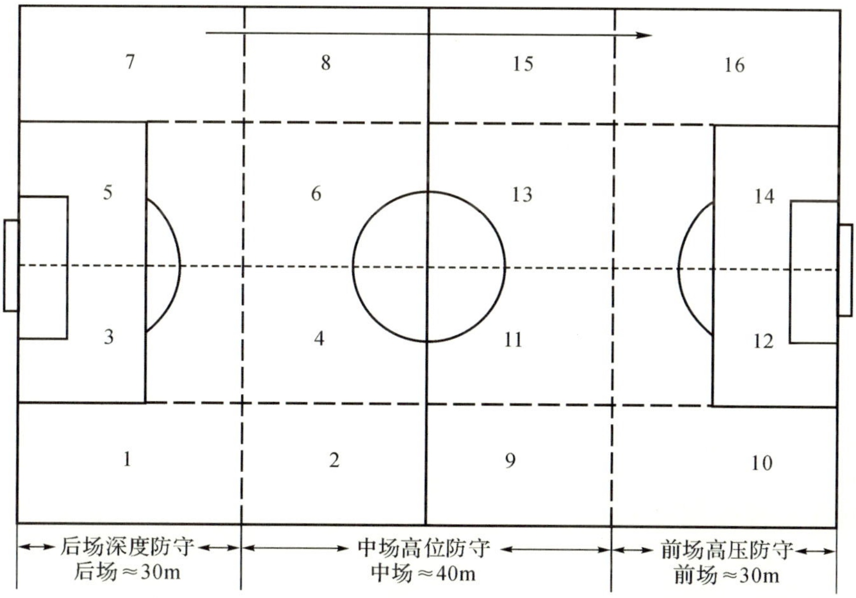

图 1-2　足球比赛防守场地区域划分

(二)比赛时段划分

与进攻分析相同,仍然以 5 分钟为一个时段,对防守技术行为进行观察(在技术统计处理时,目前暂时只划分为上、下半场)。

(三)防守分析指标体系

依据斯蒂芬亚(德国)的足联 A 级教练员培训教程,结合现代足球防守理论,本研究的足球比赛防守分析指标体系由整体防守(小组防守、个人防守)、定位球防守、射门防守、守门员技术和犯规 5 部分组成,如表 1-3 所示。

表 1-3 足球比赛防守分析指标

类别			分析指标
整体防守	前场高压防守	个人	施压、无压、反抢、1v1、断球、铲球
		小组	压迫、保护
	中场高位防守	个人	施压、无压、反抢、1v1、断球、铲球、回追、争顶
		小组	压迫、保护
	后场深度防守	个人	施压、无压、反抢、1v1、断球、铲球、回追、争顶、解围
		小组	压迫、保护、补位
定位球防守			角球防守、前场 30 米任意球防守
射门防守			射门(禁区内、禁区外)防守
守门员防守			正面接球、扑球、扑单刀球、托球、摘传中球、脚挡、禁区外抢断、拳击球、守点球
犯规			犯规、黄牌、红牌

(四)防守分值计算

防守分值曲线也是以 5 分钟为一个时段,依据球队在不同场地区域的防守行为的得、失总分绘制而成的,它可以判断比赛双方在整场比赛中防守实力的变化过程与特征,如表 1-4 所示。

表 1-4 比赛防守行为得、失分评判值

场地区域	获得球权	丢失球权	被射门
对方大禁区	+3.0	—	—
前场 30 米	+2.0	—	—
中场	+1.0	−1.0	−2.5
后场 30 米	+2.0	−2.0	−3.0
本方大禁区	+3.0	−3.0	−3.5
被进球	—	—	−5.0

二、防守指标的操作定义

(一)整体防守指标的定义与数据采集标准

1. 施压:是指对方持球时,上前封闭持球人空间,限制持球人射门、向前传球、传中和向前带球等下一步的行动,将持球人驱赶至边路或设计好的区域,为下一步实施逼抢做准备。

数据采集标准：在对方持球时，限制住对方持球人射门、向前传球、传中或向前带球等下一步行动，并迫使对方向回带球、向回传球、横传球，延缓对方进攻发展的行为为成功，否则为失误。

2. 无压：无压与施压是相对应的行为，是指对方持球时，防守队员无人对持球队员主动限制其空间，任由对方持球队员向前带球、向前传球、射门等行为是无压。

数据采集标准：在任何比赛场地区域，只要进攻方持球队员与防守队员之间的距离超过 5 米，任由持球队员射门、向前传球、传中或向前带球等下一步的行动均为无压。

3. 反抢：指由攻转守时，即丢球后第一时间进行的逼抢。

数据采集标准：在丢球瞬间立即上抢，将对方控制或向前推进的球抢下来，或者破坏掉为反抢成功；让对方持球队员向前带球、传球、射门或犯规为反抢失误。

4. 1v1 防守：指在对方单个队员控球时，单个防守队员将对方的控球破坏掉，或抢下，或使对方无法控球为 1v1 防守。

数据采集标准：在实施 1v1 逼抢时，能够将对方持球队员突破的球抢下，或破坏，或延缓对方向前进攻速度的行为均为成功；否则为失误。

5. 断球：指将对方传出的球截获或破坏掉的行为。

数据采集标准：通过截获或破坏对方的传球，延缓对方一次进攻的行为是成功；否则为失误。

6. 铲球：指防守队员利用倒地时的身体滑行，伸腿将对方控制的球或传出的球截获或破坏掉的行为。

数据采集标准：在铲球时，防守队员获得球权或将球破坏掉为成功；否则为失误，如防守队员在铲球时犯规也为失误。

7. 回追：指对方形成进攻后，防守队员快速对向前推进的持球队员进行追截的一种防守行为。

数据采集标准：回追防守时，截获对方队员的持球或破败对方的进攻为回追成功，否则为失误。

8. 争顶：指面对空中来球时，双方队员同时跳起运用头顶球技术争抢球的一种防守行为。

数据采集标准：在争顶时，队员获得球权或将球破坏掉为成功；否则为失误，如队员在争顶时犯规也为失误。

9. 解围：指在特定区域内，当对方队员紧逼或形成两抢时，无目标地将球踢向前场、边线或底线，以缓解防守压力的行为。

数据采集标准：在解围时，防守队员获得球权或将球破坏掉为成功；否则为失败，如防守队员在解围时，踢出的球被对方控制也为失误。

10. 压迫：指 2～4 名队员快速形成压迫小组，对对方持球队员进行封闭、阻断、驱赶、上抢的一种防守形式。典型的压迫阵型有三角形、菱形和四边形，并通过封闭、移动、上抢等手段，获得球权或破坏对方球权。

数据采集标准：在压迫时，防守方获得球权或将球破坏掉为成功；否则为失败，如防守队员在压迫时，对方将球传出、带出压迫区域或防守队员犯规也为失误。

11. 保护：防守中一种集体配合的方法，指防守方进行个人和小组防守的时候，其他队员在不同区域占据有效空档,形成人员密集,以封闭与阻断对方的接应,从而对个人和小组防守起到了保护的作用。例如,局部形成三角、菱形阵型,防守人员密集,能够限制对方接应与传球等。

数据采集标准:对方突破个人或小组防守后,被防守方截获、封堵或破坏掉为成功;否则为失误。

13.补位:指防守队员在同伴出现漏洞时所采取的补救行为。

数据采集标准:对方突破个人和小组防守后,被防守方截获、封堵或破坏掉为成功;否则为失误。

14.犯规:指在防守中出现推、拉、踢、打、绊、手球等动作为犯规。

数据采集标准:在任何场区,出现上述犯规行为,被判罚任意球的情况为犯规。

(二)射门与定位球防守的定义与数据采集标准

1.防守禁区内射门:指对方在禁区内射门时,防守队员对射门队员的抢断、争顶、封堵、解围等防守行为。

数据采集标准:防守队员在禁区内截获或破坏掉对方的射门为成功;否则为失误。

2.防守禁区外射门:指对方在禁区外射门时,防守队员对射门队员的抢断、争顶、封堵、解围等防守行为。

数据采集标准:防守队员在禁区外截获、或破坏掉对方的射门为成功;否则为失误。

3.防守角球:当对方角球进攻时所采取的防守行为。

数据采集标准:防守角球时,能够争抢第一落点球或二点球,将对方即将形成射门的球截获或破坏掉为防守角球成功;若对方发出的角球形成射门或二次射门为角球防守失误。

4.防守后场 30 米任意球:当对方在后场 30 米区域内任意球进攻时所采取的防守行为。

数据采集标准:防守对方任意球进攻时,能够破坏对方的直接射门、间接射门,或人墙封堵、守门员接球为防守成功;发出的任意球形成射门或形成二次射门为失误。

5.防守点球:指对方点球射门时,守门员所采取的防守行为。

数据采集标准:对方点球射门后,被守门员截获、挡出、解围或者对方射偏、射高等为点球防守成功;反之则为失误(被进球)。

第三节　足球比赛综合实力系数计算方法

在足球比赛中,球队的成绩始终受到进攻与防守两方面实力的影响,同时影响这两方面的因素又非常的多,因此采用一种简易的综合实力计算方法:既考虑其进球数与失球数,同时更关注射门与被射门次数,这样才能客观地反映球队真实的比赛实力。它们的关系是,进球数与射门次数是比赛实力的增函数;失球数与被射门次数是比赛实力的减函数。根据这一关系的性质,构建了足球比赛实力系数公式(1):

$$CS = \sqrt{\frac{e^{a_1} + b_1}{e^{a_2} + b_2}} \tag{1}$$

在公式(1)中,e 为自然对数,a_1 为每场比赛进球数,a_2 为每场比赛失球数,b_1 为每场比赛射门次数,b_2 为每场比赛被射门次数。

第二章　亚洲杯比赛技术实力分析

第16届亚洲杯足球赛(2015 AFC Asian Cup)于2015年1月9日至31日在澳大利亚的悉尼、堪培拉、墨尔本、布里斯班和纽卡斯尔五个城市举行,包括东道主澳大利亚队和卫冕冠军日本队在内共16支队伍参加了比赛。

本次亚洲杯是中国队近几年参加国际比赛表现最为出色的一次,中国队在小组赛(B组)中分别战胜了沙特队(1∶0)、乌兹别克斯坦队(2∶1)和朝鲜队(2∶1),在1/4决赛中0∶2负于澳大利亚队。澳大利亚队在决赛中通过加时赛2∶1击败韩国队,第一次获得了亚洲杯冠军。

第一节　中国队与沙特队比赛技术实力分析

2015年1月10日,中国队小组赛第一场比赛在布里斯班体育场对沙特队,主裁判阿里雷萨,比赛结果1∶0,于海在第81分钟进球。

一、中国队与沙特队出场阵容

(一)中国队出场阵容

中国队比赛阵型为4-2-3-1,首发阵容:王大雷(23号,守门员)、张呈栋(17)、张琳芃(5)、任航(2)、梅方(3)、吉翔(14)、郑智(10)、武磊(7)、蒿俊闵(11)、吴曦(15)、于海(21)。

替补队员为:杨旭(9号,第70分钟上场替换蒿俊闵)、于汉超(20号,第70分钟上场替换张呈栋)、姜至鹏(4号,第79分钟上场替换梅方)。

(二)沙特出场阵容

沙特队比赛阵型为4-2-3-1,首发阵容:阿卜杜拉(1号,守门员)、沙哈拉尼(13)、奥・霍萨维(5)、穆・霍萨维(3)、穆瓦利德(2)、法拉(7)、卡里里(14)、杜斯里(18)、阿比德(20)、巴萨兹(6)、哈扎兹(9)。

替补队员为:萨赫拉维(10号,第84分钟上场替换巴萨兹)、沙赫里(8号,第90分钟上场替换穆瓦利德)。

二、中国队与沙特队比赛进攻行为分析

(一)中国队与沙特队比赛进攻行为基础数据

1.各区域进攻行为与时段

中国队与沙特队比赛进攻行为数据统计如表2-1所示:中国队全场比赛整体进攻行为(不包括射门和定位球进攻,以下相同)467次,成功率为75.37%;沙特队为585次,成功率

为 82.91%。沙特队的进攻效率略高于中国队。

其中,中国队前场进攻行为 80 次,成功 49 次,成功率为 61.25%;沙特队为 74 次,成功 47 次,成功率为 63.51%。中国队中场进攻行为 277 次,成功 219 次,成功率为 79.06%;沙特队为 378 次,成功 324 次,成功率为 85.71%。中国队后场进攻行为 110 次,成功 84 次,成功率为 76.36%;沙特队为 133 次,成功 114 次,成功率为 85.71%。

中国队上半场进攻行为 295 次,成功 237 次,成功率为 80.34%;沙特队为 264 次,成功 216 次,成功率为 81.81%。中国队下半场进攻行为 172 次,成功 115 次,成功率为 66.86%;沙特队为 321 次,成功 269 次,成功率为 83.80%。中国队上半场的进攻次数略多,成功率稍低于沙特队。但是,沙特队下半场的进攻明显增强,进攻行为的次数和成功率都要高于中国队。

表 2-1　中国队与沙特队比赛进攻行为数据统计

			前场			中场			后场			合计
			左边	中路	右边	左边	中路	右边	左边	中路	右边	
中国队	上半场	成功	9	14	18	38	61	53	7	18	19	237
		失误	8	4	7	12	14	4	3	2	4	58
	下半场	成功	6	1	1	18	26	23	8	22	10	115
		失误	4	4	4	5	9	14	2	11	4	57
沙特队	上半场	成功	6	1	3	76	50	31	18	16	15	216
		失误	5	1	2	5	4	17	3	4	7	48
	下半场	成功	10	12	15	53	69	45	22	27	16	269
		失误	4	11	4	8	13	7	1	1	3	52

2.射门与定位球进攻

中国队与沙特队比赛射门与定位球进攻情况如表 2-2 所示:中国队运动战禁区内射门 2 次,禁区外射门 2 次;角球 4 次(失误);前场 30 米任意球进攻 7 次(失误 3 次,射门 4 次,射正 2 次,进 1 球)。全场比赛射正率 25%,进球率为 12.50%。其中,于海第 81 分钟进球由直接任意球打到对方防守队员身上,球的运行轨迹发生了改变而进球,因此有一定的偶然性。

沙特队运动战禁区内射门 4 次(射正 1 次),禁区外射门 3 次;角球 3 次(失误)。沙特队全场比赛射正率为 14.29%(不包括点球),但在下半场有 1 个点球失误,错失了极好的破门机会。沙特队前场进攻配合能力略好于中国队,但射门能力要低于中国队。

表 2-2　中国队与沙特队比赛射门与定位球进攻数据统计

			运动战		角球		前场 30 米任意球			点球	合计
			禁区内	禁区外	左侧	右侧	左侧	中路	右侧		
中国队	上半场	失误			1	2			1		4
		射门	2				1				3
		射正									
		进球									
	下半场	失误				1		1	1		3
		射门		2			2	1			5
		射正					(1)	(1)			(2)
		进球						(1)			(1)

续表

			运动战		角球		前场 30 米任意球			点球	合计
			禁区内	禁区外	左侧	右侧	左侧	中路	右侧		
沙特队	上半场	失误									
		射门		1							1
		射正									
		进球									
	下半场	失误			1	2				1	4
		射门	4	2							6
		射正	(1)								(1)
		进球									

注：表中带括号的数据表示，射门次数包含射正次数，射正次数包括进球次数，以下相同。

（二）中国队与沙特队比赛进攻态势变化

中国队与沙特队进攻态势变化曲线如图 2-1 所示：两个队的进攻态势变化可分为三个阶段：第一阶段为 0～15 分钟，沙特队的进攻略占优势；第二阶段为 15～55 分钟，中国队的进攻一直处于优势状态；第三阶段为 55～90 分钟，沙特队的进攻态势要明显优于中国队（尽管中国队在第 81 分钟时进 1 球）。

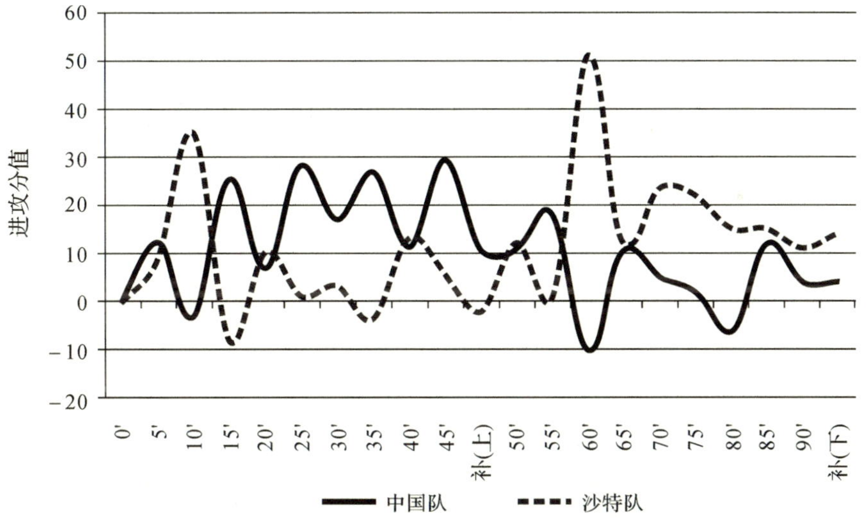

图 2-1　中国队与沙特队比赛进攻态势变化曲线

（三）中国队与沙特队比赛进攻技术行为运用

在足球比赛进攻分析中，将个人突破、直传球、直传身后、直传脚下、斜传球、二过一、传中、内切、向前带球、中长直传、短直传、长传转移、斜传边路、边路斜传、向前长传、向前中传等作为主要进攻性技术行为。而控带球、横传和回传作为过渡性技术行为，其作用为控制球权，以寻找下一次进攻机会，因此在本研究中仅作简要分析。

1. 前场 30 米区域进攻技术

中国队前场 30 米进攻技术行为运用情况如图 2-2 所示：进攻性技术行为 39 次，成功 18

次,失误 21 次,成功率为 46.15%。在主要进攻手段的运用中,个人突破成功 4 次,失误 5 次;直传球成功 3 次,失误 5 次;直传身后失误 1 次;二过一成功 7 次,失误 2 次;传中成功 1 次,失误 8 次;内切成功 3 次,无失误。过渡性技术行为运用 41 次,成功 31 次,失误 10 次,成功率为 75.61%。

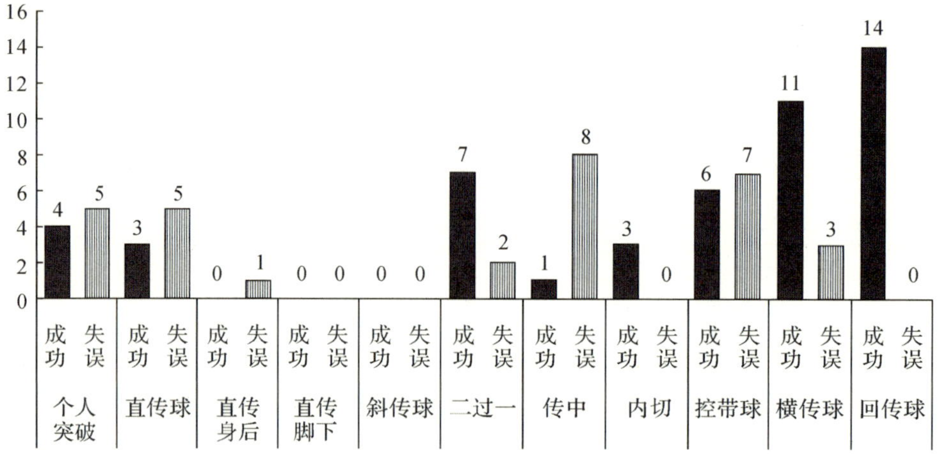

图 2-2 中国队对沙特队前场进攻技术运用情况统计

沙特队前场 30 米进攻技术行为运用情况如图 2-3 所示:进攻性技术行为运用 43 次,成功 20 次,失误 23 次,成功率为 46.51%。其中,个人突破成功 5 次,失误 5 次;直传球成功 3 次,失误 5 次;直传身后失误 3 次;直传脚下成功 1 次;斜传球成功 2 次;二过一成功 6 次,失误 1 次;传中成功 1 次,失误 9 次;内切成功 2 次。过渡性技术行为运用 31 次,成功 27 次,失误 4 次,成功率为 87.10%。

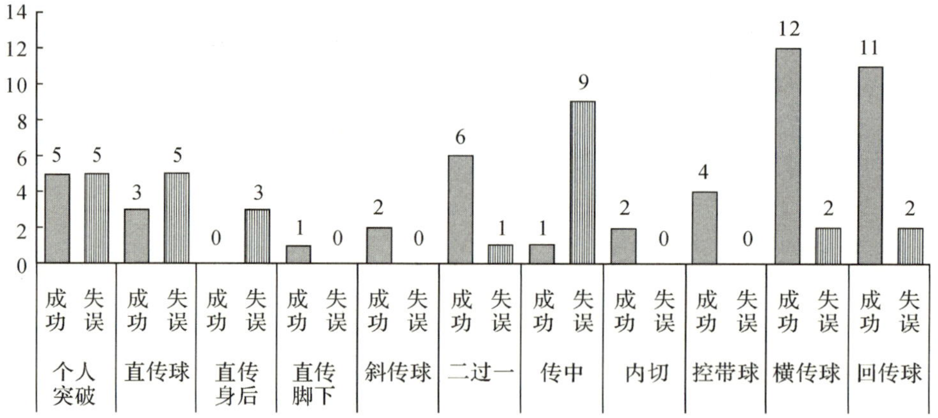

图 2-3 沙特队对中国队前场进攻技术运用情况统计

中国队有威胁性的进攻较少,个人突破、直传球、传中失误次数较多,二过一局部的二人配合成功率还比较高。沙特队威胁性的进攻也不占优势,个人突破、直传球、直传身后、传中的失误次数也较多。

2.中场区域进攻技术

中国队中场进攻技术运用情况如图 2-4 所示:进攻性技术行为运用 134 次,成功 92 次,失误 42 次,成功率为 68.66%。其中,向前带球成功 14 次,失误 4 次;中长直传成功 1 次,失误 4 次;短直传成功 36 次,失误 15 次;直传身后失误 6 次;直传脚下成功 3 次,失误 3 次;长传转移成功 2 次,失误 3 次;二过一失误 2 次;斜传边路成功 33 次,失误 1 次;边路斜传成功 3 次,失误 4 次。过渡性技术行为运用 143 次,成功 127 次,失误 16 次,成功率为 88.81%。

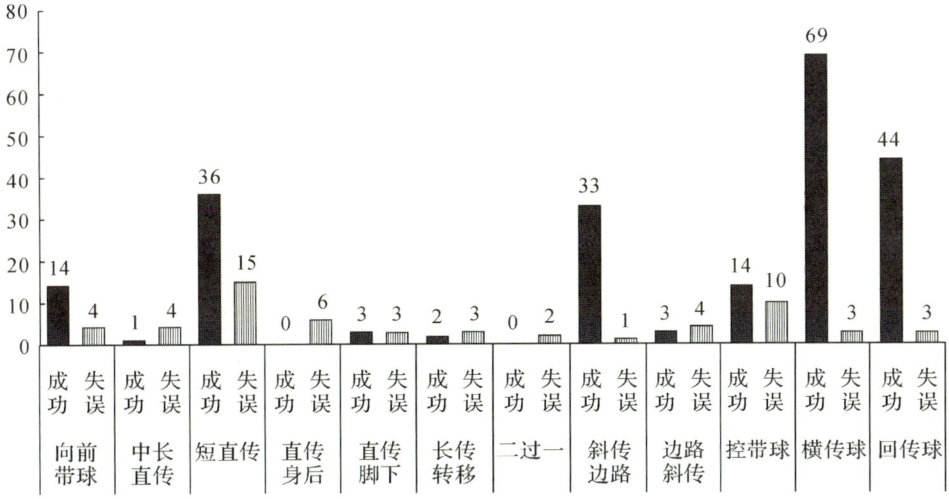

图 2-4　中国队对沙特队中场进攻技术运用情况统计

沙特队中场进攻技术运用情况如图 2-5 所示:进攻性技术行为运用 184 次,成功 148 次,失误 36 次,成功率为 80.43%。其中,向前带球成功 31 次,失误 4 次;中长直传成功 5 次,失误 8 次;短直传成功 36 次,失误 6 次;直传身后成功 3 次,失误 4 次;直传脚下成功 4 次,失误 2 次;长传转移成功 5 次,失误 2 次;二过一成功 4 次,失误 4 次;斜传边路成功 55 次,失误 2 次;边路斜传成功 5 次,失误 4 次。过渡性技术行为运用 194 次,成功 176 次,失误 18 次,成功率为 90.72%。

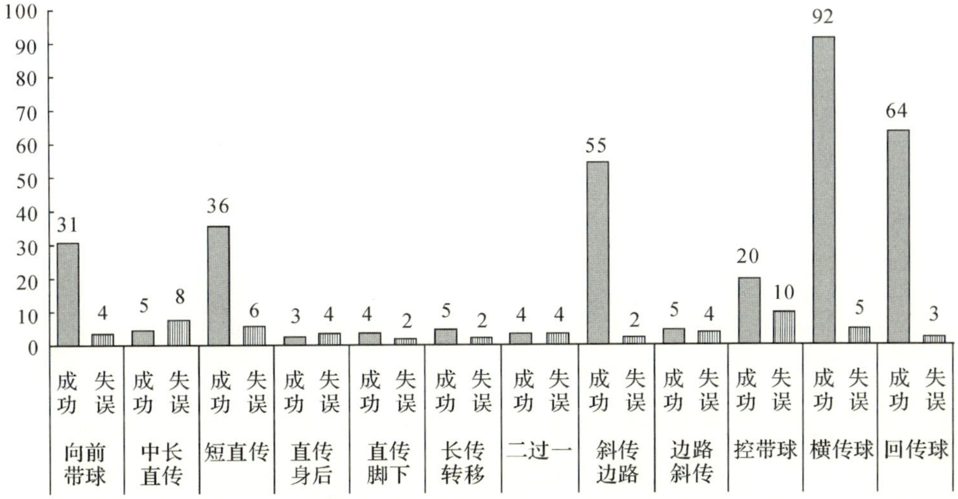

图 2-5　沙特队对中国队中场进攻技术运用情况统计

中国队在中场的进攻组织中,威胁性传球受到了限制,直传身后、直传脚下、长传转移、二过一配合、边路斜传等失误较多;更多是通过个人向前带球、短直传、斜传边路等向前推进。沙特队中场的进攻手段,直传身后、直传脚下、长传转移、二过一等数据略高于中国队,但优势并不明显。然而,沙特队的战术变化较快,而且坚决,向前带球、短直传、斜传边路等有着良好的效果。

3.后场区域进攻技术

中国队后场进攻技术运用情况如图2-6所示:进攻性技术行为运用73次,成功51次,失误22次,成功率为69.86%。其中,向前带球成功2次,无失误;向前长传成功3次,失误11次;向前中传成功8次,失误7次;斜传边路成功21次,失误2次;短直传成功17次,失误2次。过渡性技术行为运用37次,成功33次,失误4次,成功率为89.19%。

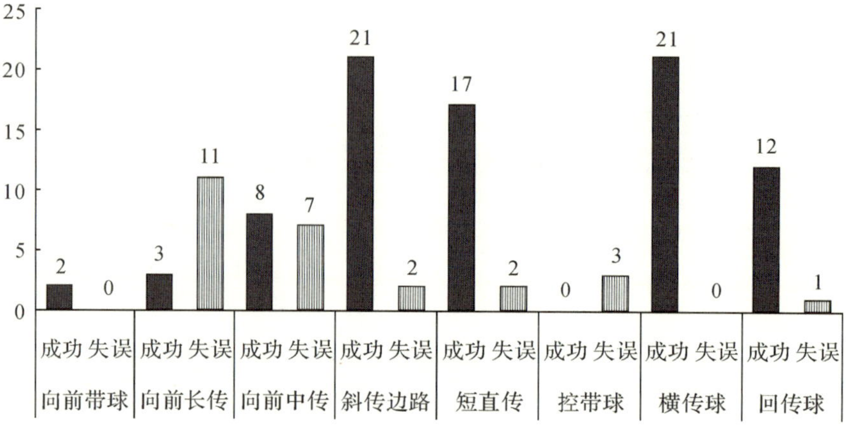

图2-6 中国队对沙特队后场进攻技术运用情况统计

沙特队后场进攻技术运用情况如图2-7所示:进攻性技术行为运用81次,成功66次,失误15次,成功率为81.48%。其中,向前带球成功12次,无失误;向前长传成功2次,失误8次;向前中传成功5次,失误4次;斜传边路成功21次,无失误;短直传成功26次,失误3次。过渡性技术运用52次,成功48次,失误4次,成功率为92.31%。

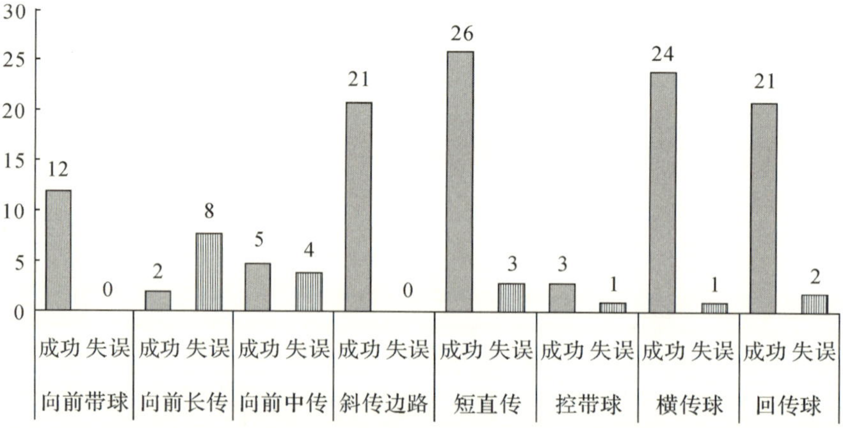

图2-7 沙特队对中国队后场进攻技术运用情况统计

中国队后场进攻组织中，向前带球、向前长传的次数和成功率都较低，主要通过向前中传、斜传边路和短直传发动进攻。沙特队向前长传、向前中传的次数和成功率也较低，而短直传、斜传边路、向前带球的效果要好于中国队，体现出快速灵活的应变能力。

三、中国队与沙特队比赛防守行为分析

（一）中国队与沙特队比赛防守行为基础数据

1. 各区域防守行为与时段

中国队与沙特队比赛整体防守行为如表 2-3 所示：中国队全场比赛个人防守行为为 609 次［包括无压 93 次］，成功 260 次，失误 349 次，成功率为 42.69%；沙特队为 456 次（无压 64 次），成功 231 次，失误 225 次，成功率为 50.66%。中国队全场个人防守次数要多于沙特队，但成功率却低于对手。

其中，中国队前场个人防守 103 次（无压 37 次），成功 35 次，失误 68 次，成功率为 33.98%；沙特队为 85 次（无压 41 次），成功 30 次，失误 55 次，成功率为 35.29%。中国队中场个人防守 408 次（无压 54 次），成功 177 次，失误 231 次，成功率为 43.38%；沙特队为 238 次（无压 22 次），成功 126 次，失误 112 次，成功率为 52.94%。中国队后场个人防守 98 次（无压 2 次），成功 48 次，失误 50 次，成功率为 48.98%；沙特队为 133 次（无压 1 次），成功 75 次，失误 58 次，成功率为 56.39%。中国队在前场和中场的防守次数多于沙特队，但成功率要低于对手。沙特队后场防守的次数和成功率均高于中国队。

中国队小组防守 83 次，成功 65 次，失误 18 次，成功率为 78.57%；沙特队为 75 次，成功 59 次，失误 16 次，成功率为 78.67%。双方小组防守的成功率基本相同。

其中，中国队前场小组防守成功 3 次，失误 1 次；沙特队为成功 4 次，无失误。中国队中场小组防守 45 次，成功 32 次，失误 13 次，成功率为 71.11%；沙特队为 27 次，成功 20 次，失误 7 次，成功率为 74.07%。中国队后场小组防守 34 次，成功 30 次，失误 4 次，成功率为 88.24%；沙特队为 44 次，成功 35 次，失误 9 次，成功率为 79.55%。沙特队后场小组防守次数多于中国队，但成功率比较低。

表 2-3 中国队与沙特队比赛各场区防守行为数据统计

场地区域与防守类型			中国队				沙特队			
			上半场		下半场		上半场		下半场	
			成功	失误	成功	失误	成功	失误	成功	失误
前场	左边	个人	9	4	6	7	6	3	6	6
		小组	1	0	1	0	0	0	3	0
	中路	个人	3	0	2	3	0	1	10	2
		小组	0	0	0	0	0	0	0	0
	右边	个人	13	9	2	8	3	1	5	1
		小组	0	0	1	1	0	0	1	0
	无压		28		9		20		21	

续表

场地区域与防守类型			中国队				沙特队			
			上半场		下半场		上半场		下半场	
			成功	失误	成功	失误	成功	失误	成功	失误
中场	左边	个人	21	21	24	30	25	23	26	8
		小组	8	3	3	2	1	1	3	2
	中路	个人	33	25	37	43	20	19	26	18
		小组	7	1	7	2	5	0	6	3
	右边	个人	32	35	30	23	21	17	8	5
		小组	5	2	2	3	4	1	1	0
	无压		33		21		12		10	
后场	左边	个人	3	5	13	9	12	15	4	0
		小组	3	0	2	0	4	4	2	0
	中路	个人	2	4	22	18	18	7	9	7
		小组	6	0	16	2	5	0	8	0
	右边	个人	6	8	2	4	14	16	18	12
		小组	1	1	2	1	3	1	13	4
	无压		1		1		1		0	
合计		个人	122	111	138	145	119	102	112	59
		小组	31	7	34	11	22	7	37	9
		无压	62		31		33		31	

中国队上半场个人防守行为 295 次(无压 62 次),成功 122 次,失误 173 次,成功率为 41.36%;沙特队为 254 次(无压 33 次),成功 119 次,失误 135 次,成功率为 46.85%。中国队下半场个人防守 314 次(无压 31 次),成功 138 次,失误 176 次,成功率为 43.95%;沙特队为 202 次(无压 31 次),成功 112 次,失误 90 次,成功率为 55.45%。中国队上半场个人防守多于沙特队,成功率稍低于对手。沙特队下半场防守成功率有较大的提高,进一步加强了对中国队的防守。

中国队上半场小组防守 38 次,成功 31 次,失误 7 次,成功率为 81.58%;沙特队为 29 次,成功 22 次,失误 7 次,成功率为 75.86%。中国队下半场小组防守 45 次,成功 34 次,失误 11 次,成功率为 75.56%;沙特队为 46 次,成功 37 次,失误 9 次,成功率为 80.43%。中国队上半场小组防守的次数和成功率都高于沙特队,沙特队下半场加强了小组防守,且成功率要高于中国队。

2. 防守对方射门与定位球进攻

中国队与沙特队比赛防守射门与定位球数据统计如表 2-4 所示:中国队防守对方运动战禁区内射门 5 次(成功 4 次,失误 1 次)、防守禁区外射门成功 2 次;防守角球成功 3 次;守点球成功 1 次。

沙特队防守对方运动战禁区内射门 1 次(成功 1 次,失误 1 次)、防守禁区外射门成功 2 次;防守角球 4 次(成功 3 次,失误 1 次);防守后场 30 米任意球进攻 6 次(成功 5 次,被进 1 球)。

表 2-4　中国队与沙特队比赛防守射门与定位球数据统计

			运动战		角球		后场 30 米任意球			点球	合计
			禁区内	禁区外	左侧	右侧	左侧	中路	右侧		
中国队	上半场	成功		1							1
		失误	1								1
		被进球									
	下半场	成功	4	1	2	1				1	9
		失误									
		被进球									
沙特队	上半场	成功	1		1	1			1		4
		失误			1						1
		被进球									
	下半场	成功		2	1		1	1	2		7
		失误	1					1			2
		被进球						(1)			(1)

（二）中国队与沙特队比赛防守态势变化

中国队与沙特队防守态势变化曲线如图 2-8 所示，双方的防守态势虽有起伏变化，但都保持着一种较好的状态（在大部分时间里，防守分值为正值），沙特队仅在第 30～35 分钟时段为负值，中国队在第 0～5 分钟和第 75～80 分钟两个时段出现了负值。

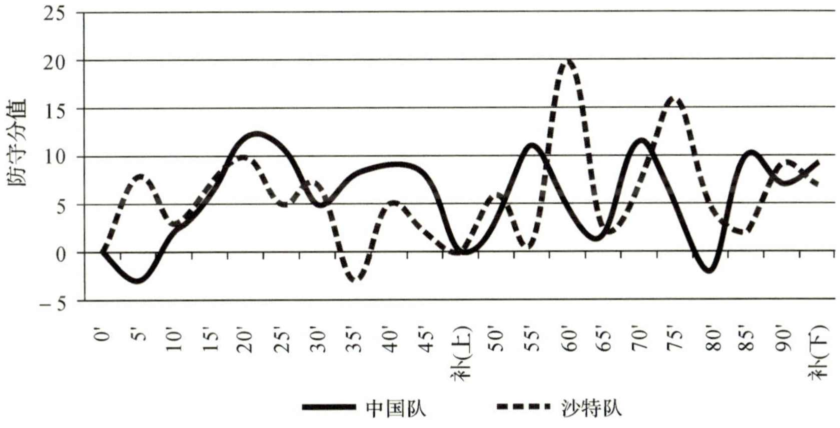

图 2-8　中国队与沙特队比赛防守态势变化曲线

（三）中国队与沙特队比赛防守技术运用

1. 前场 30 米区域防守技术

中国队前场防守技术运用情况如图 2-9 所示：在个人防守中，施压运用 45 次（成功 21 次，失误 24 次，成功率 46.67%），无压 37 次；反抢成功 8 次，失误 3 次；1v1 防守成功 3 次，失误 4 次；断球成功 3 次，无失误；小组防守压迫失误 1 次；保护成功 3 次。

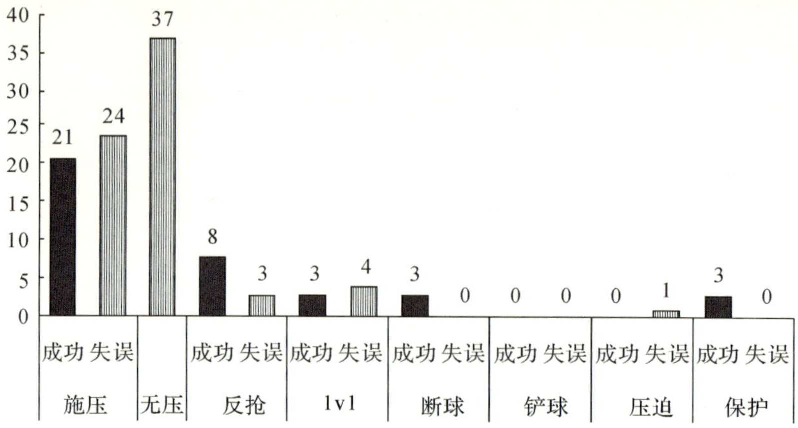

图 2-9 中国队对沙特队前场防守技术运用情况统计

沙特队前场防守技术运用情况如图 2-10 所示：在个人防守中，施压运用 31 次(成功 17 次，失误 14 次，成功率 54.84%)，无压次数 41 次；反抢成功 7 次，无失误；1v1 防守成功 1 次；断球成功 5 次，无失误。小组防守压迫成功 1 次，保护成功 3 次。

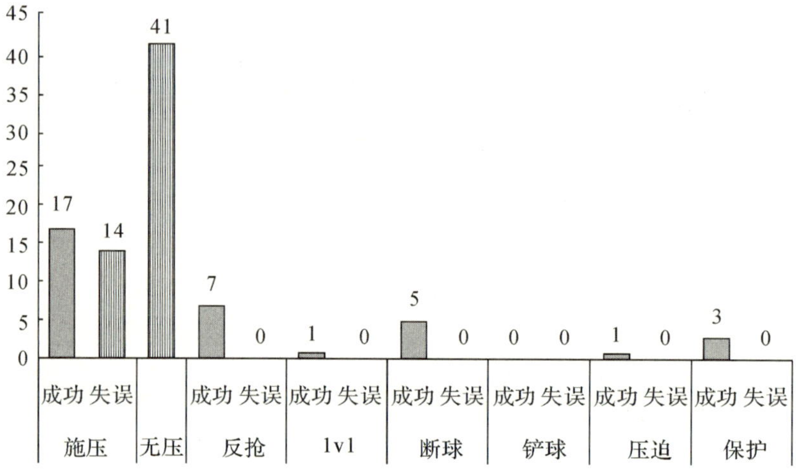

图 2-10 沙特队对中国队前场防守技术运用情况统计

中国队前场施压、反抢、1v1 防守等次数要多于对手，但效果一般。沙特队前场的无压次数也很多，其他防守行为的效果还比较好。

2. 中场区域防守技术

中国队中场防守技术运用情况如图 20-11 所示：在个人防守中，施压运用 255 次(成功 116 次，失误 139 次，成功率 45.49%)，无压 54 次；反抢成功 10 次，失误 4 次；1v1 防守成功 8 次，失误 17 次；断球成功 30 次，失误 1 次；铲球成功 3 次，失误 2 次；回追成功 3 次，失误 5 次；争顶成功 7 次，失误 9 次；小组防守压迫成功 6 次，失误 10 次；保护成功 26 次，失误 3 次。

沙特队中场防守技术运用情况图 2-12 所示：在个人防守中，施压运用 131 次(成功 73 次，失误 58 次，成功率 55.73%)，无压 22 次；反抢成功 10 次，失误 17 次；1v1 防守成功 12 次，失误 5 次；断球成功 10 次，失误 2 次；铲球成功 7 次，无失误；回追成功 6 次，无失误；争顶成功 8 次，失误 8 次。小组防守压迫成功 8 次，失误 5 次；保护成功 12 次，失误 2 次。

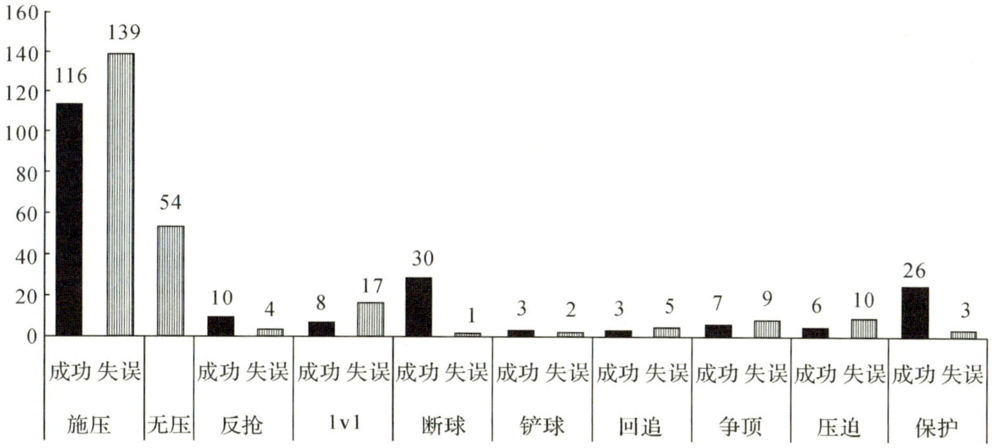

图 2-11　中国队对沙特队中场防守技术运用情况统计

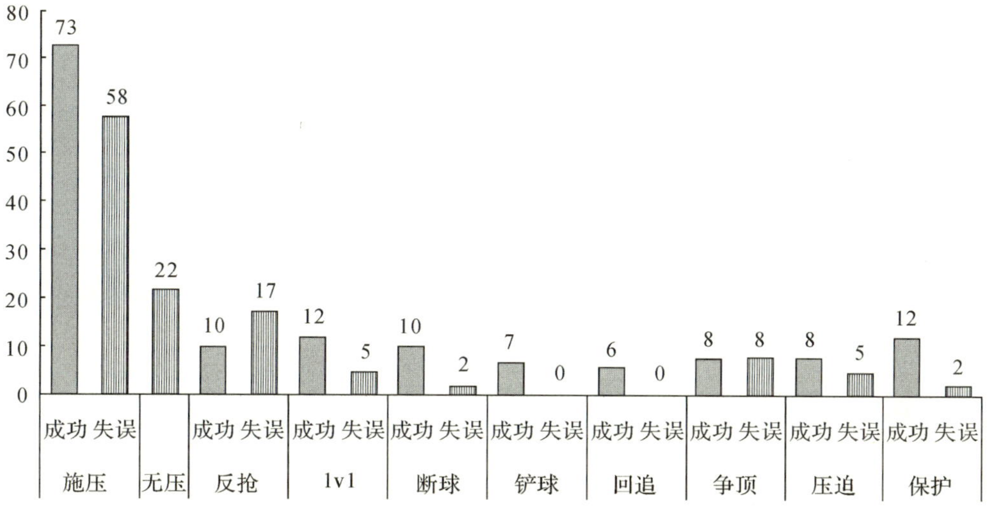

图 2-12　沙特队对中国队中场防守技术运用情况统计

中国队中场施压和无压的次数较多，效果不如沙特队，1v1 防守以及小组压迫失误比较多，但反抢、断球和小组保护的成功率还比较高。沙特队的个人防守能力运用的成功率较高，1v1 防守、断球、铲球、回追等较为突出。

3. 后场区域防守技术

中国队后场防守技术运用情况如图 2-13 所示：在个人防守中，施压运用 61 次（成功 21 次，失误 40 次，成功率 34.43%），无压 2 次；反抢成功 1 次，失误 1 次；1v1 防守成功 3 次，失误 2 次；断球成功 7 次，无失误；回追成功 1 次，失误 1 次；争顶成功 11 次，失误 4 次；解围 4 次，无失误。在小组防守中，压迫成功 4 次，失误 2 次；保护成功 23 次，失误 2 次；补位成功 3 次，无失误。

沙特队后场防守技术运用情况如图 2-14 所示：在个人防守中，施压 65 次（成功 27 次，失误 38 次，成功率 41.54%），无压 1 次；反抢成功 5 次，失误 6 次；1v1 防守成功 7 次，失误 7 次；断球成功 7 次，无失误；铲球成功 2 次，无失误；回追成功 6 次，失误 1 次；争顶成功 9 次，

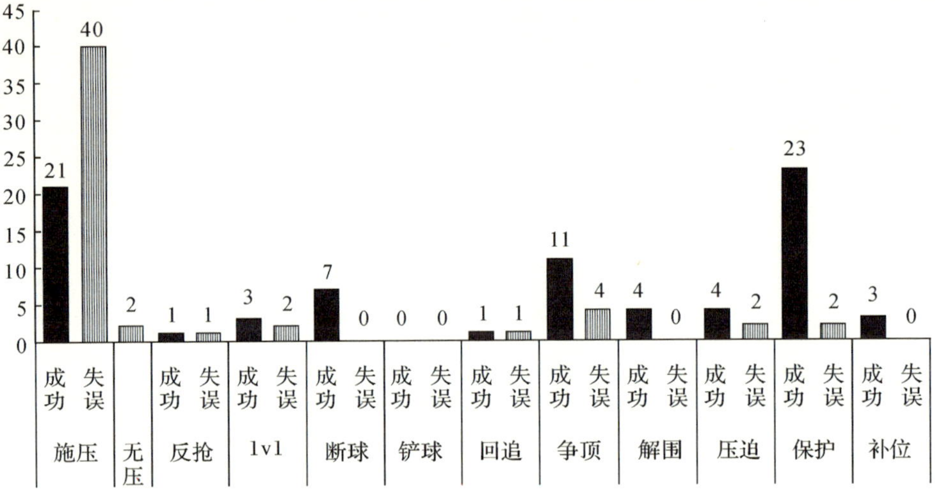

图 2-13 中国队对沙特队后场防守技术运用情况统计

失误 3 次;解围成功 12 次,失误 2 次。小组防守压迫成功 8 次,失误 6 次;保护成功 20 次,失误 2 次;补位成功 7 次,失误 1 次。

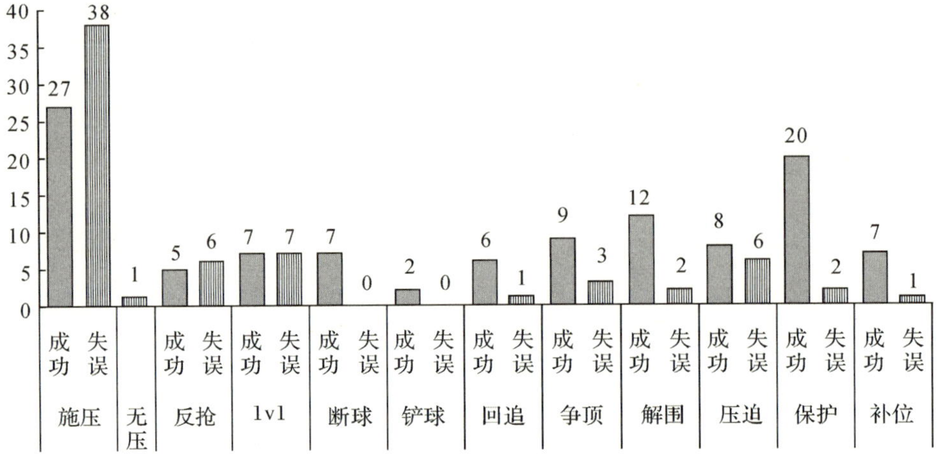

图 2-14 沙特队对中国队后场防守技术运用情况统计

中国队后场施压的成功率低于沙特队,反抢、1v1 防守、回追运用次数较低。而争顶、断球方面两队差异不大,双方制空能力和处理球能力差不多。

(四)中国队与沙特队比赛守门员技术比较

中国队与沙特队比赛守门员技术统计如表 2-5 所示:中国队守门员(王大雷)处理球共 5 次,均为成功。其中,正面接球成功 2 次,扑单刀球成功 1 次,摘传中球成功 1 次,守点球成功 1 次。王大雷在本场比赛发挥稳定,且守住了对方的点球,从而确保了中国队获得本场比赛的胜利。

沙特队守门员(阿卜杜拉)处理球 9 次,成功 8 次,被进 1 球,成功率为 88.89%。其中,扑救球 2 次(成功 1 次,被进 1 次),正面接球成功 4 次,摘传中球成功 1 次,拳击球成功 2 次。

表 2-5　中国队与沙特队比赛守门员技术统计

			扑救球	正面接球	扑单刀	托球	摘传中球	禁外断球	拳击球	守点球	合计
中国队	上半场	成功		1							1
		失误									
		被进球									
	下半场	成功		1	1		1			1	4
		失误									
		被进球									
沙特队	上半场	成功		3			1		1		5
		失误									
		被进球									
	下半场	成功	1	1					1		3
		失误	1								1
		被进球	(1)								(1)

四、中国队与沙特队比赛攻守转换分析

(一)中国队与沙特队比赛由守转攻情况

中国队与沙特队比赛由守转攻数据统计如表 2-6 所示:中国队全场比赛由守转攻 82 次,成功 39 次,失误 43 次,成功率为 47.56%;沙特队为 105 次,成功 71 次,失误 34 次,成功率为 67.62%。沙特队在全场逼抢和对球权的控制力要强于中国队。

其中,中国队前场由守转攻 11 次,成功 7 次,失误 4 次,成功率为 63.64%;沙特队为 14 次,成功 12 次,失误 2 次,成功率为 85.71%。中国队中场由守转攻 41 次,成功 22 次,失误 19 次,成功率为 53.66%;沙特队为 43 次,成功 30 次,失误 13 次,成功率为 69.77%。中国队后场由守转攻 30 次,成功 10 次,失误 20 次,成功率为 33.33%;沙特队为 48 次,成功 29 次,失误 19 次,成功率为 60.42%。可以看出,沙特队前场逼抢、中场对球的控制能力和后场限制对手的能力都要好于中国队。

中国队上半场由守转攻 39 次,成功 24 次,失误 15 次,成功率为 61.54%;沙特队上半场由守转攻为 34 次,成功 16 次,失误 18 次,成功率为 47.06%。中国队下半场由守转攻为 43 次,成功 15 次,失误 28 次,成功率为 34.88%;沙特队为 71 次,成功 55 次,失误 16 次,成功率为 77.46%。表明落后 1 球的沙特队,在下半场的比赛中逼抢更加积极主动,而领先的中国队可能心理上的压力,反而束缚了发挥。

表 2-6　中国队与沙特队比赛由守转攻数据统计

		前场		中场		后场		合计	
		成功	失误	成功	失误	成功	失误	成功	失误
中国队	上半场	5	1	15	9	4	5	24	15
	下半场	2	3	7	10	6	15	15	28

续表

		前场		中场		后场		合计	
		成功	失误	成功	失误	成功	失误	成功	失误
沙特队	上半场	0	0	8	6	8	12	16	18
	下半场	12	2	22	7	21	7	55	16

(二)中国队与沙特队比赛由攻转守情况

中国队与沙特队比赛由攻转守数据统计如表 2-7 所示:中国队全场比赛由攻转守 27 次,成功 19 次,失误 8 次,成功率为 70.37%;沙特队为 46 次,成功 22 次,失误 24 次,成功率为 47.83%。中国队该场比赛进攻受阻情况明显少于对手,且由攻转守的转换速度和实效性均要强于沙特队。

其中,中国队前场由攻转守 11 次,成功 8 次,失误 3 次,成功率为 72.73%;沙特队前场由攻转守为 7 次,均为成功。中国队在中场由攻转守 14 次,成功 10 次,失误 4 次,成功率为 71.43%;沙特队在中场由攻转守为 27 次,成功 10 次,失误 17 次,成功率为 37.04%。中国队后场由攻转守 2 次,成功 1 次,失误 1 次;沙特队为 12 次,成功 5 次,失误 7 次,成功率为 41.67%。沙特队前场进攻比较流畅,由攻转守的速度和效果也较好。中国队在中场对沙特队进攻的限制较为成功,战术要求的执行力和转换的速度、逼抢的能力强于沙特队。中国队在后场对球的控制能力要强于沙特队。

中国队上半场由攻转守 14 次,成功 12 次,失误 2 次,成功率为 85.71%;沙特队为 23 次,成功 8 次,失误 15 次,成功率为 34.78%。中国队下半场由攻转守为 13 次,成功 7 次,失误 6 次,成功率为 53.85%;沙特队下半场由攻转守为 23 次,成功 14 次,失误 9 次,成功率为 60.87%。中国队在进攻中对球的控制较好,丢球的情况少于沙特队。上半场,中国队丢球后的转换效果要明显好于下半场,沙特队下半场由攻转守的效果明显好于上半场。

表 2-7 中国队与沙特队比赛由攻转守数据统计

		前场		中场		后场		合计	
		成功	失误	成功	失误	成功	失误	成功	失误
中国队	上半场	5	0	6	2	1	0	12	2
	下半场	3	3	4	2	0	1	7	6
沙特队	上半场	0	0	5	11	3	4	8	15
	下半场	7	0	5	6	2	3	14	9

第二节 中国队与乌兹别克斯坦队比赛技术实力分析

2015 年 1 月 14 日,中国队小组赛第二场比赛在布里斯班体育场对乌兹别克斯坦队,主裁判穆罕默德·哈桑,比赛结果 2∶1。乌兹别克斯坦队的阿赫梅多夫第 22 分钟时先进 1 球,中国队的吴曦、孙可分别在第 55 分钟和第 68 分钟各进 1 球。

一、中国队与乌兹别克斯坦队出场阵容

（一）中国队出场阵容

中国队比赛阵型为5-4-1，首发阵容：王大雷（23号，守门员）、张呈栋（17）、张琳芃（5）、姜至鹏（4）、梅方（3）、任航（2）、郑智（10）、于海（21）、武磊（7）、吴曦（15）、郜林（18）。

替补队员为：蒿俊闵（11号，第45分钟上场替换于海）、孙可（16号，第66分钟上场替换郜林）、刘彬彬（19号，第81分钟上场替换张呈栋）。

（二）乌兹别克斯坦队出场阵容

乌兹别克斯坦队比赛阵型为4-2-3-1，首发阵容：涅斯特洛夫（12号，守门员）、穆拉加诺夫（3）、德尼索夫（19）、绍拉赫梅多夫（6）、伊斯梅洛夫（3）、杰帕罗夫（8）、图尔苏诺夫（17）、希达洛夫（7）、卡帕泽（18）、阿赫梅多夫（9）、谢尔盖耶夫（11）。

替补队员为：图赫塔赫贾耶夫（20号，第45分钟上场替换穆拉加诺夫）、哈萨诺夫（15号，第71分钟上场替换图尔苏诺夫）、拉什多夫（4号，第62分钟上场替换杰帕罗夫）。

二、中国队与乌兹别克斯坦队比赛进攻行为分析

（一）中国队与乌兹别克斯坦队比赛进攻行为基础数据

1.各区域进攻行为与时段

中国队与乌兹别克斯坦队比赛进攻行为数据统计如表2-8所示：中国队全场比赛整体进攻行为591次，成功率为82.23%；乌兹别克斯坦队为618次，成功率为83.01%，略高于中国队。

其中，中国队前场进攻行为为95次，成功58次，成功率为61.05%；乌兹别克斯坦队为78次，成功50次，成功率为64.10%。中国队中场进攻行为为347次，成功301次，成功率为86.74%；乌兹别克队为424次，成功366次，成功率为86.32%。中国队后场进攻行为为149次，成功127次，成功率为85.23%；乌兹别克斯坦队为116次，成功97次，成功率为83.62%。中国队前场和后场的进攻行为要多于对手，但中场较少，双方的成功率则比较接近。

中国队上半场进攻行为为286次，成功241次，成功率为84.27%；乌兹别克斯坦队为313次，成功272次，成功率为86.90%。中国队下半场进攻行为为305次，成功245次，成功率为80.33%；乌兹别克斯坦队为305次，成功241次，成功率为79.02%。

表2-8 中国队与乌兹别克斯坦队比赛各场区进攻行为数据统计

			前场			中场			后场			合计
			左边	中路	右边	左边	中路	右边	左边	中路	右边	
中国队	上半场	成功	14	5	6	70	46	31	25	32	12	241
		失误	3	3	8	10	3	10	2	3	3	45
	下半场	成功	7	9	17	57	48	49	19	29	10	245
		失误	7	9	7	5	6	12	2	5	7	60

续表

			前场			中场			后场			合计
			左边	中路	右边	左边	中路	右边	左边	中路	右边	
乌兹别克斯坦队	上半场	成功	9	9	6	49	51	102	16	19	11	272
		失误	1	1	3	11	10	8	0	5	2	41
	下半场	成功	5	9	12	50	59	55	10	33	8	241
		失误	6	8	9	5	7	17	2	3	7	64

2. 射门与定位球进攻

中国队与乌兹别克斯坦队比赛射门与定位球进攻情况如表 2-9 所示：中国队运动战禁区内射门 6 次（射正 2 次，进 1 球），禁区外射门 4 次（进 1 球）；角球失误 2 次；前场 30 米任意球进攻 5 次（射门 3 次，失误 2 次）。中国队下半场的射门次数和效率明显要强于上半场，全场比赛射正率为 23.08%，进球率为 15.38%。

乌兹别克斯坦队运动战禁区内射门 4 次（射正 3 次），禁区外射门 1 次（进球），角球失误 1 次，前场 30 米任意球进攻 2 次（射门 1 次，失误 1 次）。乌兹别克斯坦的下半场进攻不如上半场，全场比赛射正率 66.67%，进球率为 16.67%。

表 2-9 中国队与乌兹别克斯坦队比赛射门与定位球进攻数据统计

			运动战		角球		前场 30 米任意球			点球	合计
			禁区内	禁区外	左侧	右侧	左侧	中路	右侧		
中国队	上半场	失误				1			1		2
		射门	2	3			1				6
		射正									
		进球									
	下半场	失误				1			1		2
		射门	4	1					2		7
		射正	(2)	(1)							(3)
		进球	(1)	(1)							(2)
乌兹别克斯坦队	上半场	失误				1					1
		射门	3	1				1			5
		射正	(2)	(1)							(3)
		进球		(1)							(1)
	下半场	失误							1		1
		射门	1								1
		射正	(1)								(1)
		进球									

(二)中国队与乌兹别克斯坦队比赛进攻态势变化

中国队与乌兹别克斯坦队进攻态势变化曲线如图 2-15 所示，两个队的进攻态势变化可分为三个阶段：第一阶段为 0～15 分钟，中国队的进攻略占优势；第二阶段为 15～45 分钟，乌兹别克斯坦队的进攻一直处于优势状态（乌兹别克斯坦在第 22 分钟时进 1 球）；第三阶段为下半场（45～90 分钟），中国队的进攻态势要明显优于乌兹别克斯坦，并在 55 分钟和 75

分钟的时候出现了两次高峰(在55分钟和68分钟各进1球)。

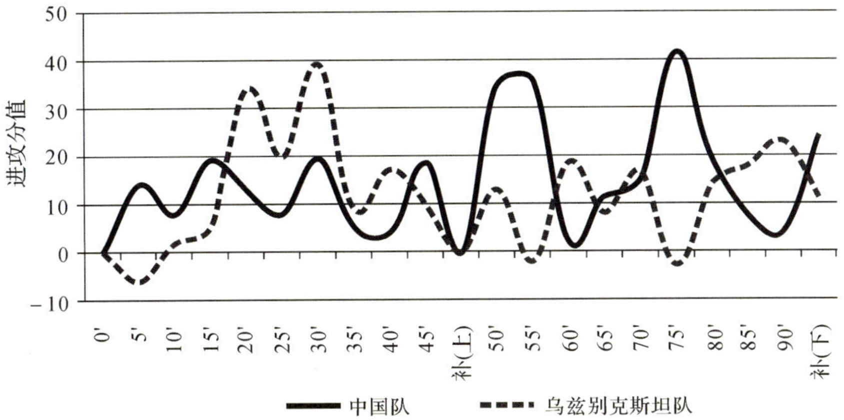

图2-15　中国队与乌兹别克斯坦队比赛进攻态势变化曲线

(三)中国队与乌兹别克斯坦队比赛进攻技术行为运用

1.前场30米区域进攻技术

中国队前场30米进攻技术行为运用情况如图2-16所示:进攻性技术行为57次,成功25次,失误32次,成功率为43.86%。其中,个人突破成功5次,失误9次;直传球成功10次,失误5次;直传身后成功2次,失误1次;直传脚下成功2次,失误1次;斜传球成功1次,失误1次;二过一成功1次,失误1次;传中成功3次,失误13次;内切成功1次,失误1次。过渡性技术行为运用38次,成功33次,失误5次,成功率为86.84%。

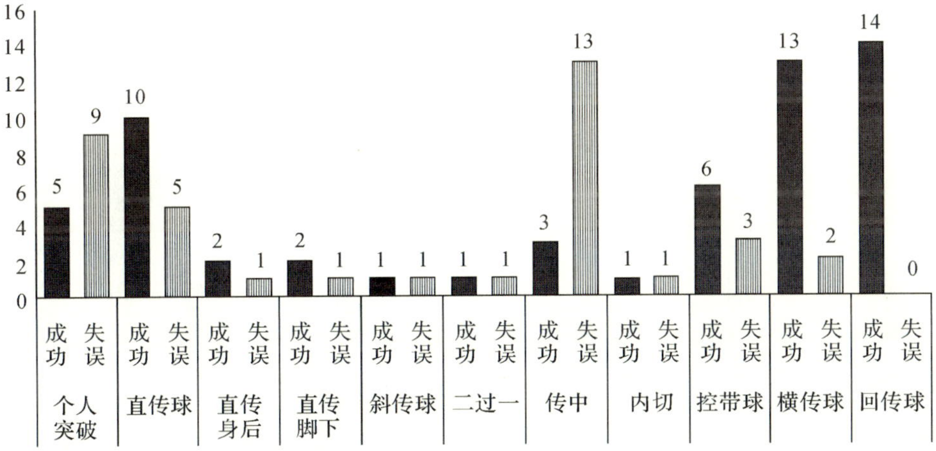

图2-16　中国队对乌兹别克斯坦队前场进攻技术运用情况统计

乌兹别克斯坦队前场30米进攻技术行为运用情况如图2-17所示:进攻性技术行为43次,成功24次,失误19次,成功率为55.81%。其中,个人突破成功6次,失误1次;直传球成功4次,失误5次;直传身后成功3,失误2次;斜传球成功5次,失误2次;二过一成功1次;传中成功3次,失误7次;内切成功2次,失误2次。过渡性技术行为运用35次,成功26次,失误9次,成功率为74.29%。

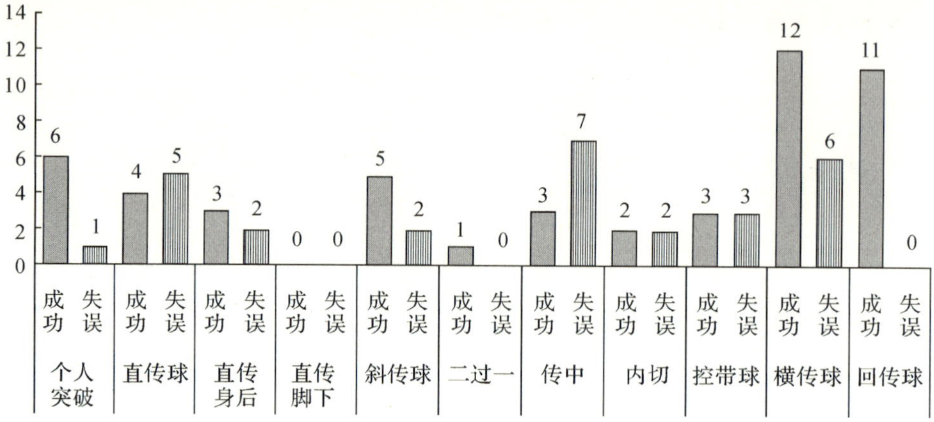

图 2-17　乌兹别克斯坦队对中国队前场进攻技术运用情况统计

中国队前场进攻的实效性较低，虽然进攻性技术行为次数高于乌兹别克斯坦队，但成功率则不高。个人突破、传中等次数多于乌兹别克斯坦队，成功率却很低。由于对方中路密集防守，中国队的直传身后、直传脚下受到了限制，更多是通过边路寻找进攻机会。

2. 中场区域进攻技术

中国队中场进攻技术运用情况如图 2-18 所示：进攻性技术行为运用 158 次，成功 124 次，失误 34 次，成功率为 78.48%。其中，向前带球成功 21 次，失误 6 次；中长直传失误 6 次；短直传成功 45 次，失误 9 次；直传身后成功 2 次，失误 1 次；直传脚下成功 6 次，无失误；长传转移成功 8 次，失误 2 次；二过一成功 7 次，失误 3 次；斜传边路成功 29 次，失误 3 次；边路斜传成功 6 次，失误 4 次。过渡性技术行为运用 189 次，成功 177 次，失误 12 次，成功率为 93.65%。

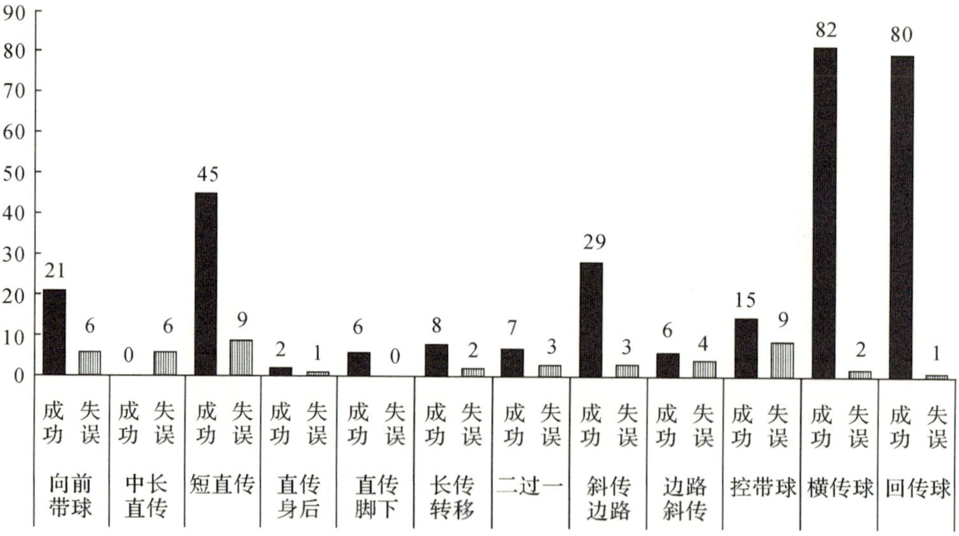

图 2-18　中国队对乌兹别克斯坦队中场进攻技术运用情况统计

乌兹别克斯坦队中场进攻技术运用情况如图 2-19 所示：进攻性技术行为运用 191 次，成功 153 次，失误 38 次，成功率为 80.10%。其中，向前带球成功 20 次，失误 3 次；中长直传成功 7 次，失误 4 次；短直传成功 41 次，失误 14 次；直传身后成功 1 次，失误 5 次；直传脚下成功 3 次，无失误；长传转移成功 4 次，失误 1 次；二过一成功 1 次，失误 3 次；斜传边路成功

62 次，失误 1 次；边路斜传成功 14 次，失误 7 次。过渡性技术行为运用 233 次，成功 213 次，失误 20 次，成功率为 91.42%。

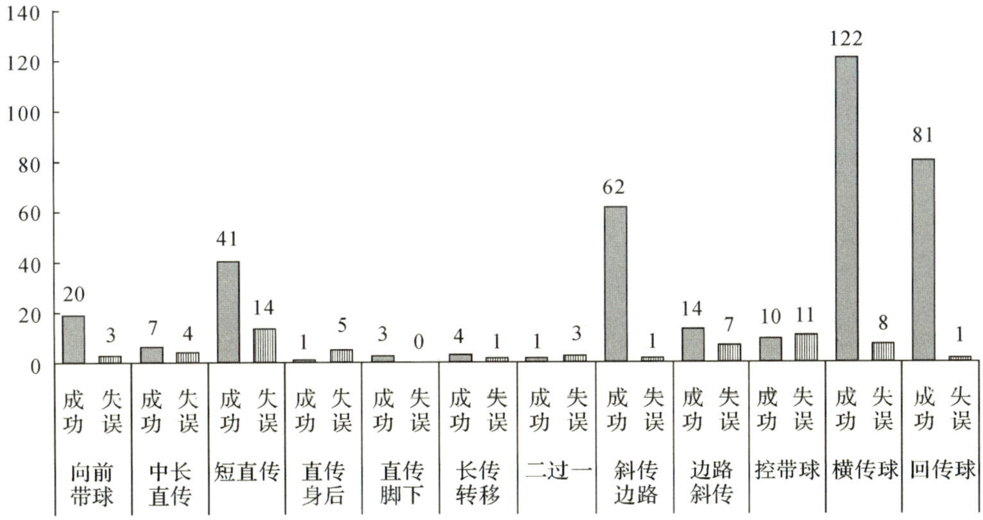

图 2-19　乌兹别克斯坦队对中国队中场进攻技术运用情况统计

中国队中场进攻性技术行为次数与成功率都略低于乌兹别克斯坦队，向前带球、短直传两项指标双方的差异并不大。在本场比赛中中路被限制的时候，双方都采取了向边路进攻的策略，中国队长传转移次数较多，乌兹别克斯坦队斜传边路和边路斜传则运用较多。

3. 后场区域进攻技术

中国队后场进攻技术运用情况如图 2-20 所示：进攻性技术行为运用 94 次，成功 79 次，失误 15 次，成功率为 84.04%。其中，向前带球 16 次，无失误；向前长传成功 5 次，失误 8 次；向前中传成功 5 次，失误 4 次；斜传边路成功 19 次，失误 2 次；短直传成功 34 次，失误 1 次。过渡性技术行为运用 55 次，成功 48 次，失误 7 次，成功率为 87.27%。

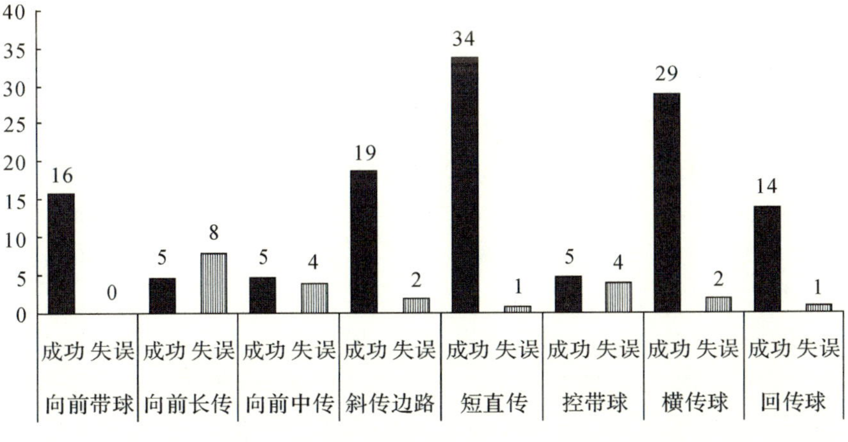

图 2-20　中国队对乌兹别克斯坦队后场进攻技术运用情况统计

乌兹别克斯坦队后场进攻技术运用情况如图 2-21 所示：进攻性技术行为运用 81 次，成功 64 次,失误 17 次,成功率为 79.01%。其中,向前带球成功 11 次,失误 1 次;向前长传成功 5 次,失误 9 次;向前中传成功 5 次,失误 1 次;斜传边路成功 19 次,失误 1 次;短直传成功 24 次,失误 5 次。过渡性技术运用 35 次,成功 33 次,失误 2 次,成功率为 94.29%。

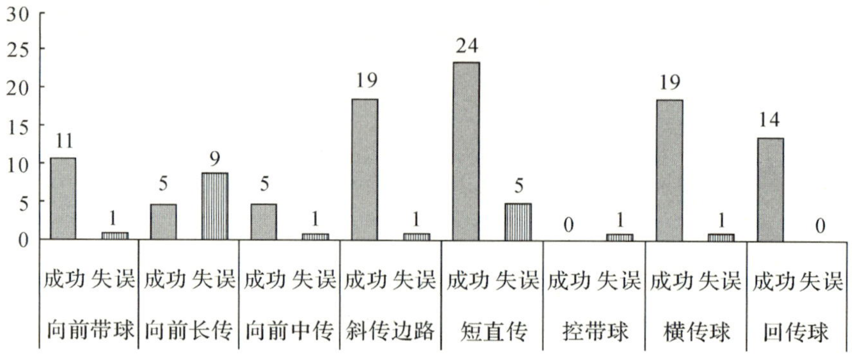

图 2-21 乌兹别克斯坦队对中国队后场进攻技术运用情况统计

中国队后场进攻性技术行为次数和成功率略高于乌兹别克斯坦队,向前带球、短直传次数和成功率均要明显高于对手,向前长传和斜传边路则双方几乎相同,而向前中传的次数中国队要多于对方,但成功率不高。

三、中国队与乌兹别克斯坦队比赛防守行为分析

(一)中国队与乌兹别克斯坦队比赛防守行为基础数据

1. 各区域防守行为与时段

中国队与乌兹别克斯坦队在全场整体防守行为数据统计如表 2-10 所示:中国队全场比赛个人防守行为 609 次[包括无压(以下简称无压)99 次],成功 288 次,失误 321 次,成功率为 47.29%;乌兹别克斯坦队全场比赛个人防守行为 733 次(无压 122 次),成功 317 次,失误 416 次,成功率为 43.25%。

其中,中国队前场个人防守 87 次(无压 42 次),成功 29 次,失误 58 次,成功率为 33.33%;乌兹别克斯坦为 135 次(无压 65 次),成功 37 次,失误 98 次,成功率为 27.41%。中国队中场个人防守 418 次(无压 55 次),成功 201 次,失误 217 次,成功率为 48.09%;乌兹别克斯坦队为 440 次(无压 54 次),成功 200 次,失误 240 次,成功率为 45.45%。中国队后场个人防守 104 次(无压 2 次),成功 58 次,失误 46 次,成功率为 55.77%;乌兹别克斯坦队为 158 次(无压 3 次),成功 80 次,失误 78 次,成功率为 50.63%。中国队和乌兹别克斯坦队个人防守的成功率都不太高,尤其是前场。

中国队小组防守 72 次,成功 59 次,失误 13 次,成功率为 81.94%;乌兹别克斯坦队为 113 次,成功 76 次,失误 37 次,成功率为 67.26%。中国队在本场比赛中个人防守和小组防守的次数要少于乌兹别克斯坦队,但成功率明显高于对手,表明中国队的防守效率还是比较高的。

其中,中国队前场小组防守失误 1 次,乌兹别克斯坦队小组防守成功 2 次。中国队中场小组防守 27 次,成功 20 次,失误 7 次,成功率为 74.07%;乌兹别克斯坦队为 52 次,成功 28 次,失误 24 次,成功率为 53.85%。中国队后场小组防守 44 次,成功 39 次,失误 5 次,成功

率为 88.64%；乌兹别克斯坦队为 59 次，成功 46 次，失误 13 次，成功率为 77.97%。

表 2-10 中国队与乌兹别克斯坦队比赛各场区防守行为数据统计

场地区域与防守类型			中国队				乌兹别克斯坦队			
			上半场		下半场		上半场		下半场	
			成功	失误	成功	失误	成功	失误	成功	失误
前场	左边	个人	6	2	2	4	7	6	10	0
		小组	0	0	0	0	0	0	0	0
	中路	个人	6	2	9	3	4	2	8	12
		小组	0	0	0	0	1	0	0	0
	右边	个人	3	2	3	3	4	4	4	9
		小组	0	0	0	1	0	0	1	0
	无压		26		16		35		30	
中场	左边	个人	48	29	22	24	14	12	47	32
		小组	5	0	2	1	5	3	4	3
	中路	个人	46	33	35	35	31	37	42	41
		小组	4	2	4	2	3	3	4	7
	右边	个人	20	18	30	23	32	31	34	33
		小组	0	0	5	2	6	5	6	3
	无压		34		21		23		31	
后场	左边	个人	3	3	8	9	11	9	11	13
		小组	7	0	6	2	7	0	5	4
	中路	个人	15	5	22	14	11	13	22	19
		小组	7	2	16	1	11	3	14	4
	右边	个人	9	4	1	9	10	10	15	11
		小组	3	0	0	0	4	1	5	1
	无压		1		1		0		3	
合计		个人	156	98	132	124	124	124	193	170
		小组	26	4	33	9	37	15	39	22
		无压	61		38		58		64	

中国队上半场个人防守行为 315 次(无压 61 次)，成功 156 次，失误 159 次，成功率为 49.52%；乌兹别克斯坦队为 306 次(无压 58 次)，成功 124 次，失误 182 次，成功率为 40.52%。中国队下半场 294 次(无压 38 次)，成功 132 次，失误 162 次，成功率为 44.90%；乌兹别克斯坦队为 427 次(无压 64 次)，成功 193 次，失误 234 次，成功率为 45.20%。中国队上半场个人防守次数和成功率高于下半场，乌兹别克斯坦则相反，下半场的防守次数和成功率高于上半场。

中国队上半场小组防守 30 次，成功 26 次，失误 4 次，成功率为 86.67%；乌兹别克斯坦队为 52 次，成功 37 次，失误 15 次，成功率为 71.15%。中国队下半场小组防守 42 次，成功 33 次，失误 9 次，成功率为 78.57%；乌兹别克斯坦队为 61 次，成功 39 次，失误 22 次，成功率为

63.93%。中国队小组防守的次数要少于乌兹别克斯坦队,但是小组防守的成功率要高于对手。

2.防守对方射门与定位球进攻

中国队与乌兹别克斯坦队比赛防守射门与定位球数据统计如表 2-11 所示:中国队防守对方运动战禁区内射门 4 次(成功 3 次,失误 1 次),防守禁区外射门失误 1 次(被进球),防守角球成功 1 次,防守后场 30 米任意球进攻成功 2 次。

乌兹别克斯坦队防守对方运动战禁区内射门 6 次(成功 4 次,失误 2 次,被进 1 球),防守禁区外射门 4 次(成功 3 次,被进 1 球),防守角球成功 2 次,防守后场 30 米任意球进攻成功 4 次。

表 2-11　中国队与乌兹别克斯坦队比赛防守射门与定位球数据统计

			运动战		角球		后场 30 米任意球			点球	合计
			禁区内	禁区外	左侧	右侧	左侧	中路	右侧		
中国队	上半场	成功	3		1			1			5
		失误		1							1
		被进球		(1)							(1)
	下半场	成功					1				1
		失误	1								1
		被进球									
乌兹别克斯坦队	上半场	成功	2	3	1				1		7
		失误									
		被进球									
	下半场	成功	2		1		3				6
		失误	2	1							3
		被进球	(1)	(1)							(2)

(二)中国队与乌兹别克斯坦队比赛防守态势变化

中国队与乌兹别克斯坦队防守态势变化曲线如图 2-22 所示:该场比赛双方的防守态势变化有着非常明显的分界线,上半场中国队的防守分值明显要低于乌兹别克斯坦队,并且在第 22 分钟的时候被进 1 球;相反,在下半场中国队防守值很高,而乌兹别克斯坦队防守远不如中国队,并在 55 分钟和 68 分钟的时候被进 2 球,在曲线上呈现出两个明显的低谷。

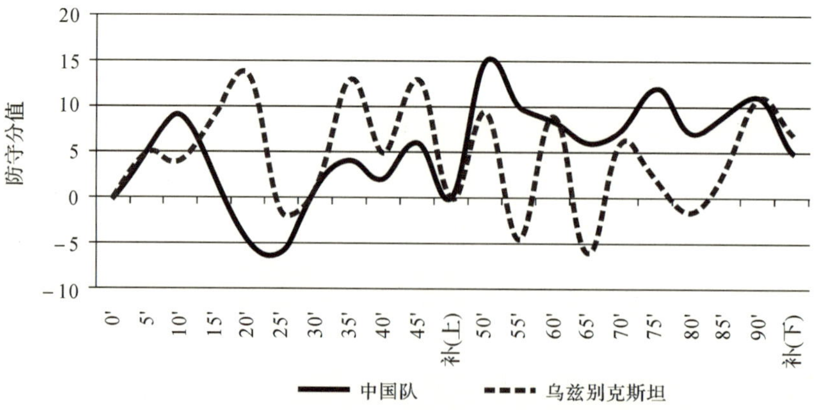

图 2-22　中国队与乌兹别克斯坦队比赛防守态势变化曲线

（三）中国队与乌兹别克斯坦队比赛防守技术运用

1. 前场 30 米区域防守技术

中国队前场防守技术运用情况如图 2-23 所示：在个人防守中，施压运用 30 次（成功 19 次，失误 11 次，成功率 63.33%），无压 42 次；反抢成功 4 次，失误 4 次；1v1 防守成功 1 次，无失误；断球成功 5 次，无失误；铲球失误 1 次。小组防守压迫失误 1 次。

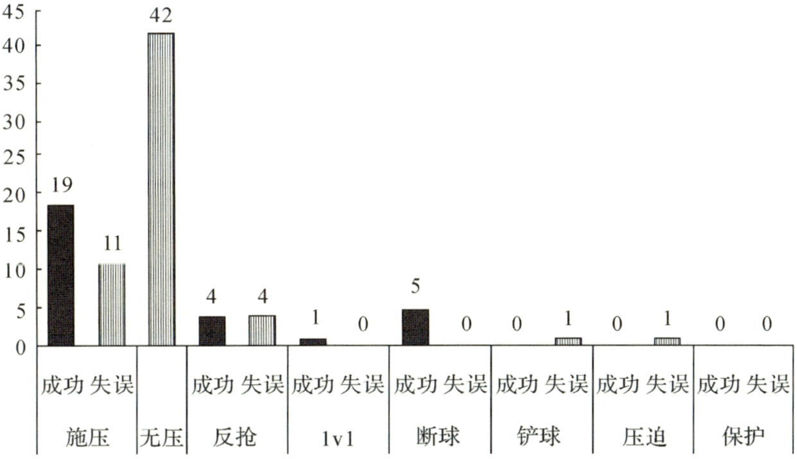

图 2-23　中国队对乌兹别克斯坦队前场防守技术运用情况统计

乌兹别克斯坦队前场防守技术运用情况如图 2-24 所示：在个人防守中，施压运用 56 次（成功 29 次，失误 26 次，成功率 51.79%），无压 65 次；反抢成功 3 次，失误 4 次；1v1 防守成功 1 次，失误 1 次；断球成功 4 次，失误 2 次。小组防守保护成功 2 次。

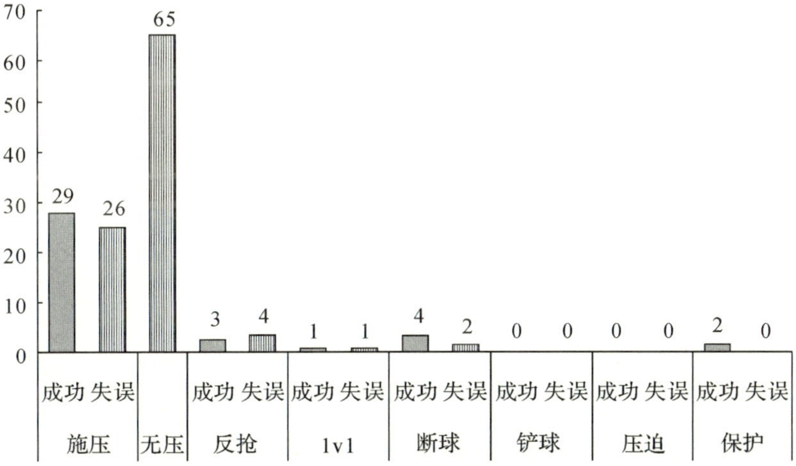

图 2-24　乌兹别克斯坦队对中国队前场防守技术运用情况统计

中国队前场个人主动施压、无压次数低于乌兹别克斯坦队，但成功率明显高于对手，前场虽然不是中国队的主要防守区域，但也实施了对对方持球人的防守，且有较好的效果。另外，中国队反抢和断球运用效果也好于乌兹别克斯坦队，较好地遏制住对方在后场的进攻组织。

2. 中场区域防守技术

中国队中场防守技术运用情况如图 25 所示:在个人防守中,施压运用 281 次(成功 150 次,失误 131 次,成功率 53.38%),无压 55 次;反抢成功 12 次,失误 12 次;1v1 防守成功 4 次,失误 8 次;断球成功 21 次,失误 7 次;铲球成功 3 次,失误 1 次;回追成功 3 次,无失误;争顶成功 8 次,失误 3 次。小组防守压迫成功 6 次,失误 5 次;保护成功 14 次,失误 2 次。

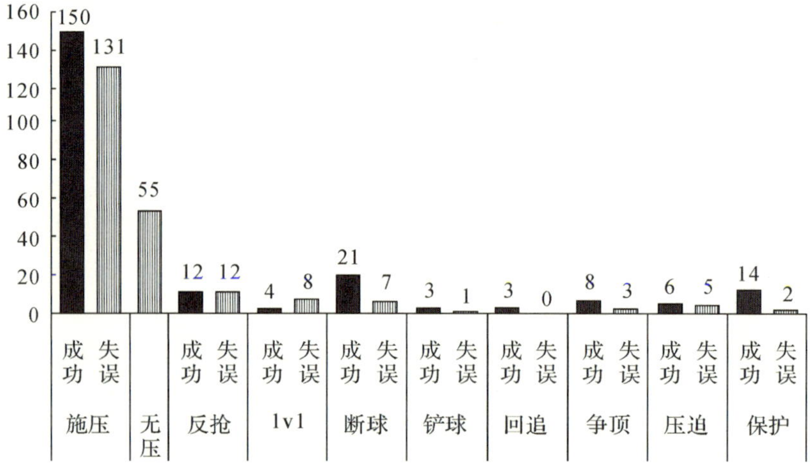

图 2-25 中国队对乌兹别克斯坦队中场防守技术运用情况统计

乌兹别克斯坦队中场防守技术运用情况图 2-26 所示:在个人防守中,施压运用 293 次(成功 152 次,失误 141 次,成功率 51.88%);无压 54 次;反抢成功 10 次,失误 16 次;1v1 防守成功 6 次,失误 7 次;断球成功 14 次,失误 3 次;铲球成功 1 次,失误 2 次;回追成功 4 次,失误 6 次;争顶成功 13 次,失误 11 次。小组防守压迫成功 10 次,失误 15 次;保护成功 18 次,失误 9 次。

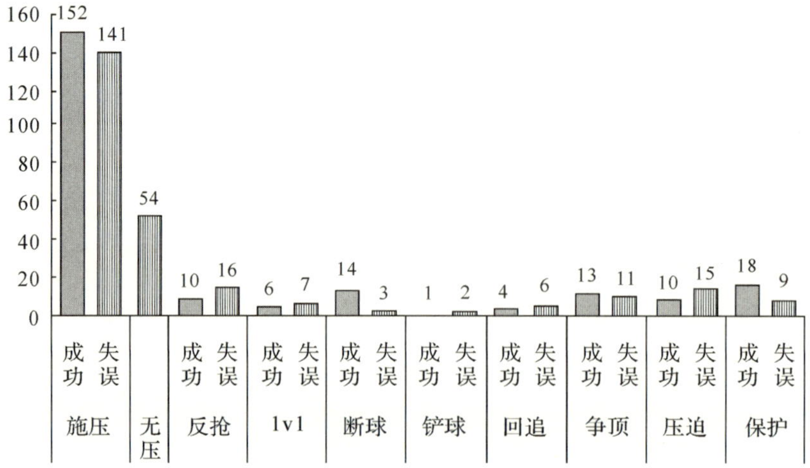

图 2-26 乌兹别克斯坦队对中国队中场防守技术运用情况统计

在中场防守技术运用中,施压和无压情况两队数据比较接近,其他各项技术,如反抢、回追、争顶及小组防守的运用次数中国队少于乌兹别克斯坦队,但成功率要高于对手,只有断球的运用次数要明显多于对手。表明中国队在中场防守比较积极，防守能力也略强于乌兹别克队。

3.后场区域防守技术

中国队后场防守技术运用情况如图 2-27 所示：在个人防守中，施压运用 58 次（成功 22 次，失误 36 次，成功率 37.91%）；无压 2 次；反抢成功 3 次，失误 3 次；1v1 防守成功 5 次，失误 2 次；断球成功 13 次，失误 1 次；铲球成功 1 次，无失误；回追成功 1 次，无失误；争顶成功 9 次，失误 2 次；解围成功 4 次，无失误。小组防守压迫成功 3 次，无失误；保护成功 29 次，失误 4 次；补位防守成功 7 次，失误 1 次。

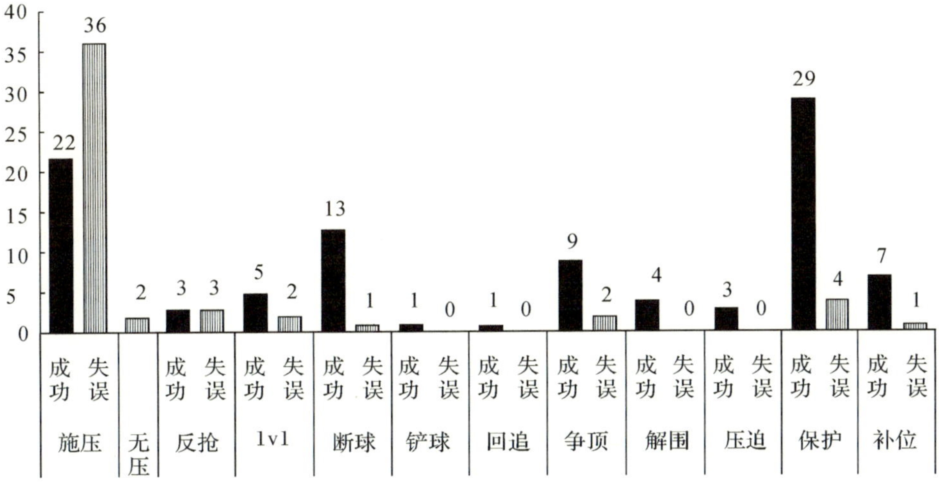

图 2-27　中国队对乌兹别克斯坦队后场防守技术运用情况统计

乌兹别克斯坦队后场防守技术运用情况如图 2-28 所示：在个人防守中，施压防守运用 98 次（成功 46 次，失误 52 次，成功率 46.94%），无压 3 次；反抢成功 5 次，失误 9 次；1v1 防守成功 7 次，失误 5 次；断球成功 9 次，失误 3 次；回追成功 4 次，失误 4 次；争顶成功 7 次，失误 1 次；解围成功 2 次，失误 1 次。小组防守压迫成功 5 次，失误 3 次；保护成功 39 次，失误 10 次；补位成功 2 次，无失误。

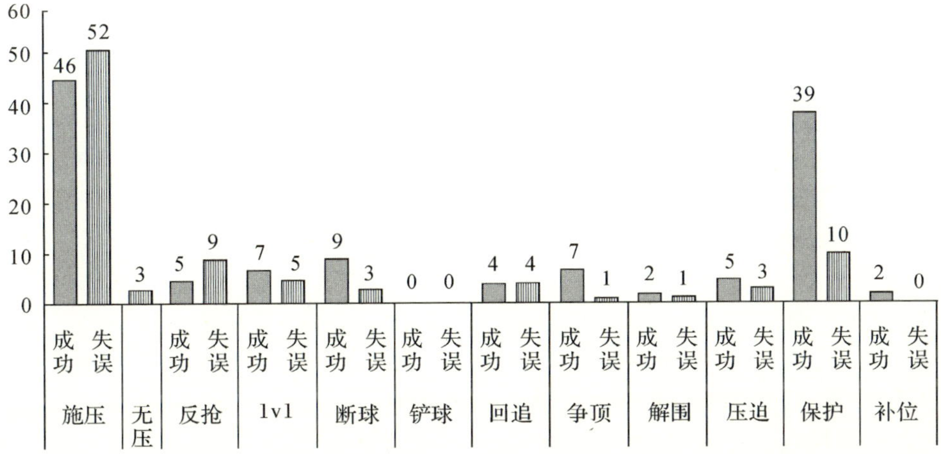

图 2-28　乌兹别克斯坦队对中国队后场防守技术运用情况统计

后场防守技术运用情况显示，中国队施压次数和成功率低于乌兹别克斯坦队，无压情况较为接近，双方都重视在后场对持球人的限制。中国队后场防守发挥得较为稳定，1v1 防守、断球、解围等指标要好于乌兹别克斯坦队。在小组防守中，压迫、保护和补位的成功率都比较高。

(四)中国队与乌兹别克斯坦队比赛守门员技术比较

中国队与乌兹别克斯坦队比赛守门员技术统计如表 2-12 所示：中国队守门员(王大雷)处理球 4 次，成功 3 次，失 1 球，成功率为 75%。其中，扑救球 2 次(成功 1 次，被进 1 球)；托球成功 1 次，摘传中球成功 1 次。

乌兹别克斯坦队守门员(涅斯特洛夫)处理球 10 次，成功 7 次，失误 3 次，成功率为 70%。其中，扑救球失误 1 次(被进 1 球)，正面接球 2 次(成功 1 次，被进 1 球)，扑单刀成功 1 次，摘传中球 4 次(成功 3 次，失误 1 次)，禁区外断球成功 1 次，拳击球成功 1 次。

表 2-12 中国队与乌兹别克斯坦队比赛守门员技术统计

			扑救球	正面接球	扑单刀	托球	摘传中球	禁外断球	拳击球	守点球	合计
中国队	上半场	成功				1					1
		失误	1								1
		被进球	(1)								(1)
	下半场	成功	1				1				2
		失误									
		被进球									
乌兹别克斯坦队	上半场	成功					1		1		2
		失误					1				1
		被进球									
	下半场	成功		1	1		2	1			5
		失误	1	1							2
		被进球	(1)	(1)							(2)

四、中国队与乌兹别克斯坦队比赛攻守转换分析

(一)中国队与乌兹别克斯坦队由守转攻情况

中国队与乌兹别克斯坦队比赛由守转攻数据统计如表 2-13 所示：中国队全场比赛由守转攻 121 次，成功 97 次，失误 24 次，成功率为 80.17%；乌兹别克斯坦队为 134 次，成功 93 次，失误 41 次，成功率为 69.40%。中国队全场逼抢的次数虽少于乌兹别克队，但逼抢的效果要好于对手。

其中，中国队前场由守转攻 13 次，成功 10 次，失误 3 次，成功率为 76.92%；乌兹别克斯坦队为 8 次，成功 7 次，失误 1 次，成功率为 87.50%。中国队中场由守转攻 55 次，成功 44 次，失误 11 次，成功率为 80%；乌兹别克斯坦队为 73 次，成功 48 次，失误 25 次，成功率为 65.75%。中国队后场由守转攻 53 次，成功 43 次，失误 10 次，成功率为 81.13%；乌兹别克斯坦队后场由守转攻为 53 次，成功 38 次，失误 15 次，成功率为 71.70%。中国队前场由

守转攻次数略多于乌兹别克斯坦队，但成功率不高，而中场则正好相反，后场双方的次数相同，中国队的成功率更高一些。

中国队上半场由守转攻 50 次，成功 42 次，失误 8 次，成功率为 84%；乌兹别克斯坦队为 64 次，成功 39 次，失误 25 次，成功率为 60.94%。中国队下半场由守转攻为 71 次，成功 55 次，失误 16 次，成功率为 77.46%；乌兹别克斯坦队为 70 次，成功 54 次，失误 16 次，成功率为 77.14%。中国队上半场由守转攻次数低于乌兹别克队，但是在获得球权后形成进攻的成功率却高于对手，表明对球的控制力及形成进攻的效果强于乌兹别克队。下半场双方的由守转攻次数和成功率都非常地接近。

表 2-13　中国队与乌兹别克斯坦队比赛由守转攻数据统计

		前场		中场		后场		合计	
		成功	失误	成功	失误	成功	失误	成功	失误
中国队	上半场	6	0	17	2	19	6	42	8
	下半场	4	3	27	9	24	4	55	16
乌兹别克斯坦队	上半场	3	0	21	15	15	10	39	25
	下半场	4	1	27	10	23	5	54	16

（二）中国队与乌兹别克斯坦队由攻转守情况

中国队与乌兹别克斯坦队比赛由攻转守数据统计如表 2-14 所示：中国队全场比赛由攻转守 38 次，成功 19 次，失误 19 次，成功率为 50%；乌兹别克斯坦队为 47 次，成功 18 次，失误 29 次，成功率为 38.30%。中国队在全场比赛中，对球的控制较强，进攻受阻的次数要低于乌兹别克斯坦队，且转换速度和反抢的能力强于对手。

其中，中国队前场由攻转守 8 次，成功 4 次，失误 4 次，成功率为 50%；乌兹别克斯坦队为 7 次，成功 3 次，失误 4，成功率为 42.86%。中国队中场由攻转守 24 次，成功 12 次，失误 12 次，成功率为 50%；乌兹别克斯坦队为 26 次，成功 10 次，失误 16 次，成功率为 38.46%。中国队后场由攻转守 6 次，成功 3 次，失误 3 次，成功率为 50%；乌兹别克斯坦队为 14 次，成功 5 次，失误 9 次，成功率为 35.71%。

中国队上半场由攻转守 14 次，成功 9 次，失误 5 次，成功率为 64.29%；乌兹别克斯坦队为 20 次，成功 3 次，失误 17 次，成功率为 15%。中国队下半场由攻转守为 24 次，成功 10 次，失误 14 次，成功率为 41.67%；乌兹别克斯坦队为 27 次，成功 15 次，失误 12 次，成功率为 55.56%。中国队在上半场对球的控制力较好，且由攻转守的成功率也比较高，下半场的失误明显增加。乌兹别克斯坦队下半场虽然由攻转守的次数有所增加，但进攻转防守的效果却有了较大幅度的提高。

表 2-14　中国队与乌兹别克斯坦队比赛由攻转守数据统计

		前场		中场		后场		合计	
		成功	失误	成功	失误	成功	失误	成功	失误
中国队	上半场	3	0	6	5	0	0	9	5
	下半场	1	4	6	7	3	3	10	14
乌兹别克斯坦队	上半场	0	3	3	9	0	5	3	17
	下半场	3	1	7	7	5	4	15	12

第三节　中国队与朝鲜队比赛技术实力分析

2015年1月18日，中国队小组赛第三场比赛在堪培拉体育场对朝鲜队，主裁判阿布多。比赛结果2∶1，孙可在第1分钟和第42分钟独进2球，郜林在第56分钟有1个乌龙球。

一、中国队与朝鲜队出场阵容

(一)中国队出场阵容

中国队比赛阵型为4-2-3-1，首发阵容：王大雷(23号，守门员)、姜至鹏(4)、张琳芃(5)、梅方(3)、张呈栋(17)、郑智(10)、孙可(16)、于海(21)、蔡慧康(8)、蒿俊闵(11)、郜林(18)。

替补队员为：于汉超(20号，第53分钟上场替换郑智)、吴曦(15号，第70分钟上场替换孙可)、李昂(6号，第82分钟上场替换张琳芃)。

(二)朝鲜队出场阵容

朝鲜队比赛阵型为4-2-3-1，首发阵容：李明国(1号，守门员)、张功哲(15)、全光益(4)、卢学洙(6)、张成赫(3)、吴革哲(21)、朴成哲(9)、梁勇基(8)、沈云真(13)、郑日光(11)、朴光龙(10)。

替补队员为：韩松赫(5号，第35分钟上场替换朴成哲)、苏显煜(17号，第71分钟上场替换朴光龙)、崔韩元(20号，第80分钟上场替换吴革哲)。

二、中国队与朝鲜队比赛进攻行为分析

(一)中国队与朝鲜队比赛进攻行为基础数据

1.各区域进攻行为与时段

中国队与朝鲜队比赛进攻行为数据统计如表2-15所示：中国队全场比赛进攻行为774次，成功率为88.89%；朝鲜队进攻行为476次，成功率为81.72%。中国队在本场比赛中进攻实力要明显高于朝鲜队。

其中，中国队前场进攻行为137次，成功99次，成功率为72.26%；朝鲜队为95次，成功70次，成功率为73.68%。中国队中场进攻行为503次，成功467次，成功率为92.84%；朝鲜队为268次，成功229次，成功率为85.45%。中国队后场进攻行为134次，成功122次，成功率为91.04%；朝鲜队为113次，成功90次，成功率为79.65%。中国队前场进攻行为次数虽多于朝鲜队，但成功率并不占优势，主要优势在中场和后场。

中国队上半场进攻行为449次，成功409次，成功率为91.09%；朝鲜队为240次，成功199次，成功率为82.92%。中国队下半场325次，成功279次，成功率为85.85%；朝鲜队为236次，成功190次，成功率为80.51%。中国队上半场的优势更加明显一些。

表 2-15　中国队与朝鲜队比赛各场区进攻行为数据统计

			前场			中场			后场			合计
			左边	中路	右边	左边	中路	右边	左边	中路	右边	
中国队	上半场	成功	26	15	11	140	81	74	20	33	9	409
		失误	12	4	5	7	3	6	1	1	1	40
	下半场	成功	16	6	25	71	53	48	17	24	19	279
		失误	6	5	6	4	7	9	2	7	0	46
朝鲜队	上半场	成功	19	6	0	59	18	39	22	17	19	199
		失误	7	1	5	5	5	5	1	8	4	41
	下半场	成功	7	13	25	54	24	35	10	10	12	190
		失误	2	4	6	6	6	12	3	7	0	46

2.射门与定位球进攻

中国队与朝鲜队比赛射门与定位球进攻情况如表 2-16 所示：中国队运动战禁区内射门 4 次（射正 3 次，进 2 球），禁区外射门 2 次（射正 2 次），角球失误 1 次，前场 30 米任意球射门 1 次。中国队上半场的进攻要强于下半场，全场比赛射正率为 71.43%，进球率为 28.57%。

朝鲜队运动战禁区内射门 5 次（射正 3 次），禁区外射门 10 次（射正 4 次），角球失误 1 次，前场 30 米任意球进攻失误 1 次。朝鲜队下半场的进攻明显加强，中国队有 1 个乌龙球，使得朝鲜队进 1 球，朝鲜队全场比赛射正率为 46.67%。

上半场中国队射门和射正次数均高于朝鲜队，但下半时朝鲜队的前场射门占据着绝对的优势。

表 2-16　中国队与朝鲜队比赛射门与定位球进攻数据统计

			运动战		角球		前场 30 米任意球			点球	合计
			禁区内	禁区外	左侧	右侧	左侧	中路	右侧		
中国队	上半场	失误			1						1
		射门	3	1							4
		射正	(3)	(1)							(4)
		进球	(2)								(2)
	下半场	失误									
		射门	1	1				1			3
		射正		(1)							(1)
		进球									
朝鲜队	上半场	失误									
		射门	1	2							3
		射正									
		进球									
	下半场	失误			1				1		2
		射门	4	8							12
		射正	(3)	(4)							(7)
		进球	1*								(1)

注：* 为乌龙球。

(二)中国队与朝鲜队比赛进攻态势变化

中国队与朝鲜队进攻态势变化曲线如图 2-29 所示,两个队的进攻态势变化可分为两个阶段:上半场中国队的进攻优势比较明显,尤其在第 35 分钟至第 45 分钟这段时间,中国队占据了绝对的主动地位,并在开场 1 分钟和第 42 分钟由孙可各进 1 球。而朝鲜队的进攻在全场比赛中均保持相同的节律,下半场的进攻有所加强,双方的进攻态势曲线交错发展,基本呈现出一种平衡状态。

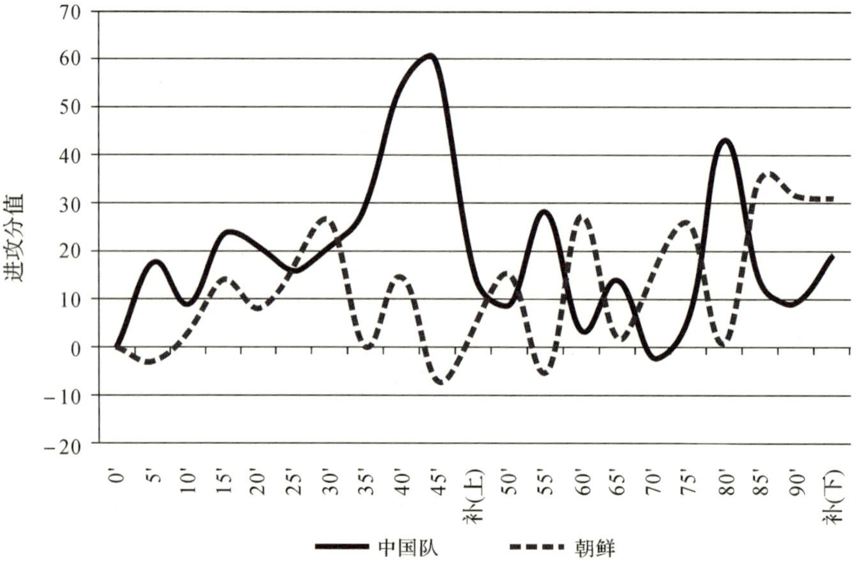

图 2-29 中国队与朝鲜队比赛进攻态势变化曲线

(三)中国队与朝鲜队比赛进攻技术行为运用

1. 前场 30 米区域进攻技术

中国队前场 30 米进攻技术行为运用情况如图 2-30 所示:进攻性技术行为运用 56 次,成功 30 次,失误 26 次,成功率为 53.57%。其中,个人突破成功 3 次,失误 3 次;直传球成功 10 次,失误 3 次;直传身后成功 2 次,失误 3 次;直传脚下成功 1 次,无失误;斜传球成功 3 次,失误 2 次;二过一成功 4 次,失误 3 次;传中成功 6 次,失误 9 次;内切成功 1 次,失误 3 次。过渡性技术行为运用 81 次,成功 69 次,失误 12 次,成功率为 85.19%。

朝鲜队前场 30 米进攻技术行为运用情况如图 2-31 所示:进攻性技术行为运用 41 次,成功 24 次,失误 17 次,成功率为 58.54%。其中,个人突破成功 4 次,失误 2 次;直传球成功 3 次,失误 4 次;直传身后成功 1,失误 1 次;直传脚下成功 4 次,无失误;斜传球成功 3 次,失误 1 次;二过一成功 3 次,无失误;传中成功 4 次,失误 7 次;内切成功 2 次,失误 2 次。过渡性技术行为运用 54 次,成功 46 次,失误 8 次,成功率为 85.19%。

中国队前场进攻性技术行为次数高于朝鲜队,但是成功率并不高,只有直传球要好于对手。因此,本场比赛中国队虽然 2∶1 胜朝鲜队,但是朝鲜队前场技战术运用能力和实效性并不弱,中国队前场过渡性技术运用也明显多于朝鲜队。

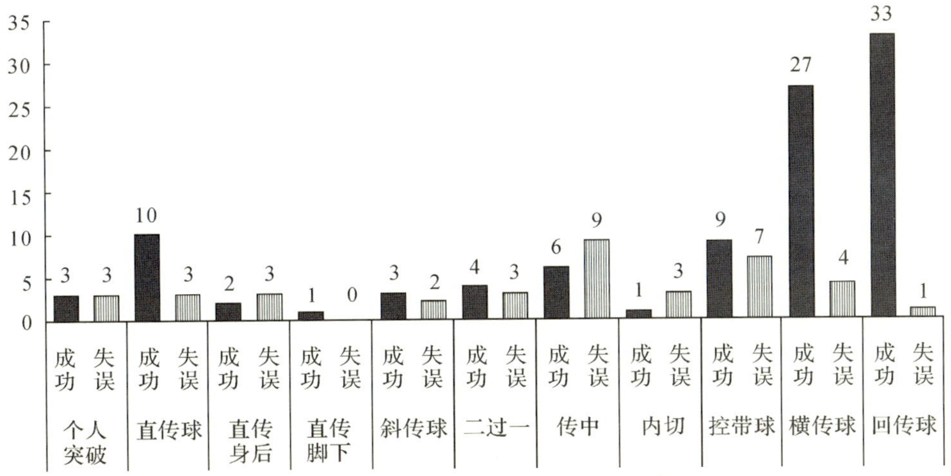

图 2-30　中国队对朝鲜队前场进攻技术运用情况统计

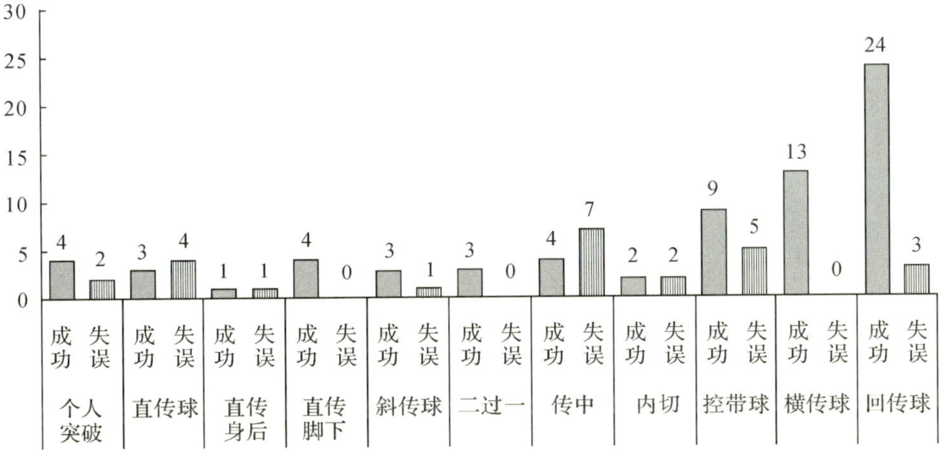

图 2-31　朝鲜队对中国队前场进攻技术运用情况统计

2. 中场区域进攻技术

中国队中场进攻技术运用情况如图 2-32 所示：进攻性技术行为运用 224 次，成功 203 次，失误 21 次，成功率为 90.63%。其中，向前带球成功 24 次，失误 2 次；中长直传成功 14 次，失误 6 次；短直传成功 68 次，失误 8 次；直传身后成功 2 次，失误 2 次；直传脚下成功 8 次，失误 1 次；长传转移成功 2 次，无失误；二过一成功 3 次，无失误；斜传边路成功 65 次，失误 1 次；边路斜传成功 17 次，失误 1 次。过渡性技术行为运用 279 次，成功 264 次，失误 15 次，成功率为 94.62%。

朝鲜队中场进攻技术运用情况如图 2-33 所示：进攻性技术行为运用 124 次，成功 99 次，失误 25 次，成功率为 79.84%。其中，向前带球成功 16 次，失误 2 次；中长直传成功 7 次，失误 6 次；短直传成功 35 次，失误 7 次；直传身后失误 2 次；直传脚下成功 1 次，失误 1 次；长传转移成功 1 次，失误 1 次；二过一成功 1 次，无失误；斜传边路成功 29 次，失误 3 次；边路斜传成功 9 次，失误 3 次。过渡性技术行为运用 144 次，成功 130 次，失误 14 次，成功率为 90.28%。

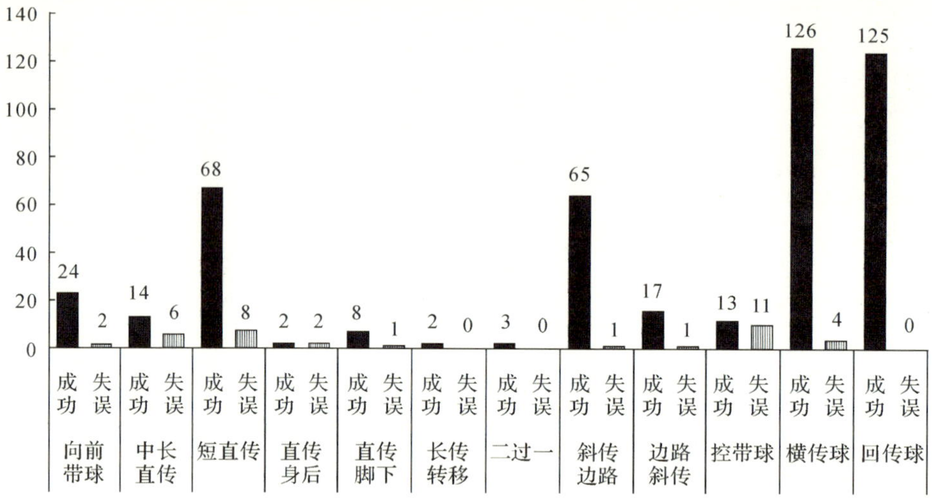

图 2-32　中国队对朝鲜队中场进攻技术运用情况统计

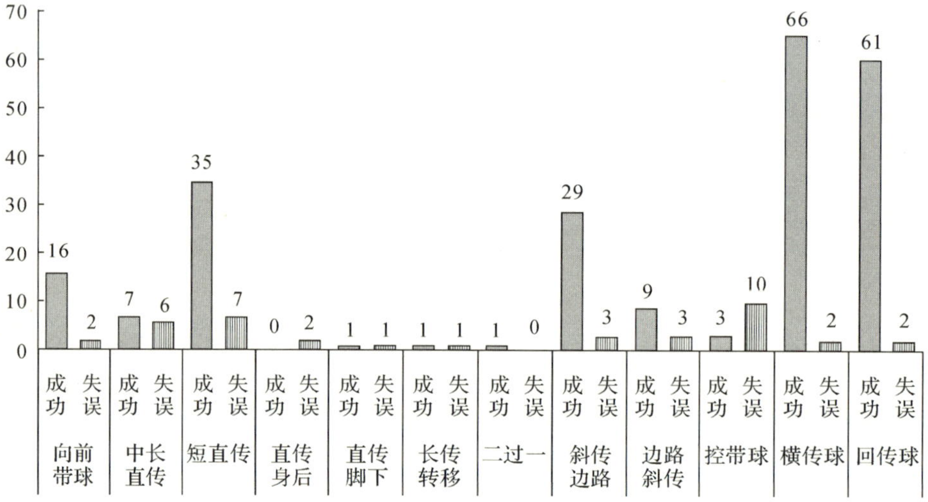

图 2-33　朝鲜队对中国队中场进攻技术运用情况统计

中国队中场主要进攻行为向前带球、中长直传、短直传、直传脚下、斜传边路、边路斜传等次数与成功率均明显高于朝鲜队，过渡性技术行为运用也是同样，表明中国队的中场进攻组织占有较大的优势。

3.后场区域进攻技术

中国队后场进攻技术运用情况如图 2-34 所示：进攻性技术行为运用 83 次，成功 72 次，失误 11 次，成功率为 86.75%。其中，向前带球 13 次，无失误；向前长传成功 7 次，失误 8 次；向前中传成功 9 次，失误 2 次；斜传边路成功 18 次，失误 1 次；短直传成功 25 次，无失误。过渡性技术行为运用 51 次，成功 50 次，失误 1 次，成功率为 98.04%。

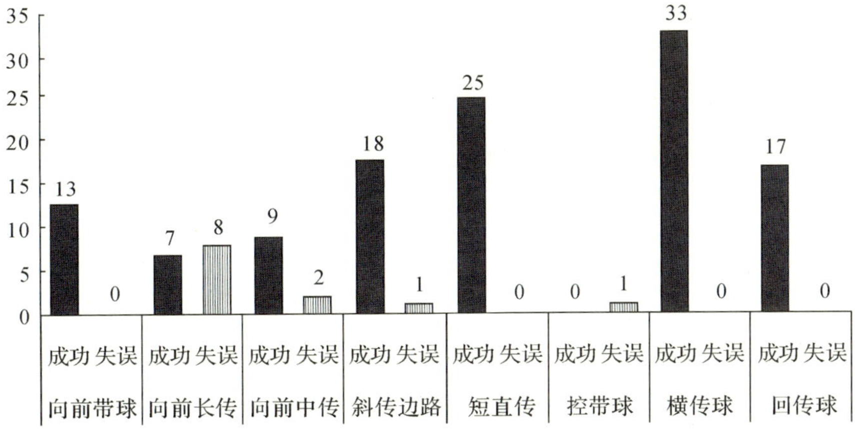

图 2-34　中国队对朝鲜队后场进攻技术运用情况统计

朝鲜队后场进攻技术运用情况如图 2-35 所示：进攻性技术行为运用 75 次，成功 55 次，失误 20 次，成功率为 73.33%。其中，向前带球成功 7 次，无失误；向前长传成功 6 次，失误 16 次；向前中传成功 4 次，失误 1 次；斜传边路成功 11 次，无失误；短直传成功 27 次，失误 3 次。过渡性技术运用 38 次，成功 35 次，失误 3 次，成功率为 92.11%。

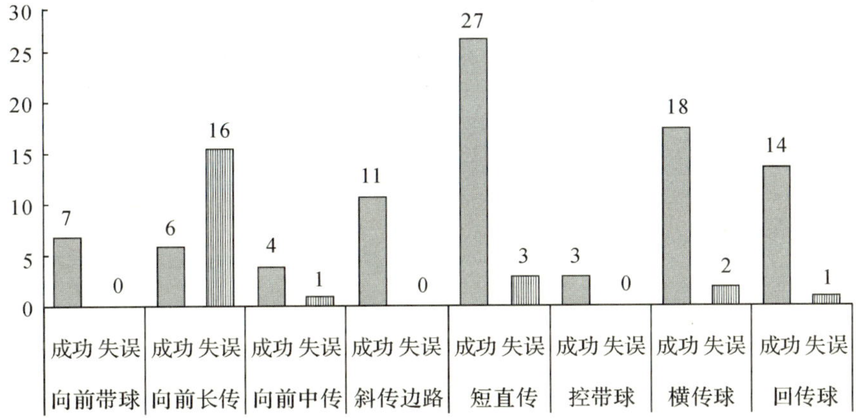

图 2-35　朝鲜队对中国队后场进攻技术运用情况统计

中国队后场进攻组织技术也同样好于朝鲜队。其中，中国队后场向前带球、向前长传、向前中传成功率均高于朝鲜队。朝鲜队的向前长传次数多于中国队，其原因可能是由于比分落后，试图通过快速将球打入前场，寻找破门的机会。在本场比赛中，当快速进攻组织手段被对方限制时，双方主要都是运用短直传和斜传边路这两种进攻组织。

三、中国队与朝鲜队比赛防守行为分析

（一）中国队与朝鲜队比赛防守行为基础数据

1. 各区域防守行为与时段

中国队与朝鲜队在全场整体防守行为如表 2-17 所示：中国队个人防守行为运用 529 次[包括无压（以下简称无压）115 次]，成功 225 次，失误 304 次，成功率为 42.53%。朝鲜队个

人防守行为运用 824 次(无压 197 次),成功 379 次,失误 445 次,成功率为 46%。朝鲜队个人防守行为成功率略高于中国队。

其中,中国队前场个人防守 76 次(无压 25 次),成功 27 次,失误 49 次,成功率为 35.53%;朝鲜队为 120 次(无压 52 次),成功 39 次,失误 81 次,成功率为 32.50%。中国队中场个人防守 309 次(无压 81 次),成功 138 次,失误 171 次,成功率为 44.66%;朝鲜队为 539 次(无压 134 次),成功 255 次,失误 284 次,成功率为 47.31%。中国队后场个人防守行为 144 次(无压 9 次),成功 60 次,失误 84 次,成功率 41.67%;朝鲜队为 165 次(无压 11 次),成功 85 次,失误 80 次,成功率是 51.52%。中国队前场防守的成功率略高于朝鲜队,但中场和后场的成功率均要低于对手。

中国队小组防守 104 次,成功 61 次,失误 43 次,成功率为 58.65%;朝鲜队小组防守 123 次,成功 89 次,失误 34 次,成功率为 72.36%。朝鲜队小组防守的成功率要明显高于中国队。

其中,中国队前场小组防守成功 3 次,失误 2 次;朝鲜队为成功 6 次,无失误。中国队中场小组防守 46 次,成功 26 次,失误 20 次,成功率为 56.52%;朝鲜队为 46 次,成功 29 次,失误 17 次,成功率为 63.04%。中国队后场小组防守 53 次,成功 32 次,失误 21 次,成功率为 60.38%;朝鲜队为 71 次,成功 54 次,失误 17 次,成功率为 76.06%。朝鲜队在前场、中场和后场的小组防守发挥都要好于中国队。

表 2-17 中国队与朝鲜队比赛各场区防守行为数据统计

场地区域与防守类型			中国队				朝鲜队			
			上半场		下半场		上半场		下半场	
			成功	失误	成功	失误	成功	失误	成功	失误
前场	左边	个人	4	3	3	5	7	3	6	4
		小组	0	1	1	0	1	0	0	0
	中路	个人	4	4	5	6	3	2	9	10
		小组	0	0	1	0	1	0	1	0
	右边	个人	9	3	2	3	9	4	5	6
		小组	0	1	1	0	1	0	2	0
	无压		17		8		36		16	
中场	左边	个人	24	19	21	15	46	27	40	27
		小组	3	3	6	3	5	1	9	7
	中路	个人	22	6	13	14	41	16	24	23
		小组	4	7	3	2	2	2	5	4
	右边	个人	29	15	29	21	54	39	50	18
		小组	2	3	8	2	3	0	5	3
	无压		45		36		86		48	

续表

场地区域与防守类型			中国队				朝鲜队			
			上半场		下半场		上半场		下半场	
			成功	失误	成功	失误	成功	失误	成功	失误
后场	左边	个人	4	3	14	15	7	7	17	16
		小组	3	2	6	1	2	2	13	3
	中路	个人	9	13	18	24	19	14	5	7
		小组	8	2	12	12	13	6	6	2
	右边	个人	6	17	9	3	19	13	18	12
		小组	2	4	1	0	7	2	13	2
	无压		2		7		5		6	
合计		个人	111	83	114	106	205	125	174	123
		小组	22	23	39	20	35	13	54	21
		无压	64		51		127		70	

中国队上半场个人防守行为 258 次(无压 64 次),成功 111 次,失误 147 次,成功率为 43.02%;朝鲜队为 457 次(无压 127 次),成功 205 次,失误 252 次,成功率为 44.86%。中国队下半场个人防守为 271 次(无压 51 次),成功 114 次,失误 157 次,成功率为 42.07%;朝鲜队为 367 次(无压 70 次),成功 174 次,失误 193 次,成功率为 47.41%。

中国队上半场小组防守 45 次,成功 22 次,失误 23 次,成功率为 48.89%;朝鲜队为 48 次,成功 35 次,失误 13 次,成功率为 72.92%。中国队下半场小组防守 59 次,成功 39 次,失误 20 次,成功率为 66.10%;朝鲜队为 75 次,成功 54 次,失误 21 次,成功率为 72%。中国队下半场的小组防守的次数和成功率均有所提高,朝鲜队下半场小组防守的次数明显加强,但成功率与上半场保持一致。

2. 防守对方射门与定位球进攻

中国队与朝鲜队比赛防守射门与定位球数据统计如表 2-18 所示:中国队防守对方运动战禁区内射门 6 次(成功 2 次,失误 4 次),防守禁区外射门 9 次(成功 7 次,失误 2 次),防守角球成功 1 次,防守后场 30 米任意球进攻成功 1 次。

朝鲜队防守对方运动战禁区内射门 4 次(成功 1 次,失误 3 次,被进 2 球),防守禁区外射门 3 次(成功 2 次,失误 1 次),防守后场 30 米任意球进攻成功 1 次。

表 2-18　中国队与朝鲜队比赛防守射门与定位球数据统计

			运动战		角球		后场 30 米任意球			点球	合计
			禁区内	禁区外	左侧	右侧	左侧	中路	右侧		
中国队	上半场	成功	1	2							3
		失误									
		被进球									
	下半场	成功	1	5		1	1				8
		失误	4	2							6
		被进球	(1)*								(1)

续表

			运动战		角球		后场30米任意球			点球	合计
			禁区内	禁区外	左侧	右侧	左侧	中路	右侧		
朝鲜队	上半场	成功	1	1							2
		失误	2	1							3
		被进球	(2)								(2)
	下半场	成功		1				1			2
		失误	1								1
		被进球									

注:* 为乌龙球。

(二)中国队与朝鲜队比赛防守态势变化

中国队与朝鲜队防守态势变化曲线如图 2-36 所示,从中可以看出,双方的防守分值比较相近,在绝大部分时间里,防守得分都较高。中国队仅在第 56 分钟的时候出现了防守失误(乌龙球),而朝鲜队在上半场的开始(第 1 分钟)和上半场结束(第 42 分钟)时出现了 2 次较大的漏洞。

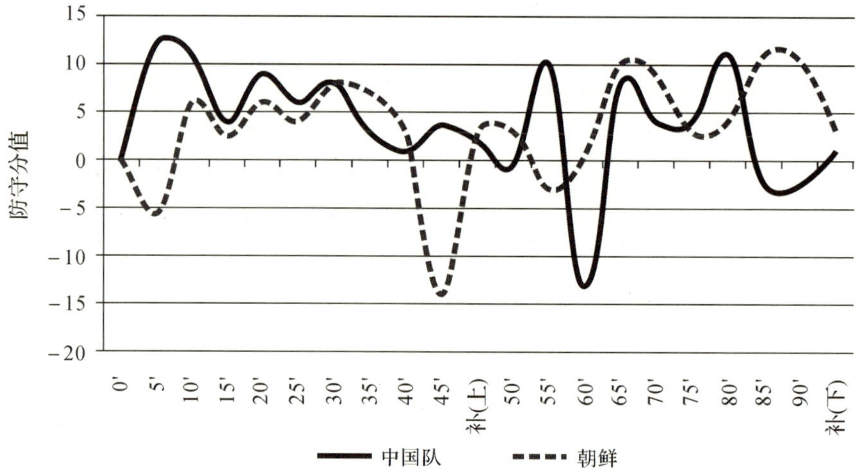

图 2-36 中国队与朝鲜队比赛防守态势变化曲线

(三)中国队与朝鲜队比赛防守技术运用

1. 前场 30 米区域防守技术

中国队前场防守技术运用情况如图 2-37 所示:在个人防守中,施压 41 次(成功 21 次,失误 20 次,成功率 51.22%),无压 25 次;反抢成功 5 次,失误 2 次;1v1 防守失误 1 次;断球成功 1 次,失误 1 次。小组防守压迫成功 1 次,失误 2 次;保护成功 2 次,无失误。

朝鲜队前场防守技术运用情况如图 2-38 所示:在个人防守中,施压 48 次(成功 25 次,失误 23 次,成功率 52.08%),无压 52 次;反抢成功 7 次,失误 5 次;1v1 防守成功 2 次,失误 1 次;断球成功 5 次,无失误。小组防守压迫成功 3 次;保护成功 3 次。

中国队在前场对朝鲜队限制其横向传球的进攻组织,因此无压情况较低,丢球后就地反抢的成功率也高于对手,表明对持球人的限制较为成功。但是,中国队的断球的次数与成功率均低于朝鲜队。

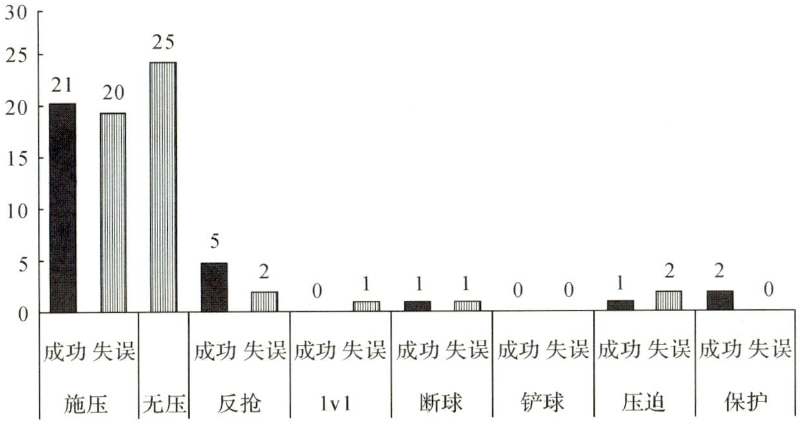

图 2-37　中国队对朝鲜队前场防守技术运用情况统计

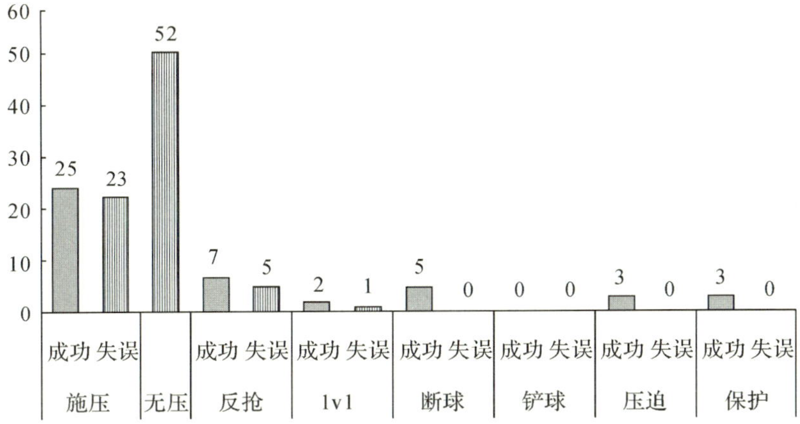

图 2-38　朝鲜队对中国队前场防守技术运用情况统计

2. 中场区域防守技术

中国队中场防守技术运用情况如图 2-39 所示：在个人防守中，施压 163 次（成功 97 次，失误 66 次，成功率为 59.51%），无压 81 次；反抢成功 8 次，失误 7 次；1v1 防守成功 4 次，失误 4 次；断球成功 19 次，失误 2 次；铲球成功 3 次，失误 1 次；回追成功 1 次，失误 2 次；争顶成功 6 次，失误 8 次。小组防守压迫成功 4 次，失误 12 次；保护成功 22 次，失误 8 次。

朝鲜队中场防守技术运用情况图 2-40 所示：在个人防守中，施压 331 次（成功 213 次，失误 118 次，成功率 64.35%），无压 134 次；反抢成功 6 次，失误 12 次；1v1 防守成功 5 次，失误 7 次；断球成功 19 次，失误 1 次；铲球成功 3 次，失误 2 次；回追成功 4 次，无失误；争顶运成功 5 次，失误 10 次。小组防守压迫成功 3 次，失误 9 次；保护成功 26 次，失误 8 次。

中国队中场主动对持球人限制和施压次数和成功率要低于朝鲜队，但对持球人无压情况少于对手。中国队的反抢、1v1 防守、争顶的成功率要高于朝鲜队，但回追的效果不如对方，双方在小组防守中效果差异不大。

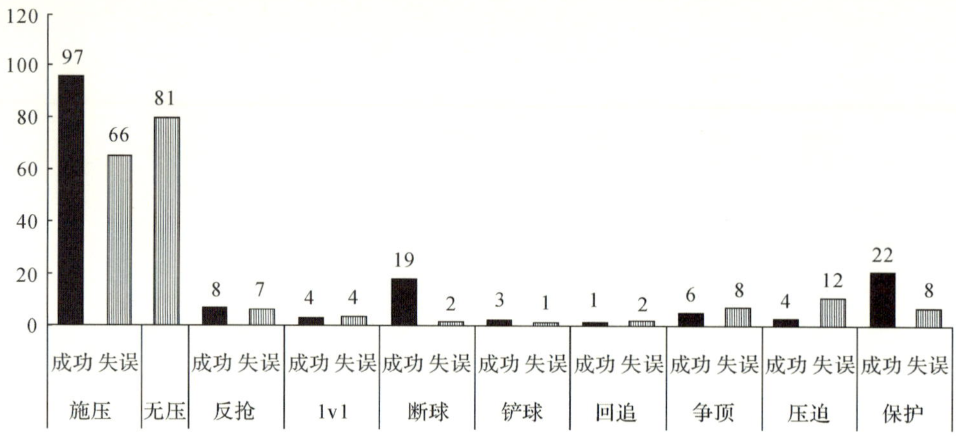

图 2-39　中国队对朝鲜队中场防守技术运用情况统计

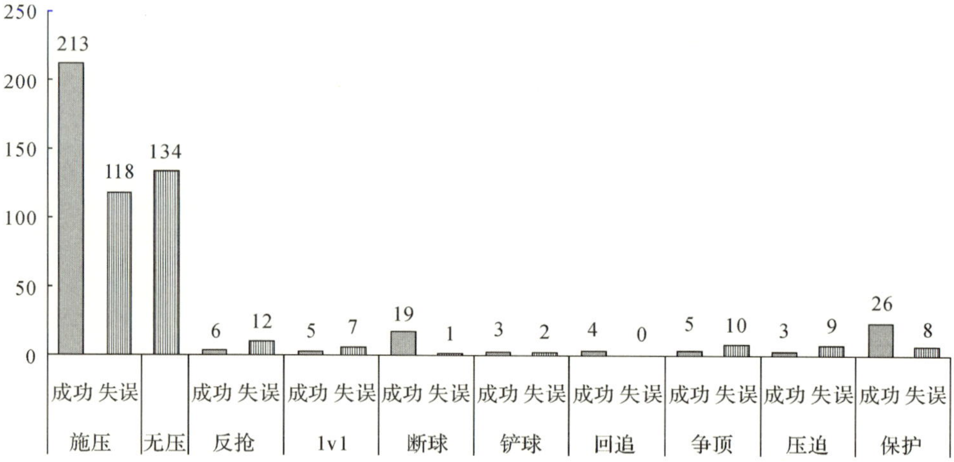

图 2-40　朝鲜队对中国队中场防守技术运用情况统计

3.后场区域防守技术

中国队后场防守技术运用情况如图 2-41 所示:在个人防守中,施压 83 次(成功 34 次,失误 49 次,成功率 40.96%),无压 9 次;反抢成功 3 次,失误 3 次;1v1 防守成功 5 次,失误 7 次;断球成功 7 次,失误 3 次;铲球成功 1 次,失误 3 次;回追成功 2 次,失误 1 次;争顶成功 8 次,失误 9 次。小组防守压迫成功 4 次,失误 6 次;保护成功 27 次,失误 13 次;补位成功 1 次,失误 2 次。

朝鲜队后场防守技术运用情况如图 2-42 所示:在个人防守中,施压 116 次(成功 65 次,失误 51 次,成功率 56.03%),无压 11 次;反抢失误 2 次;1v1 防守成功 2 次,失误 3 次;断球成功 13 次,失误 2 次;回追成功 4 次,失误 2 次;争顶成功 1 次,失误 9 次。小组防守压迫成功 3 次,失误 10 次;保护成功 41 次,失误 7 次;补位成功 10 次,无失误。

中国队后场对持球人的施压次数和成功率都要低于朝鲜队,且双方在后场的无压次数都比较多。中国队反抢、1v1 防守、争顶的效果要高于对手,但是断球和回追防守却不如朝鲜队。在小组防守中,中国队保护、补位的防守效果一般。

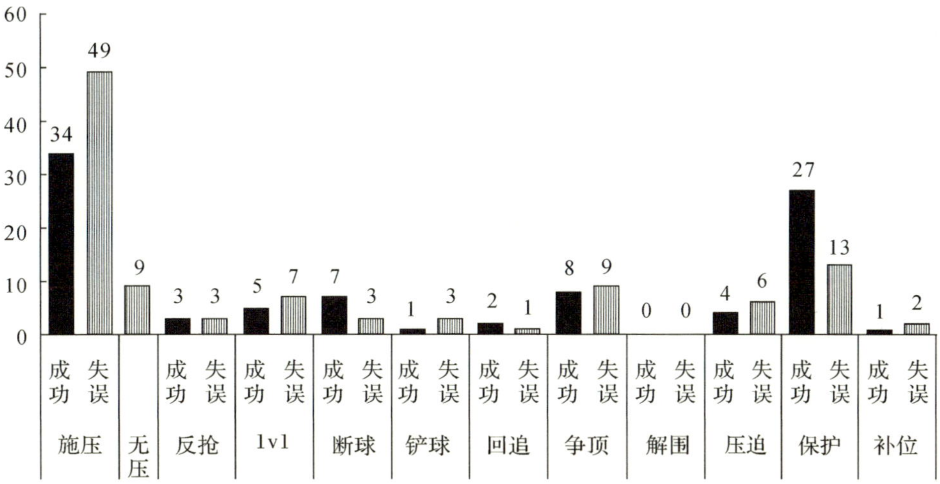

图 2-41　中国队对朝鲜队后场防守技术运用情况统计

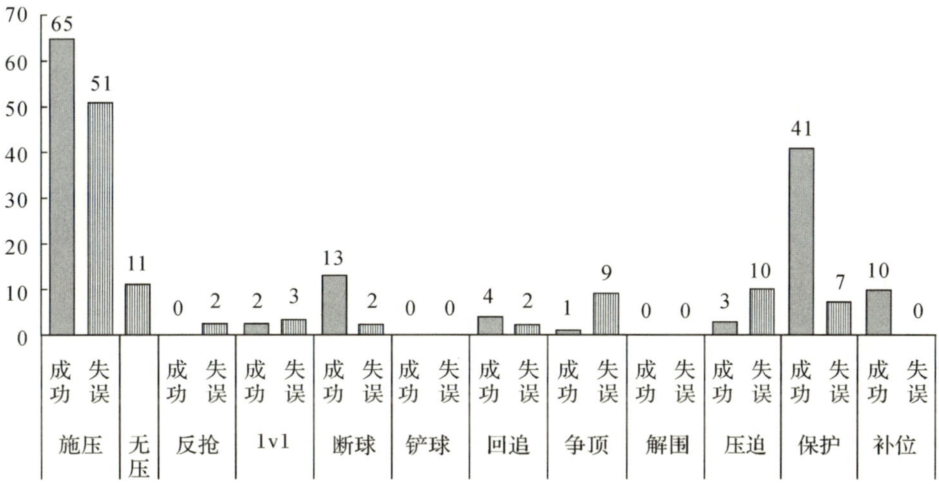

图 2-42　朝鲜队对中国队后场防守技术运用情况统计

（四）中国队与朝鲜队比赛守门员技术比较

中国队与朝鲜队比赛守门员技术统计如表 2-19 所示：中国队守门员（王大雷）处理球 6 次，成功 5 次，失误 1 次，成功率为 83.33%。其中，扑救球 2 次（成功 1 次，被进 1 球），正面接球成功 1 次，扑单刀成功 2 次，禁区外断球成功 1 次。

朝鲜队守门员（李明国）处理球 8 次，成功 6 次，被进 2 球，成功率为 75%。其中，扑救球 3 次（成功 1 次，被进 2 球），正面接球成功 2 次，扑单刀成功 1 次，摘传中球成功 1 次，禁区外断球成功 1 次。

表 2-19 中国队与朝鲜队比赛守门员技术统计

			扑救球	正面接球	扑单刀	托球	摘传中球	禁外断球	拳击球	守点球	合计
中国队	上半场	成功			1						1
		失误									
		被进球									
	下半场	成功	1	1	1			1			4
		失误	1								1
		被进球	(1)								(1)
朝鲜队	上半场	成功		1							1
		失误	2								2
		被进球	(2)								(2)
	下半场	成功	1	1	1		1	1			5
		失误									
		被进球									

四、中国队与朝鲜队比赛攻守转换分析

(一)中国队与朝鲜队由守转攻情况

中国队与朝鲜队比赛由守转攻数据统计如表 2-20 所示:中国队全场比赛由守转攻 107 次,成功 75 次,失误 32 次,成功率为 70.09%;朝鲜队为 111 次,成功 83 次,失误 28 次,成功率为 74.77%。双方由守转攻的次数及成功率相差不大。

其中,中国队前场由守转攻 13 次,成功 11 次,失误 2 次,成功率为 84.62%;朝鲜队为 17 次,成功 12 次,失误 5 次,成功率为 70.59%。中国队中场由守转攻 47 次,成功 32 次,失误 15 次,成功率为 68.09%;朝鲜队为 41 次,成功 35 次,失误 6 次,成功率为 85.37%。中国队后场由守转攻 47 次,成功 32 次,失误 15 次,成功率为 68.09%;朝鲜队为 53 次,成功 36 次,失误 17 次,成功率为 67.92%。中国队前场由守转攻的效果较好,但中场却不如朝鲜队,后场双方的成功率非常接近。

中国队上半场由守转攻 55 次,成功 40 次,失误 15 次,成功率为 72.73%;朝鲜队为 46 次,成功 37 次,失误 9 次,成功率为 80.43%。中国队下半场由守转攻为 52 次,成功 35 次,失误 17 次,成功率为 67.31%;朝鲜队为 65 次,成功 46 次,失误 19 次,成功率为 70.77%。中国队上半场防守较为积极,但下半场由守转攻的次数和成功率都有所下降。朝鲜队下半场由守转攻的次数则明显增多,但成功率却低于上半场。

表 2-20 中国队与朝鲜队比赛由守转攻数据统计

		前场		中场		后场		合计	
		成功	失误	成功	失误	成功	失误	成功	失误
中国队	上半场	8	2	16	7	16	6	40	15
	下半场	3	0	16	8	16	9	35	17
朝鲜队	上半场	2	3	15	2	20	4	37	9
	下半场	10	2	20	4	16	13	46	19

（二）中国队与朝鲜队由攻转守情况

中国队与朝鲜队比赛由攻转守数据统计如表 2-21 所示：中国队全场比赛由攻转守 28 次，成功 16 次，失误 12 次，成功率为 57.14%；朝鲜队为 32 次，成功 13 次，失误 19 次，成功率为 40.63%。中国队比赛中进攻受阻的次数略低于朝鲜队，也反映中国队对球的控制力相对较强，反抢的能力也要好于对手。

其中，中国队前场由攻转守 7 次，成功 5 次，失误 2 次，成功率为 71.43%；朝鲜队为 12 次，成功 7 次，失误 5，成功率为 58.33%。中国队中场由攻转守 15 次，成功 8 次，失误 7 次，成功率为 53.33%；朝鲜队为 18 次，成功 6 次，失误 12 次，成功率为 33.33%。中国队后场由攻转守 6 次，成功 3 次，失误 3 次，成功率为 50%；朝鲜队后场失误 2 次。中国队在前场和中场由攻转守的次数少于朝鲜对，但成功率比较高，中国队后场的次数却要多于对手。

中国队上半场由攻转守 13 次，成功 7 次，失误 6 次，成功率为 53.85%；朝鲜队为 10 次，成功 4 次，失误 6 次，成功率为 40%。中国队下半场由攻转守为 15 次，成功 9 次，失误 6 次，成功率为 60%；朝鲜队为 22 次，成功 9 次，失误 13 次，成功率为 40.91%。中国队上、下半场由攻转守的次数和成功率差异不大，而朝鲜队下半场由攻转守次数明显增多。

表 2-21 中国队与朝鲜队比赛由攻转守数据统计

		前场		中场		后场		合计	
		成功	失误	成功	失误	成功	失误	成功	失误
中国队	上半场	3	0	3	5	1	1	7	6
	下半场	2	2	5	2	2	2	9	6
朝鲜队	上半场	1	1	3	5	0	0	4	6
	下半场	6	4	3	7	0	2	9	13

第四节 中国队与澳大利亚队比赛技术实力分析

2015 年 1 月 22 日，中国队 1/4 决赛在布里斯班体育场对澳大利亚队，主裁判金钟赫。比赛结果 0∶2，卡希尔分别在第 49 分钟和第 65 分钟攻入 2 球。

一、中国队与澳大利亚队出场阵容

（一）中国队出场阵容

中国队比赛阵型为 4-3-3，首发阵容：王大雷（23 号，守门员）、张呈栋（17）、张琳芃（5）、梅方（3）、任航（2）、郑智（10）、吴曦（15）、蔡慧康（8）、吉翔（14）、孙可（16）、武磊（7）。

替补队员为：姜至鹏（4 号，第 45 分钟上场替换梅方）、于海（21 号，第 72 分钟上场替换孙可）、杨旭（9 号，第 83 分钟上场替换吴曦）。

（二）澳大利亚队出场阵容

澳大利亚队比赛阵型为 4-3-3，首发阵容：瑞恩（1 号，守门员）、塞恩赛伯里（20）、戴维森

(3)、威尔金森(22)、弗兰季奇(2)、布雷西亚诺(23)、耶迪纳克(15)、隆戈(21)、克鲁泽(10)、卡希尔(4)、莱基(7)。

替补队员为:特洛伊西(14号,第61分钟上场替换布雷西亚诺)、伯恩斯(16号,第69分钟上场替换莱基)、米利甘(5号,第81分钟上场替换卡希尔)。

二、中国队与澳大利亚队比赛进攻行为分析

(一)中国队与澳大利亚队比赛进攻行为基础数据

1.各区域进攻行为与时段

中国队与澳大利亚队比赛进攻行为数据统计如表2-22所示:中国队全场比赛的整体进攻行为398次,成功率为74.87%;澳大利亚队为706次,成功率为85.69%。由此可见,中国队的进攻实力与澳大利亚队还存在着较大的差距。

其中,中国队前场65次,成功44次,成功率为67.69%;澳大利亚队为158次,成功123次,成功率为77.85%;中国队中场225次,成功179次,成功率为79.56%;澳大利亚队为401次,成功357次,成功率为89.03%。中国队后场108次,成功75次,成功率为69.44%;澳大利亚队为147次,成功125次,成功率为85.03%。从统计数据上看,澳大利亚队完全占据了三个场区的控制权。

中国队上半场进攻行为131次,成功85次,成功率为64.89%;澳大利亚队为367次,成功308次,成功率为83.92%。中国队下半场进攻行为为267次,成功213次,成功率为79.78%;澳大利亚队为339次,成功297次,成功率为87.61%。中国队下半场的进攻有所加强,而澳大利亚队加强了进攻的成功率。

表2-22 中国队与澳大利亚队比赛各场区进攻行为数据统计

			前场			中场			后场			合计
			左边	中路	右边	左边	中路	右边	左边	中路	右边	
中国队	上半场	成功	5	2	5	13	10	22	7	12	9	85
		失误	4	0	2	10	0	12	5	9	4	46
	下半场	成功	2	7	23	42	33	59	11	22	14	213
		失误	3	3	9	10	8	6	5	7	3	54
澳大利亚队	上半场	成功	22	2	30	69	54	70	14	24	23	308
		失误	5	4	14	11	6	12	2	4	1	59
	下半场	成功	28	26	15	71	39	54	12	29	23	297
		失误	8	2	2	4	2	9	2	12	1	42

2.射门与定位球进攻

中国队与澳大利亚队比赛射门与定位球进攻情况如表2-23所示:中国队运动战禁区内射门6次(射正3次),禁区外射门6次(射正2次);角球2次(射门1次,失误1次),前场30米任意球进攻失误2次。全场比赛射正率为38.46%。

澳大利亚队运动战禁区内射门11次(射正6次,进2球),禁区外射门8次(射正1次),角球9次(射正1次,失误8次),前场30米任意球射门3次(射正1次)。澳大利亚队角球失误较多,全场比赛射正率为39.13%,进球率为8.70%。

表 2-23　中国队与澳大利亚队比赛射门与定位球进攻数据统计

			运动战		角球		前场 30 米任意球			点球	合计
			禁区内	禁区外	左侧	右侧	左侧	中路	右侧		
中国队	上半场	失误				1	2				3
		射门	3	1							4
		射正	(2)								(2)
		进球									
	下半场	失误									
		射门	3	5		1					9
		射正	(1)	(2)							(3)
		进球									
澳大利亚队	上半场	失误			2	3					5
		射门	3	1			1		1		6
		射正	(1)				(1)				(2)
		进球									
	下半场	失误				3					3
		射门	8	7		1		1			17
		射正	(5)	(1)		(1)					(7)
		进球	(2)								(2)

（二）中国队与澳大利亚队比赛进攻态势变化

中国队与澳大利亚队进攻态势变化曲线如图 2-43 所示，两个队的进攻态势变化可分为三个阶段：第一阶段是上半场前 20 分钟，中国队与澳大利亚队进攻交错进行，并占有一定的上风；第二阶段是上半场第 20 分钟至第 70 分钟，澳大利亚队完全占据了优势，并且在第 49 分钟和第 65 分钟攻入两球；第三阶段是从第 70 分钟至比赛结束，中国的进攻又有所加强，双方再次形成了交叉的进攻状态。

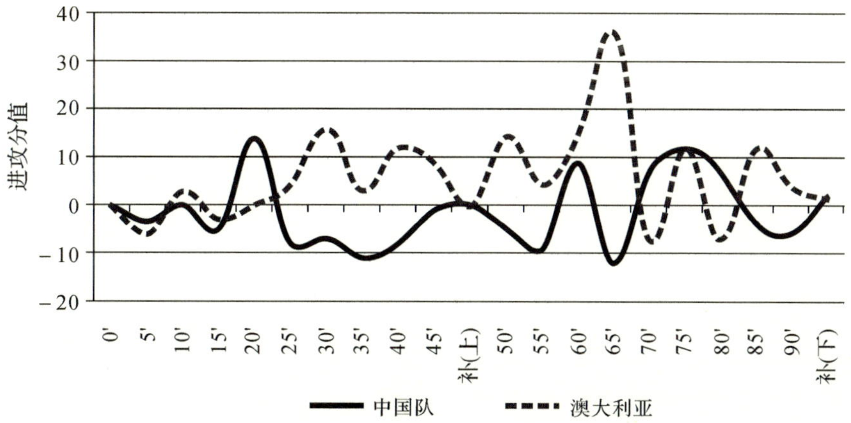

图 2-43　中国队与澳大利亚队比赛进攻态势变化曲线

(三)中国队与澳大利亚队比赛进攻技术行为运用

1.前场 30 米区域进攻技术

中国队前场 30 米进攻技术行为运用情况如图 2-44 所示:进攻性技术行为 39 次,成功 22 次,失误 17 次,成功率为 56.41%。其中,个人突破成功 9 次,失误 2 次;直传球成功 5 次,失误 3 次;直传身后失误 2 次;直传脚下成功 1 次,无失误;斜传球失误 1 次;二过一成功 2 次,无失误;传中成功 5 次,失误 9 次。过渡性技术行为运用 26 次,成功 22 次,失误 4 次,成功率为 84.62%。

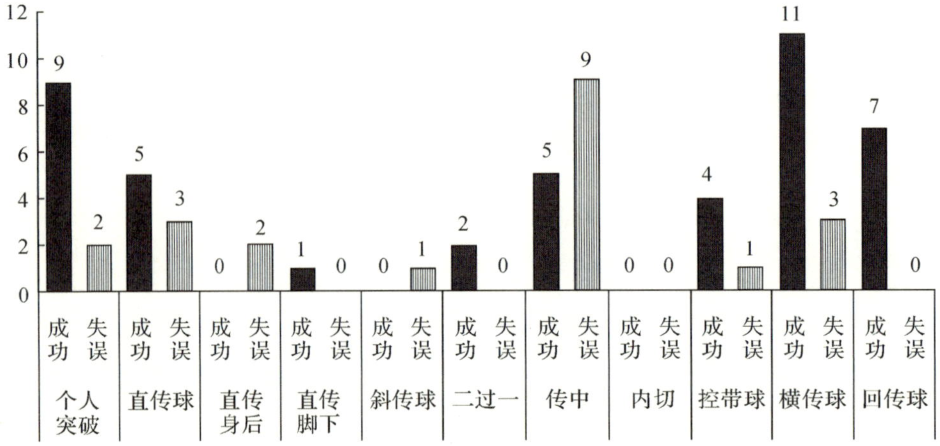

图 2-44 中国队对澳大利亚队前场进攻技术运用情况统计

澳大利亚队前场 30 米进攻技术行为运用情况如图 2-45 所示:进攻性技术行为 75 次,成功 46 次,失误 29 次,成功率为 61.33%。其中,个人突破成功 11 次,失误 10 次;直传球成功 16 次,失误 3 次;直传身后成功 3 次,失误 3 次;直传脚下成功 2 次,无失误;斜传球成功 3 次,失误 1 次;二过一成功 5 次,失误 1 次;传中成功 4 次,失误 11 次;内切成功 2 次,无失误。过渡性技术行为运用 83 次,成功 77 次,失误 6 次,成功率为 92.77%。

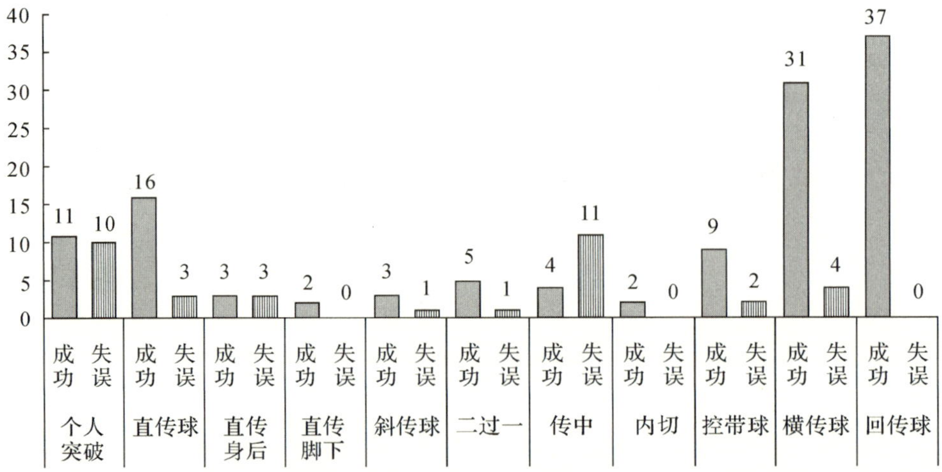

图 2-45 澳大利亚队对中国队前场进攻技术运用情况统计

中国队前场进攻行为的次数和效果都要低于澳大利亚队。中国队个人突破、直传身后、斜传球、内切等都要落后于对手。在控球方面，澳大利亚队的过渡性技术运用次数和成功率均高于中国队。

2.中场区域进攻技术

中国队中场进攻技术运用情况如图 2-46 所示：进攻性技术行为 111 次，成功 83 次，失误 28 次，成功率为 74.77%。其中，向前带球成功 13 次，失误 3 次；中长直传失误 6 次；短直传成功 29 次，失误 7 次；直传身后成功 1 次，失误 2 次；直传脚下成功 1 次，无失误；长传转移成功 1 次，失误 2 次；二过一成功 4 次，无失误；斜传边路成功 26 次，失误 3 次；边路斜传成功 8 次，失误 5 次。过渡性技术行为运用 114 次，成功 96 次，失误 18 次，成功率为 84.21%。

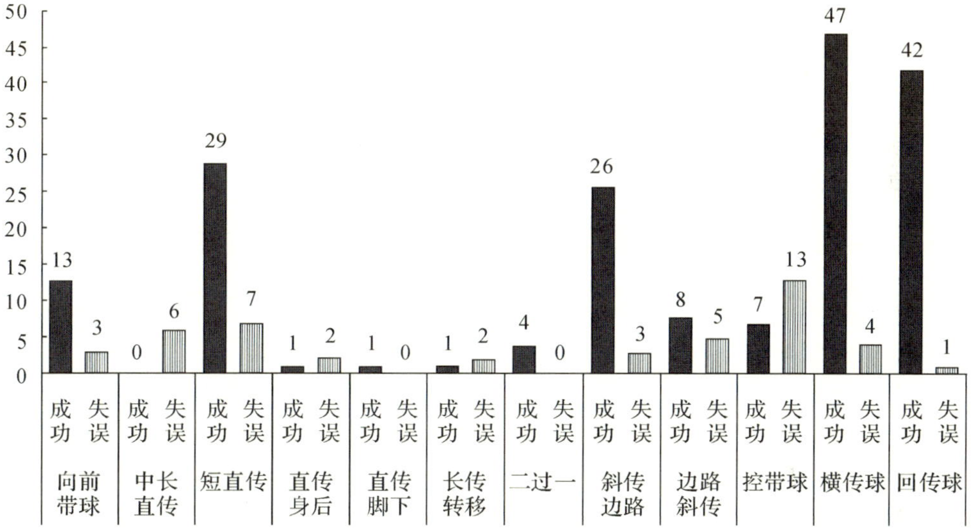

图 2-46　中国队对澳大利亚队中场进攻技术运用情况统计

澳大利亚队中场进攻技术运用情况如图 2-47 所示：进攻性技术行为 189 次，成功 157 次，失误 32 次，成功率为 83.07%。其中，向前带球成功 20 次，失误 3 次；中长直传成功 5 次，失误 6 次；短直传成功 55 次，失误 13 次；直传身后成功 1 次、失误 4 次；直传脚下成功 3 次，无失误；长传转移成功 1 次，无失误；二过一成功 1 次，无失误；斜传边路成功 63 次，失误 4 次；边路斜传成功 8 次，失误 2 次。过渡性技术行为运用 212 次，成功 200 次，失误 12 次，成功率为 94.34%。

澳大利亚中场进攻具有一定的优势，中国队进攻行为次数和成功率都少于对手。由于中路主要进攻手段(直传身后、直传脚下)双方都受到了限制，因此以短传渗透、斜传边路以及长传转移为主，从边路发动进攻。澳大利亚队短直传、斜传边路的次数和成功率都要高于中国队。在控制节奏的过渡性技术运用中，澳大利亚队也占据着主导地位，其运用的次数与成功率明显高于中国队。

3.后场区域进攻技术

中国队后场进攻技术运用情况如图 2-48 所示：进攻性技术行为 80 次，成功 51 次，失误 29 次，成功率为 63.75%。其中，向前带球成功 9 次，失误 1 次；向前长传成功 3 次，失误 9

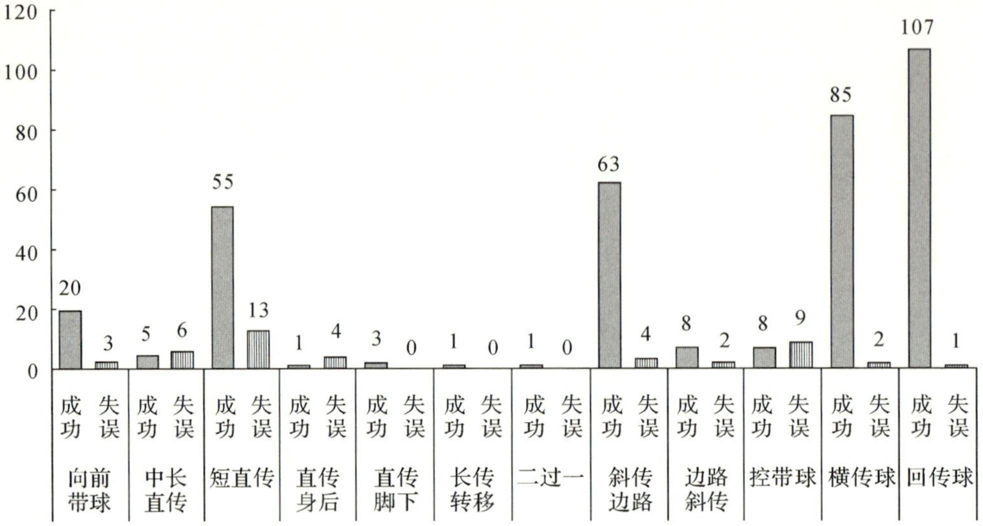

图 2-47 澳大利亚队对中国队中场进攻技术运用情况统计

次;向前中传成功 4 次,失误 5 次;斜传边路成功 22 次,失误 4 次;短直传成功 13 次,失误 10 次。过渡性技术行为运用 28 次,成功 24 次,失误 4 次,成功率为 85.71%。

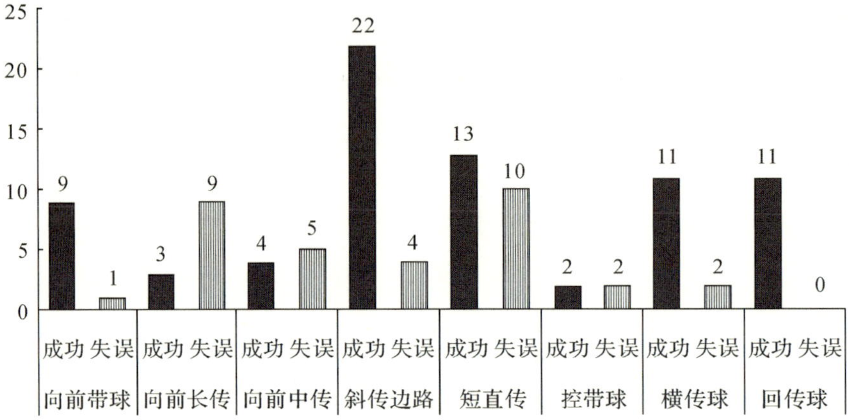

图 2-48 中国队对澳大利亚队后场进攻技术运用情况统计

澳大利亚队后场进攻技术运用情况如图 2-49 所示:进攻性技术行为 86 次,成功 64 次,失误 22 次,成功率为 74.42%。其中,向前带球成功 10 次,无失误;向前长传成功 3 次,失误 11 次;向前中传成功 10 次,失误 4 次;斜传边路成功 31 次,失误 3 次;短直传成功 10 次,失误 4 次。过渡性技术成功运用 61 次,无失误。

在后场进攻组织中,中国队进攻性行为的次数和成功率都要略少于澳大利亚队,尤其是在向前中传、斜传边路、短直传的成功率明显高低于对手。另外,在该场比赛中,澳大利亚队后场过渡性技术运用无任何的失误。

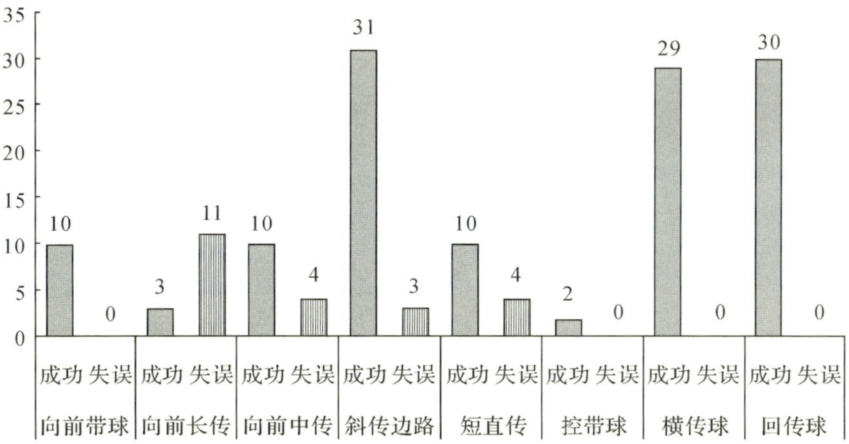

图 2-49　澳大利亚队对中国队后场进攻技术运用情况统计

三、中国队与澳大利亚队比赛防守行为分析

(一)中国队与澳大利亚队比赛防守行为基础数据

1.各区域防守行为与时段

中国队与澳大利亚队在全场整体防守行为如表 2-24 所示:中国队全场比赛个人防守行为 793 次[包括无压(以下简称无压)156 次],成功 349 次,失误 444 次,成功率为 44.01%;澳大利亚队个人防守行为 515 次(无压 34 次),成功 278 次,失误 237 次,成功率为 53.98%。中国队个人防守行为次数较多,但成功率要低于澳大利亚队。

其中,中国队前场个人防守行为 125 次(无压 45 次),成功 43 次,失误 82 次,成功率为 34.40%;澳大利亚队为 119 次(无压 17 次),成功 55 次,失误 64 次,成功率为 46.22%。中国队中场个人防守行为 426 次(无压 101 次),成功 192 次,失误 234 次,成功率为 45.07%;澳大利亚队为 282 次(无压 16 次),成功 157 次,失误 125 次,成功率为 55.67%。中国队后场个人防守行为 242 次(无压 10 次),成功 114 次,失误 128 次,成功率 47.11%;澳大利亚队为 114 次(无压 1 次),成功 66 次,失误 48 次,成功率是 57.89%。中国队在前场、中场和后场的个人防守次数均要多于澳大利亚队,但成功率都要低于对手。

中国队小组防守 91 次,成功 59 次,失误 32 次,成功率为 64.84%;澳大利亚队小组防守 84 次,成功 64 次,失误 20 次,成功率为 76.19%。中国队小组防守的次数也要多于对手,但是成功率并不高。

其中,中国队前场小组防守成功 1 次,失误 2 次;澳大利亚队为成功 6 次,失误 3 次;中国队中场小组防守 42 次,成功 26 次,失误 16 次,成功率为 61.90%;澳大利亚队为 40 次,成功 29 次,失误 11 次,成功率为 72.50%。中国队后场小组防守 46 次,成功 32 次,失误 14 次,成功率为 69.57%;澳大利亚队为 35 次,成功 29 次,失误 6 次,成功率为 82.86%。

表 2-24 中国队与澳大利亚队比赛各场区防守行为数据统计

场地区域与防守类型			中国队				澳大利亚队			
			上半场		下半场		上半场		下半场	
			成功	失误	成功	失误	成功	失误	成功	失误
前场	左边	个人	10	5	12	14	7	12	10	7
		小组	0	0	0	1	0	2	0	0
	中路	个人	5	2	9	11	3	5	13	9
		小组	0	0	0	0	1	0	2	0
	右边	个人	4	3	3	2	18	7	4	7
		小组	0	0	1	1	3	1	0	0
	无压		29		16		3		14	
中场	左边	个人	33	21	41	25	37	20	35	26
		小组	4	0	6	3	8	1	9	2
	中路	个人	20	17	21	18	6	9	14	9
		小组	1	2	1	1	2	0	1	0
	右边	个人	44	26	33	26	26	19	39	26
		小组	7	6	7	4	7	4	2	4
	无压		65		36		2		14	
后场	左边	个人	36	22	3	25	4	7	18	15
		小组	7	3	4	1	4	0	3	2
	中路	个人	20	11	22	27	7	5	11	10
		小组	5	3	6	2	6	1	10	0
	右边	个人	16	17	17	16	10	5	16	5
		小组	3	2	7	3	1	3	5	0
	无压		6		4		0		1	
合计		个人	188	124	161	164	118	89	160	114
		小组	27	16	32	16	32	12	32	8
		无压	100		56		5		29	

中国队上半场个人防守行为 412 次(无压 100 次),成功 188 次,失误 224 次,成功率为 45.63%;澳大利亚队为 212 次(无压 5 次),成功 118 次,失误 94 次,成功率为 55.66%。中国队下半场个人防守行为 381 次(无压 56 次),成功 161 次,失误 220 次,成功率为 42.26%;澳大利亚队为 303 次(无压 29 次),成功 160 次,失误 143 次,成功率为 52.81%。中国队下半场防守次数有所减少,而澳大利亚队下半场则加强了防守。

中国队上半场小组防守 43 次,成功 27 次,失误 16 次,成功率为 62.79%;澳大利亚队为 44 次,成功 32 次,失误 12 次,成功率为 72.73%。中国队下半场小组防守 48 次,成功 32 次,失误 16 次,成功率为 66.67%;澳大利亚队为 40 次,成功 32 次,失误 8 次,成功率为 80%。

2. 防守对方射门与定位球进攻

中国队与澳大利亚队比赛防守射门与定位球数据统计如表 2-25 所示:中国队防守对方

运动战禁区内射门 11 次(成功 4 次,失误 7 次,被进 2 球),防守禁区外射门 8 次(成功 3 次,失误 5 次),防守角球 7 次(成功 6 次,失误 1 次),防守后场 30 米任意球进攻 3 次(成功 1 次,失误 2 次)。

澳大利亚队防守对方运动战禁区内射门 6 次(成功 4 次,失误 2 次),防守禁区外射门 6 次(成功 4 次,失误 2 次),防守角球失误 1 次,防守后场 30 米任意球进攻成功 3 次。

表 2-25　中国队与澳大利亚队比赛防守射门与定位球数据统计

			运动战		角球		后场 30 米任意球			点球	合计
			禁区内	禁区外	左侧	右侧	左侧	中路	右侧		
中国队	上半场	成功	2	1	3	2			1		9
		失误	1				1				2
		被进球									
	下半场	成功	2	2	1						5
		失误	6	5	1			1			13
		被进球	(2)								(2)
澳大利亚队	上半场	成功	2	1			1		2		6
		失误	1								1
		被进球									
	下半场	成功	2	3							5
		失误	1	2	1						4
		被进球									

(二)中国队与澳大利亚队比赛防守态势变化

中国队与澳大利亚队防守态势变化曲线如图 2-50 所示,从中可以看出,中国队上半场的防守比较好,尽管有起伏变化,但防守分值基本上处于 0 线以上。但下半场的前 20 分钟(第 45 分钟至第 65 分钟)防守有较大的失误,出现了两次低谷,在第 49 分钟和第 65 分钟的时候丢失 2 球。澳大利亚队防守在第 20 分钟和第 75 分钟的时候有 2 次低谷,但在绝大部分时间内,防守得分较高,且相对比较稳定。

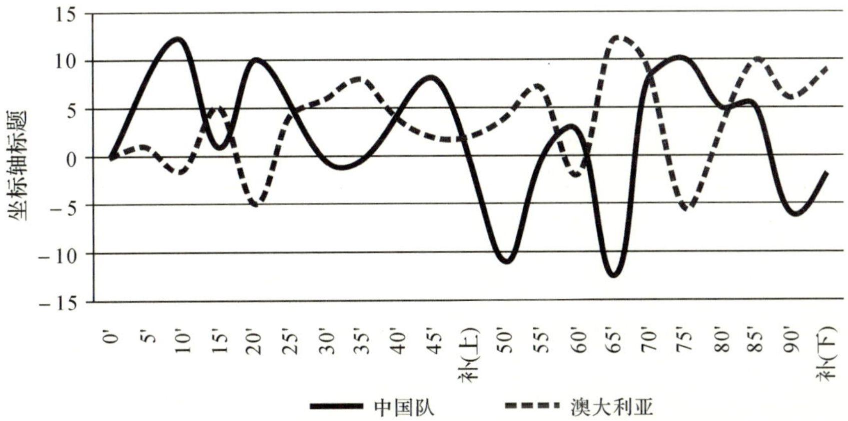

图 2-50　中国队与澳大利亚队比赛防守态势变化曲线

(三)中国队与澳大利亚队比赛防守技术运用

1.前场 30 米区域防守技术

中国队前场防守技术运用情况如图 2-51 所示:在个人防守中,施压 72 次(成功 39 次,失误 33 次,成功率 54.17%),无压 45 次;反抢成功 3 次,失误 4 次;断球成功 1 次。小组防守压迫失误 1 次;保护成功 1 次,失误 1 次。

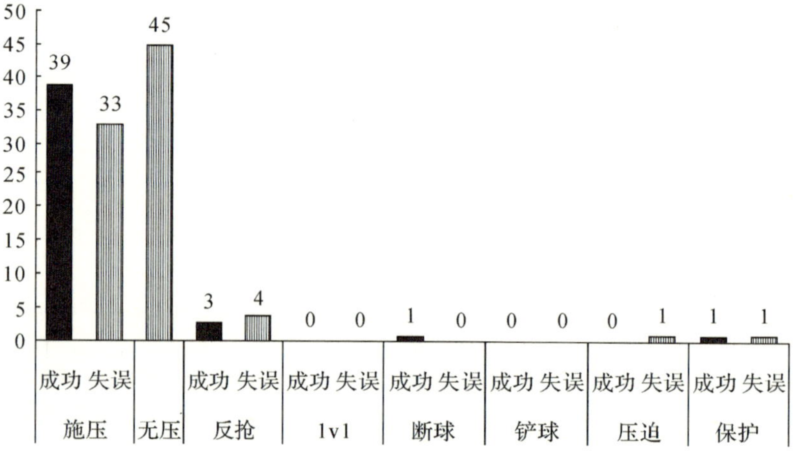

图 2-51 中国队对澳大利亚队前场防守技术运用情况统计

澳大利亚队前场防守技术运用情况如图 2-52 所示:在个人防守中,施压 70 次(成功 34 次,失误 36 次,成功率 48.57%),无压 17 次;反抢成功 8 次,失误 6 次;1v1 防守成功 1 次,失误 2 次;断球成功 11 次,失误 3 次;铲球成功 1 次。小组防守压迫成功 1 次,失误 1 次;保护成功 5 次,失误 2。

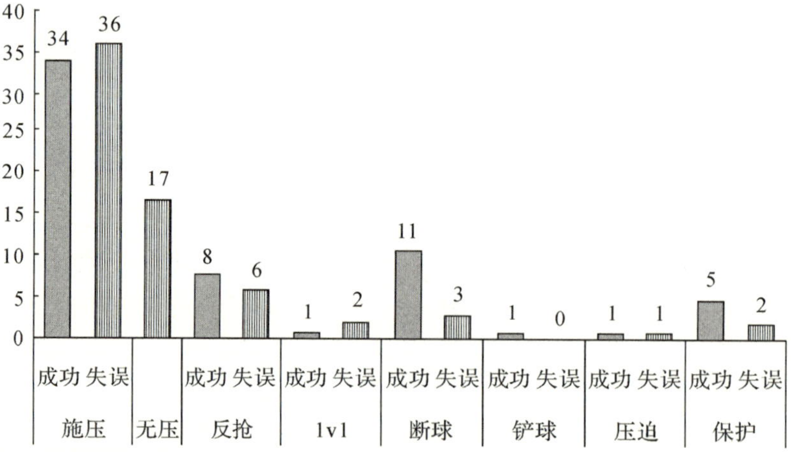

图 2-52 澳大利亚队对中国队前场防守技术运用情况统计

两队前场主动施压的次数与成功率差不多,中国队稍好一些。但是,中国队在前场逼抢时,对于对方快速转移的盯防移动还不够,因而中国队出现无压的情况要远多于澳大利亚队。澳大利亚队的反抢和断球比较好,很大程度上限制住了中国队后场进攻的组织。

2 中场区域防守技术

中国队中场防守技术运用情况如图 2-53 所示：在个人防守中，施压 256 次(成功 155 次，失误 101 次，成功率 60.55%)，无压 101 次；反抢成功 10 次，失误 8 次；1v1 防守成功 5 次，失误 10 次；断球成功 10 次，失误 4 次；回追成功 2 次，失误 1 次；争顶成功 10 次，失误 9 次。小组防守压迫成功 6 次，失误 9 次；保护成功 20 次，失误 7 次。

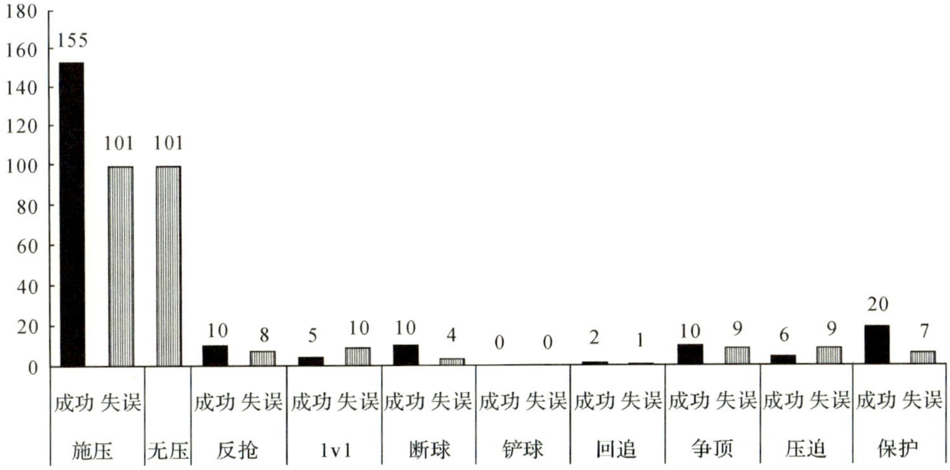

图 2-53 中国队对澳大利亚队中场防守技术运用情况统计

澳大利亚队中场防守技术运用情况图 2-54 所示：在个人防守中，施压 180 次(成功 110 次，失误 70 次，成功率 61.11%)，无压 16 次；反抢成功 12 次，失误 12 次；1v1 防守成功 5 次，失误 8 次；断球成功 13 次，失误 1 次；回追成功 4 次，失误 1 次；争顶成功 13 次，失误 17。小组防守压迫成功 8 次，失误 4 次；保护成功 21 次，失误 7 次。

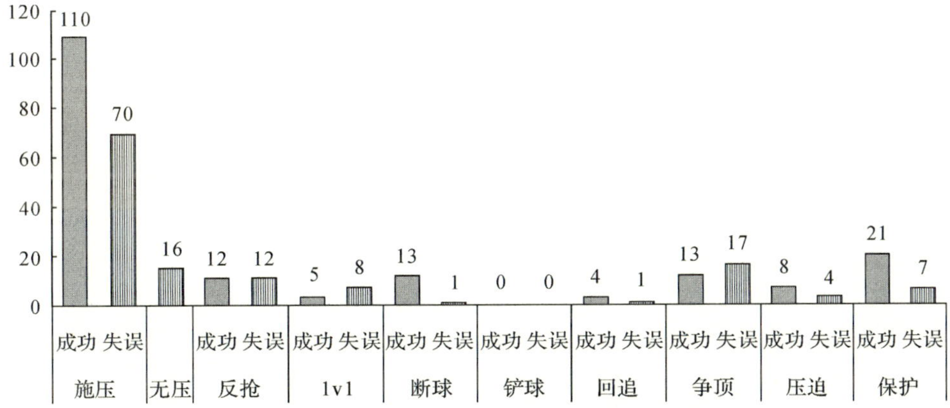

图 2-54 澳大利亚队对中国队中场防守技术运用情况统计

中国队在中场施压次数明显高于澳大利亚队，但成功率两队非常接近，然而中国队对持球人无压的情况有 101 次，而澳大利亚队只有 16 次，暴露出中国队在该场比赛中主动逼抢和移动防守有较大的问题。另外，在断球以及小组压迫防守方面中国队的成功率也要明显低于澳大利亚队。

3.后场区域防守技术

中国的后场防守技术运用情况如图 2-55 所示：在个人防守中，施压 161 次(成功 70 次，失误 91 次，成功率 43.47%)，无压 10 次；反抢成功 2 次，失误 2 次；1v1 防守成功 8 次，失误 10 次；断球成功 12 次，失误 1 次；铲球失误 3 次；回追成功 2 次，失误 3 次；争顶成功 16 次，失误 8 次；解围成功 4 次。小组防守压迫成功 4 次，失误 8 次；保护成功 25 次，失误 5 次；补位防守成功 3 次，失误 1 次。

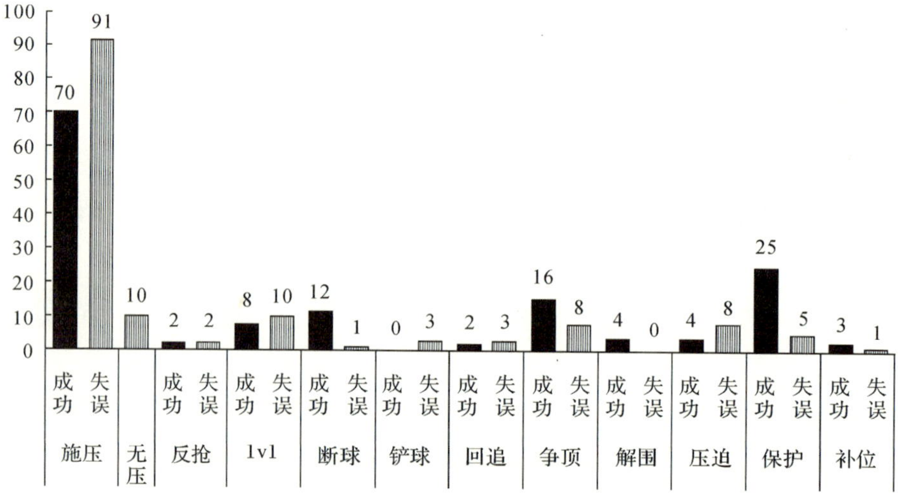

图 2-55　中国队对澳大利亚队后场防守技术运用情况统计

澳大利亚队后场防守技术运用情况如图 2-56 所示：在个人防守中，施压防守 76 次(成功 39 次，失误 37 次，成功率 51.32%)，无压 1 次；反抢成功 1 次，失误 1 次；1v1 防守成功 7 次，失误 3 次；断球成功 10 次，失误 1 次；铲球成功 2 次，失误 1 次；回追成功 1 次；争顶成功 5 次，失误 4 次；解围成功 1 次。小组防守压迫成功 4 次，失误 4 次；保护成功 24 次，失误 1 次；补位防守成功 1 次，失误 1 次。

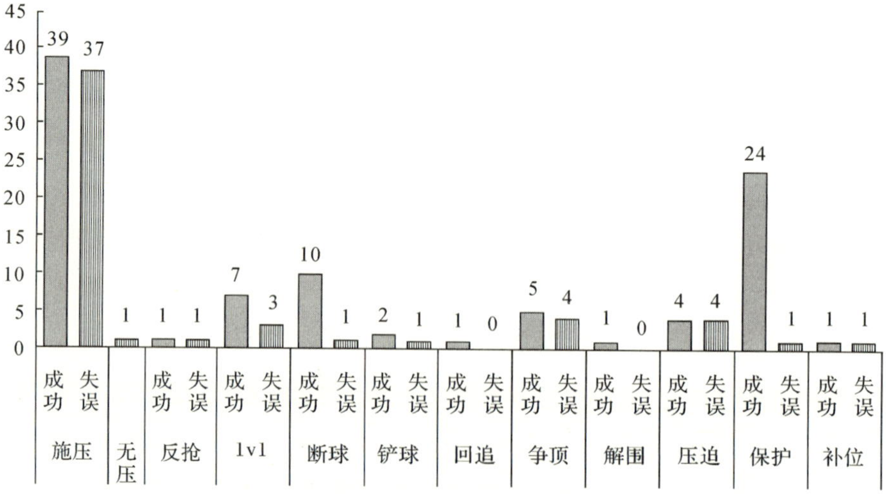

图 2-56　澳大利亚队对中国队后场防守技术运用情况统计

中国队后场的施压次数远多于澳大利亚队，这与对方的进攻比较强有关，但是中国队后场的施压成功率不到一半，且低于澳大利亚，其效果并不好。另外，在后场危险区域，中国队还出现了 10 次对持球人无压的情况，而澳大利亚队仅出现了 1 次，表明中国队的防守还不够严谨，中国队在后场的争顶还是具有一定的优势。

（四）中国队与澳大利亚队比赛守门员技术比较

中国队与澳大利亚队比赛守门员技术统计如表 2-26 所示：中国队守门员（王大雷）处理球 14 次，成功 11 次，失误 3 次（被进 2 球），成功率为 78.57%。其中，扑救球 8 次（成功 6 次，被进 2 球），扑单刀 2 次（成功 1 次，失误 1 次），摘传中球成功 1 次，挡球成功 1 次和禁区外断球成功 2 次。本场比赛虽然被对方打入 2 球，但是王大雷的表现较好，活动范围大、反应快速，在 8 个扑救球中，成功扑救 6 次，遏制了一些澳大利亚队势在必进之球。

澳大利亚队守门员（瑞恩）处理球 10 次，均为成功。其中，扑救球成功 3 次，正面接球成功 2 次，扑单刀成功 2 次，摘传中球成功 2 次和禁区外断球成功 1 次。

表 2-26 中国队与澳大利亚队比赛守门员技术统计

			扑救球	正面接球	扑单刀	托球	摘传中球	挡出	禁外断球	拳击球	合计
中国队	上半场	成功	1					1	1		3
		失误									
		被进球									
	下半场	成功	5		1		1		1		8
		失误	2		1						3
		被进球	(2)								(2)
澳大利亚队	上半场	成功		2			1				3
		失误									
		被进球									
	下半场	成功	3		2		1		1		7
		失误									
		被进球									

四、中国队与澳大利亚队比赛攻守转换分析

（一）中国队与澳大利亚队由守转攻情况

中国队与澳大利亚队比赛由守转攻数据统计如表 2-27 所示：中国队全场比赛由守转攻 152 次，成功 100 次，失误 52 次，成功率为 65.79%；澳大利亚队为 139 次，成功 102 次，失误 37 次，成功率为 73.38%。中国队的防守较为积极，由守转攻的次数多于澳大利亚队，但成功率不如对手。

其中，中国队前场由守转攻 13 次，成功 8 次，失误 5 次，成功率为 61.54%；澳大利亚队为 24 次，成功 19 次，失误 5 次，成功率为 79.17%。中国队中场由守转攻 61 次，成功 41 次，失误 20 次，成功率为 67.21%；澳大利亚队为 68 次，成功 47 次，失误 21 次，成功率为 69.12%。中国队后场由守转攻 78 次，成功 51 次，失误 27 次，成功率为 65.38%；澳大利亚队为 47 次，成功 36 次，失误 11 次，成功率为 76.60%。中国队在前场高压区域逼抢不如澳

大利亚队,由守转攻次数和成功率都明显低于对手。中场区域双方拼抢较为激烈,由守转攻的次数和成功率都很接近。中国队在后场由守转攻的次数较多,但成功率低于对手。

中国队上半场由守转攻 83 次,成功 52 次,失误 31 次,成功率为 62.65%;澳大利亚队为 74 次,成功 56 次,失误 18 次,成功率为 75.68%。中国队下半场由守转攻为 69 次,成功 48 次,失误 21 次,成功率为 69.57%;澳大利亚队为 65 次,成功 46 次,失误 19 次,成功率为 70.77%。中国队上半场由守转攻次数多于下半场,而下半场的成功率有所提高。澳大利亚队则下半场有些下降。

表 2-27 中国队与澳大利亚队比赛由守转攻数据统计

		前场		中场		后场		合计	
		成功	失误	成功	失误	成功	失误	成功	失误
中国队	上半场	2	2	21	10	29	19	52	31
	下半场	6	3	20	10	22	8	48	21
澳大利亚队	上半场	10	4	32	12	14	2	56	18
	下半场	9	1	15	9	22	9	46	19

(二)中国队与澳大利亚队由攻转守情况

中国队与澳大利亚队比赛由攻转守数据统计如表 2-28 所示:中国队全场比赛由攻转守 29 次,成功 15 次,失误 14 次,成功率为 51.72%;澳大利亚队为 40 次,成功 21 次,失误 19 次,成功率为 52.50%。中国队进攻时受阻的次数低于澳大利亚队,由攻转守的成功率则很接近。

其中,中国队前场由攻转守 7 次,成功 3 次,失误 4 次,成功率为 42.86%;澳大利亚队为 14 次,成功 8 次,失误 6 次,成功率为 57.14%。中国队中场由攻转守 18 次,成功 10 次,失误 8 次,成功率为 55.56%;澳大利亚队为 24 次,成功 12 次,失误 12 次,成功率为 50%。中国队后场由攻转守 4 次,成功 2 次,失误 2 次,成功率为 50%;澳大利亚队为由攻转守 2 次,成功 1 次,失误 1 次,成功率为 50%。中国队前场由攻转守的次数较少,成功率也明显少于澳大利亚队。中国队中场的反抢速度、逼抢能力要略好于对手,后场双方较为接近。

中国队上半场由攻转守 14 次,成功 8 次,失误 6 次,成功率为 57.14%;澳大利亚队为 19 次,成功 7 次,失误 12 次,成功率为 36.84%。中国队下半场由攻转守为 15 次,成功 7 次,失误 8 次,成功率为 46.67%;澳大利亚队为 21 次,成功 14 次,失误 7 次,成功率为 66.67%。中国队上、下半场由攻转守的次数差不多,但成功率有所下降。相反,澳大利亚队由攻转守的成功率有大幅度的提高。

表 2-28 中国队与澳大利亚队比赛由攻转守数据统计

		前场		中场		后场		合计	
		成功	失误	成功	失误	成功	失误	成功	失误
中国队	上半场	1	0	6	5	1	1	8	6
	下半场	2	4	4	3	1	1	7	8
澳大利亚队	上半场	3	3	4	8	0	1	7	12
	下半场	5	3	8	4	1	0	14	7

第三章　热身赛技术实力分析

中国男足在 2015 年 3 月进行了两场热身赛，分别对阵世界排名第 77 位的海地队和第 29 位的突尼斯队，中国队分别以 2∶2 和 1∶1 收获两场平局。

第一节　中国队与海地队比赛技术实力分析

2015 年 3 月 27 日，中国队在长沙贺龙体育中心与海地队进行了第一场热身赛，主裁判陆建桑。比赛结果 2∶2，路易斯在第 34 分钟、杨旭在第 58 分钟，格里尔在第 73 分钟和于海在第 82 分钟各进 1 球。

一、中国队与海地队出场阵容

（一）中国队出场阵容

中国队比赛阵型为 4-2-3-1，首发阵容：王大雷（23 号，守门员）、任航（2）、冯潇霆（6）、梅方（3）、吉翔（14）、蔡慧康（8）、吴曦（15）、于海（21）、于汉超（20）、武磊（19）、郜林（18）。

替补队员为：杨旭（9 号，第 46 分钟上场替换郜林）、颜骏凌（12 号，第 46 分钟上场替换王大雷）、张池明（17 号，第 46 分钟上场替换于海）、姜至鹏（4 号，第 79 分钟上场替换梅方）、张文钊（7 号，第 79 分钟上场替换于汉超）、于大宝（22 号，第 81 分钟上场替换武磊）。

（二）海地队出场阵容

海地队比赛阵型为 4-2-3-1，首发阵容：普拉希德（1 号，守门员）、雅克（19）、梅查克（3）、拉福朗斯（13）、格鲁斯（8）、亚历山大（16）、苏里埃尔（15）、格里尔（7）、路易斯（10）、阿尔森特纳（2）、贝尔福（9）。

替补队员为：梅里（11 号，第 57 分钟上场替换苏里埃尔）、纳左恩（14 号，第 70 分钟上场替换贝尔福）、克里斯蒂安（6 号，第 84 分钟上场替换格里尔）、戴斯艾尔（20 号，第 87 分钟上场替换阿尔森特纳）。

二、中国队与海地队比赛进攻行为分析

（一）中国队与海地队比赛进攻行为基础数据

1. 各区域进攻行为与时段

中国队与海地队比赛进攻行为数据统计如表 3-1 所示：中国队全场比赛整体进攻行为 574 次，成功率为 82.23%；海地队进攻行为 461 次，成功率为 76.36%。中国队的进攻具有

一定的优势。

其中,中国队前场进攻行为 86 次,成功 58 次,成功率为 67.44%;海地队为 69 次,成功 39 次,成功率为 56.52%。中国队中场进攻行为 365 次,成功 313 次,成功率为 85.75%;海地队为 225 次,成功 178 次,成功率为 79.11%。中国队后场进攻行为 123 次,成功 101 次,成功率为 82.11%;海地队为 167 次,成功 135 次,成功率为 80.84%。中国队主要在前场和中场有一定的优势。

中国队上半场进攻行为 303 次,成功 253 次,成功率为 83.50%;海地队为 286 次,成功 229 次,成功率为 80.07%。中国队下半场进攻行为 271 次,成功 219 次,成功率为 80.81%;海地队为 175 次,成功 123 次,成功率为 70.29%。上、下半场中国队的进攻次数和成功率均高于海地队。

表 3-1　中国队与海地队比赛各场区进攻行为数据统计

			前场			中场			后场			合计
			左边	中路	右边	左边	中路	右边	左边	中路	右边	
中国队	上半场	成功	12	10	7	73	54	49	16	17	15	253
		失误	7	2	6	14	6	5	2	5	3	50
	下半场	成功	7	5	17	50	32	55	24	15	14	219
		失误	5	4	4	13	6	8	5	3	4	52
海地队	上半场	成功	9	4	5	36	23	48	27	42	35	229
		失误	8	4	2	12	5	11	4	7	4	57
	下半场	成功	8	5	8	20	24	27	5	15	11	123
		失误	6	1	9	7	1	11	5	7	5	52

2. 射门与定位球进攻

中国队与海地队比赛射门与定位球进攻情况如表 3-2 所示。中国队运动战禁区内射门 5 次(射正 3 次,进 1 球),禁区外射门 6 次(射正 1 次),角球 5 次(进 1 球,失误 4 次),前场 30 米任意球进攻失误 5 次。全场比赛射正率为 41.67%,进球率为 16.67%。

海地队运动战禁区内射门 4 次(射正 3 次,进 2 球),禁区外射门 4 次,角球失误 2 次。全场比赛射正率为 37.50%,进球率为 25%。

在本场比赛中,中国队进攻实力要高于对手,尤其是射门次数和前场任意球方面要明显高于海地队。

表 3-2　中国队与海地队比赛射门与定位球进攻数据统计

			运动战		角球		前场 30 米任意球			点球	合计
			禁区内	禁区外	左侧	右侧	左侧	中路	右侧		
中国队	上半场	失误			1	1	1		1		4
		射门	3	1							4
		射正	(1)	(1)							(2)
		进球									
	上半场	失误			1	1	2	1			5
		射门	2	5		1					8
		射正	(2)			(1)					(3)
		进球	(1)			(1)					(2)

续表

			运动战		角球		前场 30 米任意球			点球	合计
			禁区内	禁区外	左侧	右侧	左侧	中路	右侧		
海地队	上半场	失误									
		射门	1	1							2
		射正	(1)								(1)
		进球	(1)								(1)
	下半场	失误			2						2
		射门	3	3							6
		射正	(2)								(2)
		进球	(1)								(1)

(二)中国队与海地队比赛进攻态势变化

中国队与海地队进攻态势变化曲线如图 3-1 所示，从中可以看出，中国队在绝大部分时间(除了下半场第 75 分钟以后)中进攻态势均要优于海地队，上半场第 34 分钟的失球并非是海地队的进攻所致，而是由于守门员(王大雷)的麻痹大意。海地队在下半场第 75 分钟后的进攻有所加强，并超过了中国队。

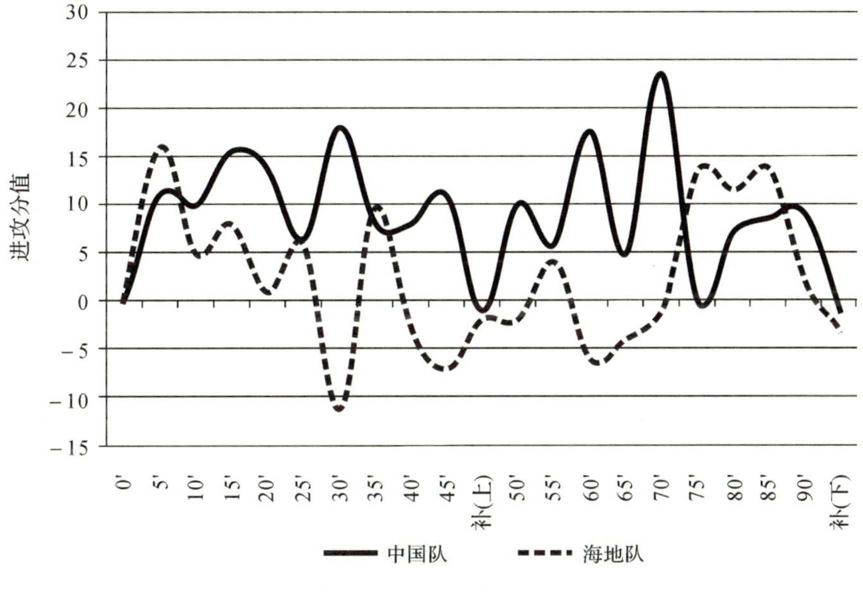

图 3-1　中国队与海地队比赛进攻态势变化曲线

(三)中国队与海地队比赛进攻技术行为运用

1. 前场 30 米区域进攻技术

中国队前场 30 米进攻技术行为运用情况如图 3-2 所示：进攻性技术行为运用 51 次，成功 28 次，失误 23 次，成功率为 54.90%。其中，个人突破成功 8 次，失误 3 次；直传球成功 11 次，失误 4 次；直传身后成功 1 次，失误 2 次；直传脚下失误 2 次；斜传球成功 3 次，失误 1 次；二过一成功 2 次，无失误；传中成功 3 次，失误 10 次；内切失误 1 次。过渡性技术行为运用 35 次,成功 30 次,失误 5 次,成功率为 85.71%。

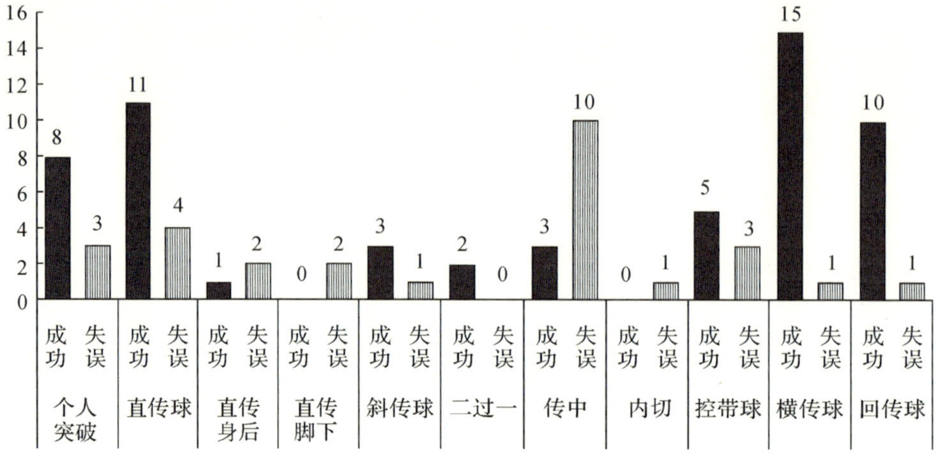

图 3-2 中国队对海地队前场进攻技术运用情况统计

海地队前场 30 米进攻技术行为运用情况如图 3-3 所示:进攻性技术行为运用 34 次,成功 18 次,失误 16 次,成功率为 52.94%。其中,个人突破成功 7 次,失误 8 次;直传球成功 3 次,失误 2 次;斜传球成功 3 次,无失误;二过一成功 1 次,无失误;传中成功 4 次,失误 6 次。过渡性技术行为运用 35 次,成功 21 次,失误 14 次,成功率为 60%。

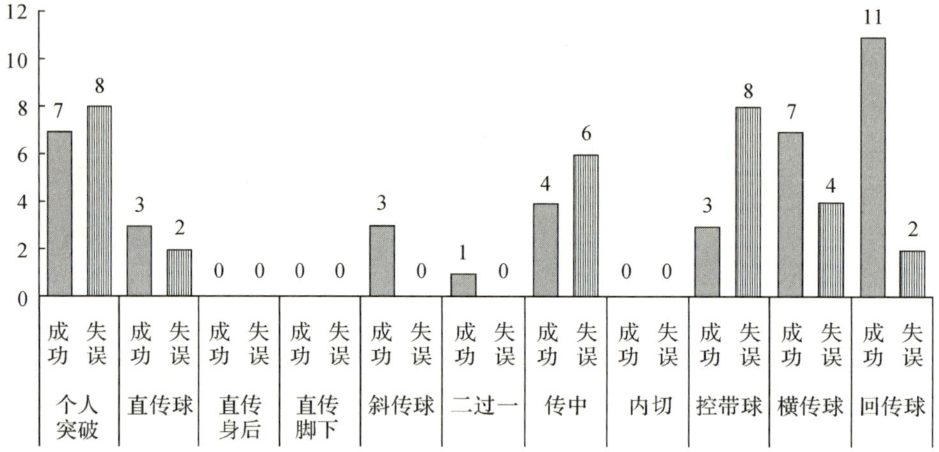

图 3-3 海地队对中国队前场进攻技术运用情况统计

中国队前场进攻性技术行为的次数要多于海地队,但成功率与对手较为接近。中国队的直传身后、直传脚下运用的次数较少,而海地队没有机会运用该两项技术,双方在前场进攻点均是边路。中国队的边路直传球运用次数与成功率要高于海地队;个人突破的次数不如对手,但成功率明显高于海地队,而传中则相反。在前场过渡性传球中,中国队的成功率明显高于海地队。

2. 中场区域进攻技术

中国队中场进攻技术运用情况如图 3-4 所示:进攻性技术行为运用 172 次,成功 140 次,失误 32 次,成功率为 81.40%。其中,向前带球成功 24 次,无失误;中长直传成功 7 次,失误 8 次；短直传成功 40 次，失误 10 次；直传身后失误 3 次；直传脚下成功 5 次，失误 1 次；长传转移成功 2 次，失误 2 次；二过一成功 1 次；斜传边路成功 52 次，失误 3 次；边路斜传成功 9 次，失误 5 次。过渡性技术行为运用 193 次，成功 173 次，失误 20 次，成功率为 89.64%。

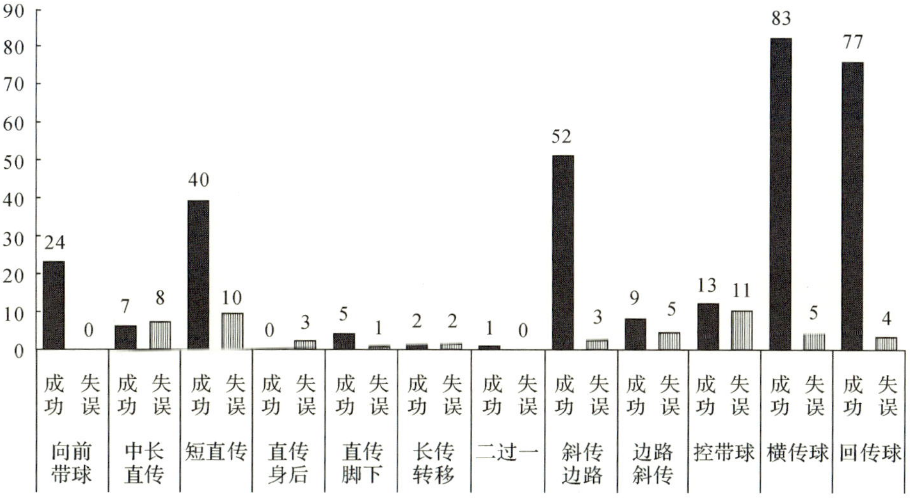

图 3-4 中国队对海地队中场进攻技术运用情况统计

海地队中场进攻技术运用情况如图 3-5 所示：进攻性技术行为运用 102 次，成功 75 次，失误 27 次，成功率为 73.53%。其中，向前带球成功 13 次，无失误；中长直传成功 4 次，失误 6 次；短直传成功 22 次，失误 12 次；直传身后成功 1 次，失误 1 次；直传脚下成功 1 次，失误 1 次；长传转移成功 2 次，无失误；二过一成功 1 次；斜传边路成功 26 次，失误 2 次；边路斜传成功 5 次，失误 5 次。过渡性技术行为运用 123 次，成功 103 次，失误 20 次，成功率为 83.74%。

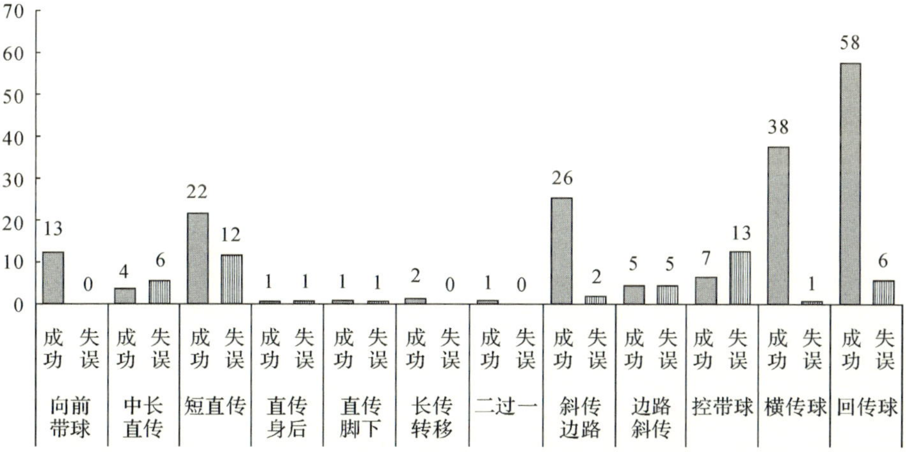

图 3-5 海地队对中国队中场进攻技术运用情况统计

中国队中场进攻性技术和过渡性技术行为的次数与成功率均高于海地队，表明中国队在中场的进攻具有一定的优势。中国队的向前带球、直传脚下和短直传次数和成功率均高于海地队，斜传边路、边路斜传也有较好的效果。

3.后场区域进攻技术

中国队后场进攻技术运用情况如图 3-6 所示:进攻性技术行为运用 79 次,成功 60 次,失误 19 次,成功率为 75.95%。其中,向前带球 13 次,失误 1 次;向前长传失误 7 次;向前中传成功 9 次,失误 3 次;斜传边路成功 21 次,失误 4 次;短直传成功 17 次,失误 4 次。过渡性技术行为运用 44 次,成功 41 次,失误 3 次,成功率为 93.18%。

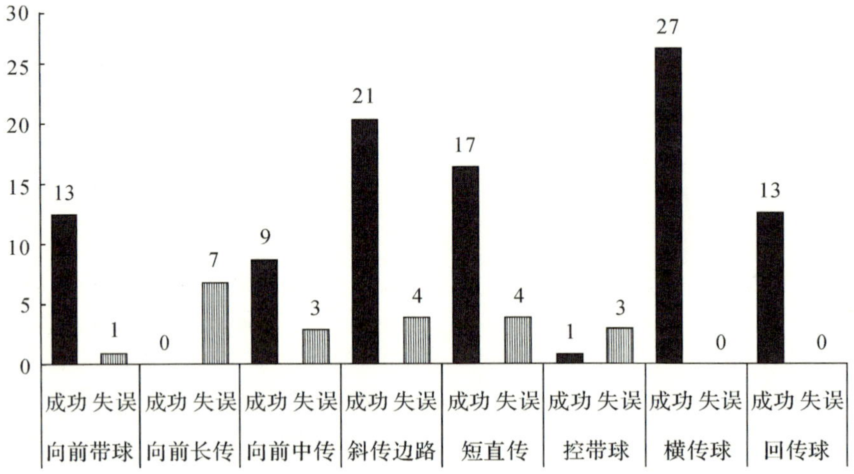

图 3-6 中国队对海地队后场进攻技术运用情况统计

海地队后场进攻技术运用情况如图 3-7 所示:进攻性技术行为运用 115 次,成功 86 次,失误 29 次,成功率为 74.78%。其中,向前带球成功 9 次,无失误;向前长传成功 15 次,失误 16 次;向前中传成功 8 次,失误 6 次;斜传边路成功 34 次,失误 4 次;短直传成功 20 次,失误 3 次。过渡性技术运用 52 次,成功 49 次,失误 3 次,成功率为 94.23%。

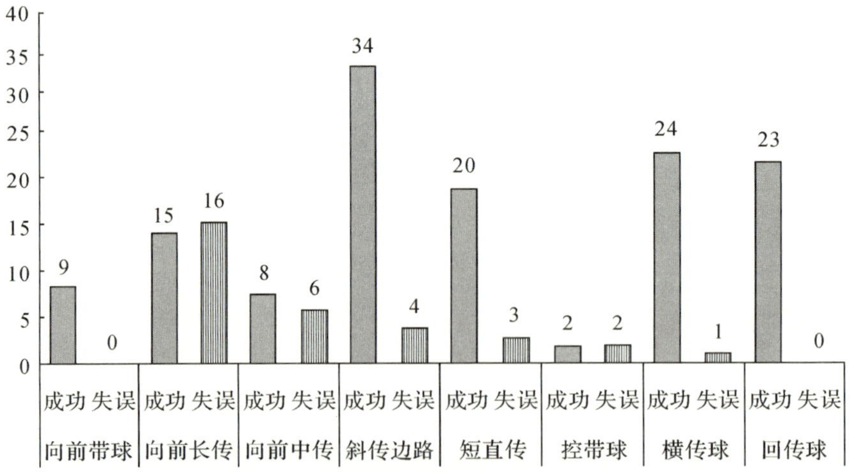

图 3-7 海地队对中国队后场进攻技术运用情况统计

中国队后场进攻行为次数低于海地队,但成功率较为接近。在后场进攻组织中,中国队只有向前中传成功率高于海地队,而其他技术指标的成功率要低于海地队,后场进攻实效性不如海地队。

三、中国队与海地队比赛防守行为分析

(一)中国队与海地队比赛防守行为基础数据

1.各区域防守行为与时段

中国队与海地队在全场整体防守行为如表3-3所示:中国队全场比赛个人防守行为为511次[包括无压(以下简称无压)79次],成功243次,失误268次,成功率为47.55%;海地队个人防守行为为618次(无压104次),成功291次,失误327次,成功率为47.09%。中国队个人防守行为和无压次数都要低于对手,海地队对中国队的持球人限制较为松散。

其中,中国队前场个人防守131次(无压45次),成功38次,失误93次,成功率为29.01%;海地队为92次(无压33次),成功32次,失误60次,成功率为34.78%。中国队中场个人防守272次(无压32次),成功144次,失误128次,成功率为52.94%;海地队为367次(无压69次),成功179次,失误188次,成功率为48.77%。中国队后场个人防守108次(无压2次),成功61次,失误47次,成功率56.48%;海地队为159次(无压2次),成功80次,失误79次,成功率也是50.31%。中国队前场防守效果不好,个人防守的次数多于对方,而成功率却很低,且无压情况也远多于海地队。中国队中场和后场的的防守效果要好于对手。

中国队小组防守76次,成功50次,失误26次,成功率为65.79%;海地队小组防守80次,成功64次,失误16次,成功率为80%。海地队小组防守的成功率均要明显高于中国队。

其中,中国队前场小组防守成功2次,失误1次,海地队在前场无小组防守。中国队中场小组防守32次,成功20次,失误12次,成功率为62.50%;海地队为26次,成功18次,失误8次,成功率为69.23%。中国队后场小组防守41次,成功28次,失误13次,成功率为68.29%;海地队为54次,成功46次,失误8次,成功率为85.19%。中国队后场小组防守的次数与成功率明显低于对方。

表3-3 中国队与海地队比赛各场区防守行为数据统计

场地区域与防守类型			中国队				海地队			
			上半场		下半场		上半场		下半场	
			成功	失误	成功	失误	成功	失误	成功	失误
前场	左边	个人	7	9	11	12	2	2	5	7
		小组	0	1	1	0	0	0	0	0
	中路	个人	5	10	2	3	13	3	2	5
		小组	0	0	0	0	0	0	0	0
	右边	个人	11	6	2	8	5	4	5	6
		小组	1	0	0	0	0	0	0	0
	无压		44		1		18		15	

续表

场地区域与防守类型			中国队				海地队			
			上半场		下半场		上半场		下半场	
			成功	失误	成功	失误	成功	失误	成功	失误
中场	左边	个人	41	24	20	20	27	20	32	15
		小组	5	4	5	0	0	2	3	1
	中路	个人	17	11	15	13	27	8	18	19
		小组	1	2	3	1	2	0	3	1
	右边	个人	29	14	22	14	36	24	39	33
		小组	4	5	2	0	2	2	8	2
	无压		26		6		41		28	
后场	左边	个人	12	2	18	12	8	7	16	15
		小组	3	2	7	2	5	2	4	1
	中路	个人	7	7	7	12	10	11	14	15
		小组	3	3	6	5	14	1	10	4
	右边	个人	11	5	6	7	21	20	11	9
		小组	5	1	4	0	5	0	8	0
	无压		1		1		0		2	
合计		个人	140	88	103	101	149	99	142	124
		小组	22	18	28	8	28	7	36	9
		无压	71		8		59		45	

中国队上半场个人防守行为 299 次(无压 71 次),成功 140 次,失误 159 次,成功率为 46.82%;海地队为 307 次(无压 59 次),成功 149 次,失误 158 次,成功率为 48.53%。中国队下半场防守技术运用了 212 次(无压 8 次),成功 103 次,失误 109 次,成功率为 48.58%;海地队为 311 次(无压 45 次),成功 142 次,失误 169 次,成功率为 45.66%。

中国队上半场小组防守 40 次,成功 22 次,失误 18 次,成功率为 55%;海地队为 35 次,成功 28 次,失误 7 次,成功率为 80%。中国队下半场小组防守 36 次,成功 28 次,失误 6 次,成功率为 77.78%;海地队为 45 次,成功 36 次,失误 9 次,成功率为 80%。中国队下半场小组防守的成功率有了明显提高。

2.防守对方射门与定位球进攻

中国队与海地队比赛防守射门与定位球数据统计如表 3-4 所示:中国队防守对方运动战禁区内射门失误 4 次(被进 2 球),防守禁区外射门 4 次(成功 2 次,失误 2 次),防守角球成功 2 次,防守后场 30 米任意球进攻成功 1 次。

海地队防守对方运动战禁区内射门 5 次(成功 1 次,失误 4 次,被进 1 球),防守禁区外射门 6 次(成功 3 次,失误 3 次),防守角球 5 次(成功 4 次,被进 1 球),防守后场 30 米任意球进攻成功 6 次。

表 3-4　中国队与海地队比赛防守射门与定位球数据统计

			运动战		角球		后场 30 米任意球			点球	合计
			禁区内	禁区外	左侧	右侧	左侧	中路	右侧		
中国队	上半场	成功									
		失误	1	1							2
		被进球	(1)								(1)
	下半场	成功		2		2	1				5
		失误	3	1							4
		被进球	(1)								(1)
海地队	上半场	成功	1		1	1	1		1		5
		失误	2	1							3
		被进球									
	上半场	成功		3	1	1		1	3		9
		失误	2	2	1						5
		被进球	(1)		(1)						(2)

(二)中国队与海地队比赛防守态势变化

中国队与海地队防守态势变化曲线如图 3-8 所示：中国队在本场比赛防守较好，其中防守值绝大部分时间是正值(仅在下半场 73 分钟的时候被进 1 球，上半场 34 分失球为守门员麻痹大意所造成的)。海地队上半场防守较好，下半场防守态势起伏较大，并在第 58 分钟和第 82 分钟被进 2 球。

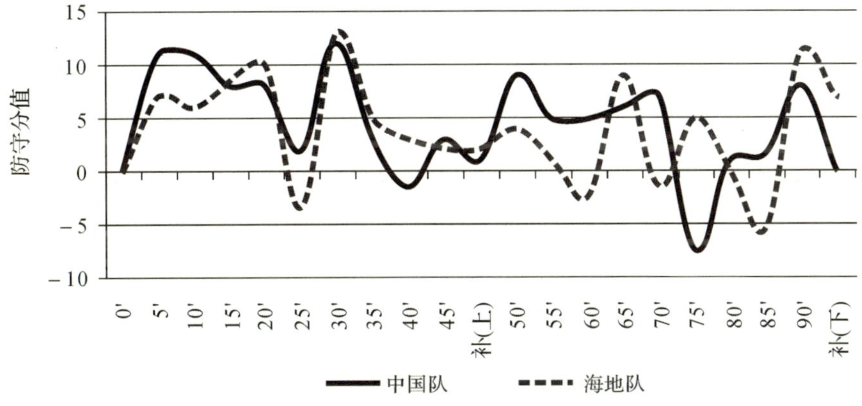

图 3-8　中国队与海地队比赛防守态势变化曲线

(三)中国队与海地队比赛防守技术运用

1. 前场 30 米区域防守技术

中国队前场防守技术运用情况如图 3-9 所示：在个人防守中，施压运用 68 次(成功 28 次，失误 40 次，成功率 41.18%)，无压 45 次；反抢成功 1 次，失误 6 次；1v1 防守成功 3 次，失误 1 次；断球成功 6 次，失误 1 次；小组防守压迫失误 1 次，保护成功 2 次。

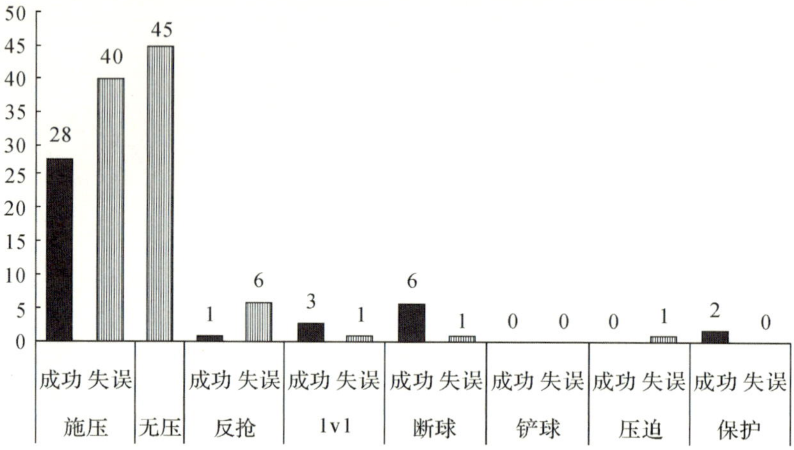

图 3-9 中国队对海地队前场防守技术运用情况统计

海地队前场防守技术运用情况如图 3-10 所示：在个人防守中，施压运用 46 次(成功 23 次，失误 23 次，成功率 50%)，无压 33 次；反抢成功 6 次，失误 3 次；1v1 防守成功 1 次，失误 1 次；断球成功 2 次，无失误。

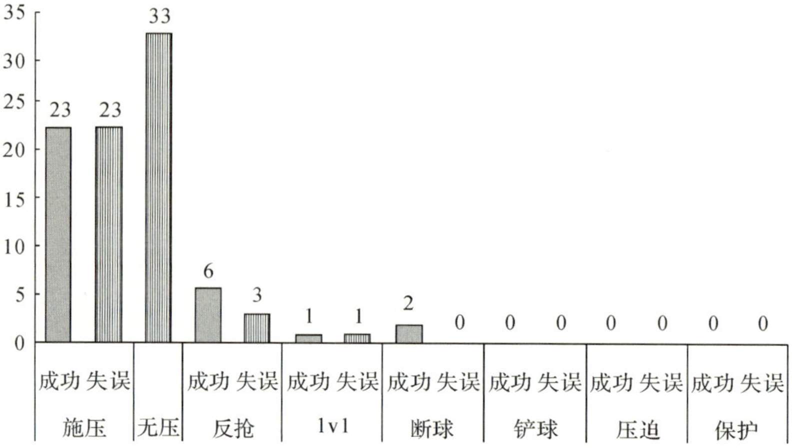

图 3-10 海地队对中国队前场防守技术运用情况统计

中国队前场主动施压、反抢的质量较低，无压次数也多于海地队，表明中国队丢球后对对手的限制不够，因而成功率低于海地。在小组防守中，海地队没有小组防守行为，说明海地队并没在前场投入较多防守人员，而是收缩到中、后场进行防守。

2. 中场区域防守技术

中国队中场防守技术运用情况如图 3-11 所示：在个人防守中，施压运用 159 次(成功 94 次，失误 65 次，成功率 59.11%)，无压 32 次；反抢成功 11 次，失误 10 次；1v1 防守成功 5 次，失误 6 次；断球成功 21 次，失误 6 次；铲球成功 2 次，失误 1 次；回追成功 4 次，失误 2 次；争顶成功 7 次，失误 6 次。小组防守压迫成功 10 次，失误 10 次；保护成功 10 次，失误 2 次。

海地队中场防守技术运用情况图 3-12 所示：在个人防守中，施压运用 229 次(成功 137

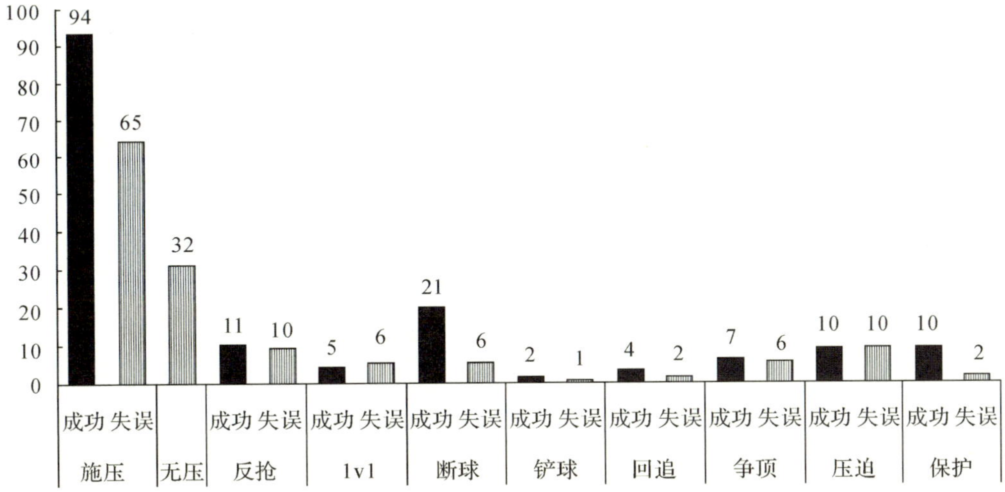

图 3-11　中国队对海地队中场防守技术运用情况统计

次，失误 92 次，成功率 59.82%），无压 69 次；反抢成功 14 次，失误 9 次；1v1 防守成功 5 次，失误 4 次；断球成功 14 次，失误 3 次；铲球成功 2 次，无失误；回追失误 3 次；争顶成功 7 次，失误 8；小组防守压迫成功 4 次，失误 6 次；保护成功 14 次，失误 2 次。

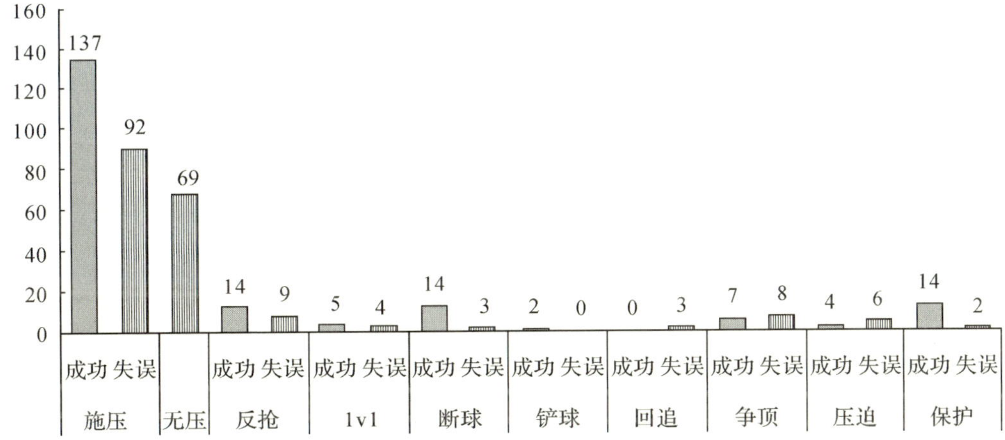

图 3-12　海地队对中国队中场防守技术运用情况统计

中国队中场控球的时间高于对方，因此施压的次数相对较少，防守的次数也低于对手，但其成功率与海地队相当，中国队的无压次数也明显少于海地队。在小组的防守中，中国队对持球人的压迫的次数和成功率高于对手，对持球人的防守要好于海地队；但是保护的次数和成功率都低于对手，这是因为整体防守人员还不够密集，队员站位没有很好地形成相互保护的作用。

3. 后场区域防守技术

中国的后场防守技术运用情况如图 3-13 所示：在个人防守中，施压运用 61 次（成功 33 次，失误 28 次，成功率 54.10%），无压 2 次；反抢成功 4 次，失误 4 次；1v1 防守成功 4 次，失误 6 次；断球成功 8 次，失误 1 次；铲球成功 1 次，无失误；回追成功 4 次，无失误；争顶成功 7 次，失误 5 次；解围失误 1 次。小组防守压迫成功 5 次，失误 4 次；保护成功 20 次，失误 8

次;补位成功 3 次,失误 1 次。

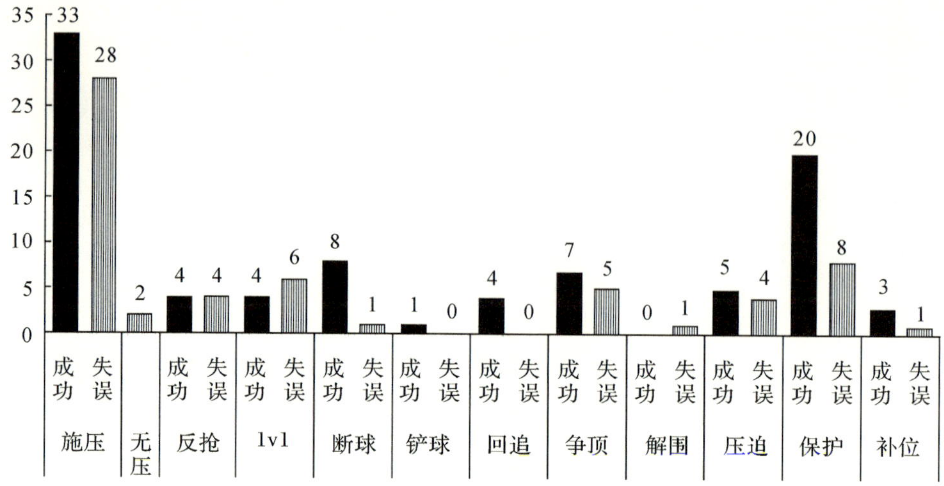

图 3-13　中国队对海地队后场防守技术运用情况统计

海地队后场防守技术运用情况如图 3-14 所示:在个人防守中,施压运用 100 次(成功 47 次,失误 53 次,成功率 47%),无压 2 次;反抢成功 3 次,失误 2 次;1v1 防守成功 5 次,失误 10 次;断球成功 11 次,失误 4 次;铲球成功 5 次,失误 2 次;回追成功 2 次,失误 2 次;争顶成功 5 次,失误 4 次;解围成功 2 次,无失误。小组防守压迫成功 5 次,失误 1 次;保护成功 36 次,失误 5 次;补位防守成功 5 次,失误 2 次。

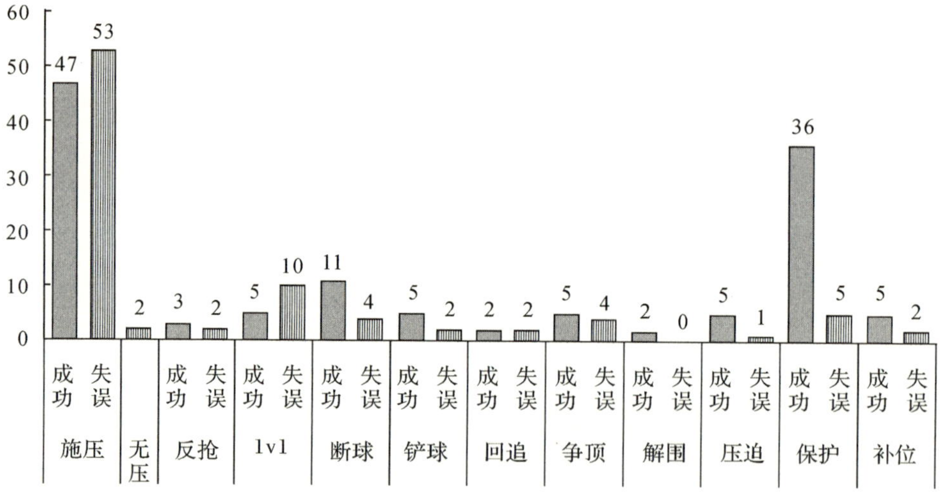

图 3-14　海地队对中国队后场防守技术运用情况统计

中国队后场进攻的次数也要高于海地队,因此防守中施压的次数低于海地队,但成功率要明显高于对手,表明施压的效果要好于对手。在小组的防守中,中国队的保护运用次数和成功率均要低于对手,防守还不够密集,形成不了对本方很有效的保护。

(四)中国队与海地队比赛守门员技术比较

中国队与海地队比赛守门员技术统计如表 3-5 所示:中国队守门员(王大雷,第 46 分钟颜骏凌替补上场)处理球 5 次,成功 3 次,失误 2 次,被进 1 球,成功率为 60%。其中,扑救球 2 次(成功 1 次,被进 1 球),扑单刀 2 次(成功 1 次,被进 1 球),摘传中球成功 1 次。本场比赛王大雷在上半场控带球失误,被对方抢断攻入一球。

海地队守门员(普拉希德)处理球 16 次,成功 14 次,失误 2 次(被进 2 球),成功率 87.50%。其中,扑救球 5 次(成功 3 次,失 2 球),正面接球成功 1 次,扑单刀成功 3 次,摘传中球成功 5 次,禁区外断球成功 1 次,拳击球成功 1 次。

表 3-5　中国队与海地队比赛守门员技术统计

			扑救球	正面接球	扑单刀	托球	摘传中球	禁外断球	拳击球	守点球	合计
中国队	上半场	成功									
		失误			1						1
		被进球			(1)						(1)
	下半场	成功	1		1		1				3
		失误	1								1
		被进球	(1)								(1)
海地队	上半场	成功	2		1		5				8
		失误									
		被进球									
	下半场	成功	1	1	2			1	1		6
		失误	2								2
		被进球	(2)								(2)

四、中国队与海地队比赛攻守转换分析

(一)中国队与海地队由守转攻情况

中国队与海地队比赛由守转攻数据统计如表 3-6 所示:中国队全场比赛由守转攻 138 次,成功 104 次,失误 34 次,成功率为 75.36%;海地队为 128 次,成功 100 次,失误 28 次,成功率为 78.13%。中国队与海地队由守转攻的情况相差并不大。

其中,中国队前场由守转攻 12 次,成功 10 次,失误 2 次,成功率为 83.33%;海地队为 12 次,成功 11 次,失误 1 次,成功率为 91.67%。中国队中场由守转攻 73 次,成功 55 次,失误 18 次,成功率为 75.34%;海地队为 52 次,成功 39 次,失误 13 次,成功率为 75%。中国队后场由守转攻 53 次,成功 39 次,失误 14 次,成功率为 73.58%;海地队为 64 次,成功 50 次,失误 14 次,成功率为 78.13%。中国队前场由守转攻的情况与海地队非常接近,中场要好于对手,而在后场则低于海地队。

中国队上半场由守转攻 70 次,成功 54 次,失误 16 次,成功率为 77.14%;海地队为 63 次,成功 48 次,失误 15 次,成功率为 76.19%。中国队下半场由守转攻为 68 次,成功 50 次,失误 18 次,成功率为 73.53%;海地队为 65 次,成功 52 次,失误 13 次,成功率为 80%。中国队上半场要略好于海地队,而下半场有所下降。

表 3-6　中国队与海地队比赛由守转攻数据统计

		前场		中场		后场		合计	
		成功	失误	成功	失误	成功	失误	成功	失误
中国队	上半场	4	2	32	8	18	6	54	16
	下半场	6	0	23	10	21	8	50	18
海地队	上半场	4	0	18	7	26	8	48	15
	下半场	7	1	21	6	24	6	52	13

(二)中国队与海地队由攻转守情况

中国队与海地队比赛由攻转守数据统计如表 3-7 所示:中国队全场比赛由攻转守 36 次,成功 16 次,失误 20 次,成功率为 44.44%;海地队为 37 次,成功 23 次,失误 14 次,成功率为 62.16%。中国队和海地队由攻转守的次数基本相同,但成功率相差较大,反映了中国队反抢的积极性和能力要落后于海地队。

其中,中国队前场由攻转守 7 次,成功 1 次,失误 6 次,成功率为 14.29%;海地队为 9 次,成功 6 次,失误 3 次,成功率为 66.67%。中国队中场由攻转守 21 次,成功 11 次,失误 10 次,成功率为 52.38%;海地队为 23 次,成功 14 次,失误 9 次,成功率为 60.87%。中国队后场由攻转守 8 次,成功 4 次,失误 4 次,成功率 50%;海地队为 5 次,成功 3 次,失误 2 次,成功率 60%。中国队前场由攻转守效果较差,与对手有着明显的差距。

中国队上半场由攻转守 20 次,成功 11 次,失误 9 次,成功率为 55%;海地队为 18 次,成功 12 次,失误 6 次,成功率为 66.67%。中国队下半场由攻转守为 16 次,成功 5 次,失误 11 次,成功率为 31.25%;海地队为 19 次,成功 11 次,失误 8 次,成功率为 57.89%。中国队下半场有由攻转守的成功率明显较低,海地队则上、下半场差异不大。

表 3-7　中国队与海地队比赛由攻转守数据统计

		前场		中场		后场		合计	
		成功	失误	成功	失误	成功	失误	成功	失误
中国队	上半场	1	1	8	7	2	1	11	9
	下半场	0	5	3	3	2	3	5	11
海地队	上半场	3	1	8	4	1	1	12	6
	下半场	3	2	6	5	2	1	11	8

第二节　中国队与突尼斯队比赛技术实力分析

2015 年 3 月 31 日,中国队第二场热身赛在南京奥体中心对突尼斯队,主裁判金钟赫,比赛结果 1∶1。突尼斯队的芒塞尔在第 39 分钟先进球,中国队的于大宝在第 90 分钟攻入 1 球。

一、中国队与突尼斯队出场阵容

(一) 中国队出场阵容

中国队比赛阵型为 4-3-3,首发阵容:王大雷(23 号,守门员)、姜至鹏(4)、任航(2)、冯萧霆(6)、吉翔(14)、蔡慧康(8)、刘建业(13)、吴曦(15)、于汉超(20)、武磊(7)、杨旭(9)。

替补队员为：郜林(18 号，第 45 分钟上场替换杨旭)、梅方(3 号，第 45 分钟上场替换冯潇霆)、于海(21 号，第 50 分钟上场替换吴曦)、朴成(24 号，第 66 分钟上场替换刘建业)、张池明(17 号，第 66 分钟上场替换于汉超)、于大宝(22 号，第 77 分钟上场替换武磊)。

(二) 突尼斯队出场阵容

突尼斯队比赛阵型为 4-1-4-1，首发阵容：穆斯塔法(1 号，守门员)、阿卜杜努尔(3)、哈达迪(5)、拉格德(6)、汉纳奇(7)、本哈蒂拉(10)、赫尼西(11)、萨西(13)、赫利法(19)、达奥亚迪(21)、古艾达(25)。

替补队员为：芒塞尔(15 号，第 35 分钟上场替换本哈蒂拉)、马斯鲁希(17 号，第 46 分钟上场替换汉纳奇)、尤瑟夫(2 号，第 56 分钟上场替换达奥亚迪)、雅库比(20 号，第 60 分钟上场替换阿卜杜努尔)、维尔拉比(24 号，第 75 分钟上场替换萨西)、奥姆拉尼(8 号，第 90 分钟上场替换赫尼西)。

二、中国队与突尼斯队比赛进攻行为分析

(一)中国队与突尼斯队比赛进攻行为基础数据

1. 各区域进攻行为与时段

中国队与突尼斯队比赛进攻行为数据统计如表 3-8 所示：中国队全场整体比赛进攻行为 640 次，成功率为 82.81%。突尼斯队进攻行为 456 次，成功率为 78.73%。中国队的进攻行为次数和成功率略高于突尼斯队。

其中，中国队前场进攻行为 121 次，成功 85 次，成功率为 70.25%；突尼斯队为 80 次，成功 53 次，成功率为 66.25%。中国队中场进攻行为 368 次，成功 312 次，成功率为 84.78%；突尼斯队为 275 次，成功 233 次，成功率为 84.73%。中国队后场进攻行为为 151 次，成功 133 次，成功率为 88.08%；突尼斯队为 101 次，成功 73 次，成功率为 72.28%。中国队前场和后场的进攻有一定的优势。

中国队上半场进攻行为 313 次，成功 252 次，成功率为 80.51%；突尼斯队为 293 次，成功 243 次，成功率为 82.94%。中国队下半场进攻行为为 327 次，成功 278 次，成功率为 85.02%；突尼斯为 163 次，成功 116 次，成功率为 71.17%。中国队下半场进攻的次数和成功率占据了较为明显的优势。

表 3-8　中国队与突尼斯队比赛各场区进攻行为数据统计

			前场			中场			后场			合计
			左边	中路	右边	左边	中路	右边	左边	中路	右边	
中国队	上半场	成功	19	4	8	59	46	44	21	28	23	252
		失误	3	5	4	13	9	16	2	6	3	61
	下半场	成功	28	14	12	72	39	52	23	22	16	278
		失误	14	4	6	8	7	3	1	5	1	49

续表

			前场			中场			后场			合计
			左边	中路	右边	左边	中路	右边	左边	中路	右边	
突尼斯队队	上半场	成功	9	4	10	74	50	42	16	16	22	243
		失误	6	4	7	10	7	6	1	6	3	50
	下半场	成功	9	16	5	19	14	34	7	9	3	116
		失误	2	1	7	2	8	9	2	8	8	47

2.射门与定位球进攻

中国队与突尼斯队比赛射门与定位球进攻情况如表 3-9 所示:中国队运动战禁区内射门 7 次(进 1 球),禁区外射门 3 次(射正 2 次),角球射门 3 次(射正 1 次),前场 30 米任意球进攻 3 次(射门 2 次,射正 1 次,失误 1 次)。全场比赛射正率为 33.33%,进球率为 6.67%。

突尼斯队运动战禁区内射门 7 次(射正 2 次,进 1 球),禁区外射门 3 次(射正 1 次),角球失误 6 次,点球失误 1 次。全场比赛射正率为 30%,进球率为 10%。

表 3-9 中国队与突尼斯队比赛射门与定位球进攻数据统计

			运动战		角球		前场 30 米任意球			点球	合计
			禁区内	禁区外	左侧	右侧	左侧	中路	右侧		
中国队	上半场	失误									
		射门	3		1	1	1				6
		射正			(1)						(1)
		进球									
	下半场	失误					1				1
		射门	4	3	1			1			9
		射正	(1)	(2)				(1)			(4)
		进球	(1)								(1)
突尼斯	上半场	失误			2	2					4
		射门	4	1							5
		射正	(1)								(1)
		进球	(1)								(1)
	下半场	失误			1	1				1	3
		射门	3	2							5
		射正	(1)	(1)							(2)
		进球									

(二)中国队与突尼斯队比赛进攻态势变化

中国队与突尼斯队进攻态势变化曲线如图 3-15 所示,两个队的进攻态势变化可分为三个阶段:第一阶段为上半场,中国队和突尼斯队进攻交替进行,突尼斯仅仅略占一点优势;第二阶段下半场 45~70 分钟,中国队的进攻处于上风,占据着较大的优势;第三阶段为 70 分钟至比赛结束,双方的进攻均处于一个较高的水平,中国队略强势一些(比赛结束前攻入 1 球)。

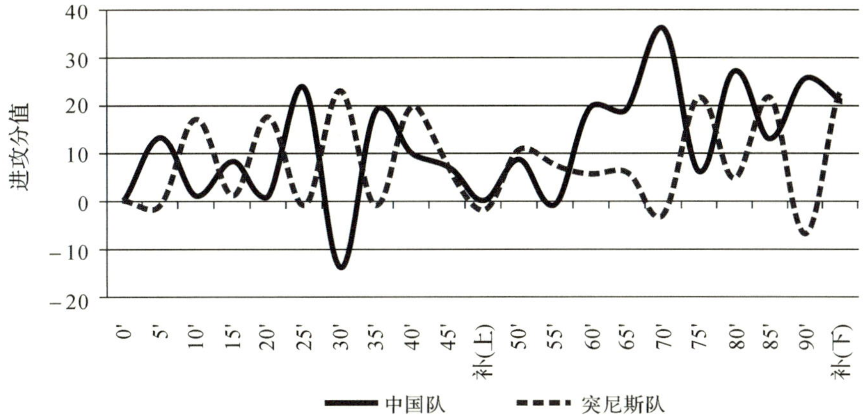

图 3-15　中国队与突尼斯队比赛进攻态势变化曲线

（三）中国队与突尼斯队比赛进攻技术行为运用

1. 前场 30 米区域进攻技术

中国队前场 30 米进攻技术行为运用情况如图 3-16 所示：进攻性技术行为运用 65 次，成功 36 次，失误 29 次，成功率为 55.38%。其中，个人突破成功 10 次，失误 5 次；直传球成功 10 次，失误 4 次；直传身后成功 2 次，失误 3 次；直传脚下成功 1 次，无失误；斜传球成功 6 次，无失误；二过一失误 2 次；传中成功 7 次，失误 15 次。过渡性技术行为运用 56 次，成功 49 次，失误 7 次，成功率为 87.50%。

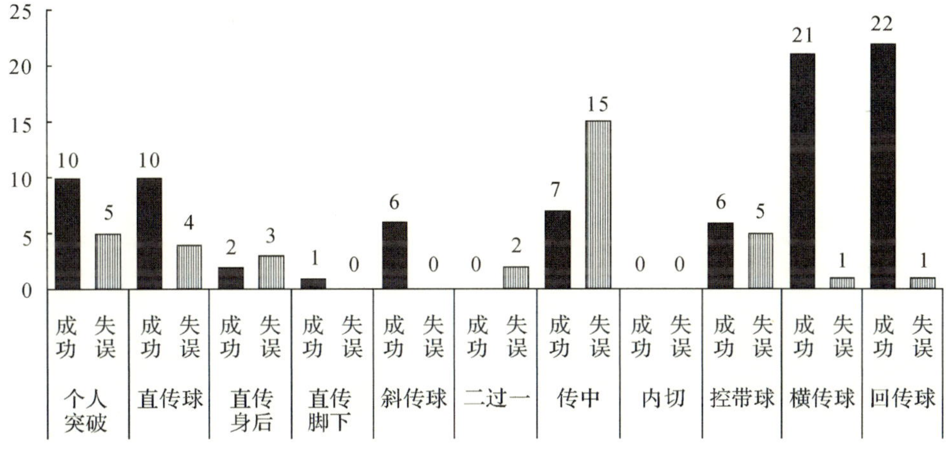

图 3-16　中国队对突尼斯队前场进攻技术运用情况统计

突尼斯队前场 30 米进攻技术行为运用情况如图 3-17 所示：进攻性技术行为运用 44 次，成功 23 次，失误 21 次，成功率为 52.27%。其中，个人突破成功 9 次，失误 6 次；直传球成功 6 次，失误 3 次；直传身后成功 1 次，失误 1 次；斜传球成功 2 次，失误 2 次；二过一成功 2 次，无失误；传中成功 3 次，失误 8 次；内切失误 1 次。过渡性技术行为运用 36 次，成功 30 次，失误 6 次，成功率为 83.33%。

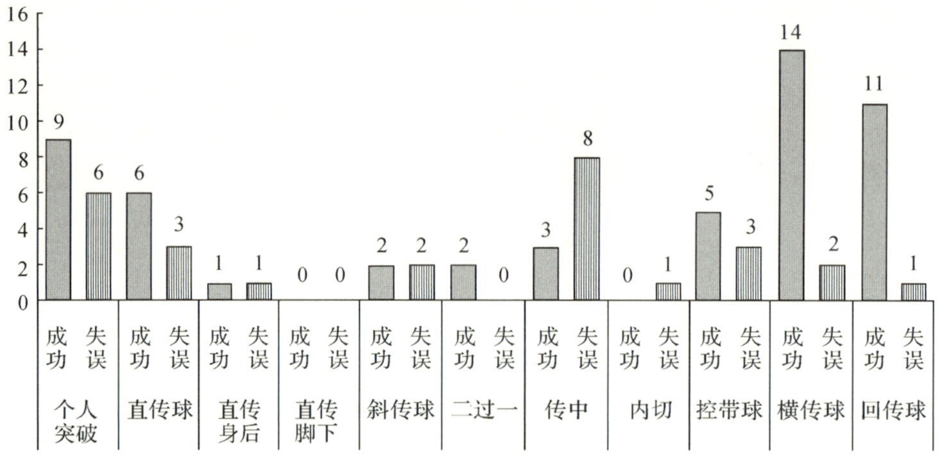

图 3-17　突尼斯队对中国队前场进攻技术运用情况统计

中国队前场进攻技术行为次数和成功率均高于突尼斯队，个人突破的次数与突尼斯队相同，但成功率高于对手。中国队边路直传球、斜传球运用的次数和成功率也有优势，通过边路发动进攻形成了一定的威胁。另外，边路传中虽然中国队运用的次数较多，但成功率不高，形成的威胁较小。

2. 中场区域进攻技术

中国队中场进攻技术运用情况如图 3-18 所示：进攻性技术行为运用 172 次，成功 136 次，失误 36 次，成功率为 79.07%。其中，向前带球成功 18 次，失误 4 次；中长直传成功 2 次，失误 7 次；短直传成功 57 次，失误 10 次；直传身后失误 2 次；直传脚下成功 2 次，失误 1 次；长传转移失误 1 次；二过一成功 3 次，无失误；斜传边路成功 43 次，失误 8 次；边路斜传成功 11 次，失误 3 次。过渡性技术行为运用 196 次，成功 176 次，失误 20 次，成功率为 89.80%。

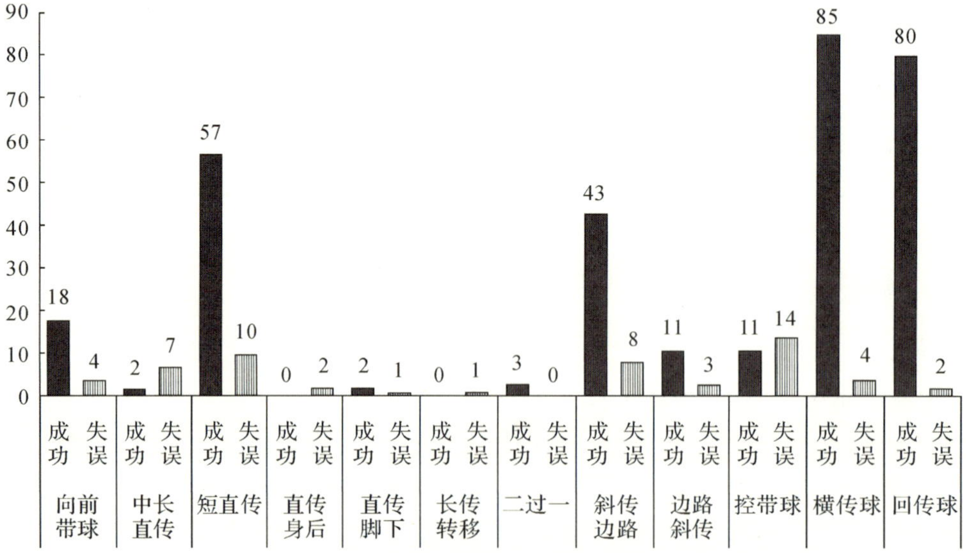

图 3-18　中国队对突尼斯队中场进攻技术运用情况统计

突尼斯队中场进攻技术运用情况如图 3-19 所示：进攻性技术行为运用 133 次，成功 102 次，失误 31 次，成功率为 76.69%。其中，向前带球成功 12 次，失误 1 次；中长直传成功 2 次，失误 3 次；短直传成功 43 次，失误 12 次；直传身后成功 2 次，失误 4 次；直传脚下成功 3 次，失误 2 次；长传转移成功 1 次，无失误；二过一成功 1 次，无失误；斜传边路成功 29 次，失误 5 次；边路斜传成功 9 次，失误 4 次。过渡性技术行为运用 142 次，成功 131 次，失误 11 次，成功率为 92.25%。

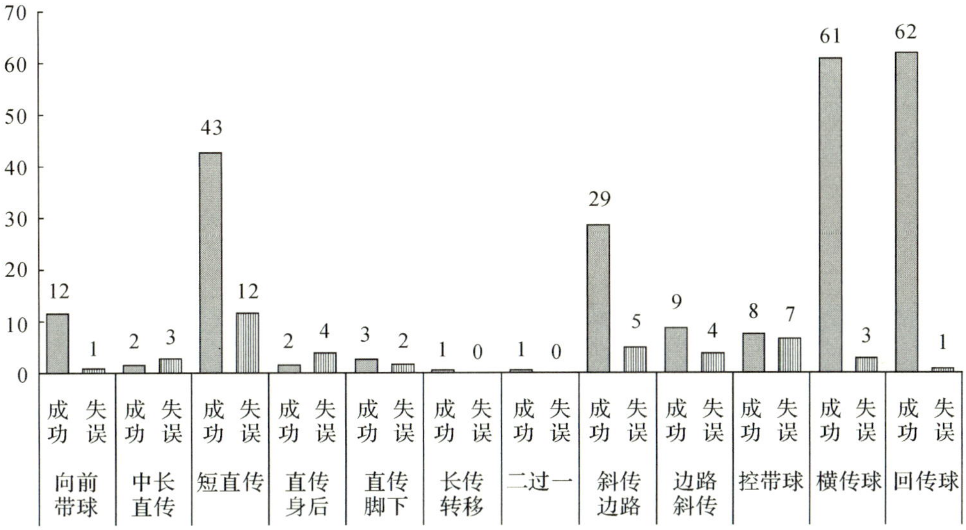

图 3-19　突尼斯队对中国队中场进攻技术运用情况统计

在中场进攻组织中，中国队与突尼斯队都是以短传渗透向前推进为主，短直传、斜传边路和边路斜传的运用次数和成功率要明显高于突尼斯队，表明中国队在中场边路进攻要好于对手。中国队和突尼斯队的过渡性传球成功率都比较高。

3. 后场区域进攻技术

中国队后场进攻技术运用情况如图 3-20 所示：进攻性技术行为运用 93 次，成功 78 次，失误 15 次，成功率为 83.87%。其中，向前带球成功 9 次，无失误；向前长传成功 1 次，失误 7 次；向前中传成功 6 次，失误 2 次；斜传边路成功 27 次，失误 4 次；短直传成功 35 次，失误 2 次。过渡性技术行为运用 58 次，成功 55 次，失误 3 次，成功率为 94.83%。

突尼斯队后场进攻技术运用情况如图 3-21 所示：进攻性技术行为运用 72 次，成功 45 次，失误 27 次，成功率为 62.50%。其中，向前带球成功 11 次，无失误；向前长传成功 3 次，失误 14 次；向前中传成功 3 次，失误 4 次；斜传边路成功 14 次，失误 3 次；短直传成功 14 次，失误 6 次。过渡性技术运用 29 次，成功 28 次，失误 1 次，成功率为 96.55%。

在后场的进攻组织中，中国队有一定的优势，主要表现在中、短传向前渗透、向边路转移的斜传边路的进攻组织，但是这种组织进攻的方式，进攻速度较慢，容易给对方回收半场防守赢得时间。

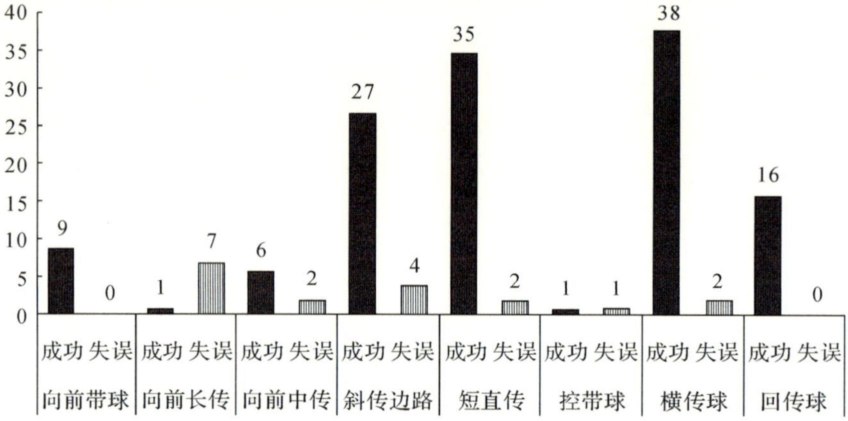

图 3-20　中国队对突尼斯队后场进攻技术运用情况统计

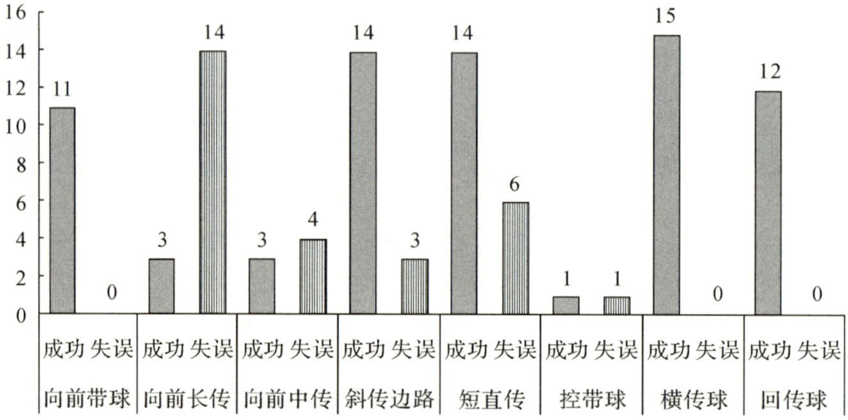

图 3-21　突尼斯队对中国队后场进攻技术运用情况统计

三、中国队与突尼斯队比赛防守行为分析

(一)中国队与突尼斯队比赛防守行为基础数据

1.各区域防守行为与时段

中国队与突尼斯队全场整体防守数据统计如表 3-10 所示:中国队全场实施了个人防守行为 549 次[包括无压(以下简称无压)59 次],成功 291 次,失误 258 次,成功率为 53.01%。突尼斯队为 761 次(无压 109 次),成功 363 次,失误 398 次,成功率为 47.70%。中国队个人防守的实效性要略高于突尼斯队。

其中,中国队在前场个人防守 84 次(无压 20 次),成功 25 次,失误 59 次,成功率为 29.76%;突尼斯队为 150 次(无压 50 次),成功 40 次,失误 110 次,成功率为 26.67%。中国队中场个人防守 303 次(无压 29 次),成功 159 次,失误 144 次,成功率为 52.48%;突尼斯队为 427 次(无压 58 次),成功 213 次,失误 214 次,成功率为 49.88%。中国队后场个人防守行为 162 次(无压 10 次),成功 107 次,失误 55 次,成功率 66.05%。突尼斯队为 184 次(无压 1

次),成功 110 次,失误 74 次,成功率为 59.78%。中国队前场、中场和后场个人防守的次数要少于突尼斯队,但成功率都略高于对手。

中国队小组防守 92 次,成功 67 次,失误 25 次,成功率为 72.83%。突尼斯队小组防守 91 次,成功 66 次,失误 25 次,成功率为 72.53%。双方的小组防守次数和成功率都非常接近。

其中,中国队前场小组防守成功 1 次,失误 3 次;突尼斯队失误 2 次。中国队中场小组防守 37 次,成功 25 次,失误 12 次,成功率为 67.57%;突尼斯队为 29 次,成功 17 次,失误 12 次,成功率为 58.62%。中国队后场小组防守 51 次,成功 41 次,失误 10 次,成功率为 80.39%;突尼斯队为 60 次,成功 49 次,失误 11 次,成功率为 81.67%。

表 3-10 中国队与突尼斯队比赛各场区防守行为数据统计

场地区域与防守类型			中国队				突尼斯队			
			上半场		下半场		上半场		下半场	
			成功	失误	成功	失误	成功	失误	成功	失误
前场	左边	个人	5	13	2	9	10	12	6	11
		小组	0	0	0	0	0	0	0	1
	中路	个人	5	6	4	3	6	6	7	13
		小组	0	1	0	1	0	0	0	0
	右边	个人	8	5	1	3	6	10	5	8
		小组	1	1	0	0	0	0	0	1
	无压		20		0		22		28	
中场	左边	个人	36	22	34	18	31	29	29	20
		小组	3	4	10	1	5	1	1	0
	中路	个人	24	21	9	11	36	12	28	25
		小组	5	2	3	1	2	1	4	2
	右边	个人	49	32	7	11	43	29	46	41
		小组	1	3	3	1	3	2	2	6
	无压		23		6		26		32	
后场	左边	个人	31	7	12	5	13	11	8	13
		小组	9	0	5	3	8	2	5	0
	中路	个人	15	9	19	10	13	5	20	11
		小组	10	3	9	0	5	0	11	3
	右边	个人	14	4	16	10	18	12	38	21
		小组	1	2	7	2	10	1	10	5
	无压		10		0		1		0	
合计		个人	187	119	104	80	176	126	187	163
		小组	30	16	37	9	33	7	33	18
		无压	53		6		49		60	

中国队上半场个人防守行为为 359 次(无压 53 次),成功 187 次,失误 172 次,成功率为

52.09%;突尼斯队为351次(无压49次),成功176次,失误175次,成功率为50.14%。中国队下半场个人防守行为190次(无压6次),成功104次,失误86次,成功率为54.74%;突尼斯队为410次(无压60次),成功187次,失误223次,成功率为45.61%。中国队和突尼斯队上半场个人防守的次数和成功率都比较接近,下半场突尼斯队的个人防守次数大幅度增加。

中国队上半场小组防守运用了46次,成功30次,失误16次,成功率为65.22%;突尼斯队为40次,成功33次,失误7次,成功率为82.50%。中国队下半场小组防守46次,成功37次,失误9次,成功率为80.43%;突尼斯队为51次,成功33次,失误18次,成功率为64.71%。中国队下半场防守的成功率明显高于下半场,而突尼斯队则相反。

2.防守对方射门与定位球进攻

中国队与突尼斯队比赛防守射门与定位球数据统计如表3-11所示:中国队防守对方运动战禁区内射门8次(成功5次,失误3次,被进1球),防守禁区外射门2次(成功1次,失误1次),防守角球成功6次,守点球成功1次。

突尼斯队防守对方运动战禁区内射门6次(成功1次,失误5次,被进1球),防守禁区外射门失误3次,防守角球3次(成功1次,失误2次),防守后场30米任意球进攻成功2次。

表3-11 中国队与突尼斯队比赛防守射门与定位球数据统计

			运动战		角球		后场30米任意球			点球	合计
			禁区内	禁区外	左侧	右侧	左侧	中路	右侧		
中国队	上半场	成功	1		2	2					5
		失误	3	1							4
		被进球	(1)								(1)
	下半场	成功	4	1	1	1				1	8
		失误									
		被进球									
突尼斯队	上半场	成功				1			1		2
		失误	3		1						4
		被进球									
	下半场	成功	1						1		2
		失误	2	3		1					6
		被进球	(1)								(1)

(二)中国队与突尼斯队比赛防守态势变化

中国队与突尼斯队防守态势变化曲线如图3-22所示,该场比赛双方的防守都比较好,中国队在第5~10分钟、35~40分钟和55~60分钟三个时段的防守分值为负数,其中在第39分钟的时候被对方攻入一球。从防守曲线上看,突尼斯队全场在第30~35分钟时段防守稍弱,其他绝大部分时间防守得分较高,表明突尼斯队整体防守水平不错。

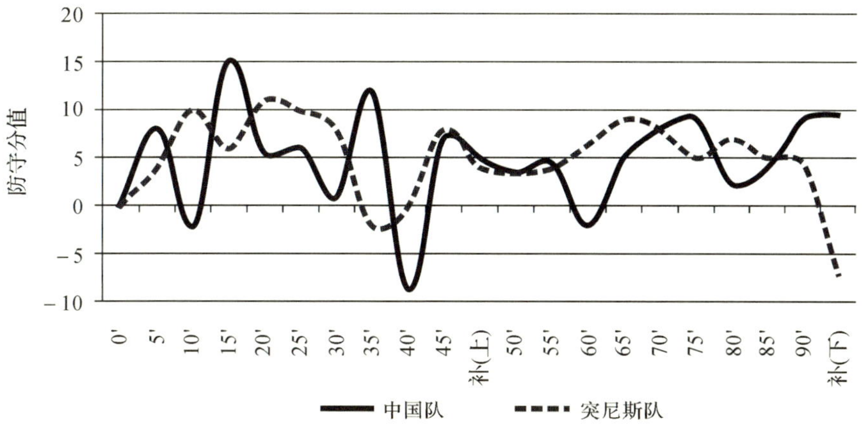

图 3-22　中国队与突尼斯队比赛防守态势变化曲线

（三）中国队与突尼斯队比赛防守技术运用

1. 前场 30 米区域防守技术

中国队前场防守技术运用情况如图 3-23 所示：在个人防守中，施压运用 54 次（成功 21 次，失误 33 次，成功率 38.89%），无压 20 次；反抢成功 3 次，失误 4 次；1v1 防守失误 2 次；断球成功 1 次，无失误。小组防守压迫成功 1 次，失误 3 次。

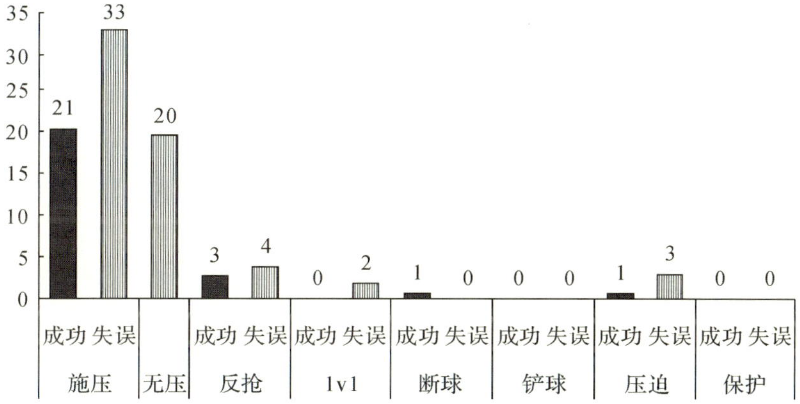

图 3-23　中国队对突尼斯队前场防守技术运用情况统计

突尼斯队前场防守技术运用情况如图 3-24 所示：在个人防守中，施压运用 85 次（成功 35 次，失误 50 次，成功率 41.18%），无压 50 次；反抢成功 3 次，失误 7 次；1v1 防守失误 2 次；断球成功 2 次，失误 1 次；小组压迫防守失误 1 次；保护失误 1 次。

比赛双方都没有将前场作为主要的防守区域，中国队个人主动施压的次数和成功率均低于对手，但无压的情况少于对手。说明中国队虽然在主动施压方面次数和成功率低于对手，但对持球的人限制方面还比较好。

2. 中场区域防守技术

中国队中场防守技术运用情况如图 3-25 所示：在个人防守中，施压运用 189 次（成功 112 次，失误 77 次，成功率 59.26%），无压 29 次；反抢成功 7 次，失误 6 次；1v1 防守成功 3

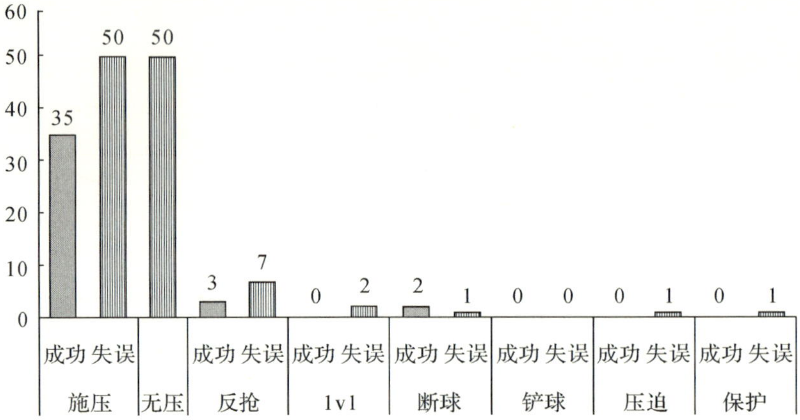

图 3-24 突尼斯队对中国队前场防守技术运用情况统计

次,失误 5 次;断球成功 26 次,失误 4 次;铲球成功 1 次,失误 4 次;回追成功 4 次,失误 6 次;争顶成功 6 次,失误 13 次。小组防守压迫成功 2 次,失误 5 次;保护成功 23 次,失误 7 次。

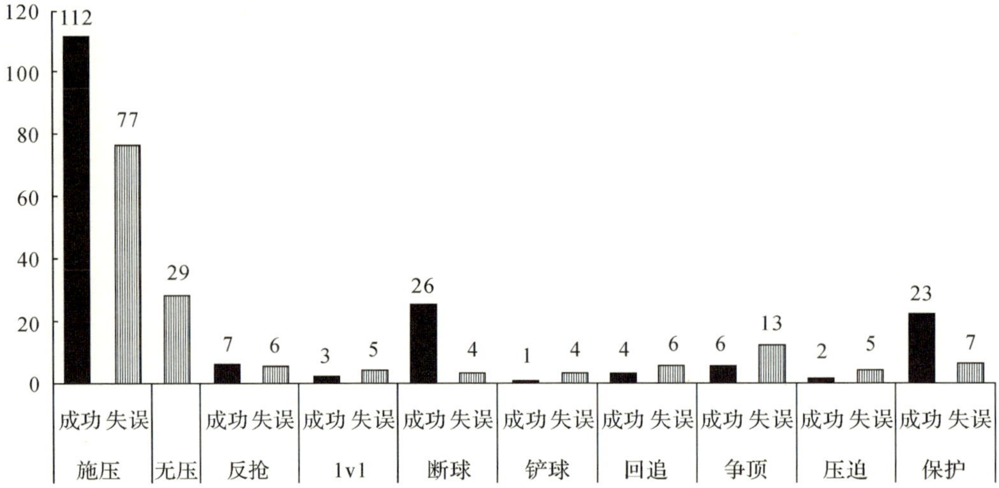

图 3-25 中国队对突尼斯队中场防守技术运用情况统计

突尼斯队中场防守技术运用情况图 3-26 所示:在个人防守中,施压运用 270 次(成功 159 次,失误 111 次,成功率 58.89%),无压 58 次;反抢成功 13 次,失误 13 次;1v1 防守成功 5 次,失误 6 次;断球成功 23 次,失误 7 次;铲球成功 1 次,失误 1 次;回追成功 3 次,失误 1 次;争顶成功 9 次,失误 17。小组防守压迫成功 6 次,失误 6 次;保护成功 11 次,失误 6 次。

中国队中场个人防守次数低于对手,但成功率两队差不多,防守实力较为接近。但突尼斯队的无压次数则要明显多于中国队,表明突尼斯队中场对持球人的限制较为松散。在小组防守时,中国队的压迫次数和成功率不如突尼斯,但保护要好于对手。

3. 后场区域防守技术

中国队后场防守技术运用情况如图 3-27 所示:在个人防守中,施压运用 93 次(成功 62

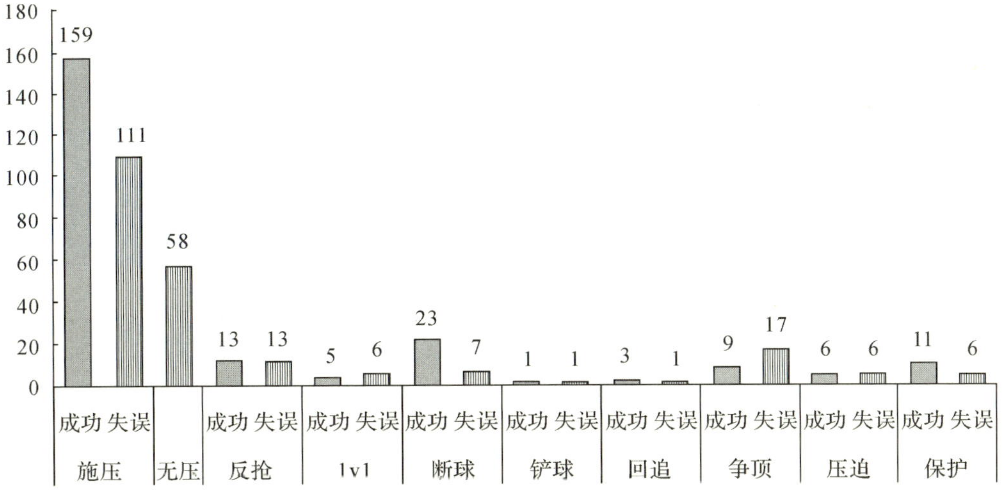

图 3-26　突尼斯队对中国队中场防守技术运用情况统计

次，失误 31 次，成功率 66.67%），无压 10 次；反抢成功 4 次，失误 1 次；1v1 防守成功 6 次，失误 5 次；断球成功 16 次，失误 2 次；铲球成功 3 次，失误 1 次；回追成功 3 次，失误 2 次；争顶成功 6 次，失误 2 次；解围成功 7 次，失误 1 次。小组防守压迫成功 2 次，失误 3 次；保护成功 34 次，失误 6 次；补位成功 5 次，失误 1 次。

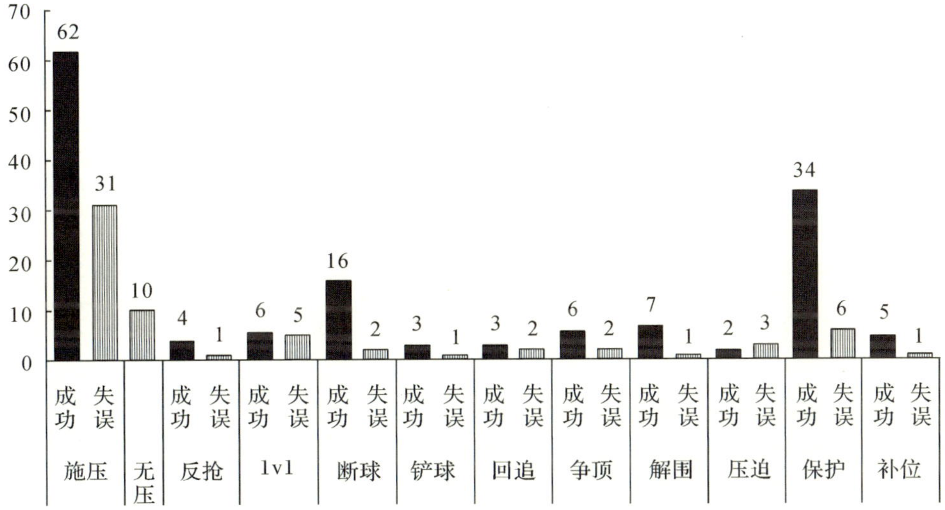

图 3-27　中国队对突尼斯队后场防守技术运用情况统计

突尼斯队后场防守技术运用情况如图 3-28 所示：在个人防守中，施压防守运用 104 次（成功 54 次，失误 50 次，成功率 51.92%），无压 1 次；反抢成功 10 次，失误 1 次；1v1 防守成功 3 次，失误 9 次；断球成功 18 次，失误 4 次；铲球成功 2 次，失误 2 次；回追成功 3 次，失误 2 次；争顶成功 7 次，失误 5 次；解围成功 13 次，无失误。小组防守压迫成功 3 次，失误 4 次；保护成功 36 次，失误 6 次；补位防守成功 10 次，失误 1 次。

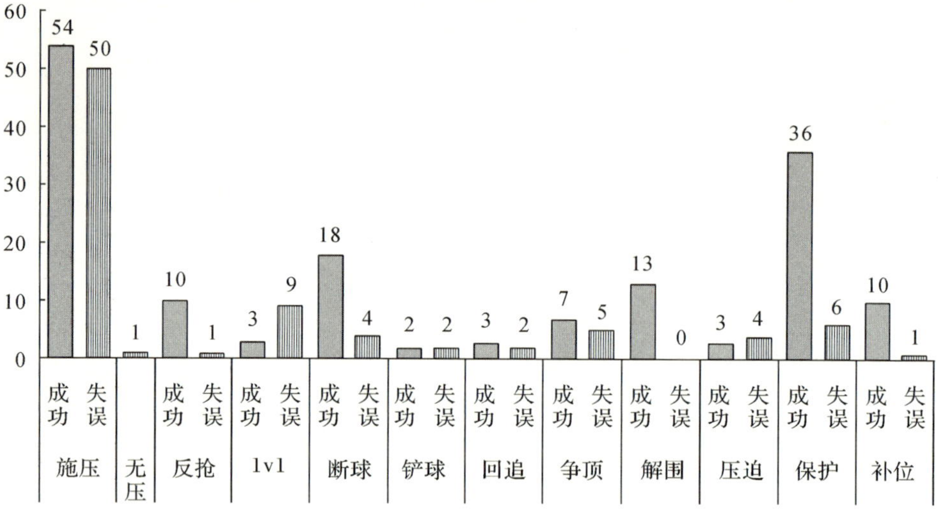

图 3-28　突尼斯队对中国队后场防守技术运用情况统计

中国队在后场的主动施压成功率要高于对手，但是无压次数却要多于对方，表明对方持球人的限制还有所欠缺。中国队在后场反抢的次数和成功率要低于突尼斯队。

(四)中国队与突尼斯队比赛守门员技术比较

中国队与突尼斯队比赛守门员技术统计如表 3-12 所示：中国队守门员(王大雷)处理球 8 次，成功 6 次，失误 2 次，被进 1 球，成功率为 75%。其中，扑救球 2 次(成功 1 次，被进 1 球)，正面接球成功 1 次，摘传中球成功 2 次，禁区外断球失误 1 次，拳击球成功 1 次，守点球成功 1 次。

突尼斯队守门员(穆斯塔法)处理球 6 次，成功 5 次，被进 1 球，成功率为 83.33%。其中，扑救球 3 次(成功 2 次，被进 1 球)，正面接球成功 1 次，扑单刀成功 2 次。

表 3-12　中国队与突尼斯队比赛守门员技术统计

			扑救球	正面接球	扑单刀	托球	摘传中球	禁外断球	拳击球	守点球	合计
中国队	上半场	成功		1					1		2
		失误	1					1			2
		被进球	(1)								(1)
	下半场	成功	1				2			1	4
		失误									
		被进球									
突尼斯队	上半场	成功		1	1						2
		失误									
		被进球									
	下半场	成功	2		1						3
		失误	1								1
		被进球	(1)								(1)

四、中国队与突尼斯队比赛攻守转换分析

(一)中国队与突尼斯队由守转攻情况

中国队与突尼斯队比赛由守转攻数据统计如表 3-13 所示：中国队全场比赛由守转攻 120 次，成功 88 次，失误 32 次，成功率为 73.33%；突尼斯队为 129 次，成功 88 次，失误 41 次，成功率为 68.22%。中国队由守转攻的次数低于突尼斯队，但成功率却高于对方，表明中国队防守得球后，对球的控制力和形成进攻能力略好于突尼斯队。

其中，中国队前场由守转攻 12 次，成功 5 次，失误 7 次，成功率为 41.67%；突尼斯队为 11 次，成功 6 次，失误 5 次，成功率为 54.55%。中国队中场由守转攻 61 次，成功 45 次，失误 16 次，成功率为 73.77%；突尼斯队为 62 次，成功 42 次，失误 20 次，成功率为 67.74%。中国队后场由守转攻 47 次，成功 38 次，失误 9 次，成功率为 80.85%；突尼斯队为 56 次，成功 40 次，失误 16 次，成功率为 71.43%。中国队前场由守转攻的成功率略低于突尼斯队，中场和后场则要高于对手。

中国队上半场由守转攻 54 次，成功 45 次，失误 9 次，成功率为 83.33%；突尼斯队为 67 次，成功 46 次，失误 21 次，成功率为 68.66%。中国队下半场由守转攻为 66 次，成功 43 次，失误 23 次，成功率为 65.15%；突尼斯队为 62 次，成功 42 次，失误 20 次，成功率为 67.74%。中国队在上半场由守转攻的次数低于突尼斯队，表明突尼斯队的防守更为积极主动，但中国队的成功率高于对手，下半场双方的差异并不大。

表 3-13　中国队与突尼斯队比赛由守转攻数据统计

		前场		中场		后场		合计	
		成功	失误	成功	失误	成功	失误	成功	失误
中国队	上半场	2	3	21	3	22	3	45	9
	下半场	3	4	24	13	16	6	43	23
突尼斯队	上半场	3	4	25	12	18	5	46	21
	下半场	3	1	17	8	22	11	42	20

(二)中国队与突尼斯队由攻转守情况

中国队与突尼斯队比赛由攻转守数据统计如表 3-14 所示：中国队全场比赛由攻转守 25 次，成功 14 次，失误 11 次，成功率为 56%；突尼斯队为 47 次，成功 26 次，失误 21 次，成功率为 55.32%。中国队由攻转守的次数明显要少于对手，且成功率略高于突尼斯队。

其中，中国队前场由攻转守 7 次，成功 3 次，失误 4 次，成功率为 42.86%；突尼斯队为 10 次，成功 3 次，失误 7 次，成功率为 30%。中国队中场由攻转守 13 次，成功 7 次，失误 6 次，成功率为 53.85%；突尼斯队为 26 次，成功 13 次，失误 13 次，成功率为 50%。中国队后场由攻转守 5 次，成功 4 次，失误 1 次，成功率为 80%；突尼斯队为 11 次，成功 10 次，失误 1 次，成功率为 90.91%。中国队前场和中场进攻受阻的次数少于突尼斯队，但成功率略高于对手，中国队后场进攻受阻的情况较少，且由攻转守的成功率较高。突尼斯后场虽然受阻的次数多于中国，但其由攻转守的成功率非常高。

中国队上半场由攻转守 13 次，成功 6 次，失误 7 次，成功率为 46.15%；突尼斯队为 19

次,成功 13 次,失误 6 次,成功率为 68.42%。中国队下半场由攻转守为 12 次,成功 8 次,失误 4 次,成功率为 66.67%;突尼斯队为 28 次,成功 13 次,失误 15 次,成功率为 46.43%。中国队下半场由攻转守的成功率有了较大的提高,而突尼斯队下半场则有所下降。

表 3-14 中国队与突尼斯队比赛由攻转守数据统计

		前场		中场		后场		合计	
		成功	失误	成功	失误	成功	失误	成功	失误
中国队	上半场	2	2	4	5	0	0	6	7
	下半场	1	2	3	1	4	1	8	4
突尼斯队	上半场	3	1	8	4	2	1	13	6
	下半场	0	6	5	9	8	0	13	15

第四章　东亚杯赛技术实力分析

第 6 届东亚杯于 2015 年 8 月 1—9 日在武汉举行，中国队第一场 0∶2 负于韩国队，第二场 2∶0 胜朝鲜队，第三场 1∶1 平日本队，获得了本次赛事的第 2 名。

第一节　中国队与韩国队比赛技术实力分析

2015 年 8 月 2 日，中国队在武汉体育中心体育场与韩国队进行了第一场比赛，主裁判米尔达西。比赛结果 0∶2，韩国队的金承大在第 45 分钟和李宗浩在第 57 分钟的时候各攻入 1 球。

一、中国队与韩国队出场阵容

（一）中国队出场阵容

中国队比赛阵型为 4-2-3-1，首发阵容：王大雷（23，守门员）、任航（2）、冯潇霆（6）、郑智（10）、吉翔（14）、蔡慧康（8）、吴曦（15）、于海（21）、武磊（19）、王永珀（11）、郜林（18）。

替补队员为：孙可（16 号，第 46 分钟上场替换郜林）、于大宝（22 号，第 63 分钟上场替换于海）、刘建业（13 号，第 74 分钟上场替换王永珀）。

（二）韩国出场阵容

韩国队比赛阵型为 4-2-3-1，首发阵容：金承奎（1 号，守门员）、洪喆（3）、金英权（19）、金周荣（4）、任仓佑（15）、权昶勋（22）、张贤秀（20）、金承大（12）、李在城（17）、李宗浩（10）、李庭协（18）。

替补队员为：李勇在（11 号，第 79 分钟上场替换李在城）、金信煜（9 号，第 83 分钟上场替换李庭协）、郑宇永（6 号，第 89 分钟上场替换李宗浩）。

二、中国队与韩国队比赛进攻行为分析

（一）中国队与韩国队比赛进攻行为基础数据

1. 各区域进攻行为与时段

中国队与韩国队比赛进攻行为数据统计如表 4-1 所示：中国队全场比赛整体进攻行为 458 次，成功率为 78.17%；韩国队为 610 次，成功率为 83.61%。中国队进攻行为的次数和成功率均低于韩国队。

其中,中国队在前场进攻行为 42 次,成功 28 次,成功率为 66.67%;韩国队在前场为 111 次,成功 82 次,成功率为 73.87%。中国队在中场进攻行为 274 次,成功 223 次,成功率为 81.39%;韩国队为 384 次,成功 323 次,成功率为 84.11%。中国队在后场进攻组织行为 142 次,成功 107 次,成功率为 75.35%;韩国队为 115 次,成功 105 次,成功率为 91.30%。中国队在前场和中场进攻行为与韩国队有较大的差距,在后场中国队进攻行为次数高于韩国队,但成功率仍然低于韩国队。

中国队上半场进攻行为 250 次,成功 200 次,成功率为 80%;韩国队上半场进攻行为 287 次,成功 233 次,成功率为 81.18%。中国队下半场进攻行为 208 次,成功 158 次,成功率为 75.96%;韩国队为 323 次,成功 277 次,成功率为 85.76%。韩国队下半场进攻占据着较大的优势,发挥更加出色。

表 4-1　中国队与韩国队比赛各场区进攻行为数据统计

			前场			中场			后场			合计
			左边	中路	右边	左边	中路	右边	左边	中路	右边	
中国队	上半场	成功	5	2	6	37	38	60	16	29	7	200
		失误	0	3	2	11	5	12	9	5	3	50
	下半场	成功	7	8	0	31	33	24	13	25	17	158
		失误	3	5	1	10	6	7	8	5	5	50
韩国队	上半场	成功	7	7	26	47	45	61	9	19	12	233
		失误	3	6	8	16	8	9	1	2	1	54
	下半场	成功	16	8	18	66	37	67	12	28	25	277
		失误	2	4	6	10	5	13	0	3	3	46

2. 射门与定位球进攻

中国队与韩国队比赛射门与定位球进攻情况如表 4-2 所示:中国队运动战禁区内射门 1 次,禁区外射门 4 次(射正 1 次),前场 30 米任意球射门 1 次。全场比赛射正率为 16.67%。

韩国队运动战禁区内射门 5 次(射正 3 次,进 2 球),禁区外射门 3 次,角球失误 5 次,前场 30 米任意球进攻失误 1 次。全场比赛射正率为 37.50%,进球率为 25%。

表 4-2　中国队与韩国队比赛射门与定位球进攻数据统计

			运动战		角球		前场 30 米任意球			点球	合计
			禁区内	禁区外	左侧	右侧	左侧	中路	右侧		
中国队	上半场	失误									
		射门		1					1		2
		射正									
		进球									
	下半场	失误									
		射门	1	3							4
		射正		(1)							(1)
		进球									

续表

			运动战		角球		前场 30 米任意球			点球	合计
			禁区内	禁区外	左侧	右侧	左侧	中路	右侧		
韩国队	上半场	失误				3			1		4
		射门	2	1							3
		射正	(1)								(1)
		进球	(1)								(1)
	下半场	失误			1	1					2
		射门	3	2							5
		射正	(2)								(2)
		进球	(1)								(1)

（二）中国队与韩国队比赛进攻态势变化

中国队与韩国队进攻态势变化曲线如图 4-1 所示，从中可以看出，中国队在整场比赛中，其进攻态势始终处于劣势，尤其是在上半场第 35 分钟以后，韩国队的进攻值远大于中国队，表明在该场比赛中，韩国队的进攻要明显优于中国队。

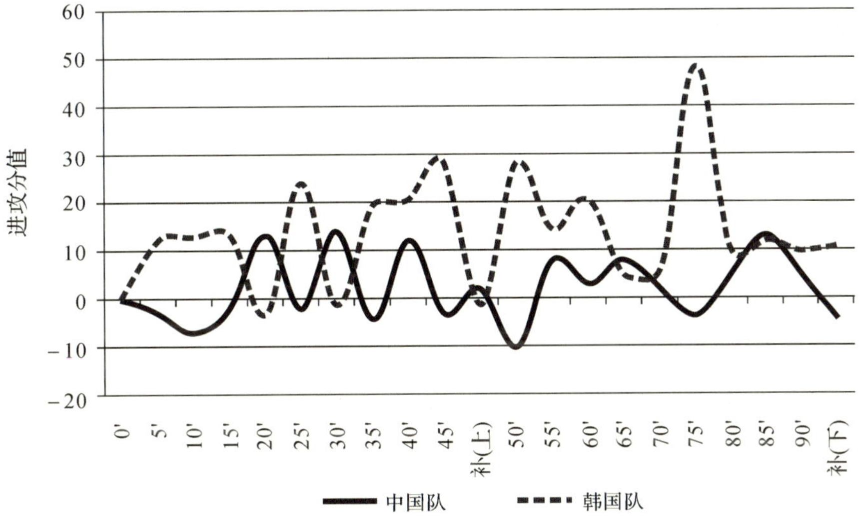

图 4-1　中国队与韩国队比赛进攻态势变化曲线

（三）中国队与韩国队比赛进攻技术行为运用

1. 前场 30 米区域进攻技术

中国队前场 30 米进攻技术行为运用情况如图 4-2 所示：进攻性技术行为运用 24 次，成功 13 次，失误 11 次，成功率为 54.17%。其中，个人突破成功 2 次，失误 2 次；直传球成功 4 次，失误 1 次；直传身后成功 1 次，失误 4 次；斜传球成功 4 次，失误 2 次；二过一成功 1 次，无失误；传中成功 1 次，失误 2。过渡性技术行为运用 18 次，成功 15 次，失误 3 次，成功率为 83.33%。

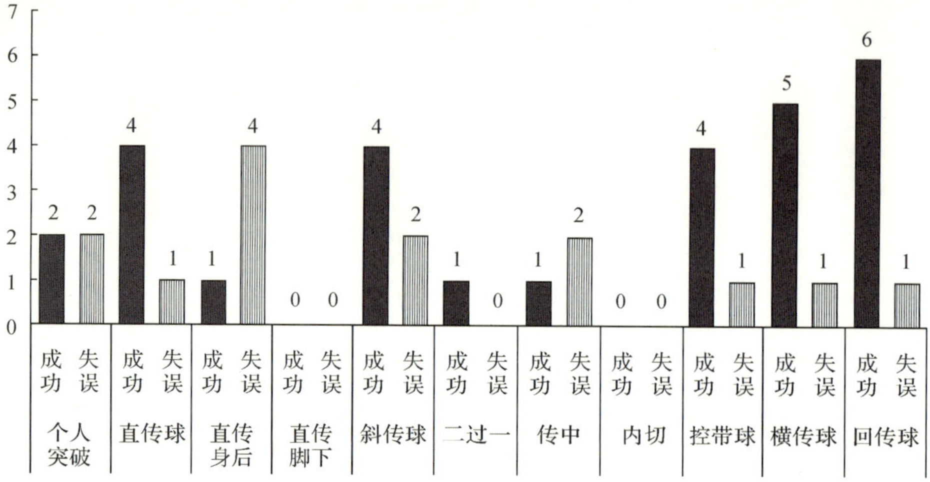

图 4-2　中国队对韩国队前场进攻技术运用情况统计

韩国队前场 30 米进攻技术行为运用情况如图 4-3 所示：进攻性技术行为运用 54 次，成功 29 次，失误 25 次，成功率为 53.70%。其中，个人突破成功 9 次，失误 4 次；直传球成功 11 次，失误 5 次；直传身后成功 1 次，失误 5 次；斜传球成功 1 次，失误 1 次；二过一失误 1 次；传中成功 5 次，失误 9 次。内切成功 2 次。过渡性技术行为运用 57 次，成功 53 次，失误 4 次，成功率为 92.98%。

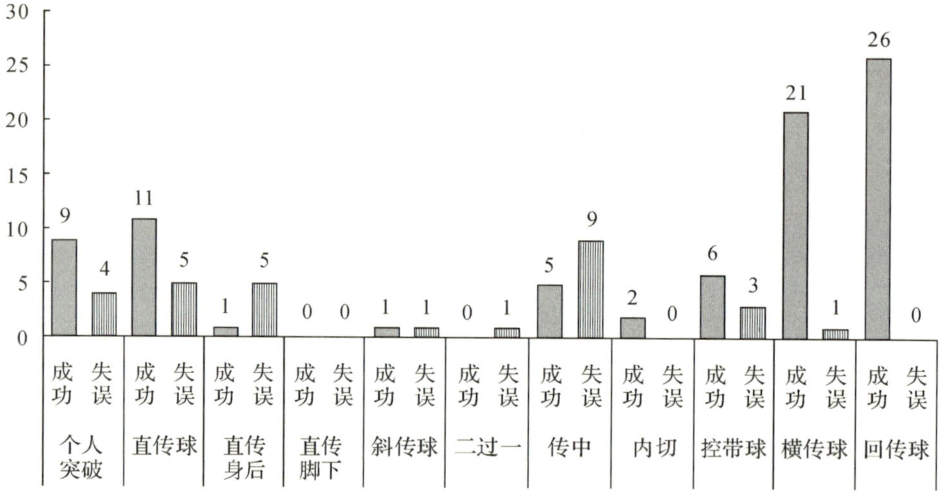

图 4-3　韩国队对中国队前场进攻技术运用情况统计

中国队前场进攻技术运用次数要明显少于韩国队，但成功率基本相当。其中，个人突破、传中技术的运用次数和成功率中国队均要低于韩国队，直传球的次数也明显较少，只有斜传球中国队高于对手。在该场比赛中，中国队在边路形成有威胁性的进攻十分有限。中国队过渡性技术行为无论是运用次数，还是成功率方面都明显低于韩国队。

2. 中场区域进攻技术

中国队中场进攻技术运用情况如图 4-4 所示：进攻性技术行为运用 117 次，成功 84 次，失误 33 次，成功率为 71.79%。其中，向前带球成功 6 次，失误 3 次；中长直传成功 5 次，失误 6

次；短直传成功 41 次，失误 14 次；直传身后失误 3 次；直传脚下成功 2 次，无失误；长传转移成功 3 次，失误 2 次；二过一成功 1 次，无失误；斜传边路成功 21 次，失误 2 次；边路斜传成功 5 次，失误 3 次。过渡性技术行为运用 157 次，成功 139 次，失误 18 次，成功率为 88.54％。

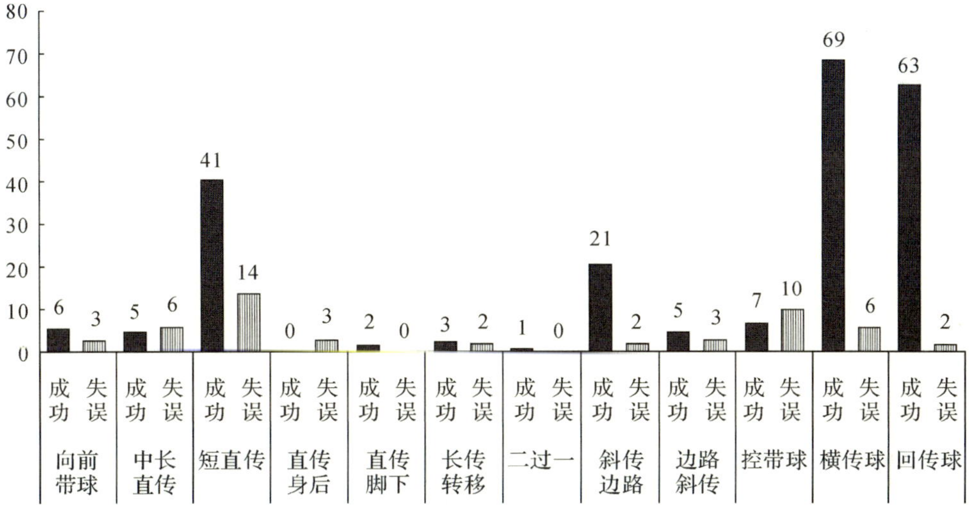

图 4-4　中国队对韩国队中场进攻技术运用情况统计

韩国队中场进攻技术运用情况如图 4-5 所示：进攻性技术行为运用 195 次，成功 147 次，失误 48 次，成功率为 75.38％。其中，向前带球成功 11 次，失误 4 次；中长直传成功 12 次，失误 15 次；短直传成功 73 次，失误 13 次；直传身后失误 3 次；直传脚下成功 1 次，失误 1 次；长传转移成功 1 次，失误 2 次；二过一成功 1 次，无失误；斜传边路成功 41 次，失误 3 次；边路斜传成功 7 次，失误 7 次。过渡性技术行为运用 189 次，成功 176 次，失误 13 次，成功率为 93.12％。

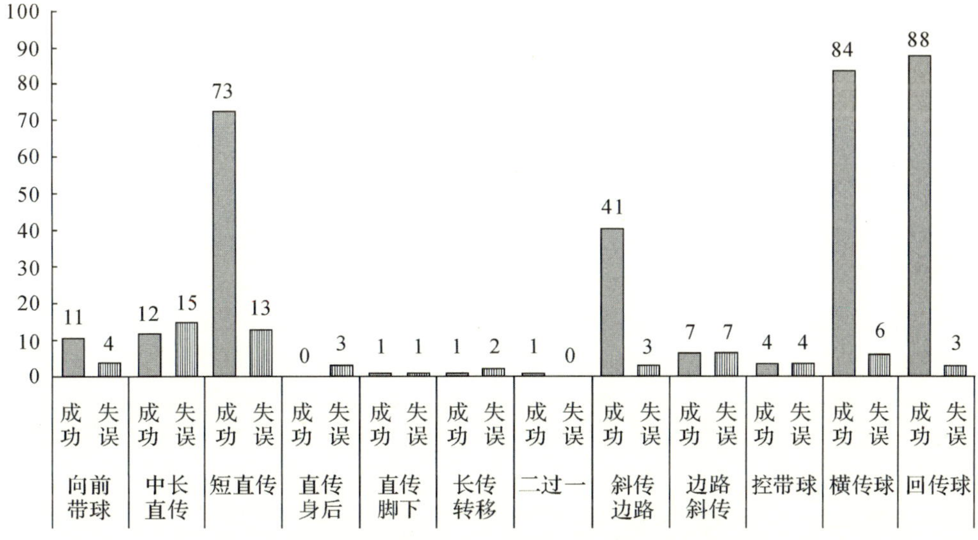

图 4-5　韩国队对中国队中场进攻技术运用情况统计

在中场阵地战的进攻中,中国队进攻性技术行为运用的次数和成功率均要明显低于韩国队,尤其是短直传和斜传边路较少,与对手有着明显的差距。另外向前带球、中长直传中国队运用的次数也比较少。韩国队在中场对球的控制也占有一定的优势。

3.后场区域进攻技术

中国队后场进攻技术运用情况如图 4-6 所示:进攻性技术行为运用 101 次,成功 71 次,失误 30 次,成功率为 70.30%。其中,向前带球成功 6 次,失误 1 次;向前长传成功 3,失误 9 次;向前中传成功 11 次,失误 10 次;斜传边路成功 22 次,失误 5 次;短直传成功 29 次,失误 5 次。过渡性技术行为运用 41 次,成功 46 次,失误 5 次,成功率为 87.80%。

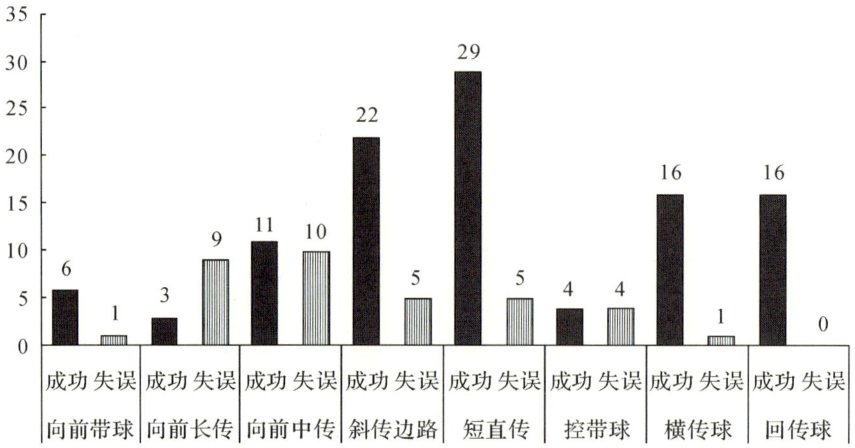

图 4-6 中国队对韩国队后场进攻技术运用情况统计

韩国队后场进攻技术运用情况如图 4-7 所示:进攻性技术行为运用 79 次,成功 69 次,失误 10 次,成功率为 87.34%。其中,向前带球成功 3 次,无失误;向前长传成功 2 次,失误 5 次;向前中传成功 9 次,失误 2 次;斜传边路成功 23 次,无失误;短直传成功 32 次,失误 3 次。过渡性技术运用 36 次,成功 36 次,无失误。

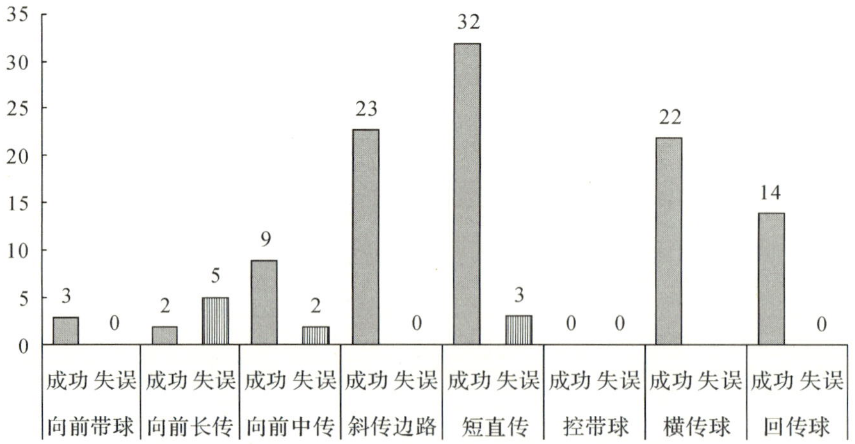

图 4-7 韩国队对中国队后场进攻技术运用情况统计

在后场进攻组织中,中国队进攻技术和过渡性技术的运用次数都要多于韩国队,但成功率却要比对手少很多，说明中国队后场的进攻组织效率不如对手，其中的向前长传、斜传边路和短直传这三项指标尤为突出。

三、中国队与韩国队比赛防守行为分析

（一）中国队与韩国队比赛防守行为基础数据

1.各区域防守行为与时段

中国队与韩国队全场比赛整体防守行为数据如表4-3所示：中国队全场比赛个人防守行为711次[包括无压（以下简称无压）117次]，成功353次，失误358次，成功率为49.65%；韩国队为511次（无压68次），成功250次，失误261次，成功率为48.92%。中国队个人防守的次数要多于韩国队，成功率非常接近。但中国队对对方持球人的限制不够紧凑、较为松散，因此无压次数远多于对手。

其中，中国队前场个人防守101次（无压46次），成功27次，失误74次，成功率为26.73%；韩国队为112次（无压27次），成功33次，失误79次，成功率为29.46%。中国队中场个人防守401次（无压64次），成功202次，失误199次，成功率为50.37%；韩国队为328次（无压36次），成功174次，失误154次，成功率为53.05%。中国队后场个人防守209次（无压7次），成功124次，失误85次，成功率59.33%；韩国队为71次（无压5次），成功43次，失误28次，成功率也是60.56%。中国队前场个人防守的次数和成功率略低于韩国队，但是中场，尤其是后场防守的次数要多于对手。

中国队小组防守83次，成功74次，失误9次，成功率为89.16%；韩国队为58次，成功46次，失误12次，成功率为79.31%。中国队防守的队型、队员间的距离保持还比较好，小组防守成功率要高于韩国队。

其中，中国队前场小组防守仅成功1次；韩国队为成功2次，失误2次。中国队中场小组防守18次，成功13次，失误5次，成功率为72.22%；韩国队为25次，成功21次，失误4次，成功率为84%；中国队后场小组防守64次，成功60次，失误4次，成功率为93.75%；韩国队为29次，成功23次，失误6次，成功率为79.31%。中国队中场小组防守不如韩国队，但后场的效率要明显高于对手。

表4-3　中国队与韩国队比赛各场区防守行为数据统计

场地区域与防守类型			中国队				韩国队			
			上半场		下半场		上半场		下半场	
			成功	失误	成功	失误	成功	失误	成功	失误
前场	左边	个人	3	5	4	6	1	5	5	5
		小组	0	0	0	0	0	1	1	0
	中路	个人	4	3	4	9	3	10	5	12
		小组	0	0	1	0	0	0	0	0
	右边	个人	3	3	9	2	7	10	12	10
		小组	0	0	0	0	1	0	0	1
	无压		24		22		13		14	

续表

场地区域与防守类型			中国队				韩国队			
			上半场		下半场		上半场		下半场	
			成功	失误	成功	失误	成功	失误	成功	失误
中场	左边	个人	35	32	41	40	35	33	29	14
		小组	5	2	2	2	3	1	1	1
	中路	个人	28	11	31	14	21	10	25	21
		小组	1	0	1	0	3	0	2	0
	右边	个人	34	18	33	20	38	15	26	25
		小组	4	0	0	1	5	0	7	2
	无压		35		29		29		7	
后场	左边	个人	29	16	34	16	10	2	4	2
		小组	10	0	10	1	5	1	1	0
	中路	个人	13	18	20	13	8	4	10	11
		小组	10	2	13	0	6	2	6	2
	右边	个人	12	5	16	10	4	2	7	2
		小组	8	1	9	0	3	0	2	1
	无压		3		4		3		2	
合计		个人	161	111	192	130	127	91	123	102
		小组	38	5	36	4	26	5	20	7
		无压	62		55		45		23	

中国队上半场个人防守行为334次(无压62次),成功161次,失误173次,成功率为48.20%;韩国队为263次,成功127次,失误136次,成功率为48.29%。中国队下半场个人防守行为377次(无压55次),成功192次,失误185次,成功率为50.93%;韩国队为248次,成功123次,失误125次,成功率为49.60%。中国队防守行为要多于韩国队,但双方的成功率几乎相等。

中国队上半场小组防守43次,成功38次,失误5次,成功率为88.37%;韩国队为31次,成功26次,失误5次,成功率为83.87%。中国队下半场小组防守40次,成功36次,失误4次,成功率为90%;韩国队为27次,成功20次,失误7次,成功率为74.07%。中国队小组防守的成功率略高于韩国队,上、下半场防守的差异不大,韩国下半场略有下降。

2.防守对方射门与定位球进攻

中国队与韩国队比赛防守射门与定位球数据统计如表4-4所示:中国队防守对方运动战禁区内射门失误5次(成功1次,失误4次,被进2球),防守禁区外射门失误2次,防守角球成功5次,防守后场30米任意球进攻成功1次。

韩国队防守对方运动战禁区内射门失误1次,防守禁区外射门4次(成功1次,失误3次),防守后场30米任意球进攻失误1次。

表 4-4　中国队与韩国队比赛防守射门与定位球数据统计

			运动战		角球		后场 30 米任意球			点球	合计
			禁区内	禁区外	左侧	右侧	左侧	中路	右侧		
中国队	上半场	成功			3		1				4
		失误	2	1							3
		被进球	(1)								(1)
	下半场	成功	1		1	1					3
		失误	2	1							3
		被进球	(1)								(1)
韩国队	上半场	成功									
		失误		1			1				2
		被进球									
	下半场	成功		1							1
		失误	1	2							3
		被进球									

（二）中国队与韩国队比赛防守态势变化

中国队与韩国队防守态势变化曲线如图 4-8 所示：中国队在本场比赛的防守明显弱于韩国队，在第 5～10 分钟、40～45 分钟、50～55 分钟和 65～70 分钟 4 个时段防守分值为负数，并且在 45 分钟和 57 分钟的时候丢失 2 球。相反，韩国队整场比赛防守都非常好，防守分值很高，可以看出，韩国队的防守实力明显要强于中国队。

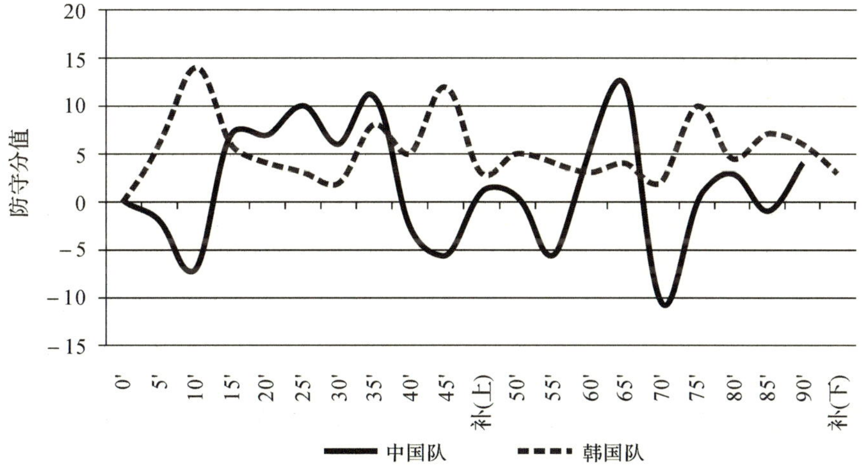

图 4-8　中国队与韩国队比赛防守态势变化曲线

（三）中国队与韩国队比赛防守技术运用

1. 前场 30 米区域防守技术

中国队前场防守技术运用情况如图 4-9 所示：在个人防守中，施压运用 48 次（成功 23 次，失误 25 次，成功率为 47.92%），无压 46 次；反抢成功 3 次，失误 2 次；断球成功 1 次，失误 1 次。小组防守保护成功 1 次。

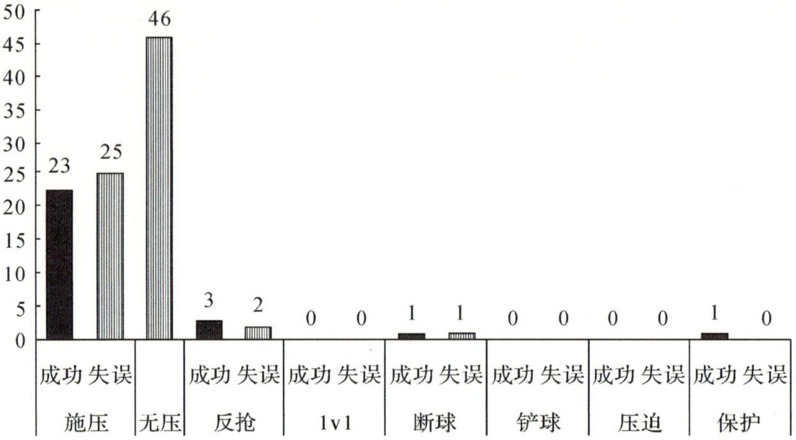

图 4-9　中国队对韩国队前场防守技术运用情况统计

韩国队前场防守技术运用情况如图 4-10 所示:在个人防守中,施压运用 69 次(成功 25 次,失误 44 次,成功率为 36.23%),无压 27 次;反抢成功 5 次,失误 6 次;1v1 防守成功 1 次,失误 2 次;断球成功 2 次,无失误。小组防守压迫成功 2 次,失误 1 次;保护失误 1 次。

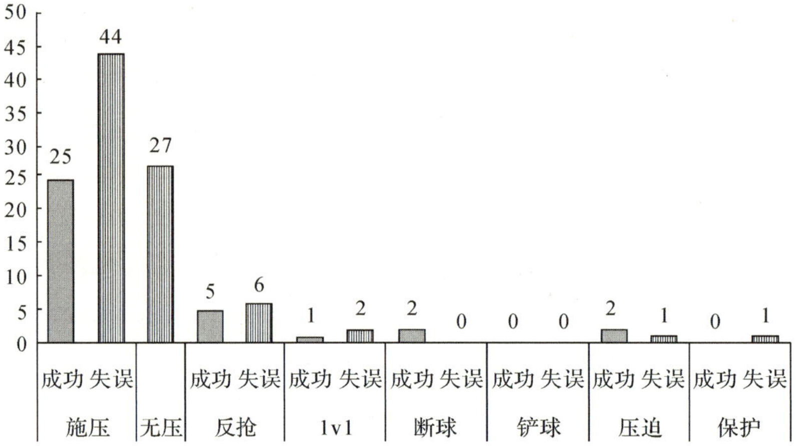

图 4-10　韩国队对中国队前场防守技术运用情况统计

中国队主动施压的效果要好于韩国队,但出现无压情况明显多于对手,表明在前场对持球人的限制还不够,没有投入较多的人员防守对方,而是收缩到中、后场进行防守。

2. 中场区域防守技术

中国队中场防守技术运用情况如图 4-11 所示:在个人防守中,施压运用 285 次(成功 171 次,失误 114 次,成功率为 60%),无压 64 次;反抢成功 2 次,失误 4 次;1v1 防守成功 6 次,失误 2 次;断球成功 11 次,失误 2 次;铲球成功 3 次,失误 2 次;回追成功 3 次,失误 2 次;争顶成功 6 次,失误 9 次。小组防守压迫成功 2 次,失误 3 次;保护成功 11 次,失误 2 次。

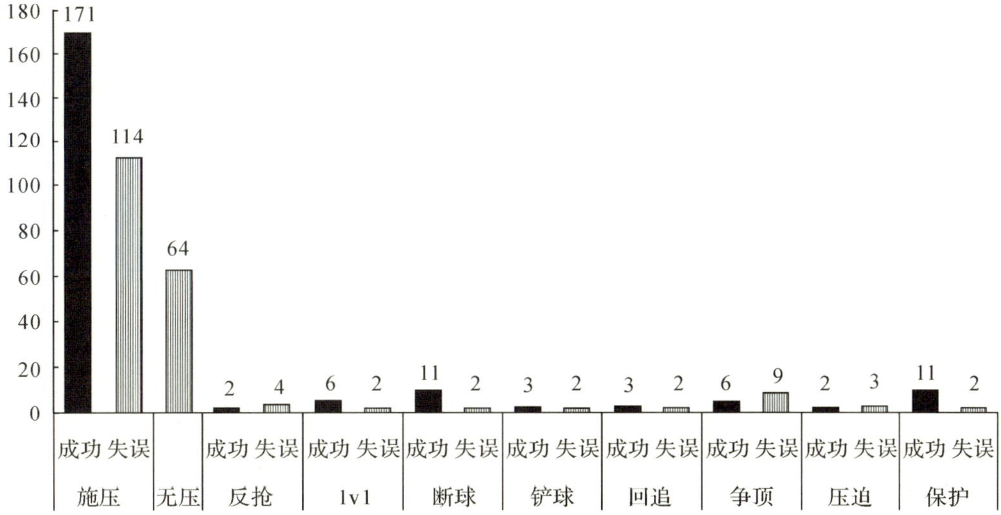

图 4-11　中国队对韩国队中场防守技术运用情况统计

韩国队中场防守技术运用情况图 4-12 所示：在个人防守中，施压运用 221 次（成功 138 次，失误 83 次，成功率 62.44%），无压 36 次；反抢成功 7 次，失误 10 次；1v1 防守成功 3 次，失误 5 次；断球成功 19 次，失误 2 次；铲球成功 1 次，失误 2 次；回追成功 1 次，失误 1 次；争顶成功 5 次，失误 15。小组防守压迫成功 9 次，失误 2 次；保护成功 12 次，失误 2 次。

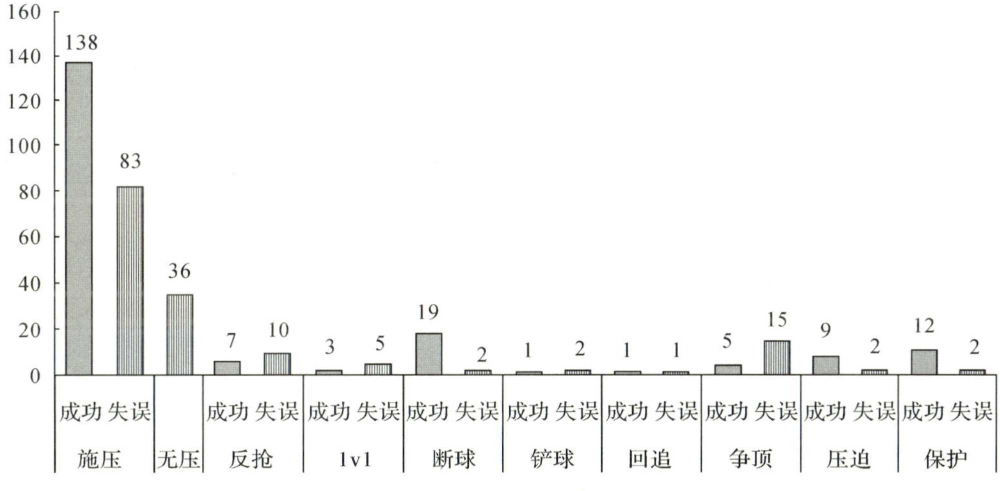

图 4-12　韩国队对中国队中场防守技术运用情况统计

韩国队在中场进攻中占据了优势，迫使中国队对持球人的施压增多，但施压的效果一般。中场是每球必争的区域，但中国队出现了对持球人无压情况却较多，主要是中国队横向移动方面欠缺，使得韩国队在过渡性传球中，压力较小。在球权转换时，中国队的转换意识一般，反抢次数与成功率也小于对手。中国队在 1v1 和争顶的两项数据要好于韩国队。在小组防守中，中国队思想和行动还不够统一，没有形成对持球人的有效压迫，使得压迫的次数和成功率均低于韩国队。

3.后场区域防守技术

中国队后场防守技术运用情况如图 4-13 所示:在个人防守中,施压运用 127 次(成功 68 次,失误 59 次,成功率为 53.54%),无压 7 次;反抢成功 3 次,失误 4 次;1v1 防守成功 9 次,失误 6 次;断球成功 28 次,失误 1 次;回追成功 7 次,失误 1 次;争顶成功 9 次,失误 6 次;解围失误 1 次。小组防守压迫成功 4 次,失误 1 次;保护成功 45 次,失误 2 次;补位防守成功 11 次,失误 1 次。

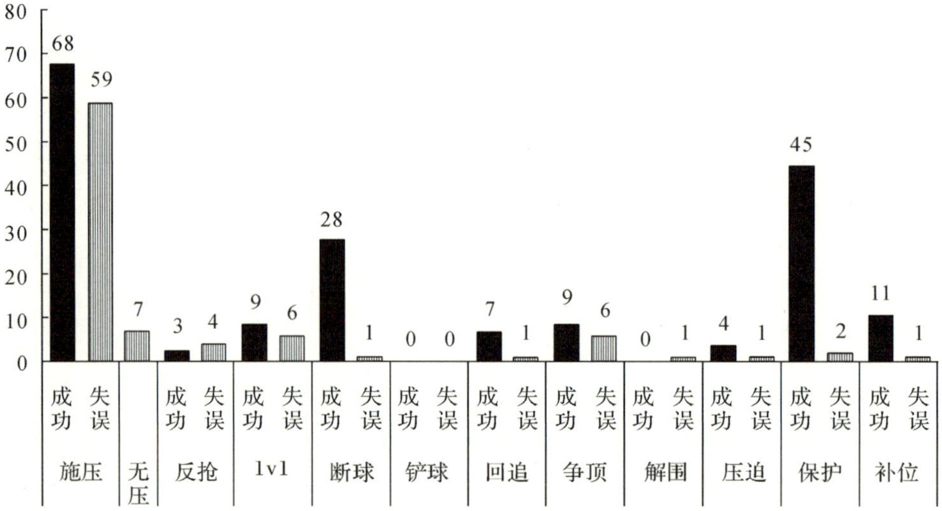

图 4-13 中国队对韩国队后场防守技术运用情况统计

韩国队后场防守技术运用情况如图 4-14 所示:在个人防守中,施压防守运用 39 次(成功 20 次,失误 19 次,成功率为 51.28%),无压 5 次;反抢成功 1 次,无失误;1v1 防守成功 2 次,失误 1 次;断球成功 12 次,无失误;回追成功 3 次,无失误;争顶成功 3 次,失误 2 次;解围成功 2 次,失误 1 次;小组防守压迫成功 4 次,失误 4 次;保护成功 18 次,失误 2 次;补位防守成功 1 次,无失误。

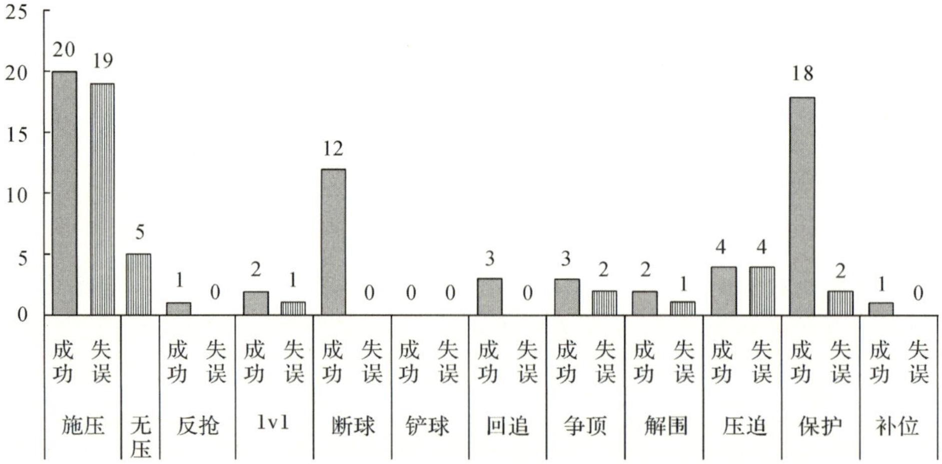

图 4-14 韩国队对中国队后场防守技术运用情况统计

韩国队在进攻中占有明显的优势，使得中国队后场压力较大，对球主动施压的次数较多，但效果一般，并有较多的无压情况。中国队在 1v1 防守、断球、回追、争顶等指标要好于韩国队。在小组的防守中，中国队的压迫、保护、补位次数和成功率均高于对手。

（四）中国队与韩国队比赛守门员技术比较

中国队与韩国队比赛守门员技术统计如表 4-5 所示：中国队守门员（王大雷）处理球 10 次，成功 8 次，被进 2 球，成功率为 80%。其中，正面接球成功 3 次，扑单刀 3 次（成功 1 次，被进 2 球），摘传中球成功 2 次，禁区外断球成功 1 次，挡球成功 1 次。

韩国队守门员（金承奎）仅在下半场有 1 次扑救球成功，这在某种程度上也表明韩国队后场的防守非常稳固。

表 4-5　中国队与韩国队比赛守门员技术统计

			扑救球	正面接球	扑单刀	托球	摘传中球	禁外断球	挡出	拳击球	合计
中国队	上半场	成功		2			2				4
		失误			1						1
		被进球			(1)						(1)
	下半场	成功		1	1			1	1		4
		失误			1						1
		被进球			(1)						(1)
韩国队	上半场	成功									
		失误									
		被进球									
	下半场	成功	1								1
		失误									
		被进球									

四、中国队与韩国队比赛攻守转换分析

（一）中国队与韩国队由守转攻情况

中国队与韩国队比赛由守转攻数据统计如表 4-6 所示：中国队全场比赛由守转攻 104 次，成功 87 次，失误 17 次，成功率为 83.65%；韩国队为 104 次，成功 89 次，失误 15 次，成功率为 85.58%。比赛双方由守转攻的次数相同，但韩国队的成功率略高。

其中，中国队前场由守转攻成功 3 次，无失误；韩国队为 11 次，成功 9 次，失误 2 次，成功率为 81.82%。中国队中场由守转攻 38 次，成功 28 次，失误 10 次，成功率为 73.68%；韩国队为 64 次，成功 55 次，失误 9 次，成功率为 85.94%。中国队后场由守转攻 63 次，成功 56 次，失误 7 次，成功率为 88.89%；韩国队为 29 次，成功 25 次，失误 4 次，成功率为 86.21%。韩国队在前场和中场由守转攻的次数明显多于中国队，中场的成功率也比较高。中国队后场的由守转攻次数和成功率均较高。

中国队上半场由守转攻 50 次,成功 44 次,失误 6 次,成功率为 88%;韩国队为 56 次,成功 49 次,失误 7 次,成功率为 87.50%。中国队下半场由守转攻为 54 次,成功 43 次,失误 11 次,成功率为 79.63%;韩国队为 48 次,成功 40 次,失误 8 次,成功率为 83.33%。中国队和韩国队下半场由守转攻的成功率都有所下降。

表 4-6 中国队与韩国队比赛由守转攻数据统计

		前场		中场		后场		合计	
		成功	失误	成功	失误	成功	失误	成功	失误
中国队	上半场	0	0	14	2	30	4	44	6
	下半场	3	0	14	8	26	3	43	11
韩国队	上半场	2	0	33	4	14	3	49	7
	下半场	7	2	22	5	11	1	40	8

(二)中国队与韩国队由攻转守情况

中国队与韩国队比赛由攻转守数据统计如表 4-7 所示:中国队全场比赛由攻转守 18 次,成功 8 次,失误 10 次,成功率为 44.44%;韩国队为 29 次,成功 13 次,失误 16 次,成功率为 44.83%。本场比赛中国队多数时间处于防守状态,因而进攻受阻的次数也低于韩国队,但是由攻转守的成功率双方基本相同。

其中,中国队前场由攻转守 5 次,成功 3 次,失误 2 次,成功率为 60%;韩国队为 11 次,成功 5 次,失误 6 次,成功率为 45.45%。中国队中场由攻转守 6 次,成功 2 次,失误 4 次,成功率为 33.33%;韩国队为 17 次,成功 7 次,失误 10 次,成功率为 41.18%。中国队后场由攻转守 7 次,成功 3 次,失误 4 次,成功率为 42.86%;韩国队为由攻转守成功 1 次。韩国队在前场和中场进攻受阻的次数明显较多,中国队在后场进攻受阻的次数要多于韩国队。

中国队上半场由攻转守 4 次,成功 2 次,失误 2 次,成功率为 50%;韩国队为 14 次,成功 7 次,失误 7 次,成功率为 50%。中国队下半场由攻转守为 14 次,成功 6 次,失误 8 次,成功率为 42.86%;韩国队为 15 次,成功 6 次,失误 9 次,成功率为 40%。中国队上半场对球控制得比较好,而下半场有所下降,由攻转守次数明显增加。韩国队则上、下半场变化不大。

表 4-7 中国队与韩国队比赛由攻转守数据统计

		前场		中场		后场		合计	
		成功	失误	成功	失误	成功	失误	成功	失误
中国队	上半场	2	1	0	0	0	1	2	2
	下半场	1	1	2	4	3	3	6	8
韩国队	上半场	2	2	4	5	1	0	7	7
	下半场	3	4	3	5	0	0	6	9

第二节　中国队与朝鲜队比赛技术实力分析

2015 年 8 月 5 日，中国队在武汉体育中心体育场与朝鲜队进行了第二场比赛，主裁判雅各布。比赛结果 2∶0，中国队于大宝和王永珀分别在第 36 分钟和第 51 分钟各进 1 球。

一、中国队与朝鲜队出场阵容

（一）中国队出场阵容

中国队比赛阵型为 4-2-3-1，首发阵容：曾诚（1 号，守门员）、雷腾龙（3）、王彤（4）、于洋（5）、饶伟辉（17）、郑智（10）、刘建业（13）、王永珀（11）、孙可（16）、于大宝（18）、杨旭（9）。

替补队员为：刘彬彬（19 号，第 46 分钟上场替换孙可）、吴曦（15 号，第 62 分钟上场替换王永珀）、任航（2 号，第 72 分钟上场替换王彤）。

（二）朝鲜队出场阵容

朝鲜队比赛阵型为 4-4-2，首发阵容：李明国（1 号，守门员）、张国哲（3）、张功哲（6）、李赫哲（7）、郑日冠（11）、沈云真（13）、李勇哲（15）、卢学洙（16）、徐贤旭（17）、洪金成（19）、李哲民（23）。

替补队员为：朴显日（20 号，第 64 分钟上场替换徐贤旭）、徐景震（14 号，第 58 分钟上场替换洪金成）。

二、中国队与朝鲜队比赛进攻行为分析

（一）中国队与朝鲜队比赛进攻行为基础数据

1. 各区域进攻行为与时段

中国队与朝鲜队比赛进攻行为数据统计如表 4-8 所示：中国队全场比赛进攻行为 471 次，成功率为 73.89％；朝鲜队为 460 次，成功率为 75.22％。两个队在进攻行为次数与成功率上相差不大。

其中，中国队前场进攻行为 55 次，成功 37 次，成功率为 67.27％；朝鲜队为 119 次，成功 85 次，成功率为 71.43％。中国队中场进攻行为 243 次，成功 187 次，成功率为 76.95％；朝鲜队为 238 次，成功 188 次，成功率为 78.99％。中国队后场进攻行为 173 次，成功 124 次，成功率为 71.68％；朝鲜队为 103 次，成功 73 次，成功率为 70.87％。朝鲜队前场的进攻行为次数和成功率明显高于中国队，说明其有较强的进攻能力。双方在中场的进攻行为次数与成功率较为接近。由于朝鲜队在前场并没有采用高压防守，使得中国队在后场进攻组织中占有一定的优势。

中国队上半场进攻行为 296 次，成功 239 次，成功率为 80.74％；朝鲜队为 232 次，成功 182 次，成功率为 78.45％。中国队下半场进攻行为 175 次，成功 109 次，成功率为 62.29％；朝鲜队为 228 次，成功 164 次，成功率为 71.93％。中国队上半场进攻技术运用高于朝鲜队，主要是在进攻组织中有一定的优势。朝鲜队下半场进攻超过了中国队，可能是中

国队领先之后偏保守所造成的。

表 4-8　中国队与朝鲜队比赛各场区进攻行为数据统计

			前场			中场			后场			合计
			左边	中路	右边	左边	中路	右边	左边	中路	右边	
中国队	上半场	成功	15	4	7	50	34	49	8	40	32	239
		失误	5	2	5	12	5	14	0	7	7	57
	下半场	成功	1	3	7	21	11	22	17	24	3	109
		失误	1	3	2	9	3	13	7	25	3	66
朝鲜队	上半场	成功	11	10	4	42	35	30	19	25	6	182
		失误	7	4	1	12	7	5	2	7	5	50
	下半场	成功	8	22	30	24	22	35	6	12	5	164
		失误	1	14	7	11	10	5	5	11	0	64

2.射门与定位球进攻

中国队与朝鲜队比赛射门与定位球进攻情况如表 4-9 所示：中国队运动战禁区内射门 5 次(射正 3 次，进 1 球)，禁区外射门 1 次(射正)，角球失误 2 次，前场 30 米任意球进攻 2 次(射门 1 次，失误 1 次)，点球射门 1 次(进球)。全场比赛射正率为 62.50%，进球率为 25%。

朝鲜队运动战禁区内射门 5 次(射正 2 次)，禁区外射门 7 次(射正 1 次)、角球射门 3 次(射正 1 次)，前场 30 米任意球进攻 6 次(射门 5 次，失误 1 次)。全场比赛射正率为 20%。

本场比赛中，中国队创造射门的进攻力要弱于朝鲜队，但是准确性要高于对手。

表 4-9　中国队与朝鲜队比赛射门与定位球进攻数据统计

			运动战		角球		前场 30 米任意球			点球	合计
			禁区内	禁区外	左侧	右侧	左侧	中路	右侧		
中国队	上半场	失误									
		射门	3	1				1			5
		射正	(2)	(1)							(3)
		进球	(1)								(1)
	下半场	失误				2	1				3
		射门	2							1	3
		射正	(1)							(1)	(2)
		进球								(1)	(1)
朝鲜队	上半场	失误									
		射门	2	4		1	2	1			10
		射正	(1)	(1)							(2)
		进球									
	下半场	失误						1			1
		射门	3	3	1	1			2		10
		射正	(1)		(1)						(2)
		进球									

(二)中国队与朝鲜队比赛进攻态势变化

中国队与朝鲜队进攻态势变化曲线如图 4-15 所示，从中可以看出，比赛双方的进攻态势变化可以分为两个阶段：第一阶段为上半场开始至下半场第 55 分钟，双方的进攻态势较为平衡，朝鲜队稍占一些优势，但在此阶段，中国队攻入 2 球（其中 1 个点球）；第二阶段是第 55 分钟至比赛结束，朝鲜在落后 2 球以后加强了进攻，其进攻分值远大于中国队。

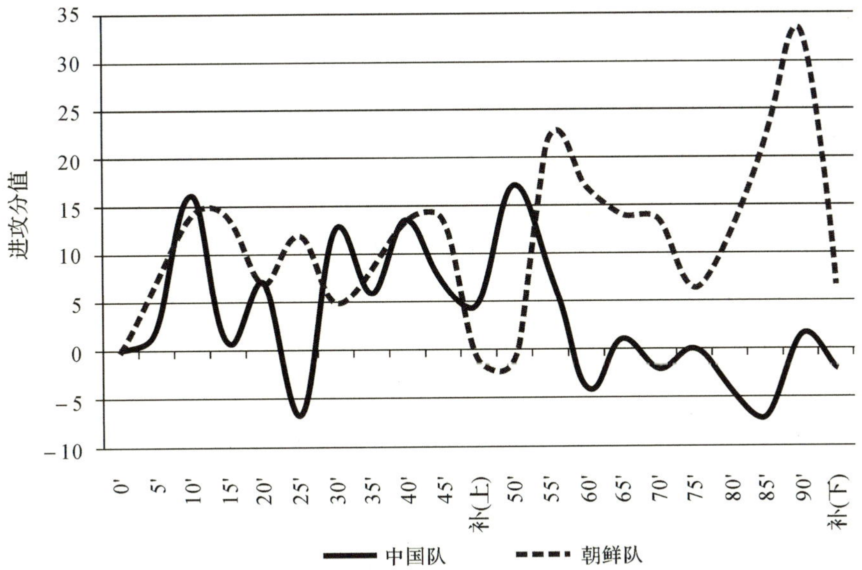

图 4-15　中国队与朝鲜队比赛进攻态势变化曲线

（三）中国队与朝鲜队比赛进攻技术行为运用

1. 前场 30 米区域进攻技术

中国队前场 30 米进攻技术行为运用情况如图 4-16 所示：进攻性技术行为运用 30 次，成功 17 次，失误 13 次，成功率为 56.67%。其中，个人突破成功 4 次，失误 4 次；直传球成功 5 次，无失误；直传身后成功 1 次，失误 2 次；斜传球失误 1 次；二过一成功 3 次，失误 1 次；传中成功 4 次，失误 5 次。过渡性技术行为运用 25 次，成功 20 次，失误 5 次，成功率为 80.00%。

朝鲜队前场 30 米进攻技术行为运用情况如图 4-17 所示：进攻性技术行为运用 64 次，成功 43 次，失误 21 次，成功率为 67.19%。其中，个人突破成功 8 次，失误 3 次；直传球成功 6 次，失误 2 次；直传身后成功 5 次，失误 5 次；直传脚下成功 3 次，失误 1 次；斜传球成功 2 次，失误 6 次；二过一成功 5 次，无失误；传中成功 11 次，失误 4 次；内切成功 3 次，无失误。过渡性技术行为运用 55 次，成功 42 次，失误 13 次，成功率为 76.36%。

虽然中国队进攻技术行为总体高于朝鲜队，但在关键的前场 30 米却低于对手，朝鲜队在前场创造射门的次数和运用进攻技术的能力强于中国队。例如，个人突破、直传球、直传身后、直传脚下、二过一、传中和内切等关键性指标均要好于中国队，只有控带球一项中国队好于朝鲜队。

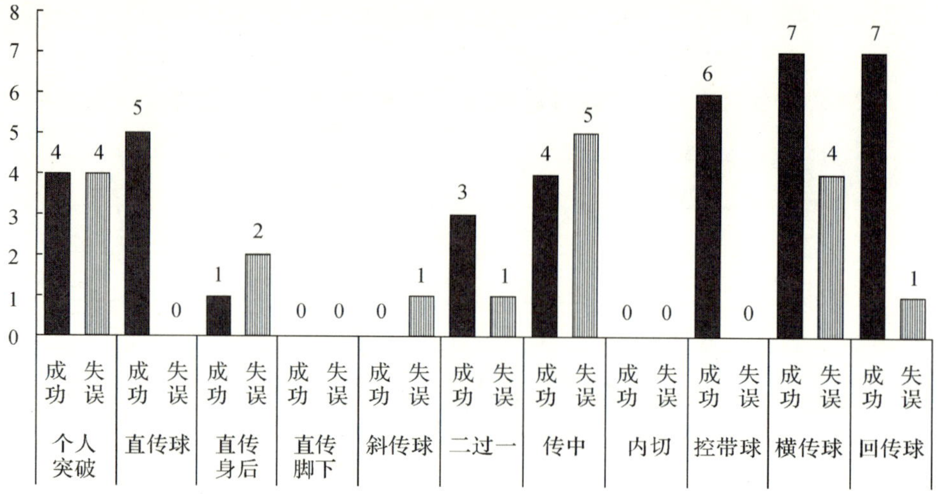

图 4-16　中国队对朝鲜队前场进攻技术运用情况统计

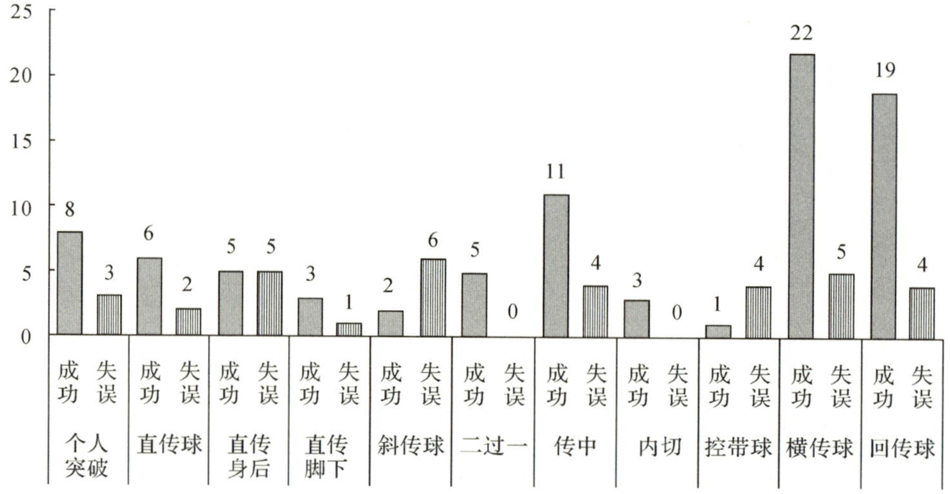

图 4-17　朝鲜队对中国队前场进攻技术运用情况统计

2. 中场区域进攻技术

中国队中场进攻技术运用情况如图 4-18 所示：进攻性技术行为运用 130 次，成功 91 次，失误 39 次，成功率为 70%。其中，向前带球成功 10 次，失误 6 次；中长直传成功 6 次，失误 10 次；短直传成功 36 次，失误 9 次；直传身后成功 1 次，失误 2 次；直传脚下成功 1 次，无失误；长传转移失误 1 次；二过一成功 4 次，失误 2 次；斜传边路成功 28 次，失误 3 次；边路斜传成功 5 次，失误 6 次。过渡性技术行为运用 113 次，成功 96 次，失误 17 次，成功率为 84.96%。

朝鲜队中场进攻技术运用情况如图 4-19 所示：进攻性技术行为运用 138 次，成功 91 次，失误 47 次，成功率为 65.94%。其中，向前带球成功 12 次，失误 3 次；中长直传成功 7 次，失误 12 次；短直传成功 34 次，失误 13 次；直传身后成功 1 次，失误 4 次；直传脚下成功 1 次，失误 2 次；长传转移成功 1 次，失误 4 次；二过一成功 1 次，无失误；斜传边路成功 17 次，失误 2 次；边路斜传成功 17 次，失误 7 次。过渡性技术行为运用 100 次，成功 97 次，失误 3 次，成功率为 97%。

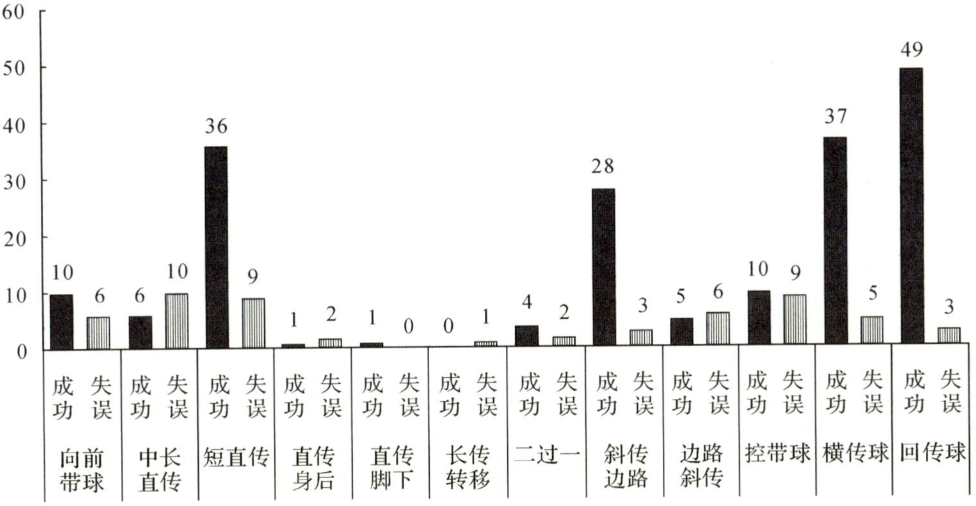

图 4-18 中国队对朝鲜队中场进攻技术运用情况统计

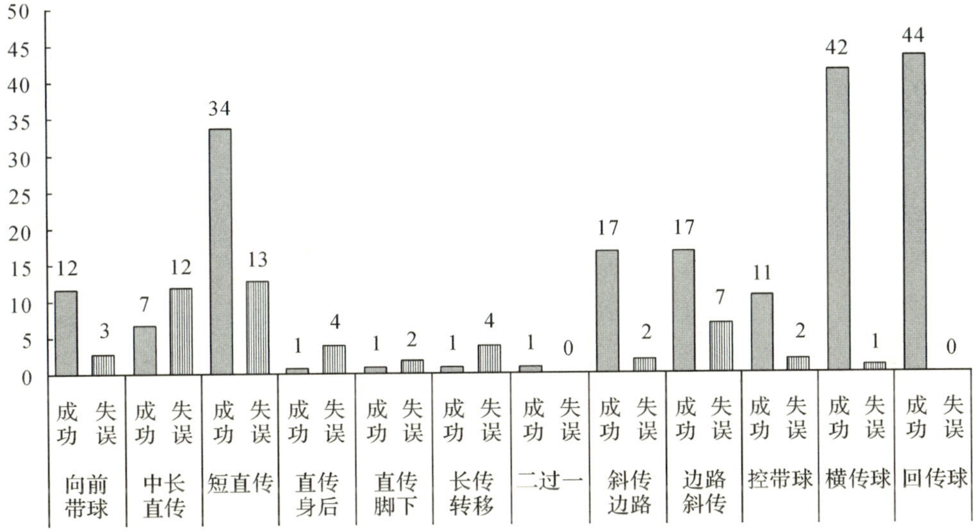

图 4-19 朝鲜队对中国队中场进攻技术运用情况统计

在中场两队进攻技术的运用总体差异不是很大。中国队向前带球和边路斜传两项技术不如朝鲜队，但短直传和斜传边路要好于对手。在本场比赛中，朝鲜队的中场逼抢比较凶狠，导致中国队控带球失误较多。

3.后场区域进攻技术

中国队后场进攻技术运用情况如图 4-20 所示：进攻性技术行为运用 130 次，成功 84 次，失误 46 次，成功率为 64.62%。其中，向前带球成功 6 次，无失误；向前长传成功 4 次，失误 22 次；向前中传成功 10 次，失误 12 次；斜传边路成功 34 次，失误 5 次；短直传成功 30 次，失误 7 次。过渡性技术行为运用 43 次，成功 40 次，失误 3 次，成功率为 93.02%。

朝鲜队后场进攻技术运用情况如图 4-21 所示：进攻性技术行为运用 76 次，成功 46 次，失误 30 次，成功率为 60.53%。其中，向前带球成功 8 次，失误 1 次；向前长传成功 6 次，失

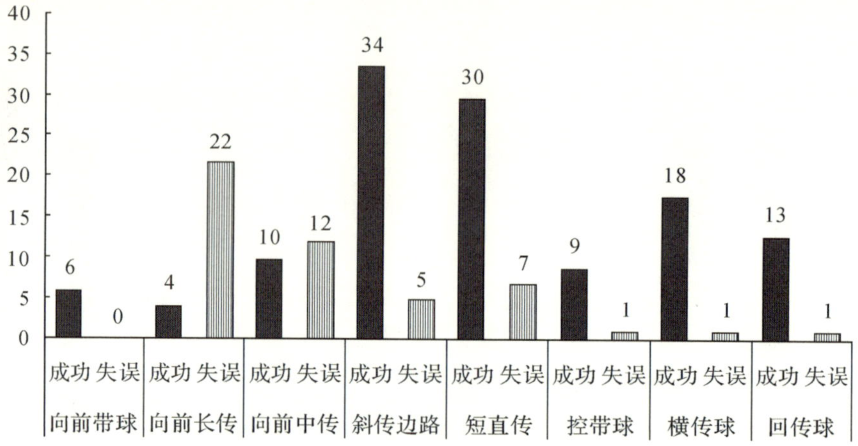

图4-20 中国队对朝鲜队后场进攻技术运用情况统计

误13次;向前中传成功7次,失误9次;斜传边路成功9次,失误1次;短直传成功16次,失误6次。过渡性技术运用27次,成功27次,无失误。

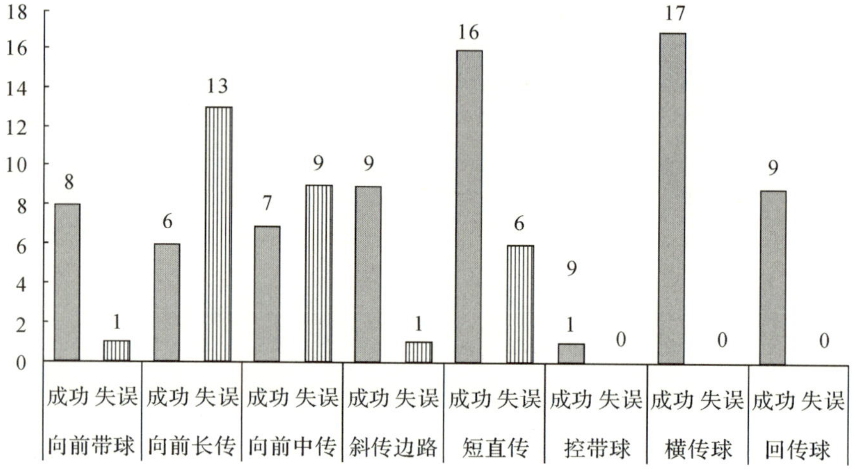

图4-21 朝鲜队对中国队后场进攻技术运用情况统计

中国队后场的进攻组织要好于朝鲜队,尤其是在斜传边路和短直传的运用方面要明显好于对手。但是,向前长传和向前中传这两项技术虽然运用得比较多,可是效果并不好。

三、中国队与朝鲜队比赛防守行为分析

(一)中国队与朝鲜队比赛防守行为基础数据

1.各区域防守行为与时段

中国队与朝鲜队全场整体防守行为如表4-10所示:中国队全场比赛个人防守行为为521次[包括无压(以下简称无压)54次],成功220次,失误301次,成功率为42.23%;朝鲜队为588次(无压45次),成功310次,失误278次,成功率为52.72%。中国队的防守成功率要低于朝鲜队。

其中，中国队前场个人防守行为 68 次(无压 25 次)，成功 20 次，失误 48 次，成功率为 29.41%；朝鲜队为 140 次(无压 32 次)，成功 48 次，失误 92 次，成功率为 34.29%。中国队中场个人防守行为 276 次(无压 27 次)，成功 108 次，失误 168 次，成功率为 39.13%；朝鲜队为 308 次(无压 13 次)，成功 169 次，失误 139 次，成功率为 54.87%。中国队后场个人防守行为 177 次(无压 2 次)，成功 92 次，失误 85 次，成功率 51.98%；朝鲜队为 140 次，成功 93 次，失误 47 次，成功率也是 66.43%。朝鲜队注重个人防守能力的发挥，在各个区域的防守成功率都要高于中国队。

中国队小组防守 96 次，成功 79 次，失误 17 次，成功率为 82.29%；朝鲜队为 89 次，成功 70 次，失误 19 次，成功率为 78.65%。中国队小组防守略好于朝鲜队。

其中，中国队前场小组防守成功 1 次，失误 2 次；朝鲜队也是成功 1 次，失误 2 次。中国队中场小组防守 17 次，成功 11 次，失误 6 次，成功率为 64.71%；朝鲜队为 34 次，成功 22 次，失误 12 次，成功率为 64.71%。中国队后场小组防守 76 次，成功 67 次，失误 9 次，成功率为 88.16%；朝鲜队为 52 次，成功 47 次，失误 5 次，成功率为 90.38%。

表 4-10 中国队与朝鲜队比赛各场区防守行为数据统计

场地区域与防守类型			中国队				朝鲜队			
			上半场		下半场		上半场		下半场	
			成功	失误	成功	失误	成功	失误	成功	失误
前场	左边	个人	4	3	1	2	8	17	3	6
		小组	1	1	0	0	0	0	0	0
	中路	个人	4	3	5	2	14	8	14	11
		小组	0	0	0	1	0	0	0	0
	左右	个人	4	7	2	6	5	2	4	16
		小组	0	0	0	0	0	0	1	2
	无压		15		10		25		7	
中场	左边	个人	21	19	13	29	35	38	30	23
		小组	2	2	1	2	8	4	2	3
	中路	个人	20	21	16	16	27	15	22	14
		小组	3	0	0	2	2	0	3	1
	右边	个人	26	30	12	26	33	27	22	9
		小组	3	0	2	0	3	2	4	2
	无压		11		16		8		5	
后场	左边	个人	6	2	24	14	27	11	17	2
		小组	2	0	8	0	10	1	6	0
	中路	个人	14	13	31	38	12	15	14	6
		小组	17	1	29	5	12	2	8	2
	右边	个人	12	5	5	11	18	12	5	1
		小组	7	2	4	1	6	0	5	0
	无压		1		1		0		0	

续表

场地区域与防守类型		中国队				朝鲜队			
		上半场		下半场		上半场		下半场	
		成功	失误	成功	失误	成功	失误	成功	失误
合计	个人	111	103	109	144	179	145	131	88
	小组	35	6	44	11	41	9	29	10
	无压	27		27		33		12	

中国队上半场个人防守行为 241 次(无压 27 次),成功 111 次,失误 130 次,成功率为 46.06%;朝鲜队为 357 次(无压 33 次),成功 179 次,失误 178 次,成功率为 50.14%。中国队下半场个人防守行为 280 次(无压 27 次),成功 109 次,失误 171 次,成功率为 38.93%;朝鲜队为 231 次(无压 12 次),成功 131 次,失误 100 次,成功率为 56.71%。中国队的上半场防守要好于下半场,朝鲜队上、下半场的个人防守成功率都要高于中国队。

中国队上半场小组防守 41 次,成功 35 次,失误 6 次,成功率为 85.37%;朝鲜队为 50 次,成功 41 次,失误 9 次,成功率为 82%。中国队下半场小组防守 55 次,成功 44 次,失误 11 次,成功率为 80%;朝鲜队为 39 次,成功 29 次,失误 10 次,成功率为 74.36%。中国队上、下半场的小组防守都要好于朝鲜队。

2. 防守对方射门与定位球进攻

中国队与朝鲜队比赛防守射门与定位球数据统计如表 4-11 所示:中国队防守对方运动战禁区内射门 5 次(成功 2 次,失误 3 次),防守禁区外射门 7 次(成功 5 次,失误 2 次),防守角球 3 次(成功 2 次,失误 1 次),防守后场 30 米任意球进攻 6 次(成功 5 次,失误 1 次)。

朝鲜队防守对方运动战禁区内射门 4 次(成功 1 次,失误 3 次,被进 1 球),防守禁区外射门成功 2 次,防守角球成功 2 次,防守后场 30 米任意球进攻成功 2 次,守点球被进 1 球。

表 4-11 中国队与朝鲜队比赛防守射门与定位球数据统计

			运动战		角球		后场 30 米任意球			点球	合计
			禁区内	禁区外	左侧	右侧	左侧	中路	右侧		
中国队	上半场	成功	1	3	1			2	1		8
		失误	1	1							2
		被进球									
	下半场	成功	1	2		1		2			6
		失误	2	1	1		1				5
		被进球									
朝鲜队	上半场	成功	1	2				1			4
		失误	1								1
		被进球	(1)								(1)
	下半场	成功			2			1			3
		失误	2							1	3
		被进球								(1)	(1)

(二)中国队与朝鲜队比赛防守态势变化

中国队与朝鲜队防守态势变化曲线如图 4-22 所示:尽管本场比赛中国队 2∶0 胜朝鲜

队，但从防守整体上看，中国队的防守值要低于朝鲜队，并分别在第 10～15 分钟、35～40 分钟 80～85 分钟 3 个时段为负数。相反，朝鲜队只有在第 50～55 分钟的时段防守分值为负数，其他绝大部分时间防守比较好。因此，相关数据表明，中国队 2∶0 赢得该场比赛有较大的运气成份。

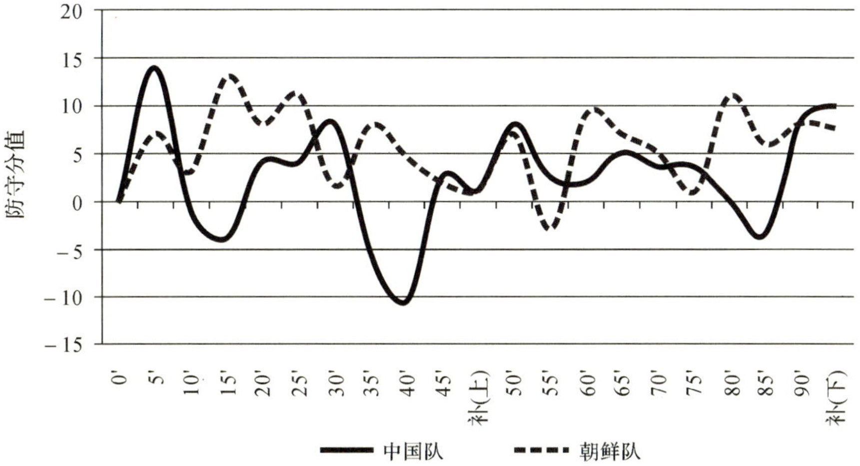

图 4-22　中国队与朝鲜队比赛防守态势变化曲线

（三）中国队与朝鲜队比赛防守技术运用

1. 前场 30 米区域防守技术

中国队前场防守技术运用情况如图 4-23 所示：在个人防守中，施压运用 29 次（成功 14 次，失误 15 次，成功率为 48.28%），无压 25 次；反抢成功 4 次，失误 4 次；1v1 防守失误 2 次；断球成功 2 次，失误 1 次；铲球失误 1 次。小组防守压迫失误 1 次；保护成功 1 次，失误 1 次。

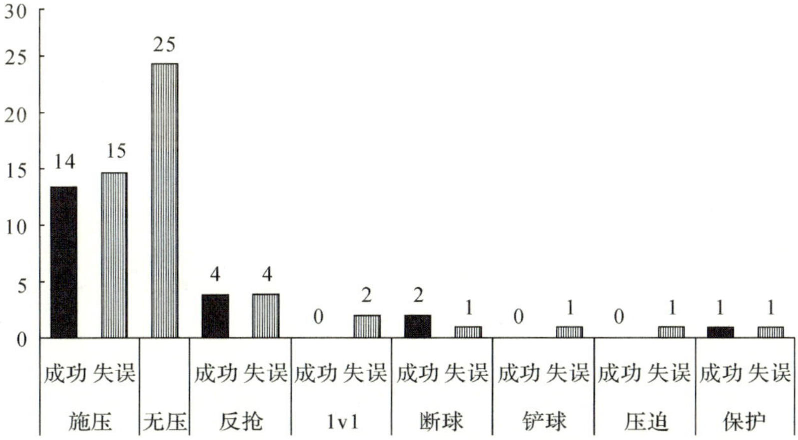

图 4-23　中国队对朝鲜队前场防守技术运用情况统计

朝鲜队前场防守技术运用情况如图 4-24 所示：在个人防守中，施压运用 79 次（成功 30 次，失误 49 次，成功率为 37.97%），无压 32 次；反抢成功 12 次，失误 3 次；1v1 防守成功 1 次，失误 4 次；断球成功 3 次，失误 2 次；铲球成功 2 次，失误 2 次。小组防守压迫成功 1 次，失误 2 次。

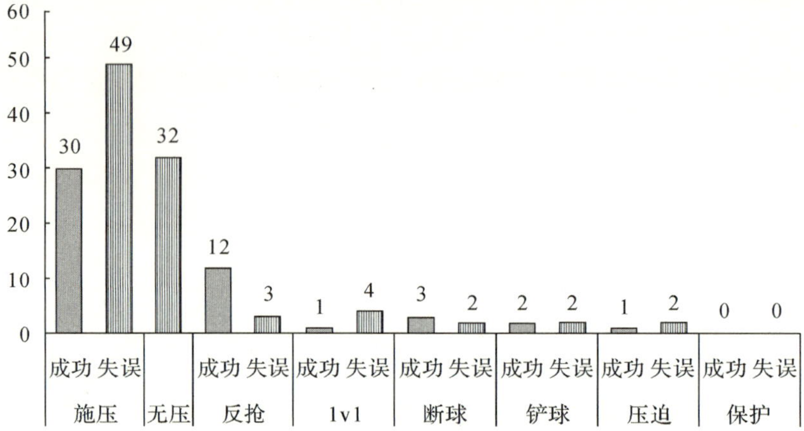

图 4-24 朝鲜队对中国队前场防守技术运用情况统计

朝鲜队在前场实施了高压防守策略,施压次数明显多于中国队,但成功率并不高,而无压次数多于中国队。中国队在后场传球转移较为快速,从而导致朝鲜队施压的成功率不高。在球权转换的过程中,中国队对丢球后的反抢意识和能力不如朝鲜队。

2. 中场区域防守技术

中国队中场防守技术运用情况如图 4-25 所示:在个人防守中,施压运用 184 次(成功 83 次,失误 101 次,成功率为 45.11%),无压 27 次;反抢成功 2 次,失误 4 次;1v1 防守成功 3 次,失误 14 次;断球成功 10 次,失误 2 次;铲球成功 3 次,失误 4 次;回追成功 1 次,失误 1 次;争顶成功 6 次,失误 15 次。小组防守压迫成功 2 次,失误 3 次;保护成功 9 次,失误 3 次。

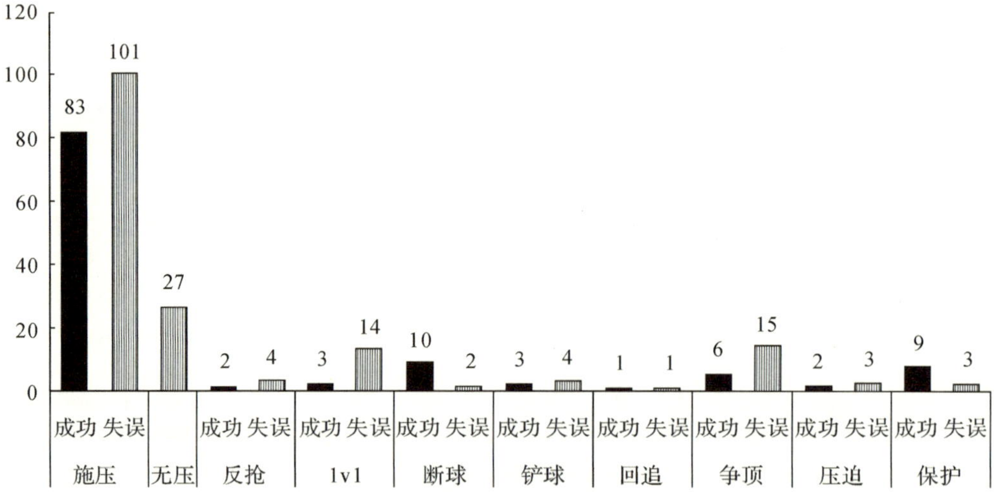

图 4-25 中国队对朝鲜队中场防守技术运用情况统计

朝鲜队中场防守技术运用情况图 4-26 所示:在个人防守中,施压运用 200 次(成功 108 次,失误 92 次,成功率为 54%),无压 13 次;反抢成功 8 次,失误 2 次;1v1 防守成功 5 次,失误 8 次;断球成功 22 次,失误 2 次;铲球失误 7 次;回追成功 9 次,无失误;争顶成功 17 次,失误 15 次。小组防守压迫成功 7 次,失误 8 次;保护成功 15 次,失误 4 次。

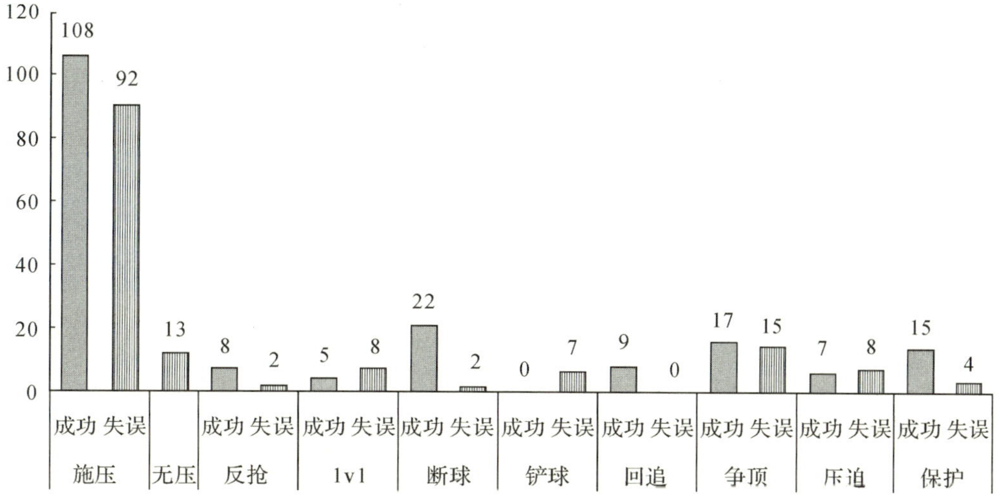

图 4-26 朝鲜队对中国队中场防守技术运用情况统计

中国队中场施压次数和成功率均低于朝鲜队，而对持球人的无压情况则远多于对手；在球权转换的过程中，中国队丢球后反抢的次数和成功率要小于朝鲜队，表明中国队个人主动防守的意识和积极性还不高。在1v1防守、断球、回追、争顶五项技术中，中国队的成功率都要低于对手，只有铲球技术比朝鲜队要好。

3.后场区域防守技术

中国的后场防守技术运用情况如图4-27所示：在个人防守中，施压运用100次（成功53次，失误47次，成功率为53%），无压2次；反抢成功3次，无失误；1v1防守成功5次，失误9次；断球成功7次，无失误；铲球成功1次，失误2次；回追成功2次，无失误；争顶成功14次，失误22次；解围成功7次，失误3次。小组防守压迫失误1次；保护成功63次，失误7次；补位成功4次，失误1次。

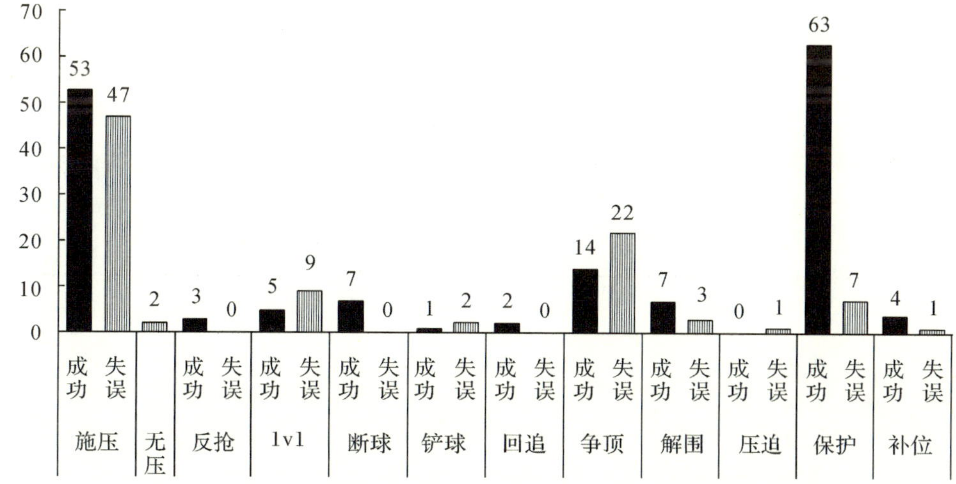

图 4-27 中国队对朝鲜队后场防守技术运用情况统计

朝鲜队后场防守技术运用情况如图4-28所示：在个人防守中，施压防守运用74次（成功 41 次，失误 33 次，成功率为 55.4%)，反抢成功 3 次，无失误；1v1 防守成功 6 次，失误 6 次；断球成功 12 次，失误 1 次；铲球成功 4 次，失误 1 次；回追成功 11 次，失误 1 次；争顶成功 14 次，失误 5 次；解围成功 2 次，无失误。小组防守压迫成功 4 次，失误 2 次；保护成功 34 次，失误 3 次；补位防守成功 9 次，无失误。

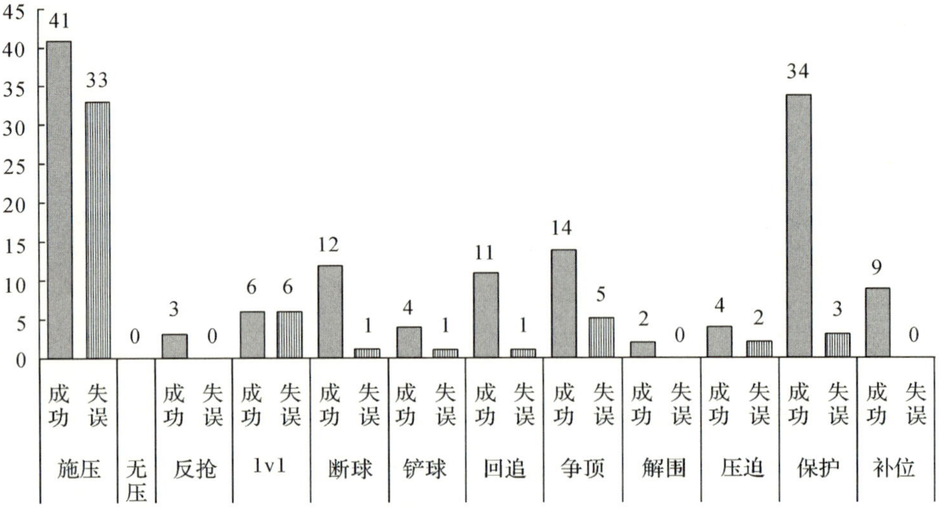

图 4-28 朝鲜队对中国队后场防守技术运用情况统计

中国队在后场施压的次数要多于朝鲜队，但成功率略低于对手。其他防守技术，例如 1v1 防守、铲球、争顶的成功率中国队也要明显低于朝鲜队。朝鲜队在断球和回追两项技术上也有非常高的成功率。在后场的小组防守中，中国队的小组保护次数明显多于朝鲜队，但是压迫和补位的次数和成功率要低于对手。

(四)中国队与朝鲜队比赛守门员技术比较

中国队与朝鲜队比赛守门员技术统计如表 4-12 所示：中国队守门员(曾诚)处理球 14 次，均为成功。其中，扑救球成功 3 次，正面接球成功 4 次，扑单刀成功 3 次，摘传中球成功 3 次，挡球成功 1 次。

朝鲜队守门员(李明国)处理球 7 次，成功 5 次，被进 2 球，成功率为 71.43%。其中，扑救球 2 次(成功 1 次，被进 1 球)，正面接球成功 3 次，摘传中球成功 1 次，防守点球失误 1 次(被进球)。

表 4-12 中国队与朝鲜队比赛守门员技术统计

			扑救球	正面接球	扑单刀	托球	摘传中球	禁外断球	挡出	守点球	合计
中国队	上半场	成功	2	2	1						5
		失误									
		被进球									
	下半场	成功	1	2	2		3		1		9
		失误									
		被进球									

续表

			扑救球	正面接球	扑单刀	托球	摘传中球	禁外断球	挡出	守点球	合计
朝鲜队	上半场	成功		3			1				4
		失误	1								1
		被进球	(1)								(1)
	下半场	成功	1								1
		失误								1	1
		被进球								(1)	(1)

四、中国队与朝鲜队比赛攻守转换分析

(一)中国队与朝鲜队由守转攻情况

中国队与朝鲜队比赛由守转攻数据统计如表 4-13 所示:中国队全场比赛由守转攻 154 次,成功 119 次,失误 35 次,成功率为 77.27%;朝鲜队为 155 次,成功 123 次,失误 32 次,成功率为 79.35%。比赛双方由守转攻的次数和成功率基本相同。

其中,中国队前场由守转攻 8 次,成功 5 次,失误 3 次,成功率为 62.50%;朝鲜队为 26 次,成功 20 次,失误 6 次,成功率为 76.92%。中国队中场由守转攻 56 次,成功 40 次,失误 16 次,成功率为 71.43%;朝鲜队为 71 次,成功 54 次,失误 17 次,成功率为 76.06%。中国队后场由守转攻 90 次,成功 74 次,失误 16 次,成功率为 82.22%;朝鲜队为 58 次,成功 49 次,失误 9 次,成功率为 84.48%。朝鲜队在比分落后的情况下,防守较为积极主动,在前场和中场由守转攻的次数和成功率高于中国队。在本场比赛中,中国队在比分领先的情况下,采取了防守反击的战术,因而后场由守转攻次数要明显多于对手。

中国队上半场由守转攻 74 次,成功 55 次,失误 19 次,成功率为 74.32%;朝鲜队为 71 次,成功 55 次,失误 16 次,成功率为 77.46%。中国队下半场由守转攻为 80 次,成功 64 次,失误 16 次,成功率为 80%;朝鲜队为 84 次,成功 68 次,失误 16 次,成功率为 80.95%。中国队和朝鲜队下半场的由守转攻略有加强。

表 4-13 中国队与朝鲜队比赛由守转攻数据统计

		前场		中场		后场		合计	
		成功	失误	成功	失误	成功	失误	成功	失误
中国队	上半场	1	2	25	11	29	6	55	19
	下半场	4	1	15	5	45	10	64	16
朝鲜队	上半场	4	3	25	8	26	5	55	16
	下半场	16	3	29	9	23	4	68	16

(二)中国队与朝鲜队由攻转守情况

中国队与朝鲜队比赛由攻转守数据统计如表 4-14 所示:中国队全场比赛由攻转守 17 次,成功 9 次,失误 8 次,成功率为 52.94%;朝鲜队为 28 次,成功 23 次,失误 5 次,成功率为 82.14%。中国队进攻受阻的次数低于对手,但是由攻转守的成功率要低于朝鲜队,表明朝

鲜队由攻转守时转换的速度和防守积极性强于中国队。

其中,中国队前场由攻转守 8 次,成功 4 次,失误 4 次,成功率为 50%;朝鲜队为 15 次,成功 12 次,失误 3 次,成功率为 80%。中国队中场由攻转守 6 次,成功 2 次,失误 4 次,成功率为 33.33%;朝鲜队为 10 次,成功 8 次,失误 2 次,成功率为 80%。中国队后场由攻转守成功 3 次,无失误;朝鲜队为成功 3 次,无失误。朝鲜队由攻转守时施压和反抢的执行力较为坚决,反抢的能力较好,因此,中国队在前场和中场虽然由攻转守次数少于对手,但丢球以后转换为防守的成功率要明显低于对手。

中国队上半场由攻转守 11 次,成功 5 次,失误 6 次,成功率为 45.45%;朝鲜队为 13 次,成功 10 次,失误 3 次,成功率为 76.92%。中国队下半场由攻转守为 6 次,成功 4 次,失误 2 次,成功率为 66.67%;朝鲜队为 15 次,成功 13 次,失误 2 次,成功率为 86.67%。中国队下半场由攻转守的次数有所下降,而朝鲜队下半场的由攻转守的次数略增多,但是其丢球后转防守的成功率也得到了加强。

表 4-14 中国队与朝鲜队比赛由攻转守数据统计

		前场		中场		后场		合计	
		成功	失误	成功	失误	成功	失误	成功	失误
中国队	上半场	2	3	2	3	1	0	5	6
	下半场	2	1	0	1	2	0	4	2
朝鲜队	上半场	3	1	6	2	1	0	10	3
	下半场	9	2	2	0	2	0	13	2

第三节 中国队与日本队比赛技术实力分析

2015 年 8 月 9 日,中国队在武汉体育中心体育场与日本队进行了第三场比赛,主裁判艾尔迈达斯。比赛结果 1∶1,中国队武磊在第 10 分钟先进 1 球,日本队武藤雄树在第 41 分钟攻入 1 球。

一、中国队与日本队出场阵容

(一)中国队出场阵容

中国队比赛阵型为 4-3-3,首发阵容:王大雷(23,守门员)、饶伟辉(17)、冯潇霆(6)、任航(2)、吉翔(14)、刘建业(13)、吴曦(15)、蔡慧康(8)、于大宝(22)、武磊(7)、郜林(18)。

替补队员为:杨旭(9 号,第 63 分钟上场替换于大宝)、郑智(10 号,第 69 分钟上场替换吴曦)、张池明(20 号,第 80 分钟上场替换郜林)。

(二)日本队出场阵容

日本队比赛阵型为 4-3-3,首发阵容:东口顺昭(1 号,守门员)、槙野智章(5)、森重真人(6)、丹羽大辉(15)、米仓恒贵(22)、山口萤(16)、武藤雄树(18)、远藤航(21)、永井谦佑(9)、宇佐美贵史(11)、川又坚基(20)。

替补队员为：兴吕慎三（10 号，第 61 分钟上场替换川又坚基）、柴崎岳（7 号，第 74 分钟上场替换武藤雄树）、浅野拓磨（19 号，第 84 分钟上场替换永井谦佑）。

二、中国队与日本队比赛进攻行为分析

（一）中国队与日本队比赛进攻行为基础数据

1. 各区域进攻行为与时段

中国队与日本队比赛进攻行为数据统计如表 4-15 所示：中国队全场比赛整体进攻行为 396 次，成功率为 75%；日本队为 609 次，成功率为 79.15%。日本队在全场比赛中占有较大的优势，中国队不但进攻行为次数明显少于日本队，且成功率也低于对手。

其中，中国队前场进攻行为 49 次，成功 28 次，成功率为 57.14%；日本队为 136 次，成功 91 次，成功率为 66.91%。中国队中场进攻行为为 204 次，成功 171 次，成功率为 83.82%；日本队为 376 次，成功 320 次，成功率为 85.11%。中国队后场进攻行为 143 次，成功 98 次，成功率为 68.53%；日本队为 97 次，成功 71 次，失误 26 次，成功率为 73.20%。日本队在比赛中占据了前场和中场的控制权，掌握了进攻的主动性。

中国队上半场进攻行为为 165 次，成功 129 次，成功率为 78.18%；日本队为 294 次，成功 230 次，成功率为 78.23%。中国队下半场进攻行为为 231 次，成功 168 次，成功率为 72.73%；日本队为 315 次，成功 252 次，成功率为 80%。日本队上半场的进攻明显多于中国队，成功率两队几乎一样。中国队下半场进攻行为增加，但成功率有所下降，而日本队进攻行为的次数与成功率都进一步加强。

表 4-15　中国队与日本队比赛各场区进攻行为数据统计

			前场			中场			后场			合计
			左边	中路	右边	左边	中路	右边	左边	中路	右边	
中国队	上半场	成功	2	3	7	36	24	17	6	27	7	129
		失误	2	1	1	4	5	7	2	10	4	36
	下半场	成功	8	4	4	31	39	24	14	35	9	168
		失误	11	5	1	8	5	4	8	17	4	63
日本队	上半场	成功	10	14	12	51	64	41	12	22	4	230
		失误	7	13	8	11	7	9	3	6	0	64
	下半场	成功	10	19	26	43	66	55	7	21	5	252
		失误	2	6	9	11	7	11	3	10	4	63

2. 射门与定位球进攻

中国队与日本队比赛射门与定位球进攻情况如表 4-16 所示：中国队运动战禁区内射门 3 次（射正 1 次），禁区外射门 4 次（射正 3 次，进 1 球），角球 3 次（射门 1 次，失误 2 次），前场 30 米任意球进攻失误 2 次。全场比赛射正率为 50%，进球率为 12.50%。

日本队运动战禁区内射门 4 次（射正 3 次，进 1 球），禁区外射门 5 次（射正 1 次），角球 7 次（射门 5 次，射正 2 次，失误 2 次），前场 30 米任意球进攻 4 次（射门 1 次，失误 3 次）。全场比赛射正率为 40%，进球率为 6.67%。

表 4-16 中国队与日本队比赛射门与定位球进攻数据统计

			运动战		角球		前场30米任意球			点球	合计
			禁区内	禁区外	左侧	右侧	左侧	中路	右侧		
中国队	上半场	失误			1		1				2
		射门	3	3							6
		射正	(1)	(2)							(3)
		进球		(1)							(1)
	下半场	失误				1	1				2
		射门		1		1					2
		射正		(1)							(1)
		进球									
日本队	上半场	失误				1	1		1		3
		射门	2	2	1	3					8
		射正	(1)	(1)		(1)					(3)
		进球	(1)								(1)
	下半场	失误				1			1		2
		射门	2	3		1			1		7
		射正	(2)			(1)					(3)
		进球									

(二)中国队与日本队比赛进攻态势变化

中国队与日本队进攻态势变化曲线如图4-29所示,从整体上看出,中国队进攻态势要明显弱于日本队,具体可以分为三个阶段:第一阶段为上半场前15分钟,双方的进攻态势交替升降,基本还处于平衡状态;第二阶段为第15分钟至第80分钟,日本队的进攻明显要强于中国队,并且存在着较大的差距;第三阶段为80分钟至比赛结束,中国队的进攻态势有所回升。

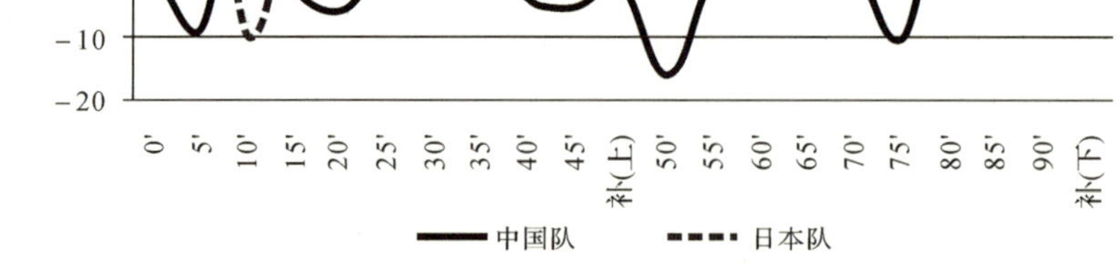

图4-29 中国队与日本队比赛进攻态势变化曲线

(三)中国队与日本队比赛进攻技术行为运用

1.前场30米区域进攻技术

中国队前场30米进攻技术行为运用情况如图4-30所示:进攻性技术行为运用25次,

成功 12 次，失误 13 次，成功率为 48%。其中，个人突破成功 4 次，失误 2 次；直传球成功 4 次，无失误；直传身后成功 1 次，失误 1 次；直传脚下失误 1 次；斜传球失误 1 次；二过一成功 1 次，失误 2 次；传中成功 1 次，失误 6 次；内切成功 1 次。过渡性技术行为运用 24 次，成功 16 次，失误 8 次，成功率为 66.67%。

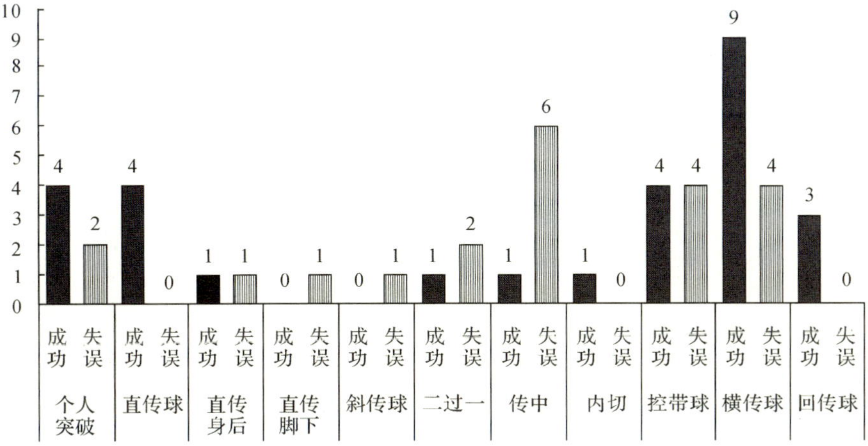

图 4-30　中国队对日本队前场进攻技术运用情况统计

日本队前场 30 米进攻技术行为运用情况如图 4-31 所示：进攻性技术行为运用 71 次，成功 35 次，失误 36 次，成功率为 49.30%。其中，个人突破成功 1 次，失误 10 次；直传球成功 11 次，失误 4 次；直传身后成功 8 次，失误 4 次；直传脚下失误 1 次；斜传球成功 4 次，失误 1 次；二过一成功 3 次，失误 2 次；传中成功 5 次，失误 14 次；内切成功 3 次，无失误。过渡性技术行为运用 65 次，成功 56 次，失误 9 次，成功率为 86.15%。

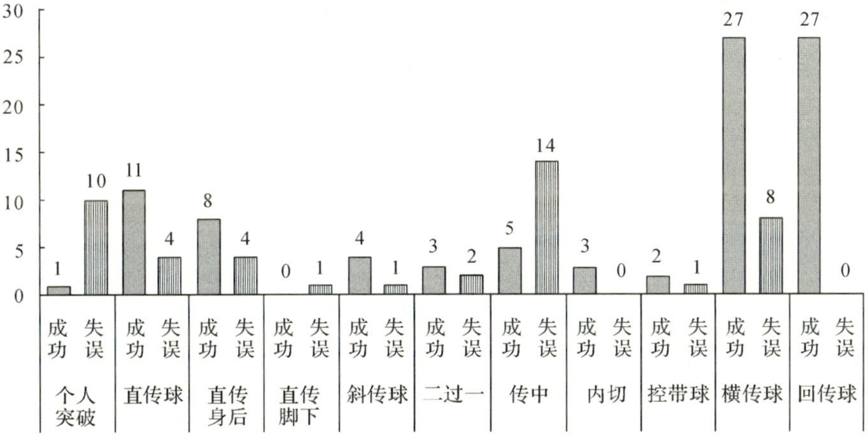

图 4-31　日本队对中国队前场进攻技术运用情况统计

双方前场进攻性技术行为的成功率虽然相差不多，但中国队的运用次数要比日本队少很多，可以看出中国队的进攻实力与对手还是有一定的差距。日本队的个人突破、直传球成功率低于中国队，但运用次数明显要多于中国队。其他各项技术，如直传身后、斜传球、二过一、内切的运用次数和成功率均高于中国队。在前场的过渡性传球中，中国队的传球次数和成功率也均要低于对手，表明日本队在控球方面占有优势。

2.中场区域进攻技术

中国队中场进攻技术运用情况如图 4-32 所示:进攻性技术行为运用 87 次,成功 69 次,失误 18 次,成功率为 79.31%。其中,向前带球成功 4 次,失误 3 次;中长直传成功 5 次,失误 3 次;短直传成功 32 次,失误 2 次;直传身后成功 2 次,失误 4 次;直传脚下成功 1 次,无失误;二过一成功 1 次,无失误;斜传边路成功 21 次,失误 2 次;边路斜传成功 3 次,失误 4 次;过渡性技术行为运用 117 次,成功 102 次,失误 15 次,成功率为 87.18%。

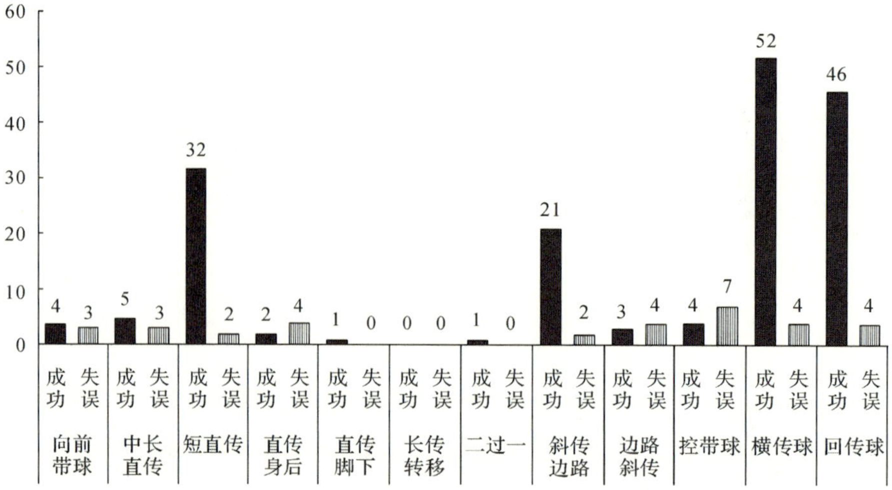

图 4-32　中国队对日本队中场进攻技术运用情况统计

日本队中场进攻技术运用情况如图 4-33 所示:进攻性技术行为运用 189 次,成功 141 次,失误 48 次,成功率为 74.60%。其中,向前带球成功 9 次,失误 1 次;中长直传成功 9 次,失误 15 次;短直传成功 76 次,失误 10 次;直传身后成功 3 次,失误 5 次;直传脚下成功 2 次,失误 2 次;长传转移成功 2 次,失误 1 次;二过一失误 1 次;斜传边路成功 37 次,失误 1 次;边路斜传成功 3 次,失误 12 次;过渡性技术行为运用 187 次,成功 179 次,失误 8 次,成功率为 95.72%。

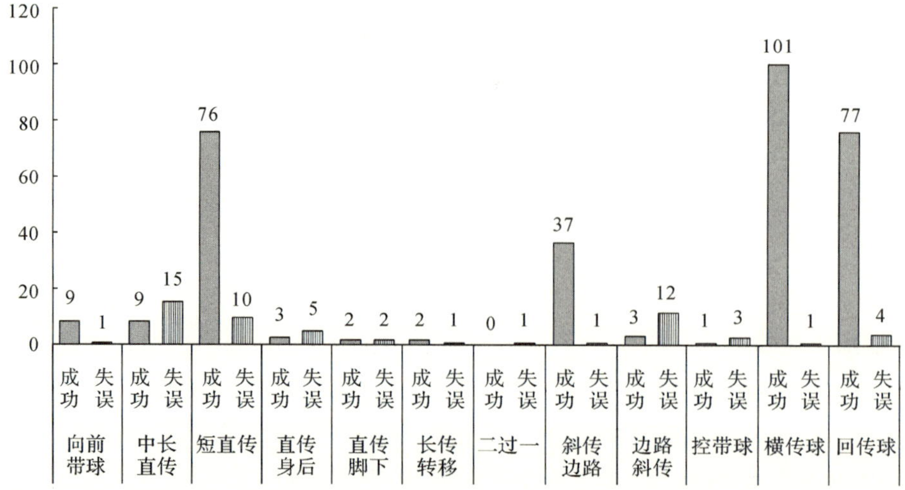

图 4-33　日本队对中国队中场进攻技术运用情况统计

中国队中场的进攻性技术行为成功率略高于日本队，但由于其运用的次数明显少于对手，因此中国队在中场基本上无优势可言。在中场个人技术运用中，中国队的向前带球和斜传边路技术要明显弱于对手，而中长直传和短直传的实际效用(即技术运用成功的实际值)也要低于日本。在中场的过渡性技术中，中国队的传球次数和成功率也均要低于对手，日本队在中场占据着较大的优势。

3. 后场区域进攻技术

中国队后场进攻技术运用情况如图 4-34 所示：进攻性技术行为运用 105 次，成功 66 次，失误 39 次，成功率为 62.86%。其中，向前带球成功 5 次，无失误；向前长传成功 4 次，失误 14 次；向前中传成功 6 次，失误 11 次；斜传边路成功 22 次，失误 4 次；短直传成功 29 次，失误 10 次。过渡性技术行为运用 38 次，成功 32 次，失误 6 次，成功率为 84.21%。

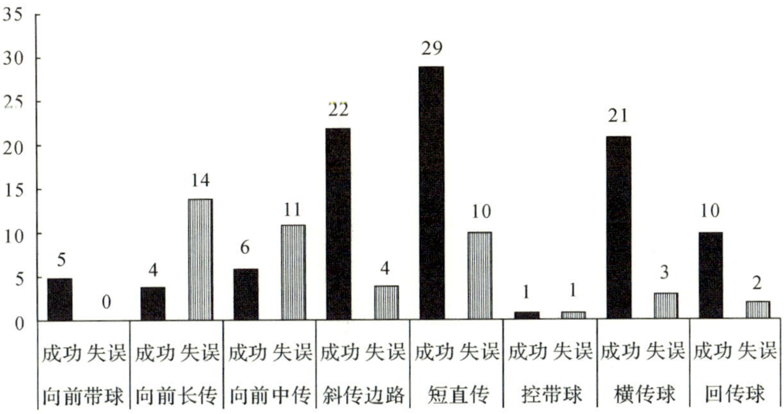

图 4-34　中国队对日本队后场进攻技术运用情况统计

日本队后场进攻技术运用情况如图 4-35 所示：进攻性技术行为运用 71 次，成功 48 次，失误 23 次，成功率为 67.61%。其中，向前长传成功 6 次，失误 11 次；向前中传成功 3 次，失误 4 次；斜传边路成功 13 次，失误 4 次；短直传成功 26 次，失误 4 次。过渡性技术运用 26 次，成功 23 次，失误 3 次，成功率为 88.46%。

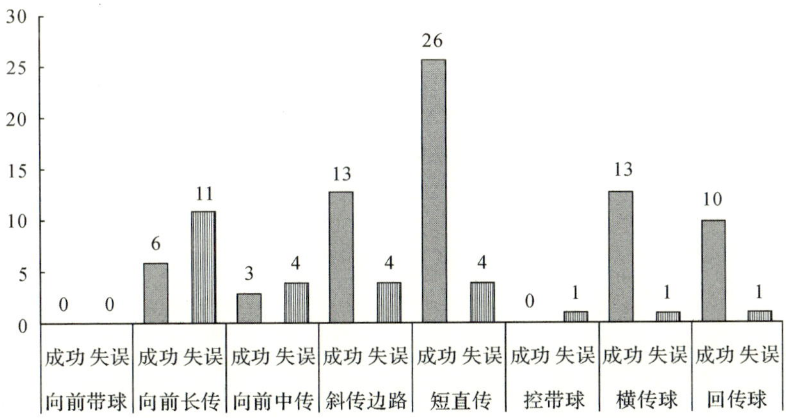

图 4-35　日本队对中国队后场进攻技术运用情况统计

中国队后场进攻性技术行为运用次数要多于日本队，但成功率略低。其中，向前带球、斜传边路两项技术要好于对手。向前长传、向前中传、短直传以及过渡性技术的运用次数要比较多,但是成功率却要低于日本队。

三、中国队与日本队比赛防守行为分析

(一)中国队与日本队比赛防守行为基础数据

1. 各区域防守行为与时段

中国队与日本队全场整体防守行为如表 4-17 所示:中国队全场比赛个人防守行为 718 次[包括无压(以下简称无压)92 次],成功 342 次,失误 376 次,成功率为 47.63%;日本队为 503 次(无压 79 次),成功 271 次,失误 232 次,成功率为 53.88%。日本队防守的成功率要高于中国队。

其中,中国队前场个人防守 83 次(无压 30 次),成功 21 次,失误 62 次,成功率为 25.30%;日本队为 146 次(无压 53 次),成功 47 次,失误 99 次,成功率为 32.19%。中国队中场个人防守 411 次(无压 59 次),成功 183 次,失误 228 次,成功率为 44.53%;日本队为 259 次(无压 23 次),成功 163 次,失误 96 次,成功率为 62.93%;中国队后场个人防守 224 次(无压 3 次),成功 138 次,失误 86 次,成功率 61.61%;日本队为 98 次(无压 3 次),成功 61 次,失误 37 次,成功率也是 62.24%。相比之下,日本队更注重前场防守,其运用次数和成功率明显高于中国队。中国队中场的防守次数明显多于日本队,但防守的效率却要比对手低很多。中国队后场防守的次数也多于日本队,但成功率略低于对手。

中国队的小组防守战术运用了 113 次,成功 91 次,失误 22 次,成功率为 80.53%。日本队小组防守 66 次,成功 55 次,失误 11 次,成功率为 83.33%。中国队小组防守运用要多于日本队。

其中,中国队前场小组防守成功 1 次,无失误;日本队成功 2 次,失误 1 次。中国队中场小组防守 20 次,成功 15 次,失误 5 次,成功率为 75%;日本队在中场小组防守 23 次,成功 20 次,失误 3 次,成功率为 86.96%;中国队后场小组防守 92 次,成功 75 次,失误 17 次,成功率为 81.52%;日本队后场小组防守 40 次,成功 33 次,失误 7 次,成功率为 82.50%。在小组防守中,两队的主要差异在于后场,中国队后场小组防守次数要多于日本队,这与日本队占据进攻的主导有直接的关系。

表 4-17 中国队与日本队比赛各场区防守行为数据统计

场地区域与防守类型			中国队				日本队			
			上半场		下半场		上半场		下半场	
			成功	失误	成功	失误	成功	失误	成功	失误
前场	左边	个人	1	1	2	3	5	2	7	7
		小组	0	0	0	0	0	0	0	0
	中路	个人	3	5	4	16	13	13	10	11
		小组	0	0	1	0	0	0	0	0
	右边	个人	7	3	4	4	3	4	9	9
		小组	0	0	0	0	1	0	1	1
	无压		25		5		18		35	

续表

场地区域与防守类型			中国队				日本队			
			上半场		下半场		上半场		下半场	
			成功	失误	成功	失误	成功	失误	成功	失误
中场	左边	个人	25	22	36	30	15	11	26	14
		小组	0	0	2	0	3	0	3	1
	中路	个人	33	32	31	25	32	7	27	13
		小组	4	0	1	2	2	1	4	0
	右边	个人	24	31	34	29	27	13	36	15
		小组	4	2	4	1	5	0	3	1
	无压		30		29		12		11	
后场	左边	个人	14	12	20	20	6	1	4	2
		小组	5	3	6	5	2	1	3	1
	中路	个人	47	15	36	23	11	8	21	10
		小组	28	4	27	1	5	3	11	1
	右边	个人	15	8	6	5	5	3	14	10
		小组	9	3	0	1	5	1	7	0
	无压		0		3		2		1	
合计		个人	169	129	173	155	117	62	154	91
		小组	50	12	41	10	23	6	32	5
		无压	55		37		32		47	

中国队上半场个人防守行为 353 次(无压 55 次),成功 169 次,失误 184 次,成功率为 47.88%;日本队为 211 次(无压 32 次),成功 117 次,失误 94 次,成功率为 55.45%。中国队下半场个人防守行为 365 次(无压 37 次),成功 173 次,失误 192 次,成功率为 47.40%;日本队为 292 次(无压 47 次),成功 154 次,失误 138 次,成功率为 52.74%。中国队上、下半场个人防守的次数多于日本队,但成功率却都要略低于对手。

中国队上半场小组防守 62 次,成功 50 次,失误 12 次,成功率为 80.65%;日本队为 29 次,成功 23 次,失误 6 次,成功率为 79.31%;中国队下半场小组防守 51 次,成功 41 次,失误 10 次,成功率为 80.39%;日本队在下半场小组防守 37 次,成功 32 次,失误 5 次,成功率为 86.49%。中国队上、下半场小组防守的次数都多于日本队,但是下半场日本队加强了小组防守,其成功率有了一定的提高。

2.防守对方射门与定位球进攻

中国队与日本队比赛防守射门与定位球数据统计如表 4-18 所示:中国队防守对方运动战禁区内射门 4 次(成功 2 次,失误 2 次,被进 1 球),防守禁区外射门 5 次(成功 4 次,失误 1 次),防守角球 7 次(成功 5 次,失误 2 次),防守后场 30 米任意球进攻 4 次(成功 3 次,失误 1 次)。

日本队防守对方运动战禁区内射门 3 次(成功 2 次,失误 1 次),防守禁区外射门 6 次(成功 3 次,失误 3 次,被进 1 球),防守角球成功 3 次,防守后场 30 米任意球进攻成功 2 次。

表 4-18　中国队与日本队比赛防守射门与定位球数据统计

			运动战		角球		后场 30 米任意球			点球	合计
			禁区内	禁区外	左侧	右侧	左侧	中路	右侧		
中国队	上半场	成功	1	2	2	1	1		1		8
		失误	1		2						3
		被进球	(1)								(1)
	下半场	成功	1	2	2		1				6
		失误	1	1			1				3
		被进球									
日本队	上半场	成功	2	3		1			1		7
		失误	1	2							3
		被进球		(1)							(1)
	下半场	成功			2				1		3
		失误		1							1
		被进球									

(二)中国队与日本队比赛防守态势变化

中国队与日本队防守态势变化曲线如图 4-36 所示:从防守整体上看,中国队的防守分值要低于日本队,并分别在第 40～45 分钟和 45～50 分钟两个时段为负数,其中在 41 分钟的时候被攻入 1 球。日本队只有在第 5～10 分钟的时段防守做的较差,出现了较大失误,其他绝大部分时间防守比较好。

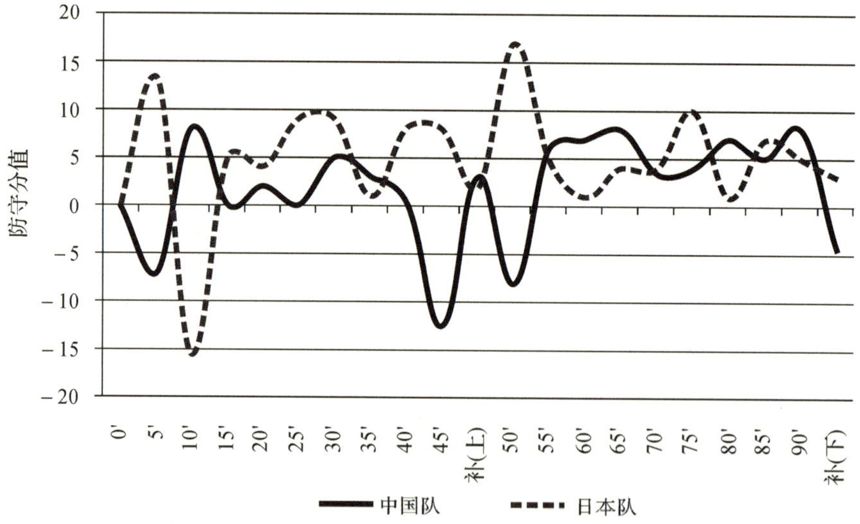

图 4-36　中国队与日本队比赛防守态势变化曲线

(三)中国队与日本队比赛防守技术运用

1. 前场 30 米区域防守技术

中国队前场防守技术运用情况如图 4-37 所示:在个人防守中,施压运用 43 次(成功 16 次,失误 27 次,成功率为 37.2%),无压 30 次;反抢成功 2 次,失误 5 次;断球成功 3 次,无失误。小组防守保护成功 1 次，无失误。

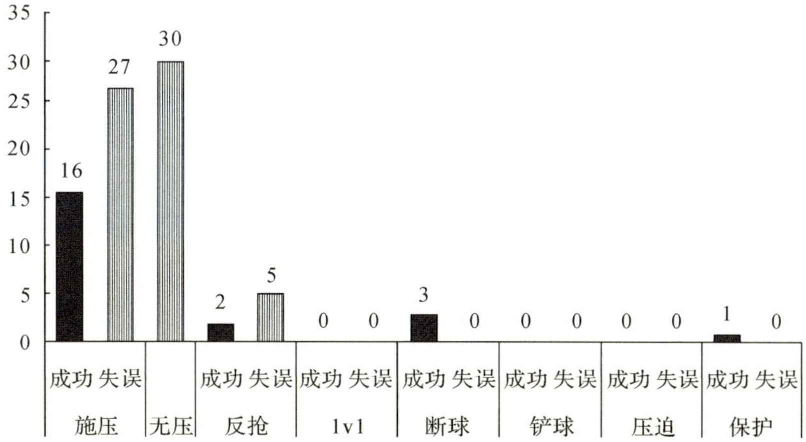

图 4-37　中国队对日本队前场防守技术运用情况统计

日本队前场防守技术运用情况如图 4-38 所示：在个人防守中，施压运用 76 次（成功 32 次，失误 44 次，成功率为 42.11%），无压 53 次；反抢成功 7 次，失误 2 次；断球成功 7 次，无失误；铲球成功 1 次，无失误。小组防守压迫失误 1 次；保护成功 2 次。

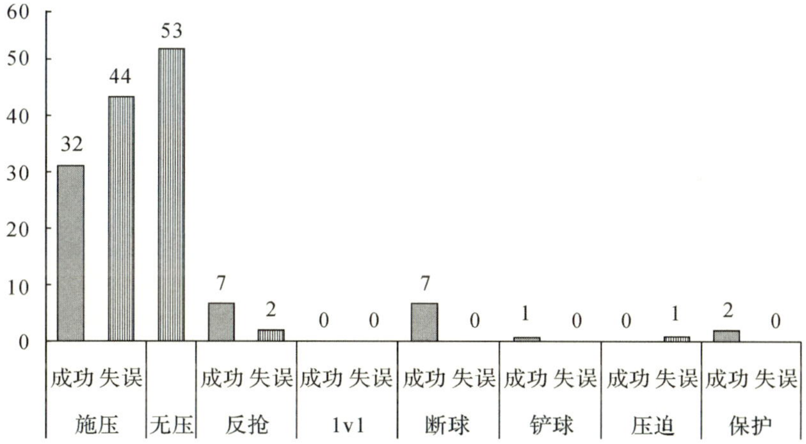

图 4-38　日本队对中国队前场防守技术运用情况统计

中国队前场防守主动性不如日本队，施压的次数与成功率均要少于对手，但无压的情况要好于日本队。中国队反抢、断球两项技术的效果也不如日本队。

2. 中场区域防守技术

中国队中场防守技术运用情况如图 4-39 所示：在个人防守中，施压运用 290 次（成功 148 次，失误 142 次，成功率为 51.03%），无压 59 次；反抢成功 3 次，失误 5 次；1v1 防守成功 3 次，失误 6 次；断球成功 20 次，失误 2 次；铲球成功 1 次，失误 7 次；回追成功 1 次，失误 1 次；争顶成功 7 次，失误 6 次。小组防守压迫成功 5 次，失误 3 次；保护成功 10 次，失误 2 次，成功率 83.33%。

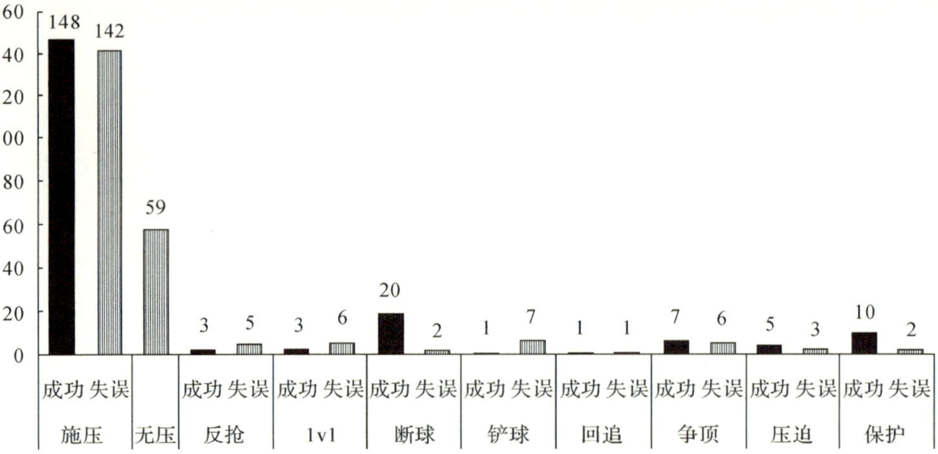

图 4-39 中国队对日本队中场防守技术运用情况统计

日本队中场防守技术运用情况图 4-40 所示:在个人防守中,施压运用 168 次(成功 106 次,失误 62 次,成功率 63.10%),无压 23 次;反抢成功 5 次,失误 2 次;1v1 防守成功 5 次,失误 2 次;断球成功 28 次,失误 3 次;铲球成功 2 次,失误 1 次;回追成功 2 次,失误 1 次;争顶成功 15 次,失误 2 次。小组防守压迫成功 4 次,失误 2 次;保护成功 16 次,失误 1 次。

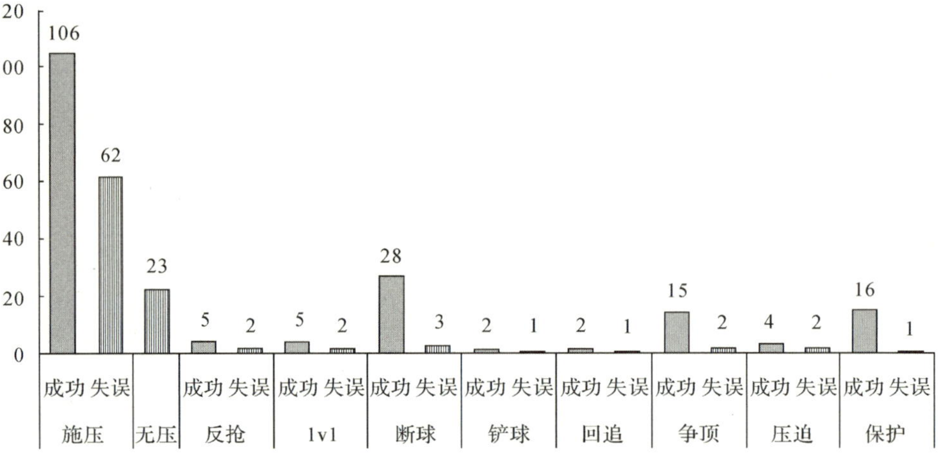

图 4-40 日本队对中国队中场防守技术运用情况统计

中国队中场的主动施压次数多于日本队,但成功率却并不高,对持球人的无压现象明显多于对手。中国队的反抢、1v1 防守、断球、争顶以及小组保护等的效果不如日本队。

3. 后场区域防守技术

中国的后场防守技术运用情况如图 4-41 所示:在个人防守中,施压运用 144 次(成功 82 次,失误 62 次,成功率 56.94%),无压 3 次;反抢成功 1 次,失误 1 次;1v1 防守成功 5 次,失误 3 次;断球成功 21 次,失误 4 次;铲球成功 4 次,失误 1 次;回追成功 6 次,失误 5 次;争顶成功 14 次,失误 3 次;解围成功 5 次,失误 4 次。小组防守压迫成功 4 次,失误 4 次;保护成功 58 次,失误 8 次;补位成功 13 次,失误 5 次。

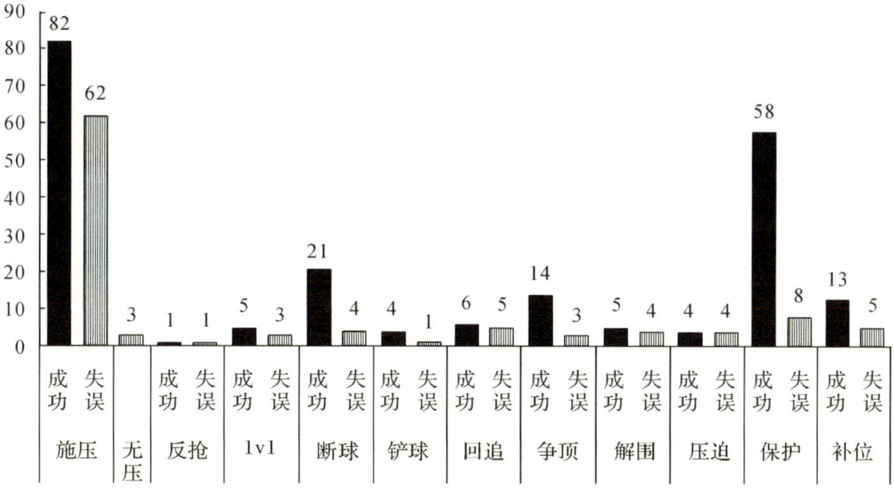

图 4-41　中国队对日本队后场防守技术运用情况统计

日本队后场防守技术运用情况如图 4-42 所示：在个人防守中，施压防守运用 50 次（成功 25 次，失误 25 次，成功率为 50%），无压 3 次；反抢成功 2 次，无失误；1v1 防守成功 4 次，失误 2 次；断球成功 13 次，无失误；铲球成功 4 次，无失误；回追成功 6 次，失误 1 次；争顶成功 7 次，失误 6 次。小组防守压迫成功 4 次，失误 3 次；保护成功 26 次，失误 4 次；补位防守成功 3 次，无失误。

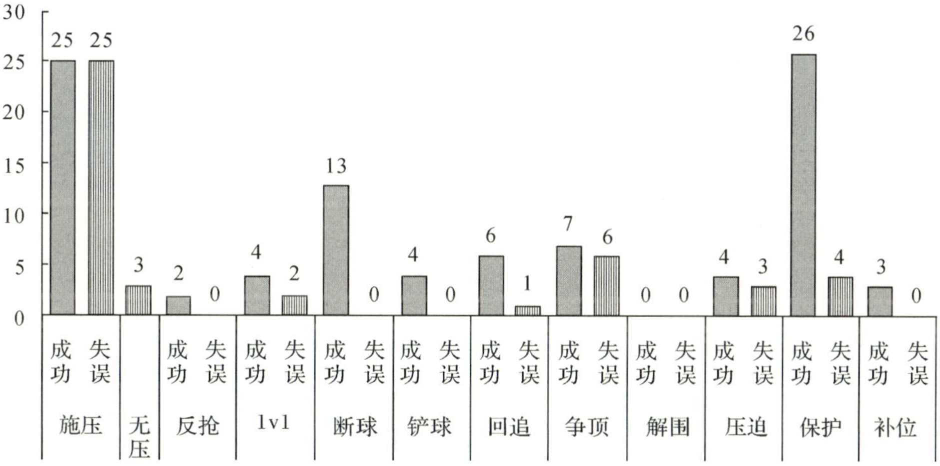

图 4-42　日本队对中国队后场防守技术运用情况统计

由于日本队进攻占据了较大的优势，中国队在中、后场防守的情况较多。中国队在后场施压的次数要明显高于日本队，且效果也好于对手。中国小组保护和补位的实际效益值（成功的次数）明显大于日本队。因此，中国队本场比赛的后场防守还比较好。

（四）中国队与日本队比赛守门员技术比较

中国队与日本队比赛守门员技术统计如表 4-19 所示：中国队守门员（王大雷）处理球 9 次，成功 8 次，被进 1 球，成功率为 88.89%。其中，扑救球 3 次（成功 2 次，被进 1 球），正面接球成功 2 次,扑单刀成功 2 次,禁区外断球成功 1 次,拳击球成功 1 次。

日本队守门员(东口顺昭)处理球 7 次,成功 6 次,被进 1 球),成功率为 83.33%。其中,扑救球 2 次(成功 1 次,被进 1 球),正面接球成功 1 次,扑单刀成功 3 次,摘传中球 1 次成功。

表 4-19 中国队与日本队比赛守门员技术统计

			扑救球	正面接球	扑单刀	托球	摘传中球	禁外断球	拳击球	守点球	合计
中国队	上半场	成功							1		1
		失误	1								1
		被进球	(1)								(1)
	下半场	成功	2	2	2			1			7
		失误									
		被进球									
日本队	上半场	成功	1		3		1				5
		失误	1								1
		被进球	(1)								(1)
	下半场	成功		1							1
		失误									
		被进球									

四、中国队与日本队比赛攻守转换分析

(一)中国队与日本队由守转攻情况

中国队与日本队比赛由守转攻数据统计如表 4-20 所示:中国队全场比赛由守转攻 107 次,成功 83 次,失误 24 次,成功率为 77.57%;日本队为 118 次,成功 102 次,失误 16 次,成功率为 86.44%。中国队由守转攻的能力稍弱于对手,由守转攻的次数和成功率都低于日本队。

其中,中国队前场由守转攻成功 6 次,无失误;日本队为 19 次,成功 18 次,失误 1 次,成功率为 94.74%。中国队中场由守转攻 37 次,成功 29 次,失误 8 次,成功率为 78.38%;日本队为 61 次,成功 52 次,失误 9 次,成功率为 85.25%。中国队后场由守转攻 64 次,成功 48 次,失误 16 次,成功率为 75%;日本队为 38 次,成功 32 次,失误 6 次,成功率为 84.21%。日本队在前场和中场防守积极,效果也比较好,前场由守转攻的次数较多、且成功率高。中国队后场防守较多,因此后场的由守转攻次数较多,但效果一般,成功率要低于日本队。

中国队上半场由守转攻 49 次,成功 38 次,失误 11 次,成功率为 77.55%;日本队为 52 次,成功 46 次,失误 6 次,成功率为 88.46%。中国队下半场由守转攻为 58 次,成功 45 次,失误 13 次,成功率为 77.59%;日本队为 66 次,成功 56 次,失误 10 次,成功率为 84.85%。中国队下半场由守转攻达的次数有所提高,但成功率与上半场基本一样。日本队下半场由守转攻的次数有所提高,但成功率却下降了。

表 4-20　中国队与日本队比赛由守转攻数据统计

		前场		中场		后场		合计	
		成功	失误	成功	失误	成功	失误	成功	失误
中国队	上半场	2	0	14	2	22	9	38	11
	下半场	4	0	15	6	26	7	45	13
日本队	上半场	10	1	24	4	12	1	46	6
	下半场	8	0	28	5	20	5	56	10

（二）中国队与日本队由攻转守情况

中国队与日本队比赛由攻转守数据统计如表 4-21 所示：中国队全场比赛由攻转守 17 次，成功 6 次，失误 11 次，成功率为 35.29%；日本队为 18 次，成功 14 次，失误 4 次，成功率为 77.78%。双方进攻受阻击的情况基本相同，但在由攻转守后的施压和反抢中，日本队的效果明显好于中国队。

其中，中国队前场由攻转守 7 次，成功 2 次，失误 5 次，成功率为 28.57%；日本队为 9 次，成功 7 次，失误 2 次，成功率为 77.78%。中国队中场由攻转守 8 次，成功 3 次，失误 5 次，成功率为 37.50%；日本队为 7 次，成功 5 次，失误 2 次，成功率为 71.43%。中国队后场由攻转守 2 次，成功 1 次，失误 1 次，成功率为 50%；日本队为成功 2 次，无失误。中国队在前场和中场虽然由攻转守的次数与日本队差异不大，但成功率却明显低于对手。

中国队上半场由攻转守 7 次，成功 3 次，失误 4 次，成功率为 42.86%；日本队为 7 次，成功 6 次，失误 1 次，成功率为 85.71%。中国队下半场由攻转守为 10 次，成功 3 次，失误 7 次，成功率为 30%；日本队为 11 次，成功 8 次，失误 3 次，成功率为 72.73%。中国队和日本队下半场进攻受阻的次数都有所增加，且由攻转守成功率下降，尤其是中国队下降更多。

表 4-21　中国队与日本队比赛由攻转守数据统计

		前场		中场		后场		合计	
		成功	失误	成功	失误	成功	失误	成功	失误
中国队	上半场	2	2	0	2	1	0	3	4
	下半场	0	3	3	3	0	1	3	7
日本队	上半场	2	1	4	0	0	0	6	1
	下半场	5	1	1	2	2	0	8	3

第五章　世界杯预选赛技术实力分析

2015 年 4 月 14 日，在亚足联总部吉隆坡举行了 2018 年俄罗斯世界杯亚洲区世预赛 40 强的抽签，中国队分在 C 组，同组的有卡塔尔、马尔代夫、不丹和中国香港。比赛于 2015 年 6 月 11 日至 2016 年 3 月 29 日进行。中国队在 2015 年期间进行了 6 场比赛：中国队第一场客场 6∶0 胜不丹队；第二场主场 0∶0 平中国香港队；第三场客场 3∶0 胜马尔代夫队；第四场客场 0∶1 负卡塔尔队；第五场主场 12∶0 胜不丹队；第六场客场 0∶0 平中国香港队。

第一节　中国队(客场)与不丹队比赛技术实力分析

2015 年 6 月 16 日，中国队客场在不丹首都延布体育场与不丹队进行了第一场比赛，主裁判罗万。比赛结果 6∶0。中国队的杨旭在第 45、60、76 分钟攻入 3 球，武磊在第 55 分钟打进 1 球，于大宝在第 67、83 分钟攻进 2 球。

一、中国队与不丹队出场阵容

(一)中国队出场阵容

中国队比赛阵型为 4-5-1，首发阵容：颜骏凌(12 号，守门员)、姜至鹏(4)、任航(2)、梅方(3)、张呈栋(17)、孙可(16)、郑智(10)、蔡慧康(8)、郜林(18)、武磊(19)、杨旭(9)。

替补队员为：刘彬彬(19 号，第 56 分钟上场替换蔡慧康)、于大宝(22 号，第 61 分钟上场替换张呈栋)、宋博轩(21 号，第 70 分钟上场替换郜林)。

(二)不丹队出场阵容

不丹队比赛阵型为 4-4-2，首发阵容：哈日古隆(22 号，守门员)、格勒旺久(3)、达瓦坚赞(5)、晋美多吉(4)、噶玛尼珠(14)、比仁巴内(9)、次仁多吉(7)、嘎玛协珠次仁(8)、楞珠多吉(17)、辰卓坚赞(10)、伦多达瓦(12)。

替补队员为：贡噶坚赞(13 号，第 59 分钟上场替换楞珠多吉)、巴桑次仁(18 号，第 66 分钟上场替换次仁多吉)。

二、中国队与不丹队比赛进攻行为分析

(一)中国队与不丹队比赛进攻行为基础数据

1.各区域进攻行为与时段

中国队与不丹队比赛进攻行为数据统计如表5-1所示:中国队全场比赛整体进攻行为714次,成功率为83.47%;不丹队为234次,成功率为44.87%。双方的进攻实力相差悬殊。

其中,中国队前场进攻行为227次,成功169次,成功率为74.45%;不丹队仅有14次,成功4次,成功率为28.57%。中国队中场进攻行为为344次,成功298次,成功率为86.63%;不丹队为102次,成功52次,成功率为50.98%。中国队后场进攻行为为143次,成功129次,成功率为90.21%;不丹队为118次,成功49次,成功率为41.53%。本场比赛中国队进攻绝大部分压在前场和中场,不丹队由于实力有限,其进攻行为基本在中场和后场。

中国队上半场进攻行为352次,成功293次,成功率为83.24%;不丹队为99次,成功32次,成功率为32.32%。中国队下半场进攻行为为362次,成功303次,成功率为83.70%;不丹队为135次,成功73次,成功率为54.07%。中国队上、下半场进攻行为基本平衡,不丹队下半场有所加强。

表5-1　中国队与不丹队比赛各场区进攻行为数据统计

			前场			中场			后场			合计
			左边	中路	右边	左边	中路	右边	左边	中路	右边	
中国队	上半场	成功	25	41	15	55	45	44	14	40	14	293
		失误	7	14	11	9	7	5	4	1	1	59
	下半场	成功	30	31	27	73	40	41	14	32	15	303
		失误	11	5	10	10	10	5	1	5	2	59
不丹队	上半场	成功	0	1	0	5	8	3	2	13	0	32
		失误	2	2	4	6	6	8	4	30	5	67
	下半场	成功	0	0	3	11	20	5	2	28	4	73
		失误	1	0	1	12	10	8	5	21	4	62

2.射门与定位球进攻

中国队与不丹队比赛射门与定位球进攻情况如表5-2所示:中国队运动战禁区内射门24次(射正11次,进5球),禁区外射门11次(射正1次),角球16次(射门10次,射正7,进1球,失误6次),前场30米任意球进攻失误1次。全场比赛射正率为42.22%,进球率为13.33%。由于实力上的差距,中国队在本场比赛中获得了较多的射门机会,但上半场比赛,面对对手密集在后场的收缩防守,中国队的射门显然乏术。下半场中国队利用对方压出进攻的机会,反击打入5个进球,取得了本场比赛的胜利。

不丹队运动战禁区内射门2次(射正2次),禁区外射门2次,角球2次(射门1次,失误1次),前场30米任意球进攻失误1次。全场比赛射正率为40%。

表 5-2 中国队与不丹队比赛射门与定位球进攻数据统计

			运动战		角球		前场 30 米任意球			点球	合计
			禁区内	禁区外	左侧	右侧	左侧	中路	右侧		
中国队	上半场	失误			3	2		1			6
		射门	13	6	1	3					23
		射正	(5)			(2)					(7)
		进球	(1)								(1)
	下半场	失误			1						1
		射门	11	5	1	5					22
		射正	(6)	(1)		(5)					(12)
		进球	(4)			(1)					(5)
不丹队	上半场	失误									
		射门									
		射正									
		进球									
	下半场	失误			1				1		2
		射门	2	2	1						5
		射正	(2)								(2)
		进球									

(二)中国队与不丹队比赛进攻态势变化

中国队与不丹队进攻态势变化曲线如图 5-1 所示,从中可以看出,中国队在整场比赛中,占据了绝对优势,表明比赛双方在进攻实力方面有非常大的差距,不丹队仅仅只在第 45～50 分钟时段,进攻有些成效。

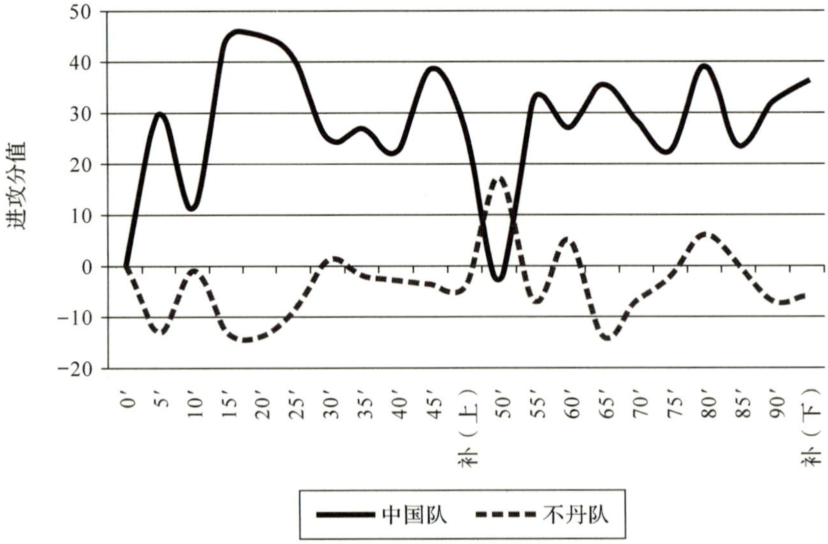

图 5-1 中国队与不丹队比赛进攻态势变化曲线

(三)中国队与不丹队比赛进攻技术行为运用

1. 前场30米区域进攻技术

中国队前场30米进攻技术行为运用情况如图5-2所示:进攻性技术行为运用141次,成功94次,失误47次,成功率为66.67%。其中,个人突破成功15次,失误7次;直传球成功13次,失误2次;直传身后成功10次,失误5次;直传脚下成功3次,失误1次;斜传球成功20次,失误4次;二过一成功7次,失误3次;传中成功23次,失误25次;内切成功3次。过渡性技术行为运用86次,成功75次,失误11次,成功率为87.21%。

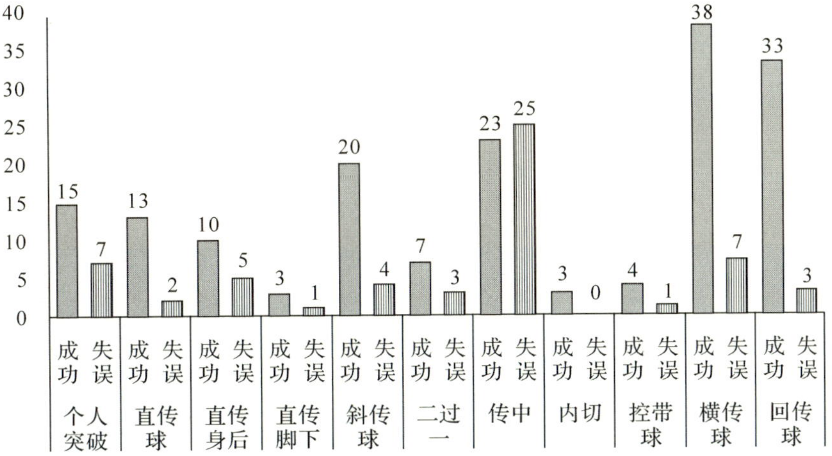

图5-2 中国队对不丹队前场进攻技术运用情况统计

不丹队前场30米进攻技术行为运用情况如图5-3所示:进攻性技术行为运用10次,成功2次,失误8次,成功率为20%。其中,个人突破失误3次;斜传球成功1次;传中成功1次,失误5次。过渡性技术行为运用4次,成功2次,失误2次,成功率为50%。

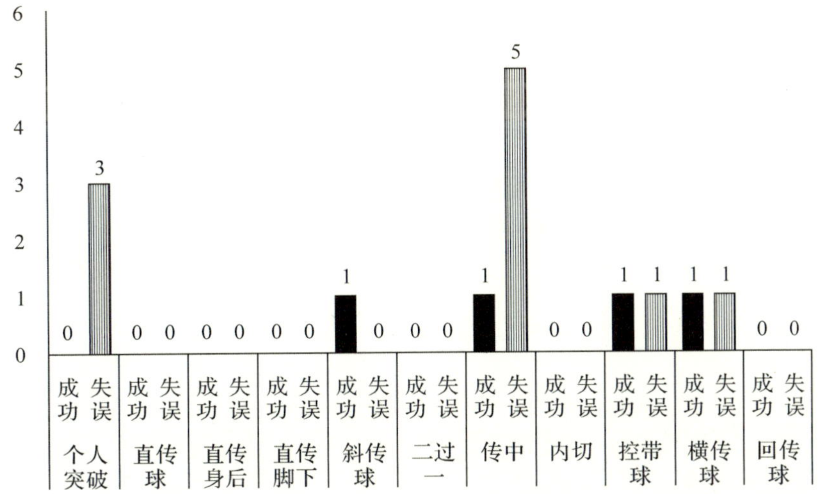

图5-3 不丹队对中国队前场进攻技术运用情况统计

中国队在前场的进攻技术行为运用中,前场的个人突破、传球配合、边路传中、中路直传身后等技术行为运用次数和成功率均较高,完全控制了前场进攻。不丹队的各项指标的运用数据次数和成功率极低,显示出该队的进攻能力很弱。

2. 中场区域进攻技术

中国队中场进攻技术运用情况如图 5-4 所示:进攻性技术行为运用 187 次,成功 151 次,失误 36 次,成功率为 80.75%。其中,向前带球成功 17 次,失误 2 次;中长直传成功 10 次,失误 1 次;短直传成功 60 次,失误 10 次;直传身后成功 5 次,失误 6 次;直传脚下成功 8 次,失误 1 次;长传转移成功 2 次,无失误;二过一成功 6 次,失误 2 次;斜传边路成功 36 次,失误 5 次;边路斜传成功 7 次,失误 9 次。过渡性技术行为运用 157 次,成功 147 次,失误 10 次,成功率为 93.63%。

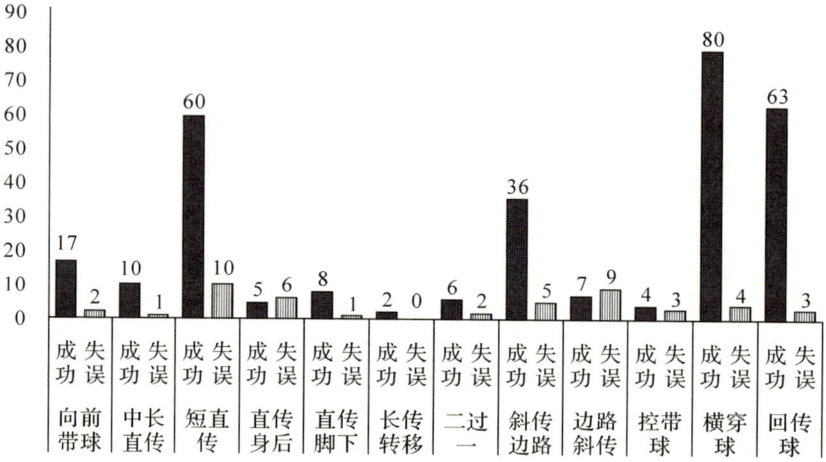

图 5-4 中国队对不丹队中场进攻技术运用情况统计

不丹队中场进攻技术运用情况如图 5-5 所示:进攻性技术行为运用 61 次,成功 22 次,失误 39 次,成功率为 36.07%。其中,向前带球成功 5 次,失误 5 次;中长直传成功 1 次,失误 10 次;短直传成功 10 次,失误 9 次;直传身后成功 2 次,失误 5 次;直传脚下失误 1 次;长传转移成功 1 次,无失误;斜传边路成功 2 次,失误 6 次;边路斜传成功 1 次,失误 3 次。过渡性技术行为运用 41 次,成功 30 次,失误 11 次,成功率为 73.17%。

两队在中场的进攻实力差距也很大,中国队向前带球、中长直传、短直传、直传脚下以及斜传边路等技术运用效果良好,只有直传身后和边路斜传两项技术的成功率低于 50%,中国队的过渡性传球也完全占据了优势。不丹队的各项技术成功率都比较低(回传球除外)。

3. 后场区域进攻技术

中国队后场进攻技术运用情况如图 5-6 所示:进攻性技术行为运用 81 次,成功 70 次,失误 11 次,成功率为 86.42%。其中,向前带球成功 4 次,无失误;向前长传成功 5,失误 5 次;向前中传成功 3 次,失误 2 次;斜传边路成功 38 次,失误 2 次;短直传成功 20 次,失误 2 次。过渡性技术行为运用 62 次,成功 59 次,失误 3 次,成功率为 95.16%。

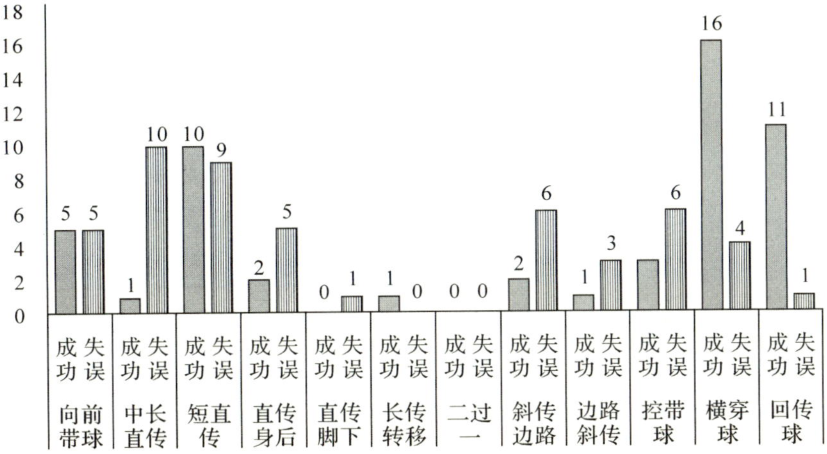

图 5-5　不丹队对中国队中场进攻技术运用情况统计

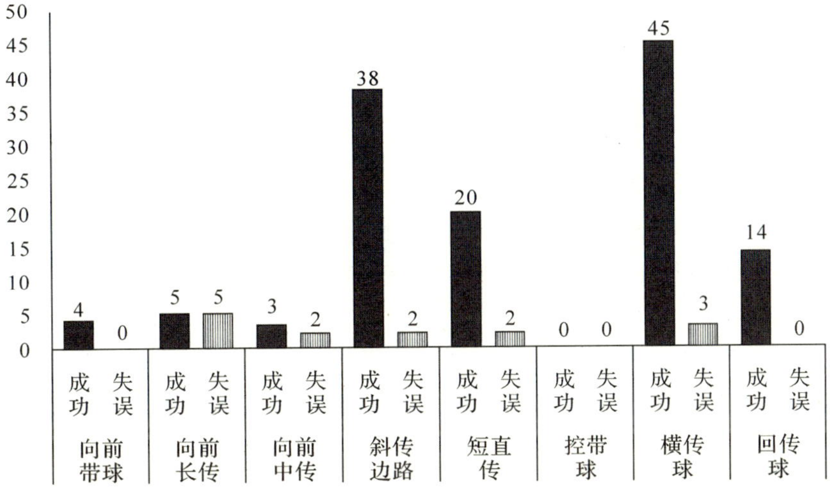

图 5-6　中国队对不丹队后场进攻技术运用情况统计

不丹队后场进攻技术运用情况如图 5-7 所示：进攻性技术行为运用 98 次，成功 34 次，失误 64 次，成功率为 34.69%。其中，向前带球成功 2 次，无失误；向前长传成功 7 次，失误 35 次；向前中传成功 3 次，失误 10 次；斜传边路成功 13 次，失误 10 次；短直传成功 9 次，失误 9 次。过渡性技术运用 20 次，成功 15 次，失误 5 次，成功率为 75%。

由于中国队本场比赛的进攻点在前场和中场，在后场都是快速将球传向中、前场，因此在后场进攻组织的次数少于不丹队，但成功率较高，说明不丹队的干扰情况并不大。不丹队在后场进攻组织中，主要是通过向前长传进行的，其次是斜传边路与短直传，但成功率均不高。

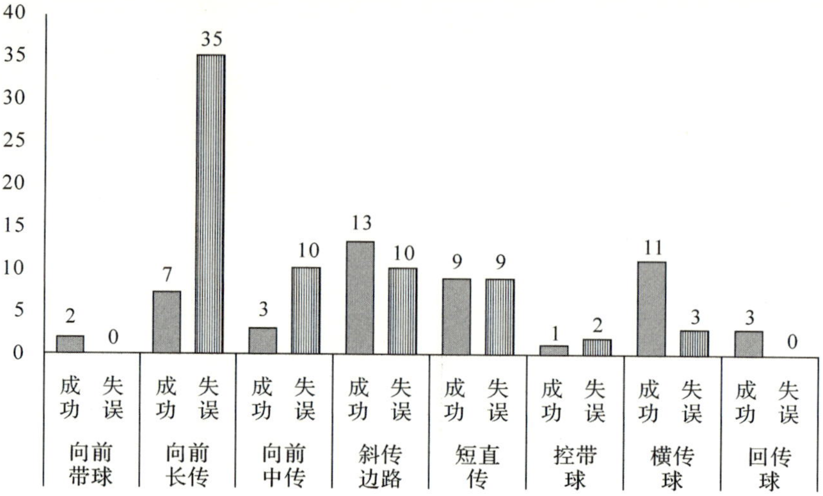

图 5-7　不丹队对中国队后场进攻技术运用情况统计

三、中国队与不丹队比赛防守行为分析

(一)中国队与不丹队比赛防守行为基础数据

1. 各区域防守行为与时段

中国队与不丹队全场比赛整体防守行为数据如表 5-3 显示:中国队全场比赛个人防守行为 325 次[包括无压(以下简称无压)11 次],成功 206 次,失误 119 次,成功率为 63.38%;不丹队为 833 次(无压 88 次),成功 341 次,失误 492 次,成功率为 40.94%。本场比赛中国队进攻占据主导地位,不丹队大部分时间处于防守状态,因此个人防守次数远多于中国队。但是不丹队的防守并不成功,失误比较多。

其中,中国队前场个人防守 92 次(无压 8 次),成功 53 次,失误 39 次,成功率为 57.61%;不丹队为 131 次(无压 55 次),成功 38 次,失误 93 次,成功率为 29.01%。中国队中场个人防守 182 次(无压 3 次),成功 115 次,失误 67 次,成功率为 63.19%;不丹队为 356 次(无压 31 次),成功 151 次,失误 205 次,成功率为 42.42%;中国队后场个人防守 51 次,成功 38 次,失误 13 次,成功率 74.51%;不丹队为 346 次(无压 2 次),成功 152 次,失误 194 次,成功率也是 43.93%。可以看出,中国的防守重点在前场和中场,且效果还比较好。不丹队的防守重点是中场和后场,效果并不好。

中国队小组防守 58 次,成功 49 次,失误 9 次,成功率为 84.48%;不丹队为 143 次,成功 101 次,失误 42 次,成功率为 70.63%。

其中,中国队前场小组防守成功 3 次,失误 1 次;不丹队为成功 1 次,无失误。中国队中场小组防守 30 次,成功 23 次,失误 7 次,成功率为 76.67%;不丹队为 19 次,成功 10 次,失误 9 次,成功率为 52.63%。中国队后场小组防守 24 次,成功 23 次,失误 1 次,成功率为 95.83%;不丹队为 123 次,成功 90 次,失误 33 次,成功率为 73.17%。

表 5-3　不丹队与中国队比赛各场区防守行为数据统计

场地区域与防守类型			中国队				不丹队			
			上半场		下半场		上半场		下半场	
			成功	失误	成功	失误	成功	失误	成功	失误
前场	左边	个人	5	2	2	5	6	2	4	5
		小组	0	0	0	0	0	0	0	0
	中路	个人	23	9	14	13	5	9	13	6
		小组	0	0	0	1	0	0	0	0
	右边	个人	1	1	8	1	7	6	3	10
		小组	0	0	3	0	1	0	0	0
	无压		6		2		31		24	
中场	左边	个人	20	8	18	11	23	21	29	19
		小组	2	0	2	3	0	1	1	1
	中路	个人	21	12	26	20	16	32	19	27
		小组	6	1	6	1	1	1	2	3
	右边	个人	17	6	13	7	29	37	35	38
		小组	1	1	6	1	3	2	3	1
	无压		2		1		15		16	
后场	左边	个人	11	2	6	1	21	19	9	25
		小组	1	0	1	0	8	3	4	5
	中路	个人	6	3	7	5	47	61	51	44
		小组	10	0	3	1	23	15	39	6
	右边	个人	3	1	5	1	11	20	13	23
		小组	4	0	4	0	8	3	8	1
	无压		0		0		1		1	
合计		个人	107	44	99	64	165	207	176	197
		小组	24	2	25	7	44	25	57	17
		无压	8		3		47		41	

中国队上半场个人防守 159 次(无压 8 次),成功 107 次,失误 52 次,成功率为 67.30%;不丹队为 419 次(无压 47 次),成功 165 次,失误 254 次,成功率为 39.38%。中国队下半场个人防守 166 次(无压 3 次),成功 99 次,失误 67 次,成功率为 59.64%;不丹队为 414 次(无压 41 次),成功 176 次,失误 238 次,成功率为 42.51%。

中国队上半场小组防守 26 次,成功 24 次,失误 2 次,成功率为 92.31%;不丹队为 69 次,成功 44 次,失误 25 次,成功率为 63.77%。中国队下半场小组防守 32 次,成功 25 次,失误 7 次,成功率为 78.13%;不丹队为 74 次,成功 57 次,失误 17 次,成功率为 77.03%。

2. 防守对方射门与定位球进攻

中国队与不丹队比赛防守射门与定位球数据统计如表 5-4 所示:中国队防守对方运动战禁区内射门失误 2 次,防守禁区外射门 3 次(成功 2 次,失误 1 次),防守角球成功 1 次,防守后场 30 米任意球进攻成功 1 次。

不丹队防守对方运动战禁区内射门 23 次(成功 4 次,失误 19 次,被进 5 球),防守禁区外射门 12 次(成功 7 次,失误 5 次),防守角球 16 次(成功 11 次,失误 5 次,被进 1 球),防守后场 30 米任意球进攻成功 1 次。

中国队在本场比赛中,有很多定位球进攻的机会,但只有 1 个进球,这是一个值得思考的问题。

表 5-4　不丹队与中国队比赛防守射门与定位球数据统计

			运动战		角球		后场 30 米任意球			点球	合计
			禁区内	禁区外	左侧	右侧	左侧	中路	右侧		
中国队	上半场	成功									
		失误									
		被进球									
	下半场	成功		2		1	1				4
		失误	2	1							3
		被进球									
不丹队	上半场	成功	4	5	3	3		1			16
		失误	9	1	1	2					13
		被进球	(1)								(1)
	下半场	成功		2		2					4
		失误	10	4	5						19
		被进球	(4)		(1)						(5)

(二)不丹队与中国队队比赛防守态势变化

中国队与不丹队防守态势变化曲线如图 5-8 所示:中国队在本场比赛的防守明显强于不丹队,防守分值仅在第 45～50 分钟的时候为负数。而不丹队的防守分值绝大部分时间处于负值,尤其在第 45～85 分钟期间被进 6 球。

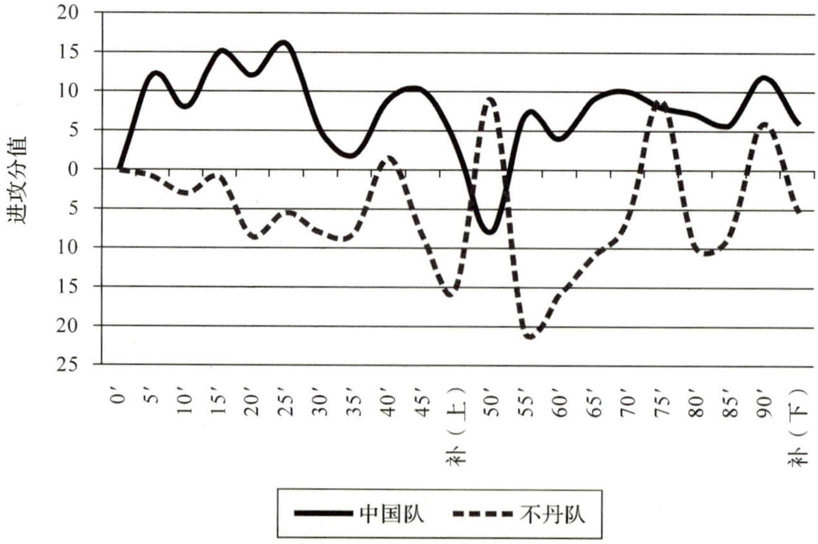

图 5-8　中国队与不丹队比赛防守态势变化曲线

（三）不丹队与中国队比赛防守技术运用

1. 前场 30 米区域防守技术

中国队前场防守技术运用情况如图 5-9 所示：在个人防守中，施压运用 61 次（成功 30 次，失误 31 次，成功率为 49.18%），无压 8 次；反抢成功 14 次，无失误；1v1 防守成功 1 次，无失误；断球成功 8 次，无失误。小组防守压迫成功 1 次，失误 1 次；保护成功 2 次，无失误。

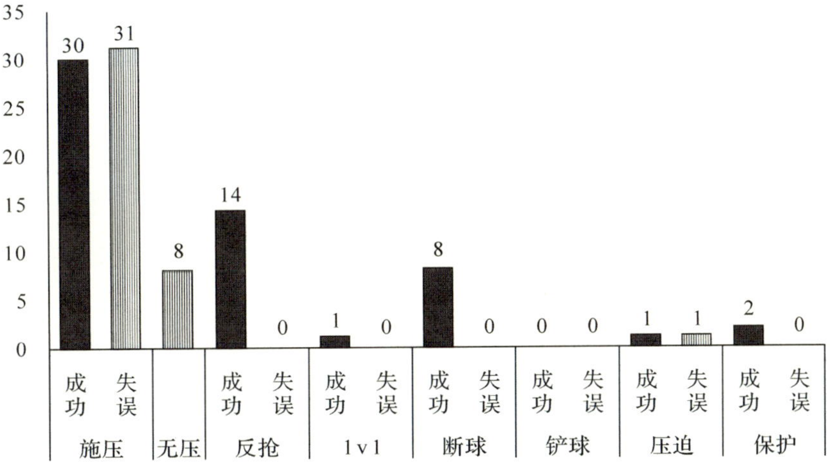

图 5-9 中国队对不丹队前场防守技术运用情况统计

不丹队前场防守技术运用情况如图 5-10 所示：在个人防守中，施压运用 69 次（成功 34 次，失误 35 次，成功率为 49.27%），无压 55 次；反抢成功 2 次，失误 3 次；断球成功 2 次，无失误。小组防守压迫成功 1 次，无失误。

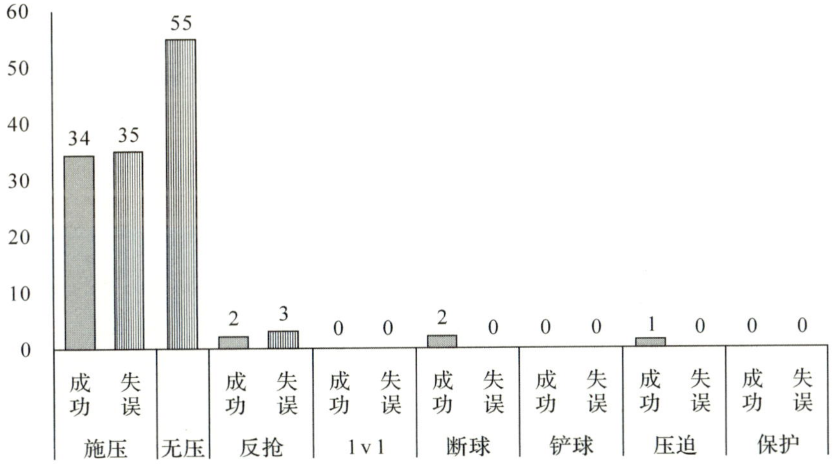

图 5-10 不丹队对中国队前场防守技术运用情况统计

在前场防守中，双方主动施压的次数和成功率比较接近。中国队前场逼抢紧迫，而不丹队在中国队快速的传球中，对持球人的施压显然是跟不上节奏，因此无压情况明显比中国队多。中国队在本场比赛中，反抢和断球运用的比较好，成功率较高。

2.中场区域防守技术

中国队中场防守技术运用情况如图 5-11 所示:在个人防守中,施压运用 94 次(成功 45 次,失误 49 次,成功率为 47.87%),无压 3 次;反抢成功 9 次,无失误;1v1 防守成功 6 次,无失误;断球成功 31 次,无失误;铲球成功 1 次,无失误;回追成功 6 次,失误 3 次;争顶成功 17 次,失误 12 次。小组防守压迫成功 4 次,失误 6 次;保护成功 19 次,失误 1 次。

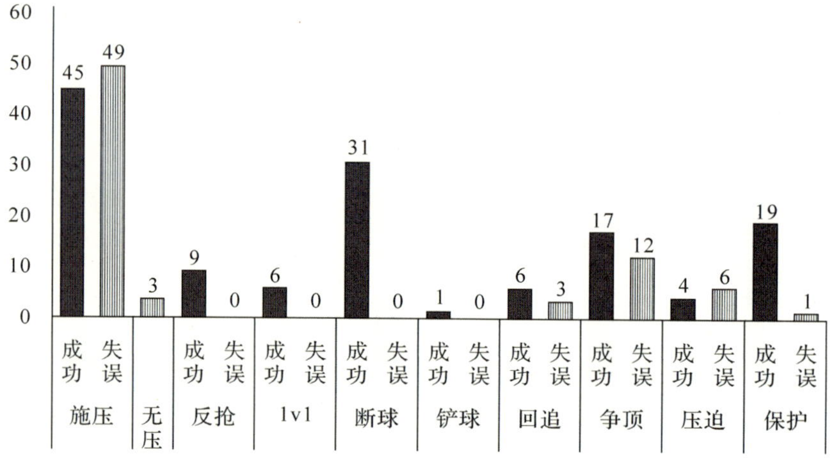

图 5-11 中国队对不丹队中场防守技术运用情况统计

不丹队中场防守技术运用情况图 5-12 所示:在个人防守中,施压运用 261 次(成功 120 次,失误 141 次,成功率为 45.98%),无压 31 次;反抢成功 6 次,失误 7 次;1v1 防守成功 1 次,失误 6 次;断球成功 17 次,失误 3 次;铲球成功 1 次,失误 1 次;回追成功 3 次,失误 5 次;争顶成功 3 次,失误 11 次。小组防守压迫成功 4 次,失误 7 次;保护成功 6 次,失误 2 次。

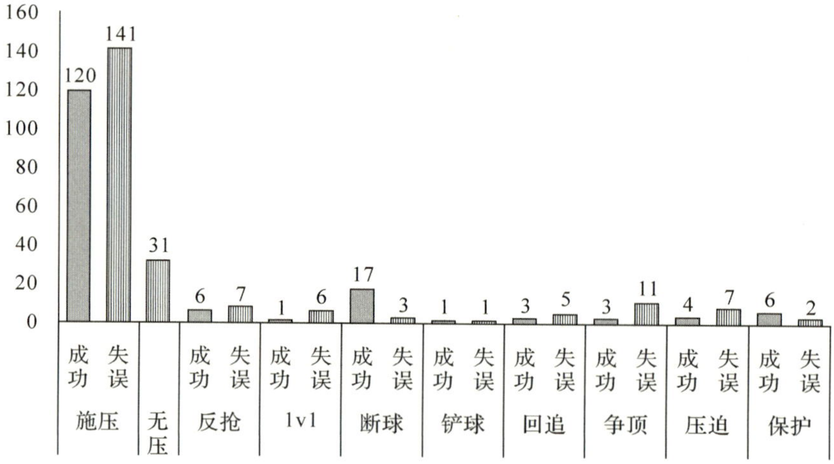

图 5-12 不丹队对中国队中场防守技术运用情况统计

由于中场大部分时间里中国队控制着主动权,因此,中国队的施压次数要少于不丹队,中国队无压的情况也较少。中国队关键性的防守技术,反抢、断球、争顶以及小组保护等效果明显好于不丹队。

3. 后场区域防守技术

中国的后场防守技术运用情况如图 5-13 所示：在个人防守中，施压运用 30 次（成功 20 次，失误 10 次，成功率为 66.67%），反抢成功 1 次，失误 1 次；1v1 防守成功 2 次，失误 2 次；断球成功 7 次，无失误；回追成功 4 次，无失误；争顶成功 3 次，无失误；解围成功 1 次，无失误。小组防守压迫成功 2 次，无失误；保护成功 17 次，失误 1 次；补位成功 4 次，无失误。

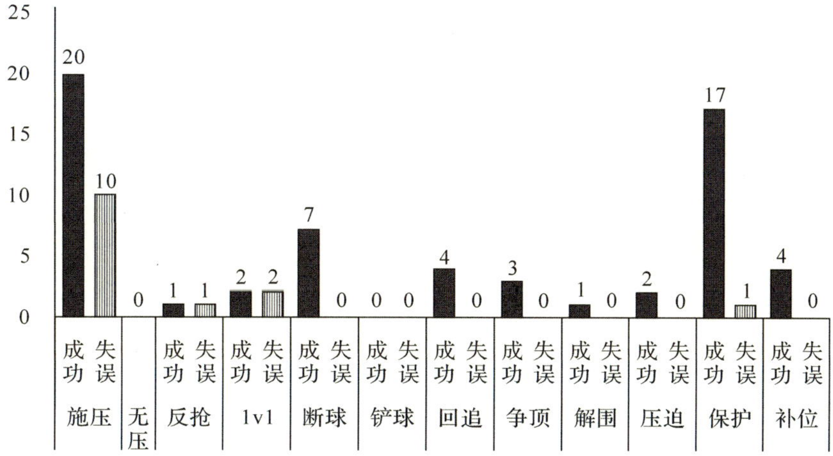

图 5-13　中国队对不丹队后场防守技术运用情况统计

不丹队后场防守技术运用情况如图 5-14 所示：在个人防守中，施压防守运用 231 次（成功 86 次，失误 145 次，成功率为 37.23%），无压 2 次；反抢成功 3 次，失误 1 次；1v1 防守成功 5 次，失误 15 次；断球成功 26 次，失误 2 次；铲球成功 3 次，无失误；回追成功 5 次，失误 8 次；争顶成功 17 次，失误 17 次；解围成功 7 次，失误 4 次。小组防守压迫成功 1 次，失误 8 次；保护成功 71 次，失误 20 次；补位防守成功 18 次，失误 5 次。

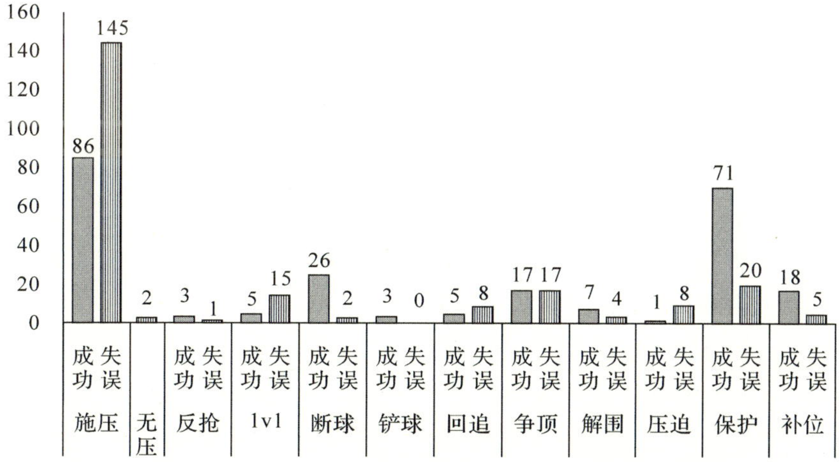

图 5-14　不丹队对中国队后场防守技术运用情况统计

由于实力相差悬殊，不丹队在人员密集的后场进行了大量的施压防守，但效果并不好。相比较而言，其断球、争顶以及小组保护和补位效果尚可。

(四)不丹队与中国队比赛守门员技术比较

中国队与不丹队比赛守门员技术统计如表5-5所示:中国队守门员(颜骏凌)处理球7次,均为成功。其中,扑救球成功2次,正面接球成功3次,摘传中球成功2次。

不丹队守门员(哈日古隆)处理球35次,成功29次,失误6次(被进6球),成功率为82.86%。其中,扑救球12次(成功6次,被进6球),正面接球成功5次,扑单刀成功3次,托球成功3次,摘传中球9次(成功6次,失误3次),禁区外断球成功3次,挡出成功1次,拳击球成功2次。

表5-5 中国队与不丹队比赛守门员技术统计

			扑救球	正面接球	扑单刀	托球	摘传中球	禁外断球	挡出	拳击球	合计
中国队	上半场	成功		2			1				3
		失误									
		被进球									
	下半场	成功	2	1			1				4
		失误									
		被进球									
不丹队	上半场	成功	2	3	3		3	3		1	15
		失误	1								1
		被进球	(1)								(1)
	下半场	成功	4	2		3	3		1	1	14
		失误	5				3				8
		被进球	(5)								(5)

四、中国队与不丹队比赛攻守转换分析

(一)中国队与不丹队由守转攻情况

中国队与不丹队比赛由守转攻数据统计如表5-6所示:中国队全场比赛由守转攻143次,成功132次,失误11次,成功率为92.31%;不丹队为121次,成功115次,失误6次,成功率为95.04%。中国队的由守转攻次数多于不丹队,成功率稍低于对手,表明不丹队进攻实力虽然落后于中国队,但是防守并没有放松。

其中,中国队前场由守转攻32次,成功28次,失误4次,成功率为87.50%;不丹队为成功3次,无失误。中国队中场由守转攻77次,成功71次,失误6次,成功率为92.21%;不丹队为32次,成功31次,失误1次,成功率为96.88%。中国队后场由守转攻34次,成功33次,失误1次,成功率为97.06%;不丹队为86次,成功81次,失误5次,成功率为94.19%。中国队前场和中场由守转攻实际效果(成功次数)明显好于对手,不丹队在后场,由守转攻次数多,且成功率高。

中国队上半场由守转攻71次,成功68次,失误3次,成功率为95.77%;不丹队为成功52次,无失误。中国队下半场由守转攻为72次,成功64次,失误8次,成功率为88.88%;

不丹队为 69 次，成功 63 次，失误 6 次，成功率为 91.30%。不丹队上半场防守积极主动，效果好，下半场中国队和不丹队的成功率都稍有下降。

表 5-6　中国队与不丹队比赛由守转攻数据统计

		前场		中场		后场		合计	
		成功	失误	成功	失误	成功	失误	成功	失误
中国队	上半场	12	1	38	2	18	0	68	3
	下半场	16	3	33	4	15	1	64	8
不丹队	上半场	1	0	12	0	39	0	52	0
	下半场	2	0	19	1	42	5	63	6

（二）中国队与不丹队由攻转守情况

中国队与不丹队比赛由攻转守数据统计如表 5-7 所示：中国队全场比赛由攻转守 25 次，成功 24 次，失误 1 次，成功率为 96%；不丹队为 22 次，成功 11 次，失误 11 次，成功率为 50%。中国队由攻转守的次数稍多于不丹队，但成功率却远高于对手，说明中国队的转换速度和反抢积极性要强于不丹队。

其中，中国队前场由攻转守 14 次，成功 14 次，无失误；不丹队为 5 次，成功 2 次，失误 3 次，成功率为 40%。中国队中场由攻转守 9 次，成功 9 次，无失误；不丹队为 13 次，成功 6 次，失误 7 次，成功率为 46.15%。中国队后场由攻转守为 2 次，成功 1 次，失误 1 次，成功率 50%；不丹队为 4 次，成功 3 次，失误 1 次，成功率 75%。中国队在前场和中场的反抢效果极好，由攻转守无失误。不丹队在各个场区的由攻转守效果均不好。

中国队上半场由攻转守 14 次，成功 13 次，失误 1 次，成功率为 92.86%；不丹队为 12 次，成功 5 次，失误 7 次，成功率为 41.67%。中国队下半场由攻转守为成功 11 次，无失误；不丹队为 10 次，成功 6 次，失误 4 次，成功率为 60%。

表 5-7　中国队与不丹队比赛由攻转守数据统计

		前场		中场		后场		合计	
		成功	失误	成功	失误	成功	失误	成功	失误
中国队	上半场	7	0	5	0	1	1	13	1
	下半场	7	0	4	0	0	0	11	0
不丹队	上半场	1	1	2	5	2	1	5	7
	下半场	1	2	4	2	1	0	6	4

第二节　中国队（主场）与中国香港队比赛技术实力分析

2015 年 9 月 3 日，中国队在深圳宝安体育中心体育场与中国香港队进行了小组第二场比赛，主裁判德洛夫斯基，比赛结果为 0∶0。

一、中国队与中国香港队出场阵容

(一)中国队出场阵容

中国队比赛阵型为4-2-3-1,首发阵容:王大雷(23号,守门员)、姜至鹏(4)、任航(2)、梅方(3)、张琳芃(5)、郑智(10)、吴曦(15)、于汉超(20)、武磊(7)、郑龙(19)、于大宝(22)。

替补队员为:王永珀(11号,第59分钟上场替换吴曦)、杨旭(9号,第63分钟上场替换郑龙)、孙可(16号,第69分钟上场替换于汉超)。

(二)中国香港队出场阵容

中国香港队比赛阵型为4-5-1,首发阵容:叶鸿辉(1号,守门员)、李志豪(2)、陈伟豪(15)、法图斯(3)、积施利(14)、白鹤(4)、黄洋(6)、梁振邦(16)、林嘉纬(10)、高梵(11)、麦基(22)。

替补队员为:基拉马(5号,第6分钟上场替换陈伟豪)、陈肇麒(7号,第72分钟上场替换林嘉纬)、徐德帅(8号,第82分钟上场替换高梵)。

二、中国队与中国香港队比赛进攻行为分析

(一)中国队与中国香港队比赛进攻行为基础数据

1.各区域进攻行为与时段

中国队与中国香港队比赛进攻行为数据统计如表5-8所示:中国队全场比赛整体进攻行为695次,成功率为86.04%;中国香港队为249次,成功率为51%。中国队进攻行为的次数与成功率远高于中国香港队,基本上控制了本场比赛进攻的主动权。

其中,中国队前场进攻行为271次,成功207次,成功率为76.38%;中国香港队仅为25次,成功18次,成功率为72%。中国队中场进攻行为为352次,成功326次,成功率为92.61%;中国香港队为95次,成功65次,成功率为68.42%。中国队后场进攻行为为72次,成功65次,成功率为90.28%;中国香港队为129次,成功44次,成功率为34.11%。中国队前场和中场进攻优势非常明显,进攻行为的次数与成功率均要明显高于对手。中国香港队虽然后场进攻行为较多,但成功率却很低。

中国队上半场进攻行为383次,成功331次,成功率为86.42%;中国香港队为112次,成功54次,成功率为48.21%;中国队下半场进攻行为运用312次,成功267次,成功率为85.58%。中国香港队为137次,成功73次,成功率为53.28%。中国队下半场的进攻有所下降,中国香港队则稍有提高。

表5-8 中国队与中国香港队比赛各场区进攻行为数据统计

			前场			中场			后场			合计
			左边	中路	右边	左边	中路	右边	左边	中路	右边	
中国队	上半场	成功	54	14	24	86	62	50	14	21	6	331
		失误	12	11	11	3	5	6	2	1	1	52
	下半场	成功	36	40	39	39	45	44	11	7	6	267
		失误	11	8	11	9	2	1	2	1	0	45

续表

			前场			中场			后场			合计
			左边	中路	右边	左边	中路	右边	左边	中路	右边	
中国香港队	上半场	成功	8	2	1	6	6	8	5	12	6	54
		失误	1	1	2	2	6	7	7	28	4	58
	下半场	成功	2	4	1	12	10	23	5	13	3	73
		失误	0	1	2	4	1	10	7	31	8	64

2. 射门与定位球进攻

中国队与中国香港队比赛射门与定位球进攻情况如表 5-9 所示：中国队运动战禁区内射门 13 次（射正 5 次），禁区外射门 14 次（射正 3 次），角球 12 次（射门 8 次，失误 4 次），前场 30 米任意球进攻 5 次（射门 4 次，射正 1 次，失误 1 次）。全场比赛射正率为 23.08%。本场比赛，中国队在运动战和定位球进攻中创造了很多的机会，但破门能力还是有限。

中国香港队运动战禁区内射门 1 次，禁区外射门 1 次，角球 4 次（射门 2 次，失误 2 次）。中国香港队在运动战和定位球进攻中没有太多的机会，双方在进攻实力上存在着较大差距。

表 5-9　中国队与中国香港队比赛射门与定位球进攻数据统计

			运动战		角球		前场 30 米任意球			点球	合计
			禁区内	禁区外	左侧	右侧	左侧	中路	右侧		
中国队	上半场	失误			1				1		2
		射门	9	6		2	1				18
		射正	(4)	(1)			(1)				(6)
		进球									
	下半场	失误			3						3
		射门	4	8	2	4		2	1		21
		射正	(1)	(2)							(3)
		进球									
中国香港队	上半场	失误			1						1
		射门		1	2						3
		射正									
		进球									
	下半场	失误			1						1
		射门	1								1
		射正									
		进球									

（二）中国队与中国香港队比赛进攻态势变化

中国队与中国香港队进攻态势变化曲线如图 5-15 所示，从中可以看出，中国队在整场比赛中自始至终占据主动，其进攻态势变化曲线虽有起伏，但始终保持着较高的进攻分值。而中国香港队的进攻态势则保持一个节奏，一直在“0”线上下徘徊。

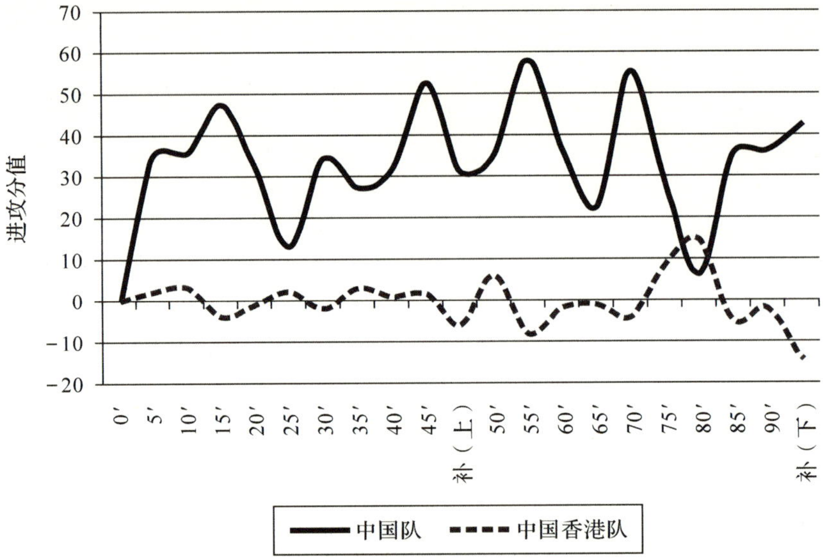

图 5-15　中国队与中国香港队比赛进攻态势变化曲线

(三)中国队与中国香港队比赛进攻技术行为运用

1. 前场 30 米区域进攻技术

中国队前场 30 米进攻技术行为运用情况如图 5-16 所示:进攻性技术行为运用 132 次,成功 80 次,失误 52 次,成功率为 60.61%。其中,个人突破成功 14 次,失误 15 次;直传球成功 26 次,失误 4 次;直传身后失误 5 次;直传脚下成功 6 次,失误 1 次;斜传球成功 12 次,失误 1 次;二过一成功 4 次,失误 4 次;传中成功 16 次,失误 22 次;内切成功 2 次,无失误。过渡性技术行为运用 139 次,成功 127 次,失误 12 次,成功率为 91.37%。

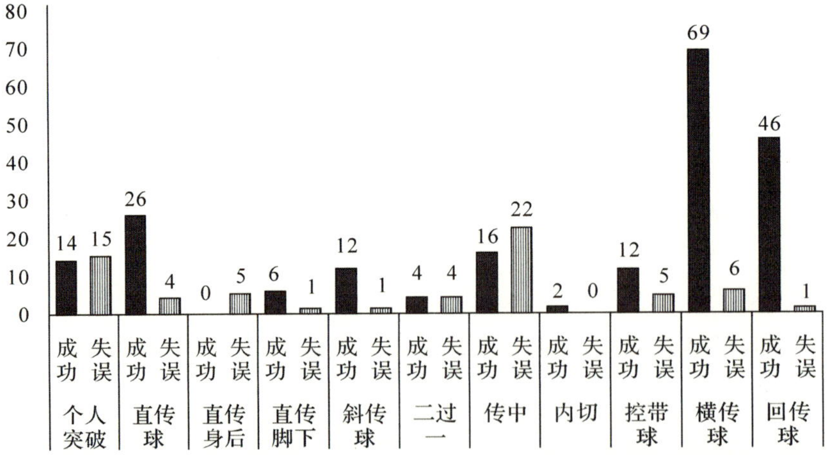

图 5-16　中国队对中国香港队前场进攻技术运用情况统计

中国香港队前场 30 米进攻技术行为运用情况如图 5-17 所示:进攻性技术行为运用 12 次,成功 7 次,失误 5 次,成功率为 58.33%。其中,个人突破成功 3 次,失误 2 次;直传球成功 1 次,无失误;斜传球失误 1 次;二过一失误 1 次;传中成功 2 次,失误 1 次;内切成功 1

次。过渡性技术行为运用 13 次,成功 11 次,失误 2 次,成功率为 84.62%。

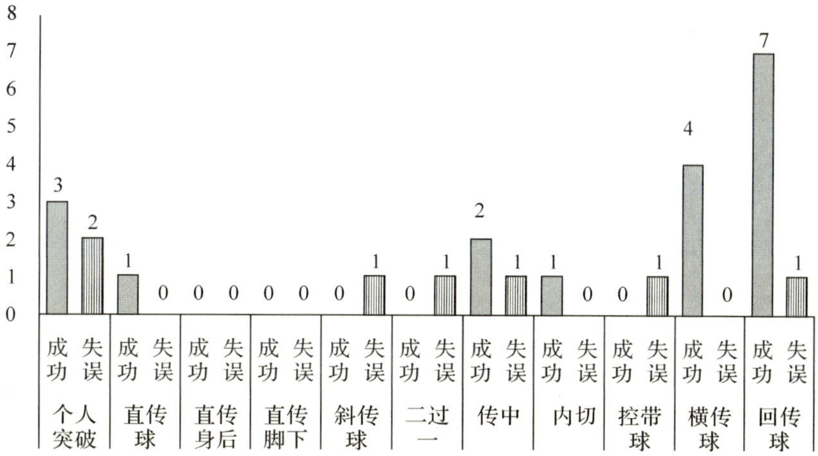

图 5-17　中国香港队对中国队前场进攻技术运用情况统计

在前场进攻中,中国队占据了绝对优势,但在中国香港队顽强的防守下,中国队进攻性技术行为的实效性并不高,除了直传球、直传脚下和斜传球以外,个人突破、直传身后、二过一及传中的失误较多。中国队对球的控制能力还比较强,过渡性技术行为的成功率较高。

2. 中场区域进攻技术

中国队中场进攻技术运用情况如图 5-18 所示:进攻性技术行为运用 191 次,成功 170 次,失误 21 次,成功率为 89.01%。其中,向前带球成功 19 次,无失误;中长直传成功 8 次,失误 3 次;短直传成功 52 次,失误 8 次;直传身后成功 2 次,失误 1 次;直传脚下成功 4 次,失误 1 次;长传转移成功 2 次,失误 1 次;斜传边路成功 78 次,无失误;边路斜传成功 5 次,失误 7 次。过渡性技术行为运用 161 次,成功 156 次,失误 5 次,成功率为 96.89%。

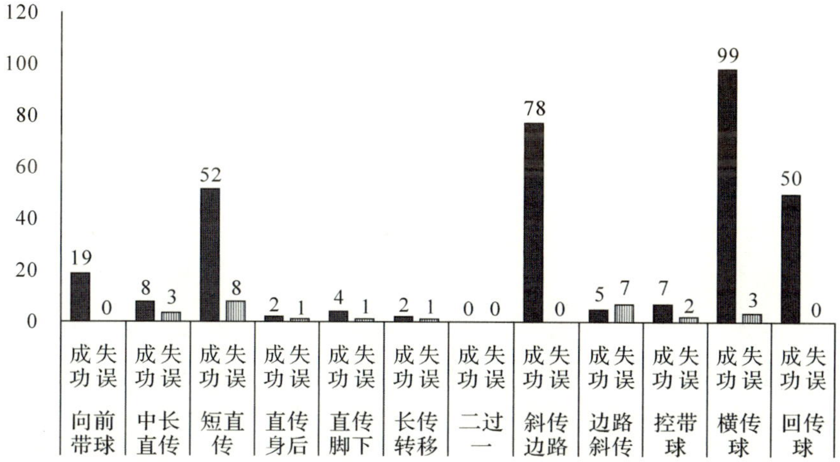

图 5-18　中国队对中国香港队中场进攻技术运用情况统计

中国香港队中场进攻技术运用情况如图 5-19 所示:进攻性技术行为运用 51 次,成功 29 次,失误 22 次,成功率为 56.86%。其中,向前带球成功 4 次,失误 2 次;中长直传成功 6 次,失误 10 次;短直传成功 8 次,失误 3 次;直传身后成功 1 次,失误 3 次;直传脚下成功 1 次,失误 1 次;二过一成功 2 次,无失误;斜传边路成功 4 次,失误 1 次;边路斜传成功 3 次,失误 2 次。过渡性技术行为运用 44 次,成功 36 次,失误 8 次,成功率为 81.82%。

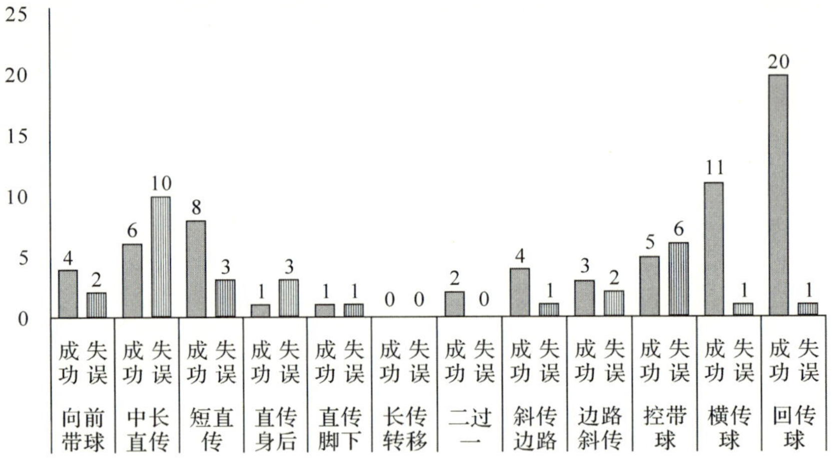

图 5-19 中国香港队对中国队中场进攻技术运用情况统计

中国队中场的进攻能力也要明显强于中国香港队,向前推进的机会把握较好,向前带球没有受到中国香港队阻扰。中场直传、短直传、斜传边路以及过渡性传球等都有较好的效果。而中国香港队中场的各项进攻性技术行为效果都非常一般。

3. 后场区域进攻技术

中国队后场进攻技术运用情况如图 5-20 所示:进攻性技术行为运用 54 次,成功 50 次,失误 4 次,成功率为 92.59%。其中,向前带球成功 12 次,无失误;向前长传失误 1 次;向前中传成功 8 次,失误 1 次;斜传边路成功 6 次,无失误;短直传成功 24 次,失误 2 次。过渡性技术行为运用 18 次,成功 15 次,失误 3 次,成功率为 83.33%。

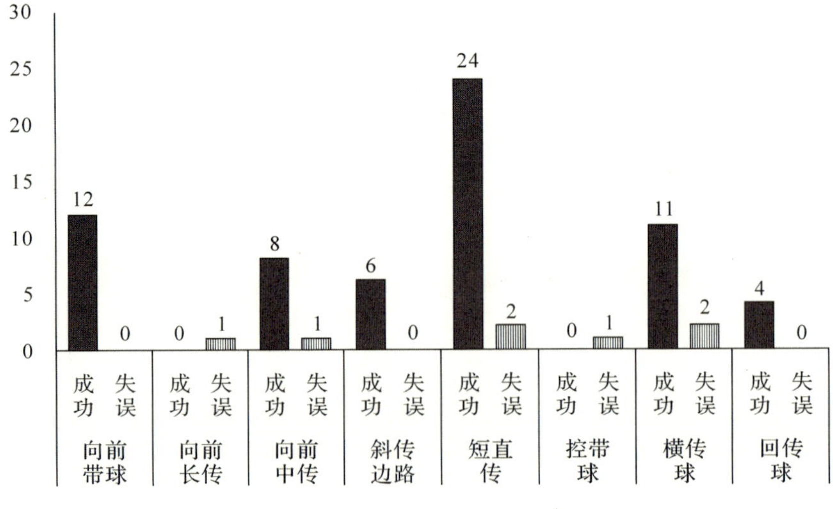

图 5-20 中国队对中国香港队后场进攻技术运用情况统计

中国香港队后场进攻技术运用情况如图 5-21 所示：进攻性技术行为运用 109 次，成功 32 次，失误 77 次，成功率为 29.63%。其中，向前带球成功 5 次，无失误；向前长传成功 5 次，失误 39 次；向前中传成功 6 次，失误 16 次；斜传边路成功 5 次，失误 12 次；短直传成功 11 次，失误 10 次。过渡性技术运用 20 次，成功 12 次，失误 8 次，成功率 60%。

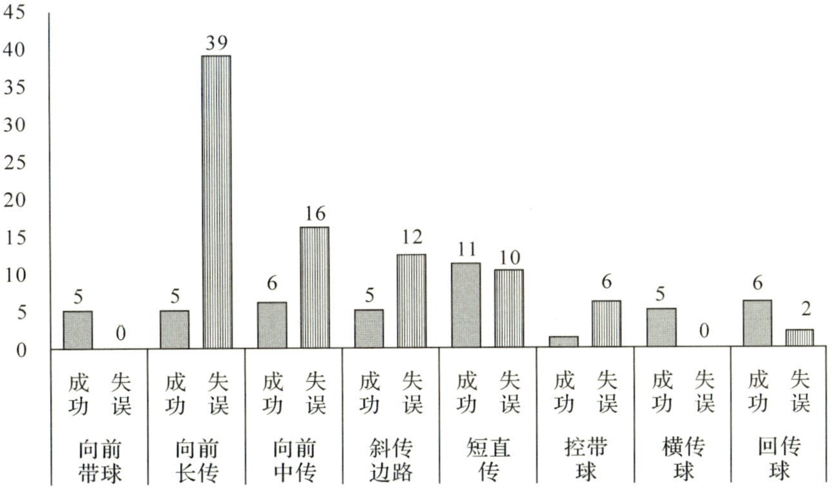

图 5-21　中国香港队对中国队后场进攻技术运用情况统计

在本场比赛中，中国香港队主要收缩在中、后场区域进行防守，前场不作为中国香港队的防守区域。因此，中国队后场进攻组织非常有效，进攻行为的次数虽然低于中国香港队，但成功率却很高。相反，在中国队的高压防守下，中国香港队后场进攻组织失误较多，成功率很低。

三、中国队与中国香港队比赛防守行为分析

(一)中国队与中国香港队比赛防守行为基础数据

1. 各区域防守行为与时段

中国队与中国香港队全场比赛整体防守行为数据如表 5-10 显示：中国队全场比赛个人防守行为 349 次[包括无压(以下简称无压)14 次]，成功 205 次，失误 144 次，成功率为 58.74%；中国香港队为 832 次(无压 142 次)，成功 385 次，失误 447 次，成功率为 46.27%。中国队个人防守行为的成功率要高于中国香港队，而无压的情况也远低于对手，表明中国香港队对持球人的限制有所欠缺。

其中，中国队前场个人防守 116 次(无压 5 次)，成功 55 次，失误 61 次，成功率为 47.41%；中国香港队为 65 次(无压 28 次)，成功 23 次，失误 42 次，成功率为 35.38%。中国队中场个人防守 164 次(无压 8 次)，成功 101 次，失误 63 次，成功率为 61.59%；中国香港队为 359 次(无压 108 次)，成功 142 次，失误 217 次，成功率为 39.55%。中国队后场个人防守 69 次(无压 1 次)，成功 49 次，失误 20 次，成功率 71.01%；中国香港队为 408 次(无压 6 次)，成功 220 次，失误 188 次，成功率也是 53.92%。中国队前场高压防守较好，对中国香港队后场的进攻组织起到了一定的阻扰作用，在前场防守的次数和成功率均高于中国香港

队。中场和后场是中国香港队防守的主要区域，但效果一般，防守的次数远多于中国队，但成功率一般，且无压情况很多。

中国队小组防守40次，成功31次，失误9次，成功率为77.50%；中国香港队为73次，成功58次，失误15次，成功率为79.45%。相比较而言，中国香港队的小组防守效果还比较好。

其中，中国队前场小组防守6次，成功3次，失误3次，成功率为50%；中国香港队为2次，均为失误。中国队中场小组防守12次，成功8次，失误4次，成功率为66.67%；中国香港队为9次，成功7次，失误2次，成功率为77.78%。中国队后场小组防守22次，成功20次，失误2次，成功率为90.91%；中国香港队为62次，成功51次，失误11次，成功率为82.26%。中国队前场和中场小组防守运用较多，效果一般。中国香港队中、后场拼抢较为凶狠，相互间的保护、补位、压迫还比较好，成功率也比较高。

表5-10　中国队与中国香港队比赛各场区防守行为数据统计

场地区域与防守类型			中国队				中国香港队			
			上半场		下半场		上半场		下半场	
			成功	失误	成功	失误	成功	失误	成功	失误
前场	左边	个人	9	5	8	5	6	1	0	2
		小组	0	0	0	0	0	0	0	0
	中路	个人	13	16	10	13	3	2	2	1
		小组	3	1	0	0	0	0	0	0
	右边	个人	8	7	7	10	6	6	6	2
		小组	0	2	0	0	0	2	0	0
	无压		3		2		17		11	
中场	左边	个人	11	4	21	24	26	18	12	13
		小组	1	0	4	1	0	0	0	0
	中路	个人	17	8	21	4	24	24	17	18
		小组	1	2	0	0	2	0	0	0
	右边	个人	18	7	13	8	38	17	25	19
		小组	0	1	2	0	4	1	1	1
	无压		3		5		75		33	
后场	左边	个人	12	11	10	0	25	28	28	36
		小组	3	1	6	0	7	3	4	0
	中路	个人	9	3	11	4	35	26	51	40
		小组	3	0	2	1	13	6	16	1
	右边	个人	4	1	3	0	45	29	36	23
		小组	4	0	2	0	8	1	3	0
	无压		0		1		3		3	
合计		个人	101	62	104	68	208	151	177	154
		小组	15	7	16	2	34	13	24	2
		无压	6		8		95		47	

中国队上半场个人防守169次(无压6次),成功101次,失误68次,成功率为59.76%;中国香港队为454次(无压95次),成功208次,失误246次,成功率为45.81%。中国队下半场个人防守180次(无压8次),成功104次,失误76次,成功率为57.78%;中国香港队为378次(无压47次),成功177次,失误201次,成功率为46.83%。

中国队上半场小组防守22次,成功15次,失误7次,成功率为68.18%;中国香港队为47次,成功34次,失误13次,成功率为72.34%。中国队下半场小组防守18次,成功16次,失误2次,成功率为88.89%;中国香港队为26次,成功24次,失误2次,成功率为92.31%。双方下半场小组防守的次数有所减少,但成功率有较大的提高。

2.防守对方射门与定位球进攻

中国队与中国香港队比赛防守射门与定位球数据统计如表5-11所示:中国队防守对方运动战禁区内射门失误1次,防守禁区外射门成功1次,防守角球4次(成功3次,失误1次)。

中国香港队防守对方运动战禁区内射门13次(成功7次,失误6次),防守禁区外射门13次(成功7次,失误6次),防守角球11次(成功8次,失误3次),防守后场30米任意球进攻成功6次。中国香港队技术实力相对较弱,大部分时间处于防守状态,虽然较为辛苦,但是全场比赛保持零失球,说明中国香港队的防守是成功的。

表5-11 中国队与中国香港队比赛防守射门与定位球数据统计

			运动战		角球		后场30米任意球			点球	合计
			禁区内	禁区外	左侧	右侧	左侧	中路	右侧		
中国队	上半场	成功		1		2					3
		失误				1					1
		被进球									
	下半场	成功				1					1
		失误	1								1
		被进球									
中国香港队	上半场	成功	4	2	2		1		1		10
		失误	5	4	1						10
		被进球									
	下半场	成功	3	5	2	4	1	2	1		18
		失误	1	2	2						5
		被进球									

(二)中国队与中国香港队比赛防守态势变化

中国队与中国香港队防守态势变化曲线如图5-22所示:本场比赛中国队的防守也要好于中国香港队,中国队全场的防守分值较高,仅仅在第35~40分钟和第75~80分钟两个时段略低。中国香港队在本场比赛未失球,确实有很大的运气成份,从防守曲线来看,其绝大部分时间处于负值,尤其是在第10~15分钟、第25~30分钟和第55~75分钟三个时段处于非常被动的局面。

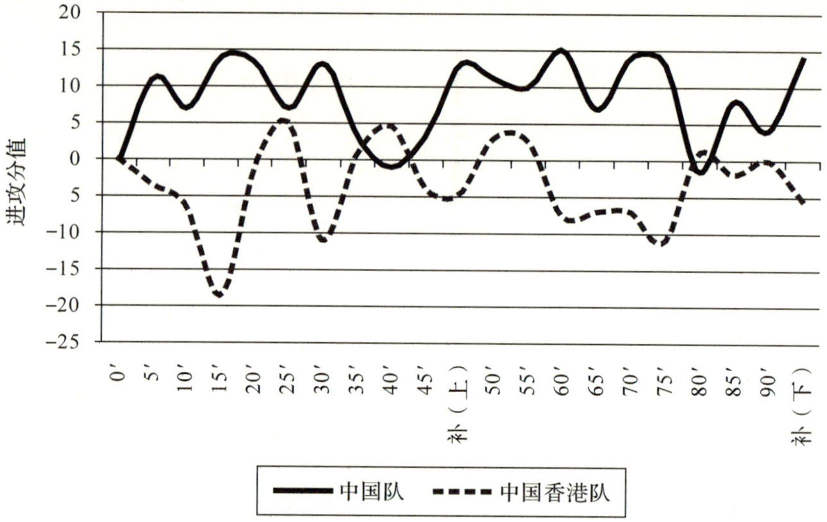

图 5-22 中国队与中国香港队比赛防守态势变化曲线

(三)中国队与中国香港队比赛防守技术运用

1. 前场 30 米区域防守技术

中国队前场防守技术运用情况如图 5-23 所示:在个人防守中,施压运用 70 次(成功 22 次,失误 48 次,成功率 31.43%),无压 5 次;反抢成功 16 次,失误 4 次;1v1 防守失误 2 次;断球成功 16 次,失误 2 次;铲球成功 1 次,无失误。小组防守压迫成功 2 次,失误 3 次;保护成功 1 次,无失误。

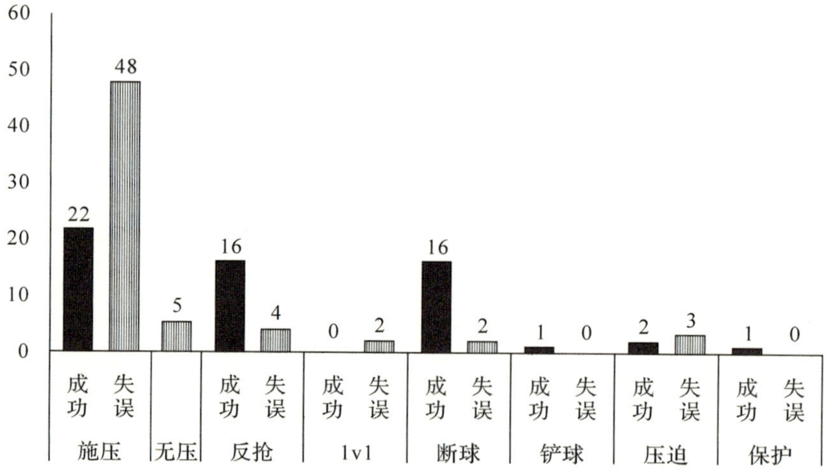

图 5-23 中国队对中国香港队前场防守技术运用情况统计

中国香港队前场防守技术运用情况如图 5-24 所示:在个人防守中,施压运用 24 次(成功 13 次,失误 11 次,成功率 54.16%),无压 28 次;反抢成功 8 次,失误 3 次;断球成功 2 次,无失误。小组防守压迫失误 2 次。

中国队前场主动施压多于中国香港队,无压的情况远低于对手,但施压失误还是比较

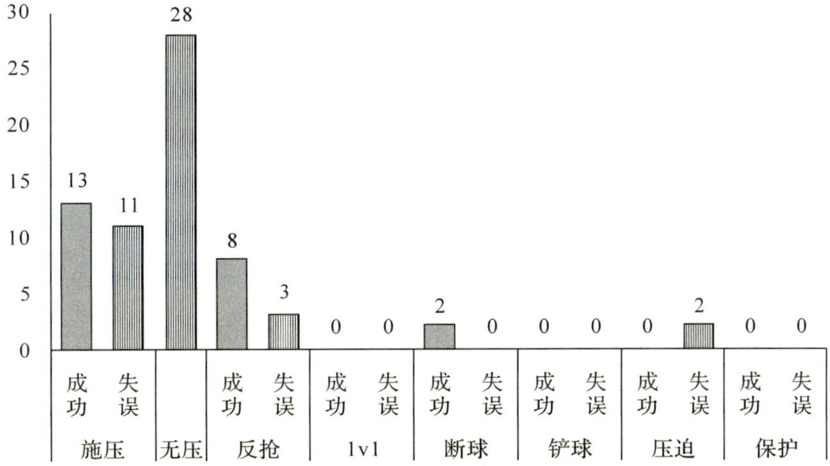

图 5-24　中国香港队对中国队前场防守技术运用情况统计

多。中国队的反抢和断球效果良好。中国香港队由于采取收缩后场的防守战术，因此前场施压较少，且无压情况较多。

2. 中场区域防守技术

中国队中场防守技术运用情况如图 5-25 所示：在个人防守中，施压运用 83 次（成功 50 次，失误 33 次，成功率 60.24%），无压 8 次；反抢成功 4 次，失误 1 次；1v1 防守成功 1 次，失误 3 次；断球成功 27 次，失误 1 次；铲球成功 1 次，失误 1 次；回追成功 2 次，失误 3 次；争顶成功 16 次，失误 13 次。小组防守压迫成功 3 次，失误 2 次；保护成功 5 次，失误 2 次。

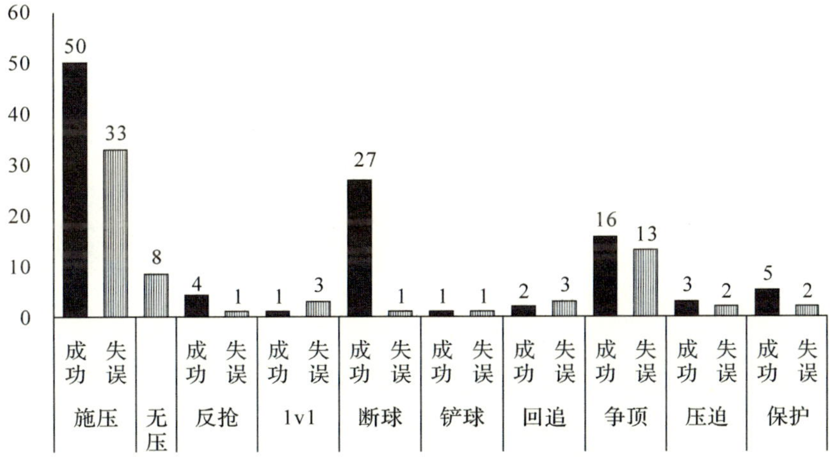

图 5-25　中国队对中国香港队中场防守技术运用情况统计

中国香港队中场防守技术运用情况图 5-26 所示：在个人防守中，施压运用 201 次（成功 120 次，失误 81 次，成功率 59.70%），无压 108 次；反抢成功 3 次，无失误；1v1 防守成功 1 次，失误 2 次；断球成功 12 次，失误 3 次；回追失误 3 次；争顶成功 6 次，失误 20 次。小组防守压迫成功 1 次，失误 2 次；保护成功 6 次。

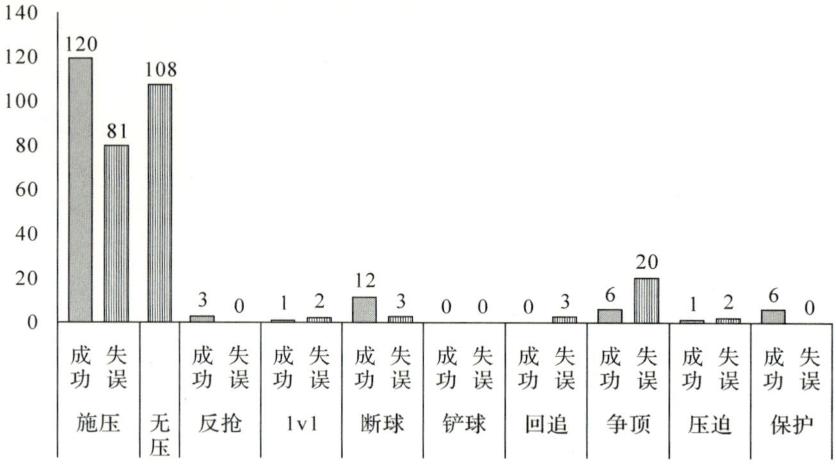

图 5-26 中国香港队对中国队中场防守技术运用情况统计

中国队在中场主导着进攻,中国香港队主要处于防守状态,因此中国香港队施压的次数远高于中国队,且有大量的无压情况出现。中国队在中场的断球和争顶效果良好。

3. 后场区域防守技术

中国队后场防守技术运用情况如图 5-27 所示:在个人防守中,施压运用 37 次(成功 22 次,失误 15 次,成功率 59.50%),无压 1 次;反抢成功 1 次,失误 1 次;1v1 防守失误 1 次;断球成功 15 次,失误 1 次;铲球成功 1 次,无失误;回追成功 4 次,无失误;争顶成功 6 次,失误 1 次。小组防守压迫成功 3 次,无失误;保护成功 17 次,失误 2 次。

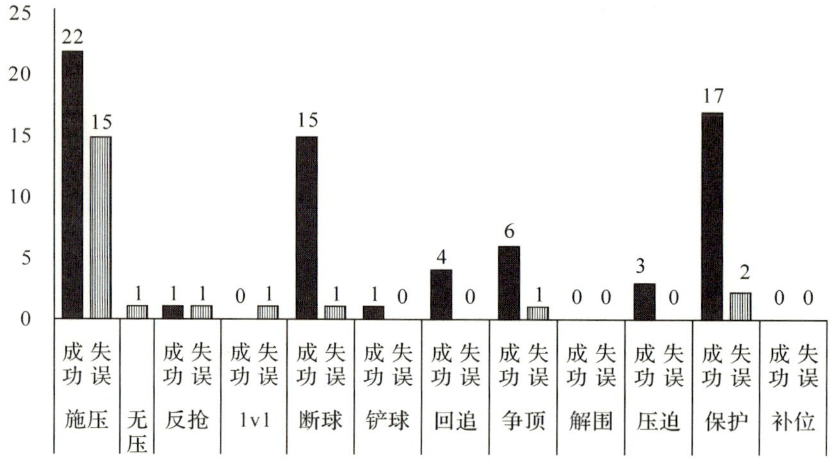

图 5-27 中国队对中国香港队后场防守技术运用情况统计

中国香港队后场防守技术运用情况如图 5-28 所示:在个人防守中,施压防守运用 272 次(成功 130 次,失误 142 次,成功率 47.79%),无压 6 次;反抢成功 7 次,失误 2 次;1v1 防守成功 10 次,失误 11 次;断球成功 25 次,失误 2 次;铲球成功 7 次,失误 3 次;回追成功 7 次,无失误;争顶成功 19 次,失误 17 次;解围成功 15 次,失误 5 次。小组防守压迫成功 5 次,失误 1 次;保护成功 41 次,失误 9 次;补位成功 5 次,失误 1 次。

由于比赛战术要求不同,中国队在后场防守的次数要远低于中国香港队,但是防守的成功

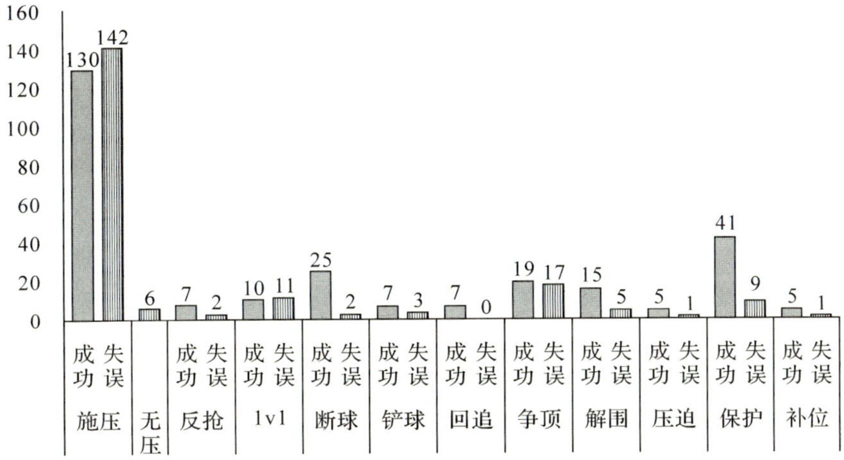

图 5-28　中国香港队对中国队后场防守技术运用情况统计

率还是高于对手。在该场比赛中,中国香港队后场的防守表现不错,反抢、断球、铲球、回追、争顶、解围以及小组防守都有着较高的成功率,从而使得中国香港队在非常被动的情况下保持了零失球。

(四)中国队与中国香港队比赛守门员技术比较

中国队与中国香港队比赛守门员技术统计如表 5-12 示:中国队守门员(王大雷)处理球 4 次,均为成功。其中,正面接球成功 2 次,摘传中球成功 1 次,拳击球成功 1 次。

中国香港队守门员(叶鸿辉)处理球 19 次,其中成功 17 次,失误 2 次,成功率为 89.47%。其中,扑救球 3 次(成功 2 次,失误 1 次),扑单刀 3 次(成功 2 次,失误 1 次),托球成功 2 次,摘传中球成功 3 次,拳击球成功 8 次。中国香港队面对实力强于自己的中国队,在全场不占优的情况下,能确保"城门"不失,与守门员叶鸿辉的出色发挥有很大的关系。

表 5-12　中国队与中国香港队比赛守门员技术统计

			扑救球	正面接球	扑单刀	托球	摘传中球	禁外断球	拳击球	守点球	合计
中国队	上半场	成功		2					1		3
		失误									
		被进球									
	下半场	成功					1				1
		失误									
		被进球									
中国香港队	上半场	成功	1		2				2		5
		失误	1		1						2
		被进球									
	下半场	成功	1			2	3		6		12
		失误									
		被进球									

四、中国队与中国香港队比赛攻守转换分析

(一)中国队与中国香港队由守转攻情况

中国队与中国香港队比赛由守转攻数据统计如表 5-13 所示:中国队全场比赛由守转攻 132 次,成功 114 次,失误 18 次,成功率为 86.36%;中国香港队为 119 次,成功 93 次,失误 26 次,成功率为 78.15%。中国队的由守转攻次数和成功率都多于中国香港队,反映了中国队防守较为积极,对球的控制力也要强于中国香港队。

其中,中国队前场由守转攻 37 次,成功 33 次,失误 4 次,成功率为 89.19%;中国香港队为 5 次,成功 4 次,失误 1 次,成功率为 80%。中国队中场由守转攻 58 次,成功 51 次,失误 7 次,成功率为 87.93%;中国香港队为 20 次,成功 18 次,失误 2 次,成功率为 90%。中国队后场由守转攻 37 次,成功 30 次,失误 7 次,成功率为 81.08%;中国香港队为 94 次,成功 71 次,失误 23 次,成功率为 75.53%。中国队在前场和中场防守积极,成功率很高。中国香港队采取收缩后场战术,由守转攻也主要发生在后场。

中国队上半场由守转攻 67 次,成功 56 次,失误 11 次,成功率为 83.58%;中国香港队为 72 次,成功 55 次,失误 17 次,成功率为 76.39%。中国队下半场由守转攻为 65 次,成功 58 次,失误 7 次,成功率为 89.23%;中国香港队为 47 次,成功 38 次,失误 9 次,成功率为 80.85%。

表 5-13　中国队与中国香港队比赛由守转攻数据统计

		前场		中场		后场		合计	
		成功	失误	成功	失误	成功	失误	成功	失误
中国队	上半场	17	3	23	3	16	5	56	11
	下半场	16	1	28	4	14	2	58	7
中国香港队	上半场	3	1	14	2	38	14	55	17
	下半场	1	0	4	0	33	9	38	9

(二)中国队与中国香港队由攻转守情况

中国队与中国香港队比赛由攻转守数据统计如表 5-14 所示:中国队全场比赛由攻转守 27 次,成功 21 次,失误 6 次,成功率为 77.78%;中国香港队为 23 次,成功 18 次,失误 5 次,成功率为 78.26%,双方由攻转守情况相差并不大。

其中,中国队前场由攻转守 20 次,成功 16 次,失误 4 次,成功率为 80%;中国香港队为 11 次,成功 8 次,失误 3 次,成功率为 72.73%。中国队中场由攻转守 5 次,成功 4 次,失误 1 次,成功率为 80%;中国香港队为 3 次,成功 3 次,无失误。中国队后场由攻转守为 2 次,成功 1 次,失误 1 次,成功率为 50%;中国香港队为 9 次,成功 7 次,失误 2 次,成功率为 77.78%。中国队由攻转守主要发生在前场,但成功率较高,说明中国队的反抢效果较好。中国香港队在前场和后场都有一定数量的由攻转守,其效果也还可以。

中国队上半场由攻转守 18 次,成功 12 次,失误 6 次,成功率为 66.67%;中国香港队为 14 次,成功 11 次,失误 3 次,成功率为 78.57%。中国队下半场由攻转守为 9 次,均为成功;中国香港队为 9 次,成功 7 次,失误 2 次,成功率为 77.78%。双方上半场进攻受阻的情况

都要多于下半场，中国队下半场的成功率提高了，中国香港队则略有下降。

表 5-14 中国队与中国香港队比赛由攻转守数据统计

		前场		中场		后场		合计	
		成功	失误	成功	失误	成功	失误	成功	失误
中国队	上半场	9	4	3	1	0	1	12	6
	下半场	7	0	1	0	1	0	9	0
中国香港队	上半场	5	1	2	0	4	2	11	3
	下半场	3	2	1	0	3	0	7	2

第三节 中国队(客场)与马尔代夫队比赛技术实力分析

2015 年 9 月 8 日，中国队在沈阳奥体中心与马尔代夫队进行了小组第三场比赛，主裁判辛格，比赛结果为 3∶0。于大宝在第 8 分钟和第 57 分钟各进 1 球，张琳芃在第 66 分钟攻入 1 球。

一、中国队与马尔代夫队出场阵容

(一)中国队出场阵容

中国队比赛阵型为 4-2-3-1，首发阵容：王大雷(23 号，守门员)、郜正(14)、梅方(3)任航(2)、张琳芃(5)、郑智(10)、吴曦(15)于汉超(20)、于大宝(22)、郑龙(19)、杨旭(9)。

替补队员为：张呈栋(17 号，第 68 分钟上场替换张琳芃)、王永珀(11 号，第 69 分钟上场替换郑龙)、刘建业(13 号，第 78 分钟上场替换吴曦)。

(二)马尔代夫队出场阵容

马尔代夫队比赛阵型为 4-3-3，首发阵容：伊姆兰(1 号，守门员)、沙菲乌(17)、阿卜杜拉·艾哈迈德(4)、萨姆德胡(8)、阿姆德罕(15)、阿里夫·默罕默德(6)、阿克拉姆(13)、伊马斯·艾哈迈德(5)、阿沙德(12)、纳西德·艾哈迈德(14)、哈姆扎·默罕默德(16)。

替补队员为：穆萨(23 号，第 54 分钟上场替换阿克拉姆)、伊斯迈尔(20 号，第 80 分钟上场替换阿里夫·默罕默德)、纳伊斯(9 号，第 94 分钟替换纳西德·艾哈迈德)。

二、中国队与马尔代夫队比赛进攻行为分析

(一)中国队与马尔代夫队比赛进攻行为基础数据

1. 各区域进攻行为与时段

中国队与马尔代夫队比赛进攻行为数据统计如表 5-15 所示：中国队全场比赛进攻行为 693 次，成功率为 79.94%；马尔代夫队为 244 次，成功率为 45.90%。双方的进攻实力悬殊，中国队完全控制了本场比赛进攻的主动权。

其中，中国队前场进攻行为为 171 次，成功 112 次，成功率为 65.50%；马尔代夫队为 34

次,成功 14 次,成功率为 41.18%。中国队中场进攻行为 452 次,成功 386 次,成功率为 85.40%;马尔代夫队为 94 次,成功 50 次,成功率为 53.19%。中国队后场进攻行为 70 次,成功 56 次,成功率为 80%;马尔代夫队为 116 次,成功 48 次,成功率为 41.38%。中国队占据了前场的主动权,并全成控制了中场的进攻。马尔代夫队采取的是稳守反击战术,后场的进攻组织比较多,但成功率不高。

中国队上半场进攻行为为 359 次,成功 289 次,成功率为 80.50%;马尔代夫队上半场进攻行为102 次,成功 36 次,成功率为 35.29%。中国队下半场进攻行为为 334 次,成功 265 次,成功率为 79.34%;马尔代夫队为 142 次,成功 76 次,成功率为 53.52%。中国队上、下半场的进攻行为基本平衡,而马尔科夫队下半场进攻略有所加强。

表 5-15 中国队与马尔代夫队比赛各场区进攻行为数据统计

			前场			中场			后场			合计
			左边	中路	右边	左边	中路	右边	左边	中路	右边	
中国队	上半场	成功	25	17	7	72	77	63	5	21	2	289
		失误	14	7	6	14	8	12	1	6	2	70
	下半场	成功	20	35	8	74	66	34	6	20	2	265
		失误	14	15	3	22	3	7	0	4	1	69
马尔代夫队	上半场	成功	4	1	1	2	6	4	1	16	1	36
		失误	5	5	4	4	4	8	4	22	10	66
	下半场	成功	3	3	2	2	14	22	5	17	8	76
		失误	2	2	2	4	11	13	3	23	6	66

2. 射门与定位球进攻

中国队与马尔代夫队比赛射门与定位球进攻情况如表 5-16 所示:中国队运动战禁区内射门 9 次(射正 4 次),禁区外射门 6 次(射正 2 次,进 1 球),角球 6 次(射门 4 次,进 1 球,失误 2 次),前场 30 米任意球进攻 3 次(射正 2 次,进 1 球,失误 1 次)。全场比赛射正率为 42.86%,进球率为 14.29%。

马尔代夫队运动战禁区内射门 1 次,禁区外射门 2 次,角球 4 次(射门 1 次,失误 3 次),前场 30 米任意球进攻 4 次(射门 2 次,失误 2 次)。

表 5-16 中国队与马尔代夫队比赛射门与定位球进攻数据统计

			运动战		角球		前场 30 米任意球			点球	合计
			禁区内	禁区外	左侧	右侧	左侧	中路	右侧		
中国队	上半场	失误			2			1			3
		射门	2	4		1			1		8
		射正	(1)	(1)					(1)		(3)
		进球		(1)							(1)
	下半场	失误									
		射门	7	2	2	1			1		13
		射正	(3)	(1)		(1)			(1)		(6)
		进球				(1)			(1)		(2)

续表

			运动战		角球		前场30米任意球			点球	合计
			禁区内	禁区外	左侧	右侧	左侧	中路	右侧		
马尔代夫队	上半场	失误			1	1		1			3
		射门							1		1
		射正									
		进球									
	下半场	失误			1				1		2
		射门	1	2		1		1			5
		射正									
		进球									

（二）中国队与马尔代夫队比赛进攻态势变化

中国队与马尔代夫队进攻态势变化曲线如图5-29所示，从中可以看出，中国队在整场比赛中自始至终占据主动，其进攻态势变化曲线虽有起伏，但始终保持着较高的进攻分值，表明中国队有着非常大的优势。而马尔代夫队的进攻明显较弱，大部分时间都为负值，仅在第80～85分钟时段出现了一个小高峰。

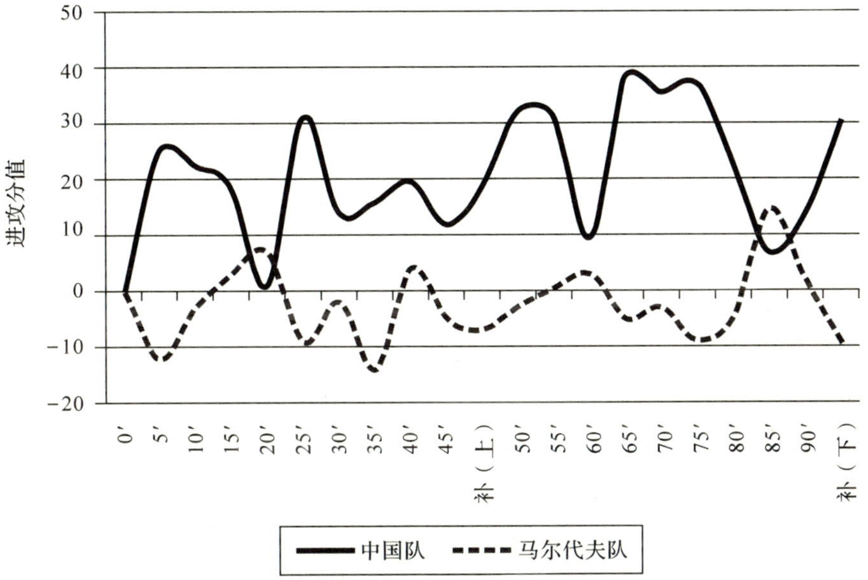

图5-29 中国队与马尔代夫队比赛进攻态势变化曲线

（三）中国队与马尔代夫队比赛进攻技术行为运用

1.前场30米区域进攻技术

中国队前场30米进攻技术行为运用情况如图5-30所示：进攻性技术行为运用87次，成功40次，失误47次，成功率为45.98%。其中，个人突破成功11次，失误16次；直传球成功7次，失误4次；直传身后成功1次，失误2次；直传脚下成功7次，失误3次；斜传球成功6次，失误6次；二过一成功4次，失误2次；传中成功3次，失误13次；内切成功1次，失误

1 次。过渡性技术行为运用 84 次,成功 72 次,失误 12 次,成功率为 85.71%。

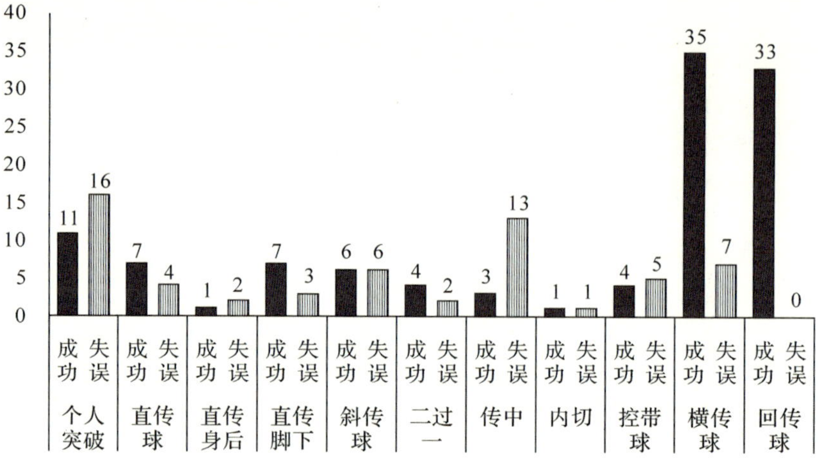

图 5-30 中国队对马尔代夫队前场进攻技术运用情况统计

马尔代夫队前场 30 米进攻技术行为运用情况如图 5-31 所示:进攻性技术行为运用 21 次,成功 6 次,失误 15 次,成功率为 28.57%。其中,个人突破成功 3 次,失误 8 次;直传球成功 2 次,无失误;直传身后失误 1 次;传中失误 6 次;内切成功 1 次,无失误。过渡性技术行为运用 13 次,成功 8 次,失误 5 次,成功率为 61.54%。

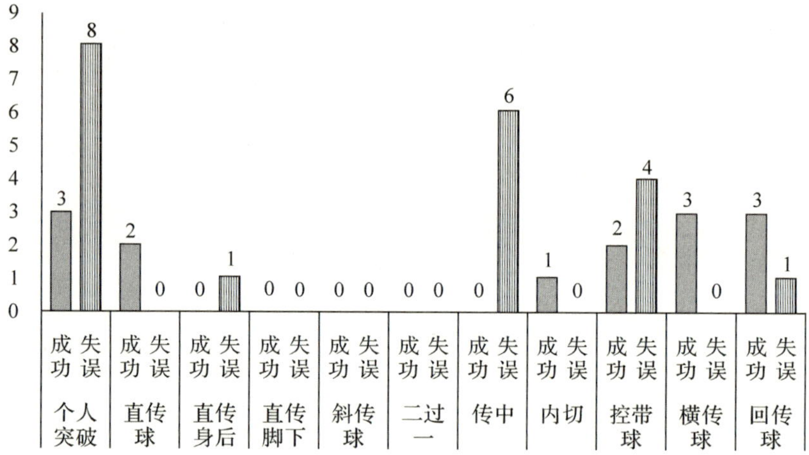

图 5-31 马尔代夫队对中国队前场进攻技术运用情况统计

在马尔代夫队后场密集的防守下,中国队前场进攻性行为的成功率并不高,渗透性进攻受到了一定的影响,直传球、直传脚下、二过一配合运用的次数都不太多,但成功率方面还可以,起到了一定的效果,其他各项进攻性技术的成功率比较低。马尔代夫队的进攻实力很弱,在前场几乎就没有进攻机会。

2. 中场区域进攻技术

中国队中场进攻技术运用情况如图 5-32 所示:进攻性技术行为运用 236 次,成功 184 次,失误 52 次,成功率为 77.97%。其中,向前带球成功 9 次,失误 3 次;中长直传成功 11

次，失误 15 次；短直传成功 82 次，失误 15 次；直传身后成功 5 次，失误 2 次；直传脚下成功 4 次，失误 1 次；长传转移成功 6 次，失误 2 次；二过一成功 4 次，无失误；斜传边路成功 57 次，失误 3 次；边路斜传成功 6 次，失误 11 次。过渡性技术行为运用 216 次，成功 202 次，失误 14 次，成功率为 93.52%。

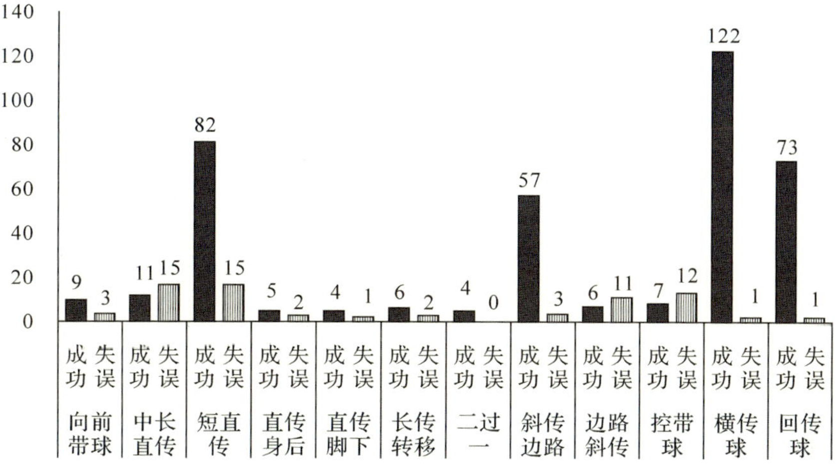

图 5-32 中国队对马尔代夫队中场进攻技术运用情况统计

马尔代夫队中场进攻技术运用情况如图 5-33 所示：进攻性技术行为运用 59 次，成功 26 次，失误 33 次，成功率为 44.07%。其中，向前带球成功 3 次，失误 5 次；中长直传成功 3 次，失误 10 次；短直传成功 14 次，失误 5 次；直传身后成功 1 次，失误 4 次；长传转移失误 2 次；二过一成功 1 次，失误 1 次；斜传边路成功 4 次，失误 4 次；边路斜传失误 2 次。过渡性技术行为运用 35 次，成功 24 次，失误 11 次，成功率为 68.57%。

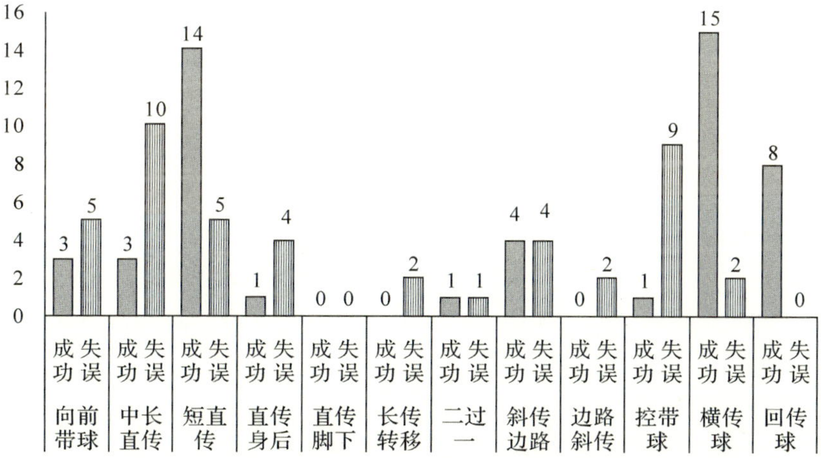

图 5-33 马尔代夫队对中国队中场进攻技术运用情况统计

中国队在中场具有较大的优势，快速向前带球、威胁性传球(直传身后)、短直传、直传脚下、二过一以及长传转移等都有着较高的成功率，中国队在中场也占据着绝对的优势。

3. 后场区域进攻技术

中国队后场进攻技术运用情况如图 5-34 所示：进攻性技术行为运用 48 次，成功 35 次，失误 13 次,成功率为 72.92%。其中,向前带球成功 1 次,无失误;向前长传失误 1 次;向前中传成功 4 次,失误 3 次;斜传边路成功 9 次,无失误;短直传成功 21 次,失误 9 次。过渡性技术行为运用 22 次,成功 21 次,失误 1 次,成功率为 95.45%。

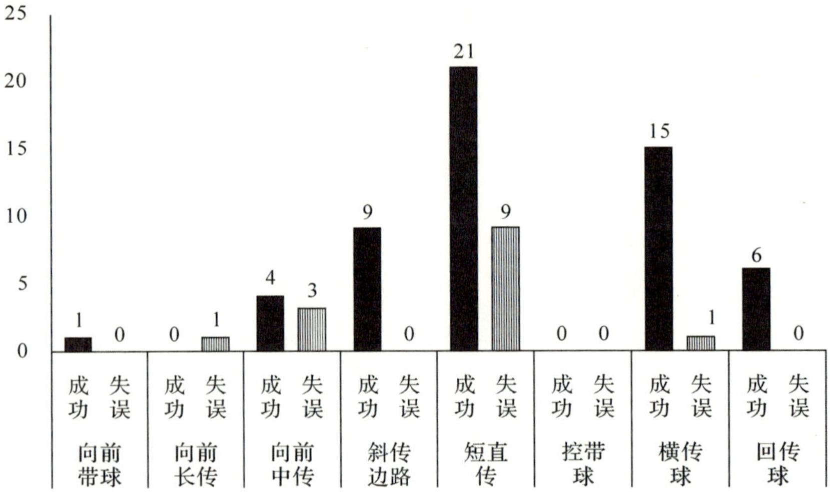

图 5-34 中国队对马尔代夫队后场进攻技术运用情况统计

马尔代夫队后场进攻技术运用情况如图 5-35 所示:进攻性技术行为运用 97 次,成功 37 次,失误 60 次,成功率为 38.14%。其中,向前带球成功 1 次,失误 3 次;向前长传成功 4 次,失误 20 次;向前中传成功 1 次,失误 11 次;斜传边路成功 7 次,失误 8 次;短直传成功 24 次,失误 18 次。过渡性技术运用 19 次,成功 11 次,失误 8 次,成功率 57.89%。

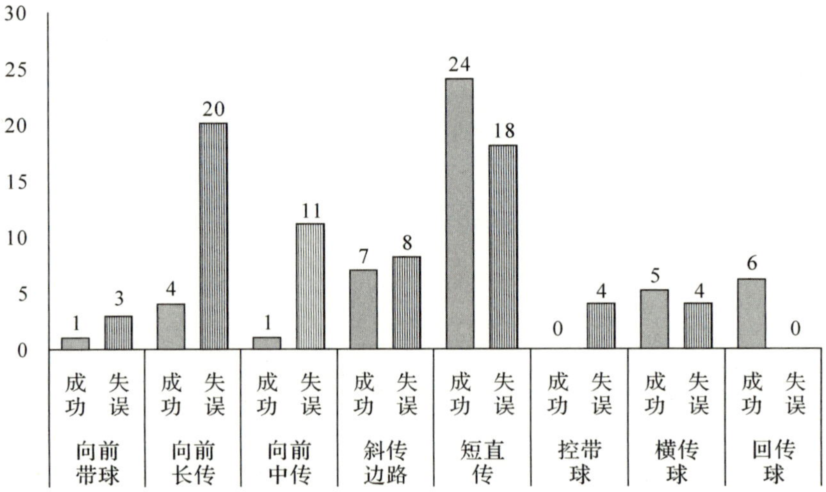

图 5-35 马尔代夫队对中国队后场进攻技术运用情况统计

由于中国队的进攻重心在前场和中场,后场得球快速将球传向中、前场。马尔代夫队采用收缩后场,采用防守反击的战术,所以其后场进攻行为的次数多于中国队,但成功率仍然远低于中国队。

三、中国队与马尔代夫队比赛防守行为分析

(一)中国队与马尔代夫队比赛防守行为基础数据

1.各区域防守行为与时段

中国队与马尔代夫队全场比赛整体防守行为数据如表5-17显示:中国队全场比赛个人防守行为344次[包括无压(以下简称无压)5次],成功225次,失误119次,成功率为65.41%。马尔代夫队全场比赛个人防守行为为814次(无压127次),成功383次,失误431次,成功率为47.05%。马尔代夫队由于实力较弱,在比赛中以防守为主,因此防守的次数多于中国队,但成功率并不高。

其中,中国队前场个人防守96次(无压5次),成功42次,失误54次,成功率为43.75%;马尔代夫队为64次(无压26次),成功23次,失误41次,成功率为35.94%。中国队中场个人防守183次,成功131次,失误52次,成功率为71.58%;马尔代夫队为458次(无压100次),成功186次,失误272次,成功率为40.61%。中国队后场个人防守65次,成功52次,失误13次,成功率80%;马尔代夫队为292次(无压1次),成功174次,失误118次,成功率也是59.59%。中国队采用高压防守策略,前场防守次数多于对手,中场和后场明显要少于马尔代夫队,但效果比较好。

中国队小组防守58次,成功53次,失误5次,成功率为91.38%;马尔代夫队为145次,成功105次,失误40次,成功率为72.41%。中国队在全场实施小组防守的次数远低于马尔代夫队,但成功率比较高。

其中,中国队前场小组防守成功4次;马尔代夫队为成功1次,失误1次。中国队中场小组防守24次,成功21次,失误3次,成功率为87.50%;马尔代夫队为20次,成功13次,失误7次,成功率为65%。中国队后场小组防守30次,成功28次,失误2次,成功率为93.33%;马尔代夫队为后场小组防守123次,成功91次,失误32次,成功率为73.98%。马尔代夫队后场小组防守的次数远多于中国队,但是成功率一般,表明马尔代夫队的小组防守的能力并不高。

表5-17 中国队与马尔代夫队比赛各场区防守行为数据统计

场地区域与防守类型			中国队				马尔代夫队			
			上半场		下半场		上半场		下半场	
			成功	失误	成功	失误	成功	失误	成功	失误
前场	左边	个人	8	5	9	8	3	2	2	0
		小组	1	0	0	0	0	0	0	0
	中路	个人	6	8	15	19	6	8	7	3
		小组	1	0	2	0	1	1	0	0
	右边	个人	1	5	3	4	3	1	2	1
		小组	0	0	0	0	0	0	0	0
	无压		0		5		15		11	

续表

场地区域与防守类型			中国队				马尔代夫队			
			上半场		下半场		上半场		下半场	
			成功	失误	成功	失误	成功	失误	成功	失误
中场	左边	个人	32	7	39	20	28	26	13	18
		小组	3	0	6	1	0	2	1	0
	中路	个人	17	8	23	12	31	28	33	30
		小组	3	0	1	1	2	2	1	2
	右边	个人	10	2	10	3	35	34	46	36
		小组	3	0	5	1	1	0	8	1
	无压		0		0		61		39	
后场	左边	个人	10	0	6	6	14	9	8	8
		小组	2	0	7	0	10	2	4	4
	中路	个人	16	1	11	3	45	18	50	47
		小组	8	1	5	1	27	4	28	16
	右边	个人	6	2	3	1	31	16	26	19
		小组	4	0	2	0	13	2	9	4
	无压		0		0		0		1	
合计		个人	106	38	119	76	196	142	187	162
		小组	25	1	28	4	54	13	51	27
		无压	0		5		76		51	

中国队上半场个人防守行为 144 次，成功 106 次，失误 38 次，成功率为 73.61%；马尔代夫队为 414 次(无压 76 次)，成功 196 次，失误 218 次，成功率为 47.34%。中国队下半场个人防守 200 次(无压 5 次)，成功 119 次，失误 81 次，成功率为 59.50%；马尔代夫队为 400 次(无压 51 次)，成功 187 次，失误 213 次，成功率为 46.75%。

中国队上半场小组防守 26 次，成功 25 次，失误 1 次，成功率为 96.15%；马尔代夫队为 67 次，成功 54 次，失误 13 次，成功率为 80.60%；中国队下半场小组防守 32 次，成功 28 次，失误 4 次，成功率为 87.50%；马尔代夫队为 78 次，成功 51 次，失误 27 次，成功率为 65.38%。

2. 防守对方射门与定位球进攻

中国队与马尔代夫队比赛防守射门与定位球数据统计如表 5-18 所示：中国队防守对方运动战禁区内射门成功 1 次，防守禁区外射门 2 次(成功 1 次，失误 1 次)，防守角球成功 4 次，防守后场 30 米任意球进攻成功 3 次。

马尔代夫队防守对方运动战禁区内射门 9 次(成功 5 次，失误 4 次)，防守禁区外射门 6 次(成功 5 次，被进 1 球)，防守角球 7 次(成功 4 次，失误 3 次，被进 2 球)，防守后场 30 米任意球进攻成功 2 次。

表 5-18 中国队与马尔代夫队比赛防守射门与定位球数据统计

			运动战		角球		后场 30 米任意球			点球	合计
			禁区内	禁区外	左侧	右侧	左侧	中路	右侧		
中国队	上半场	成功			1	1		1			3
		失误									
		被进球									
	下半场	成功	1	1	1	1	1	1			6
		失误		1							1
		被进球									
马尔代夫队	上半场	成功	2	3		2	1	1			9
		失误	1	1	1						3
		被进球		(1)							(1)
	下半场	成功	3	2	1	1					7
		失误	3		1	1					5
		被进球			(1)	(1)					(2)

(二)中国队与马尔代夫队比赛防守态势变化

中国队与马尔代夫队防守态势变化曲线如图 5-36 所示:本场比赛中国队的防守总体上要好于马尔代夫队,全场的防守值较高,仅仅在第 35～40 分钟的时段略低。马尔代夫队在本场比赛中防守起伏较大,上半场开局前 25 分钟有两次低谷,并丢失 1 球。另外,在第 45～70 分钟时段防守很弱,被攻入 2 球。

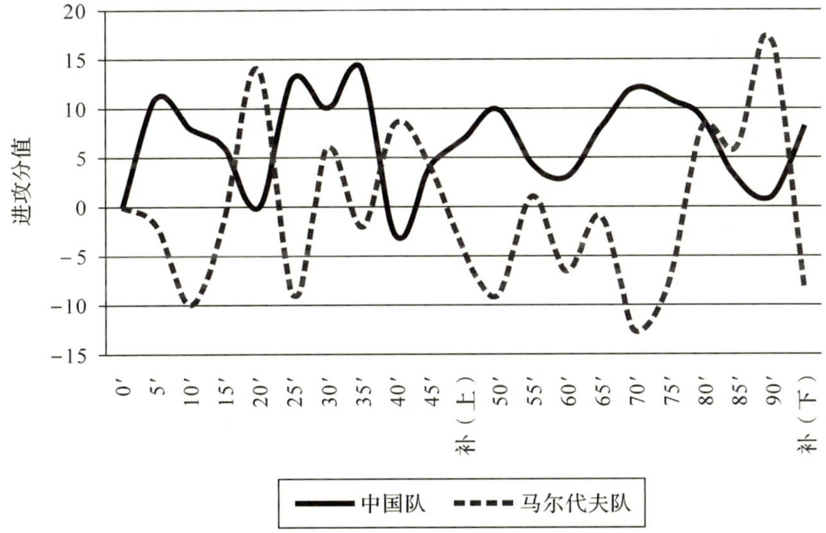

图 5-36 中国队与马尔代夫队比赛防守态势变化曲线

(三)中国队与马尔代夫队比赛防守技术运用

1. 前场 30 米区域防守技术

中国队前场防守技术运用情况如图 5-37 所示:在个人防守中,施压运用 66 次(成功 23

次,失误 43 次,成功率为 35%),无压 5 次;反抢成功 9 次,失误 6 次;1v1 防守成功 1 次,无失误;断球成功 9 次,无失误。小组防守压迫成功 2 次,无失误;保护成功 2 次,无失误。

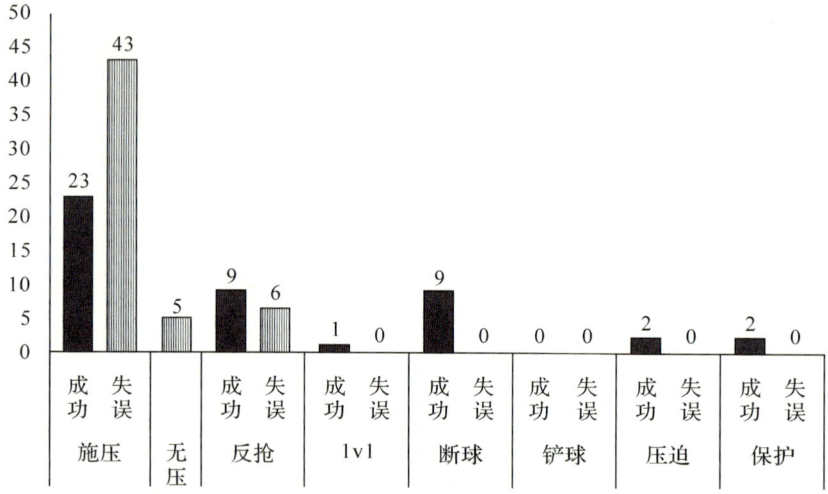

图 5-37 中国队对马尔代夫队前场防守技术运用情况统计

马尔代夫队前场防守技术运用情况如图 5-38 所示:在个人防守中,施压运用 26 次(成功 14 次,失误 12 次,成功率为 53.84%),无压 26 次;反抢成功 4 次,失误 1 次;1v1 防守成功 1 次,无失误;断球成功 4 次,失误 2 次。小组防守保护成功 1 次,失误 1 次。

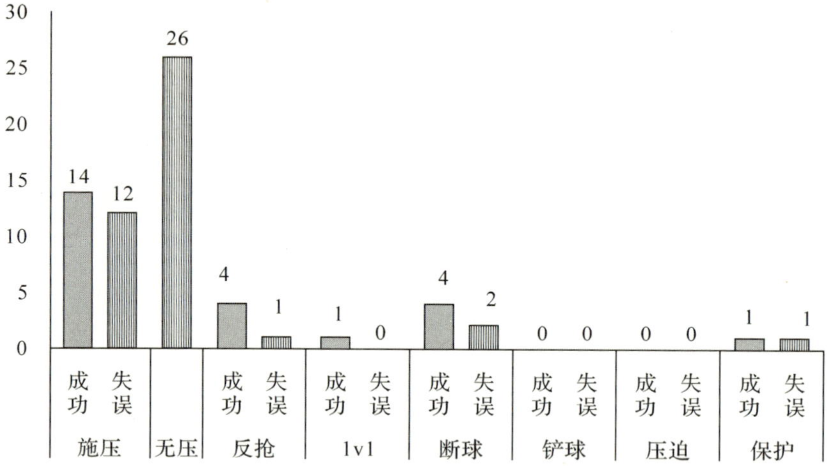

图 5-38 马尔代夫队对中国队前场防守技术运用情况统计

中国队前场施压的次数多于对方,效果一般。相反,马尔代夫队虽然次数并不多,但成功率较高。由于马尔代夫队采用收缩防守战术,因此前场无压情况明显较多。双方反抢和断球的效果均还可以。

2. 中场区域防守技术

中国队中场防守技术运用情况如图 5-39 所示:在个人防守中,施压运用 101 次(成功 61 次,失误 40 次,成功率为 60.04%);反抢成功 5 次,失误 2 次;1v1 防守成功 6 次,失误 4 次;

断球成功 37 次，无失误；回追成功 1 次，失误 1 次；争顶成功 21 次，失误 5 次。小组防守压迫成功 6 次，失误 3 次；保护成功 15 次，无失误。

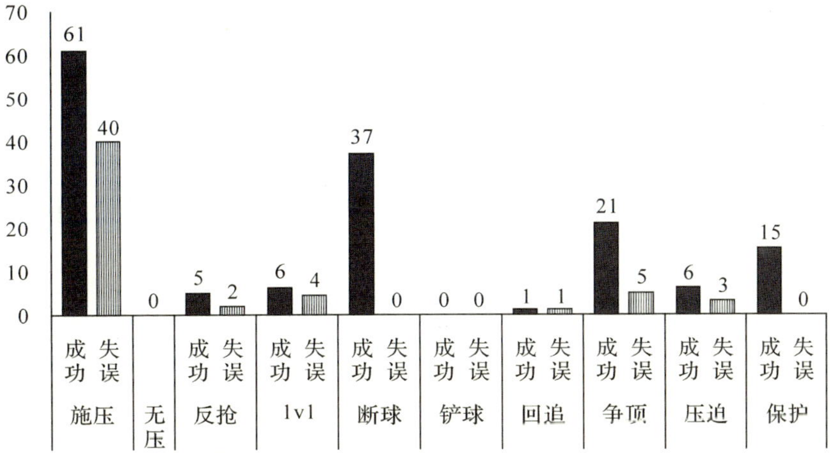

图 5-39 中国队对马尔代夫队中场防守技术运用情况统计

马尔代夫队中场防守技术运用情况图 5-40 所示：在个人防守中，施压运用 312 次（成功 161 次，失误 151 次，成功率为 52%），无压 100 次；反抢成功 5 次，失误 4 次；1v1 防守成功 3 次，失误 7 次；断球成功 12 次，失误 4 次；铲球成功 1 次，失误 3 次；回追失误 1 次；争顶成功 4 次，失误 2 次。小组防守压迫成功 4 次，失误 3 次；保护成功 9 次，失误 4 次。

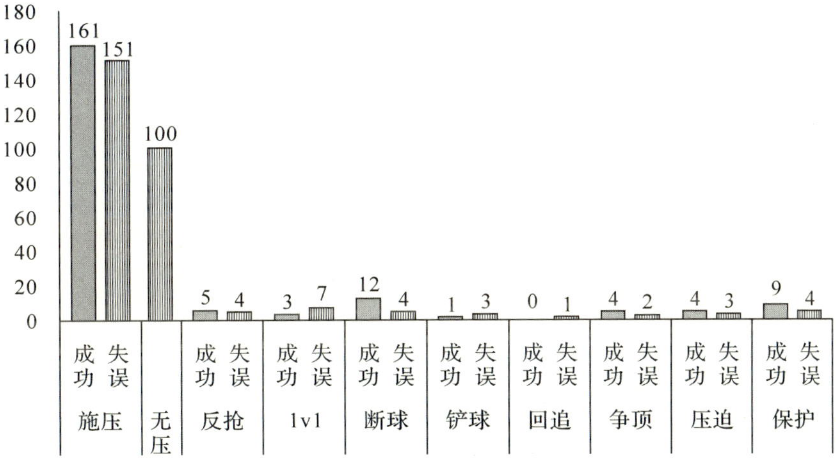

图 5-40 马尔代夫队对中国队中场防守技术运用情况统计

中国队中场的防守效果较好，施压、反抢、断球、争顶以及小组保护的成功率均较高。中场也是马尔代夫队防守的重地，因此施压次数也很多，但成功率一般。

3. 后场区域防守技术

中国队后场防守技术运用情况如图 5-41 所示：在个人防守中，施压运用 34 次（成功 24 次，失误 10 次，成功率为 70.59%）；反抢成功 1 次，无失误；1v1 防守成功 4 次，失误 2 次；断球成功 14 次，无失误；回追成功 1 次，失误 1 次；争顶成功 8 次，无失误。小组防守压迫成功 3 次，失误 2 次；保护成功 19 次，无失误；补位成功 6 次，无失误。

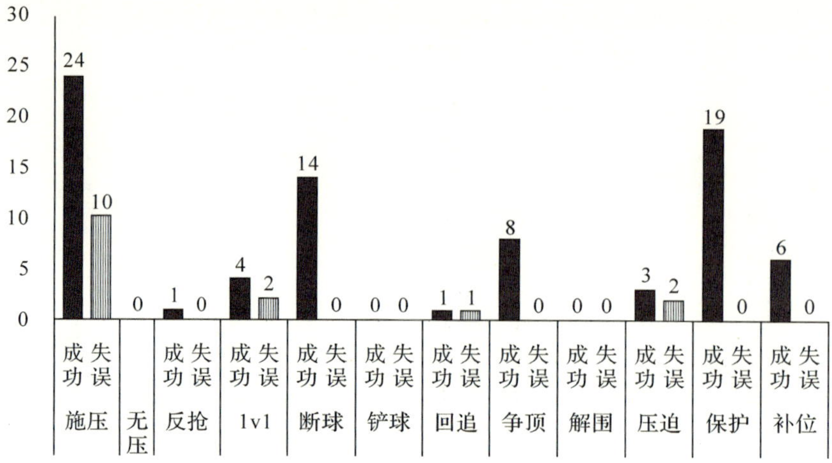

图 5-41 中国队对马尔代夫队后场防守技术运用情况统计

马尔代夫队后场防守技术运用情况如图 5-42 所示:在个人防守中,施压防守运用 172 次(成功 92 次,失误 80 次,成功率为 53.5%),无压 1 次;反抢成功 3 次,失误 2 次;1v1 防守成功 6 次,失误 7 次;断球成功 20 次,失误 2 次;铲球成功 5 次,失误 6 次;回追成功 10 次,失误 5 次;争顶成功 20 次,失误 14 次;解围成功 18 次,失误 1 次。小组防守压迫成功 11 次,失误 9 次;保护成功 62 次,失误 15 次;补位防守成功 18 次,失误 8 次。

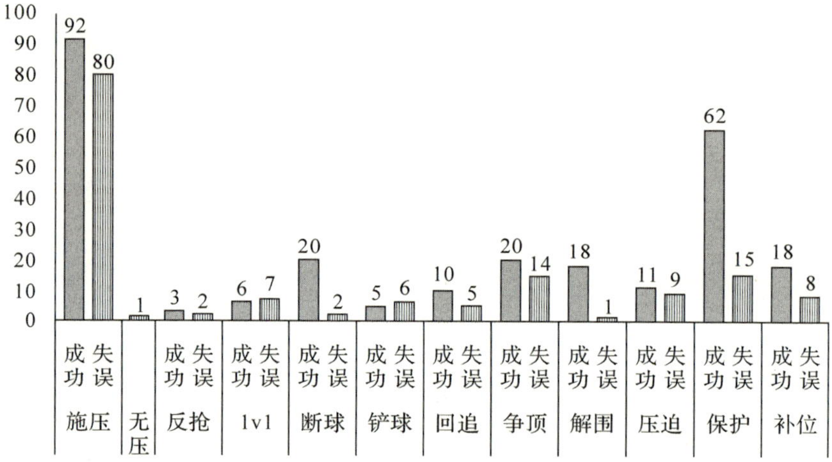

图 5-42 马尔代夫队对中国队后场防守技术运用情况统计

中国后场防守次数要低于马尔代夫队,但各项防守技术的成功率明显较高,尤其是断球、争顶、保护和补位无失误,说明防守的效果很好。相反,马尔代夫队的防守次数很多,除了断球和解围的成功率还比较高以外,其他的效果均不太好。

(四)中国队与马尔代夫队比赛守门员技术比较

中国队与马尔代夫队比赛守门员技术统计数据如表 5-19 显示:中国队守门员(王大雷)处理球 2 次,均为成功。其中,摘传中球成功 1 次,禁区外断球成功 1 次。

马尔代夫队守门员(伊姆兰)处理球 16 次,成功 13 次,失误 3 次(被进 3 球),成功率为

81.25%。其中,扑救球 7 次(成功 5 次,被进 2 球),正面接球成功 3 次,扑单刀成功 1 次,摘传中球成功 2 次;拳击球 3 次(成功 2 次,被进 1 球)。

表 5-19 中国队与马尔代夫队比赛守门员技术统计

			扑救球	正面接球	扑单刀	托球	摘传中球	禁外断球	拳击球	守点球	合计
中国队	上半场	成功									
		失误									
		被进球									
	下半场	成功					1	1			2
		失误									
		被进球									
马尔代夫队	上半场	成功	2			1			1		4
		失误	1						1		2
		被进球	(1)						(1)		(2)
	下半场	成功	3	3	1		1		1		9
		失误	1								1
		被进球	(1)								(1)

四、中国队与马尔代夫队比赛攻防转换分析

(一)中国队与马尔代夫队由守转攻情况

中国队与马尔代夫队比赛由守转攻数据统计如表 5-20 所示:中国队全场比赛由守转攻 129 次,成功 118 次,失误 11 次,成功率为 91.47%;马尔代夫队为 127 次,成功 109 次,失误 18 次,成功率为 85.83%。中国队的由守转攻次数和成功率略高于马尔代夫队。

其中,中国队前场由守转攻 25 次,成功 23 次,失误 2 次,成功率 92%;马尔代夫队为成功 6 次,无失误。中国队中场由守转攻 62 次,成功 58 次,失误 4 次,成功率为 93.55%;马尔代夫队为 37 次,成功 30 次,失误 7 次,成功率为 81.08%。中国队后场由守转攻 42 次,成功 37 次,失误 5 次,成功率为 88.10%;马尔代夫队为 84 次,成功 73 次,失误 11 次,成功率为 86.90%。中国队前场和中场由守转攻的实际效果要远好于对手,马尔代夫队由守转攻主要发生在后场,效果也还可以。

中国队上半场由守转攻 60 次,成功 53 次,失误 7 次,成功率为 88.33%;马尔代夫队为 58 次,成功 48 次,失误 10 次,成功率为 82.76%。中国队下半场由守转攻为 69 次,成功 65 次,失误 4 次,成功率为 94.20%;马尔代夫队为 69 次,成功 61 次,失误 8 次,成功率为 88.41%。中国队和马尔代夫队下半场由守转攻都有所加强。

表 5-20 中国队与马尔代夫队比赛守转攻数据统计

		前场		中场		后场		合计	
		成功	失误	成功	失误	成功	失误	成功	失误
中国队	上半场	13	1	24	3	16	3	53	7
	下半场	10	1	34	1	21	2	65	4
马尔代夫队	上半场	5	0	8	5	35	5	48	10
	下半场	1	0	22	2	38	6	61	8

(二)中国队与马尔代夫队由攻转守情况

中国队与马尔代夫队比赛由攻转守的数据统计如表 2-21 所示:中国队全场比赛由攻转守 23 次,成功 15 次,失误 8 次,成功率为 65.22%;马尔代夫队为 19 次,成功 12 次,失误 7 次,成功率为 63.16%。中国队进攻受阻的次数略多于马尔代夫队,但由攻转守的成功率也稍高于对手。

其中,中国队前场由攻转守 15 次,成功 9 次,失误 6 次,成功率为 60%;马尔代夫队为 5 次,成功 4 次,失误 1 次,成功率为 80%。中国队中场由攻转守 7 次,成功 5 次,失误 2 次,成功率为 71.43%;马尔代夫队为 9 次,成功 5 次,失误 4 次,成功率为 55.56%。中国队后场由攻转守成功 1 次,无失误;马尔代夫队为 5 次,成功 3 次,失误 2 次,成功率 60%。中国队进攻受阻次数最多的是在前场,而且由攻转守后对对方施压和反抢效果也不太好。马尔代夫队则主要是在中场。

中国队上半场由攻转守 11 次,成功 7 次,失误 4 次,成功率为 63.64%;马尔代夫队为 8 次,成功 6 次,失误 2 次,成功率为 75%。中国队下半场由攻转守为 12 次,成功 8 次,失误 4 次,成功率为 66.67%;马尔代夫队为 11 次,成功 6 次,失误 5 次,成功率为 54.55%。

表 5-21 中国队与马尔代夫队比赛由攻转守数据统计

		前场		中场		后场		合计	
		成功	失误	成功	失误	成功	失误	成功	失误
中国队	上半场	2	3	4	1	1	0	7	4
	下半场	7	3	1	1	0	0	8	4
马尔代夫队	上半场	2	1	3	1	1	0	6	2
	下半场	2	0	2	3	2	2	6	5

第四节 中国队(客场)与卡塔尔队比赛技术实力分析

2015 年 10 月 8 日,中国队客场在卡塔尔卡塞姆·本哈马德体育场与卡塔尔队进行了小组第四场比赛,主裁判高亨进。比赛结果为 0∶1,卡塔尔队的布迪亚夫在第 22 分钟时攻入 1 球。

一、中国队与卡塔尔队出场阵容

(一)中国队出场阵容

中国队比赛阵型为 4-5-1,首发阵容:王大雷(23 号,守门员)、张呈栋(17)、张琳芃(5)、梅方(3)、任航(2)、蔡慧康(8)、郑智(10)、吴曦(15)、吉翔(6)、郑龙(19)、于大宝(22)。

替补队员为:于汉超(20 号,第 64 分钟上场替换郑龙)、武磊(7 号,第 71 分钟上场替换蔡慧康)、孙可(16 号,第 77 分钟上场替换张呈栋)。

(二)卡塔尔队出场阵容

卡塔尔队比赛阵型为 4-3-3,首发阵容:勒孔特(1 号,守门员)、穆罕默德·穆萨(2)、卡索拉(6)、雅塞尔(19)、阿卜杜勒卡里姆(3)、胡奥希(16)、布迪亚夫(20)、阿萨达拉(8)、海多斯(10)、萨耶德(13)、塞巴斯蒂安(23)。

替补队员为:阿菲夫(9 号,第 51 分钟上场替换阿萨达拉)、阿齐兹·哈蒂姆(5 号,第 78 分钟上场替换塞巴斯蒂安)、阿卜杜拉(18 号,第 81 分钟上场替换穆罕默德·穆萨)。

二、中国队与卡塔尔队比赛进攻行为分析

(一)中国队与卡塔尔队比赛进攻行为基础数据

1. 各区域进攻行为与时段

中国队与卡塔尔队比赛进攻行为数据统计如表 5-22 所示:中国队全场比赛整体进攻行为 546 次,成功率为 75.64%;卡塔尔队为 543 次,成功率为 79.01%。双方进攻行为的数据非常接近。

其中,中国队前场进攻行为 93 次,成功 55 次,成功率为 59.14%;卡塔尔队为 85 次,成功 54 次,成功率为 63.53%。中国队中场进攻行为 320 次,成功 250 次,成功率为 78.13%;卡塔尔队为 336 次,成功 287 次,成功率为 85.42%。中国队后场进攻行为 133 次,成功 108 次,成功率为 81.20%;卡塔尔队为 122 次,成功 88 次,成功率为 72.13%。中国队在前场和中场的成功率都要略低于卡塔尔队,而后场的成功率则要高于对手。

中国队上半场进攻行为 259 次,成功 192 次,成功率为 74.13%;卡塔尔队上半场进攻行为 326 次,成功 270 次,成功率为 82.82%。中国队下半场进攻行为 287 次,成功 221 次,成功率为 77%;卡塔尔队为 217 次,成功 159 次,成功率为 73.27%。中国队上半场进攻行为的次数和成功率均要低于卡塔尔队,下半场则相反,这与卡塔尔队上半场进攻奏效后,下半场采取防守反击战术有很大的关系。

表 5-22　中国队与卡塔尔队比赛各场区进攻行为数据统计

			前场			中场			后场			合计
			左边	中路	右边	左边	中路	右边	左边	中路	右边	
中国队	上半场	成功	5	4	16	44	37	33	6	34	13	192
		失误	3	3	5	16	10	14	4	9	3	67
	下半场	成功	10	5	15	36	54	46	12	24	19	221
		失误	2	18	7	6	15	9	2	4	3	66

续表

			前场			中场			后场			合计
			左边	中路	右边	左边	中路	右边	左边	中路	右边	
卡塔尔队	上半场	成功	11	4	12	80	63	48	21	29	2	270
		失误	3	8	6	8	10	9	4	8	0	56
	下半场	成功	8	7	12	16	41	39	4	21	11	159
		失误	4	6	4	7	6	9	2	13	7	58

2. 射门与定位球进攻

中国队与卡塔尔队比赛射门与定位球进攻情况如表 5-23 所示：中国队运动战禁区内射门 2 次(射正 2 次)，禁区外射门 5 次(射正 1 次)，角球 4 次(射门 1 次，失误 3 次)，前场 30 米任意球进攻 3 次(射门 2 次，射正 1 次，失误 1 次)。全场比赛射正率为 40%。

卡塔尔队运动战禁区内射门 2 次(射正 1 次)，禁区外射门 4 次(射正 1 次)，角球 4 次(射门 3 次，射正 1 次，失误 1 次)，前场 30 米任意球射门 3 次(射正 2 次，进 1 球)。全场比赛射正率为 41.67%，进球率为 8.33%。

表 5-23 中国队与卡塔尔队比赛射门与定位球进攻数据统计

			运动战		角球		前场 30 米任意球			点球	合计
			禁区内	禁区外	左侧	右侧	左侧	中路	右侧		
中国队	上半场	失误				1					1
		射门	2						1		3
		射正	(2)								(2)
		进球									
	下半场	失误			1	1	1				3
		射门		5		1			1		7
		射正		(1)					(1)		(2)
		进球									
卡塔尔队	上半场	失误				1					1
		射门	1	1				1	1		4
		射正						(1)	(1)		(2)
		进球							(1)		(1)
	下半场	失误									
		射门	1	3		3			1		8
		射正	(1)	(1)		(1)					(3)
		进球									

(二)中国队与卡塔尔队比赛进攻态势变化

中国队与卡塔尔队进攻态势变化曲线如图 5-43 所示，比赛双方的进攻态势变化可以分为三段：第一阶段为上半场前 25 分钟，卡塔尔队在此阶段发动了猛烈的进攻，中国队的进攻值明显低于卡塔尔队，并在第 22 分钟丢失 1 球；第二阶段为第 25 分钟至第 70 分钟，卡塔尔队进球后仍然保持着相对稳定的进攻势态，此阶段中国队的进攻势态与卡塔尔队保持相对平衡；第三阶段为第 70 分钟至比赛结束，尤其是第 80～85 分钟，中国队的进攻才占据了较大的优势，卡塔尔队以防守为主，而中国队错失了几次好的机会。

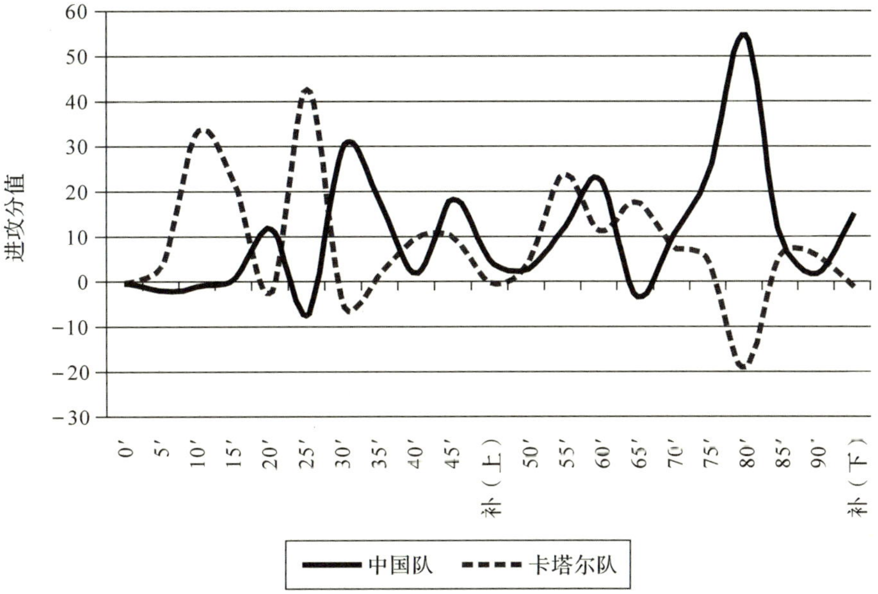

图 5-43　中国队与卡塔尔队比赛进攻态势变化曲线

（三）中国队与卡塔尔队比赛进攻技术行为运用

1. 前场 30 米区域进攻技术

中国队前场 30 米进攻技术行为运用情况如图 5-44 所示：进攻性技术行为运用 58 次，成功 27 次，失误 31 次，成功率为 46.55%。其中，个人突破成功 3 次，失误 8 次；直传球成功 9 次，失误 10 次；直传身后失误 1 次；直传脚下失误 4 次；斜传球成功 1 次，失误 3 次；二过一成功 5 次，无失误；传中成功 9 次，失误 5 次；过渡性技术行为运用 35 次，成功 28 次，失误 7 次，成功率为 80%。

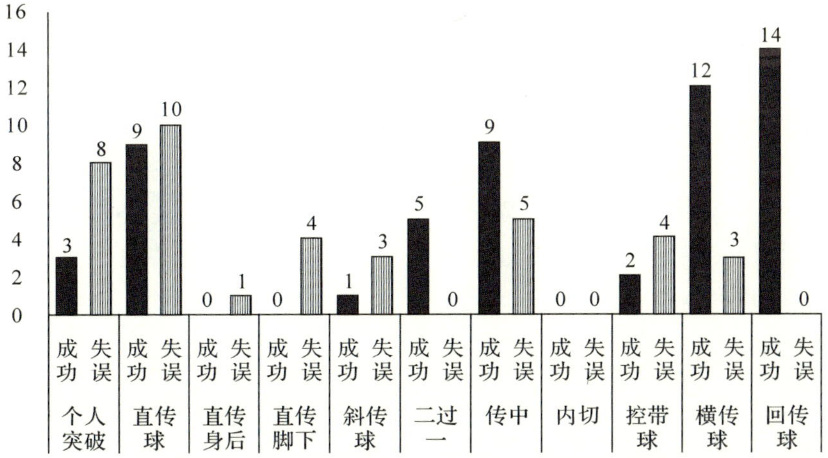

图 5-44　中国队对卡塔尔队前场进攻技术运用情况统计

卡塔尔队前场 30 米进攻技术行为运用情况如图 5-45 所示：进攻性技术行为运用 54 次，成功 27 次，失误 27 次，成功率为 50%。其中，个人突破成功 8 次，失误 10 次；直传球成功 5 次，失误 8 次；直传身后成功 1 次，失误 1 次；直传脚下成功 1 次，失误 1 次；二过一成功 4 次，失误 1 次；传中成功 8 次，失误 6 次。过渡性技术行为运用 31 次，成功 27 次，失误 4 次，成功率为 87.10%。

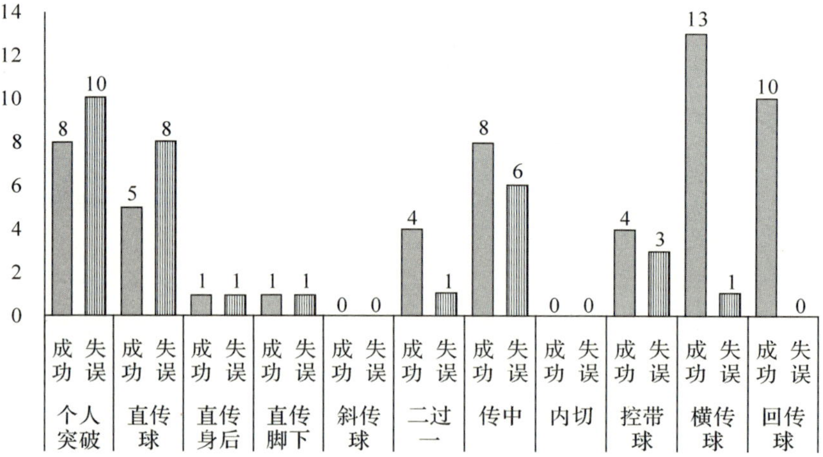

图 5-45 卡塔尔队对中国队前场进攻技术运用情况统计

中国队前场进攻性技术行为略多于卡塔尔队，成功率则略少于对手，卡塔尔队进攻的实效性略好。中国队直传球、二过一、传中等技术成功率略高于对手，个人突破等要低于卡塔尔队。

2. 中场区域进攻技术

中国队中场进攻技术运用情况如图 5-46 所示：进攻性技术行为运用 161 次，成功 111 次，失误 50 次，成功率为 68.94%。其中，向前带球成功 10 次，失误 7 次；中长直传成功 2 次，失误 6 次；短直传成功 49 次，失误 13 次；直传身后成功 4 次，失误 7 次；直传脚下成功 1 次，失误 4 次；长传转移成功 5 次，失误 2 次；二过一成功 2 次，无失误；斜传边路成功 31 次，失误 2 次；边路斜传成功 7 次，失误 9 次。过渡性技术行为运用 159 次，成功 139 次，失误 20 次，成功率为 87.42%。

卡塔尔队中场进攻技术运用情况如图 5-47 所示：进攻性技术行为运用 153 次，成功 118 次，失误 35 次，成功率为 77.12%。其中，向前带球成功 19 次，失误 1 次；中长直传成功 4 次，失误 10 次；短直传成功 49 次，失误 10 次；直传身后成功 2 次，失误 4 次；直传脚下成功 4 次，失误 1 次；长传转移失误 1 次；二过一成功 5 次，失误 6 次；斜传边路成功 31 次，失误 1 次；边路斜传成功 4 次，失误 1 次。过渡性技术行为运用 183 次，成功 169 次，失误 14 次，成功率为 92.35%。

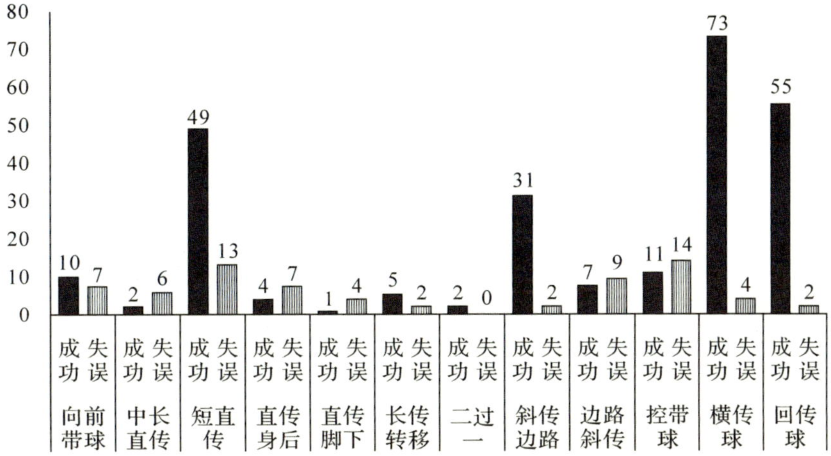

图 5-46　中国队对卡塔尔队中场进攻技术运用情况统计

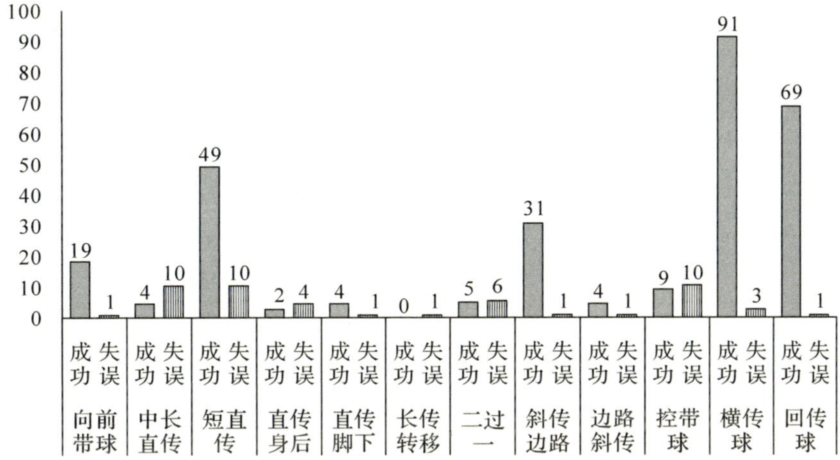

图 5-47　卡塔尔队对中国队中场进攻技术运用情况统计

中国队中场进攻性技术行为的次数要略多于对手，但成功率较低，表明进攻的实效性要低于卡塔尔队。中国队快速向前带球次数和成功率都较低，而卡塔尔队则能够在中国队的限制下创造出快速向前带球机会，直传脚下的成功率中国队也要明显低于卡塔尔队。

3. 后场区域进攻技术

中国队后场进攻技术运用情况如图 5-48 所示：进攻性技术行为运用 78 次，成功 60 次，失误 18 次，成功率为 76.92%。其中，向前带球 8 次，无失误；向前长传成功 6 次，失误 8 次；向前中传成功 4 次，失误 2 次；斜传边路成功 13 次，失误 3 次；短直传成功 29 次，失误 5 次。过渡性技术行为运用 55 次，成功 48 次，失误 7 次，成功率为 87.27%。

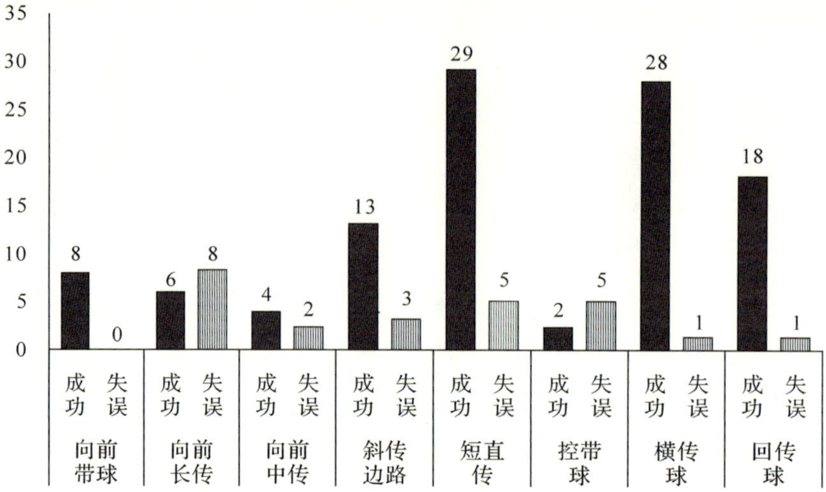

图 5-48　中国队对卡塔尔队后场进攻技术运用情况统计

卡塔尔队后场进攻技术运用情况如图 5-49 所示：进攻性技术行为运用 87 次，成功 58 次，失误 29 次，成功率为 66.67%。其中，向前带球成功 6 次，无失误；向前长传成功 5 次，失误 23 次；向前中传成功 5 次，失误 2 次；斜传边路成功 18 次，失误 2 次；短直传成功 24 次，失误 2 次。过渡性技术运用 35 次，成功 30 次，失误 5 次，成功率为 85.71%。

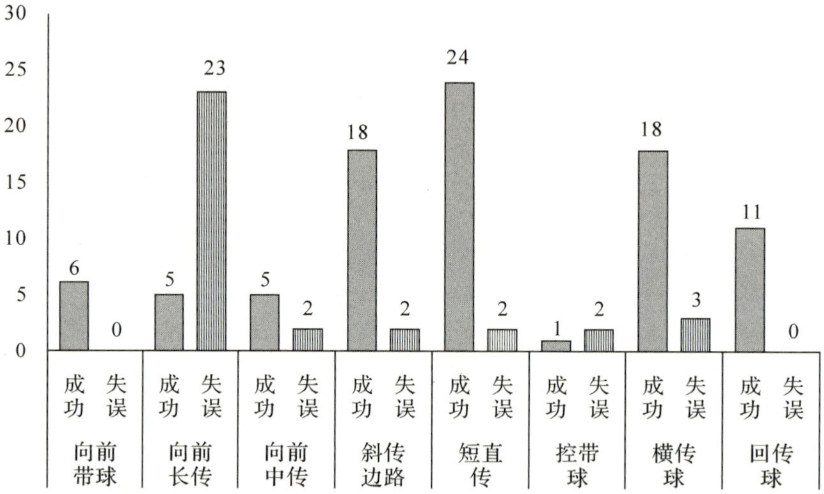

图 5-49　卡塔尔队对中国队后场进攻技术运用情况统计

由于卡塔尔队重视中场的进攻组织，后场得球后基本上都是快速传向中场，再由中场向前推进。中国队在中场的进攻实力相对弱于卡塔尔队，后场进攻组织中过渡技术运用的次数较多。

三、中国队与卡塔尔队比赛防守行为分析

(一)中国队与卡塔尔队比赛防守行为基础数据

1.各区域防守行为与时段

中国队与卡塔尔队全场比赛整体防守行为数据如表5-24显示:中国队全场比赛个人防守行为为642次[包括无压(以下简称无压)109次],成功290次,失误352次,成功率为45.17%;卡塔尔队为618次(无压63次),成功293次,失误325次,成功率为47.41%。中国队个人防守成功率略低于卡塔尔队,但是无压情况却明显多于对手。

其中,中国队前场个人防守87次(无压27次),成功28次,失误59次,成功率为32.18%;卡塔尔队为116次(无压25次),成功45次,失误71次,成功率为38.79%。中国队中场个人防守362次(无压60次),成功170次,失误192次,成功率为46.96%;卡塔尔队为297次(无压28次),成功139次,失误158次,成功率为46.80%。中国队后场个人防守193次(无压22次),成功92次,失误101次,成功率47.67%;卡塔尔队为205次(无压10次),成功109次,失误96次,成功率也是53.17%。中国队前场和后场的个人防守效果要低于卡塔尔队,而在中场两队的成功率基本相同,但无压情况中国队明显较多。

中国队小组防守行为104次,成功68次,失误36次,成功率为65.38%;卡塔尔队为104次,成功80次,失误24次,成功率为76.92%。两队小组防守次数相同,但是卡塔尔队的成功率要高于中国队。

其中,中国队前场小组防守5次,成功2次,失误3次,成功率40%;卡塔尔队为9次,成功5次,失误4次,成功率55.56%。中国队中场小组防守51次,成功34次,失误17次,成功率为66.67%;卡塔尔队为42次,成功33次,失误9次,成功率为78.57%。中国队后场小组防守48次,成功32次,失误16次,成功率为66.67%;卡塔尔队为53次,成功42次,失误11次,成功率为79.25%。卡塔尔队三个区域小组防守的成功率都要高于中国队。

表5-24　中国队与卡塔尔队比赛各场区防守行为数据统计

场地区域与防守类型			中国队				卡塔尔队			
			上半场		下半场		上半场		下半场	
			成功	失误	成功	失误	成功	失误	成功	失误
前场	左边	个人	3	2	2	3	6	9	13	6
		小组	0	0	0	1	2	0	1	0
	中路	个人	8	3	8	10	5	13	4	8
		小组	0	0	1	0	1	1	0	2
	右边	个人	4	4	3	10	6	2	11	8
		小组	0	0	1	2	1	1	0	0
	无压		19		8		9		16	

续表

场地区域与防守类型			中国队 上半场 成功	中国队 上半场 失误	中国队 下半场 成功	中国队 下半场 失误	卡塔尔队 上半场 成功	卡塔尔队 上半场 失误	卡塔尔队 下半场 成功	卡塔尔队 下半场 失误
中场	左边	个人	27	27	24	19	27	19	30	27
		小组	5	4	4	2	10	2	3	3
	中路	个人	36	22	26	19	10	12	29	24
		小组	7	1	4	5	2	2	5	1
	右边	个人	42	33	15	12	26	27	17	21
		小组	6	0	8	5	6	0	7	1
	无压		42		18		6		22	
后场	左边	个人	12	16	10	13	13	14	16	20
		小组	6	3	4	4	3	1	6	2
	中路	个人	24	17	22	16	12	9	29	16
		小组	8	2	6	3	4	0	12	1
	右边	个人	10	13	14	4	19	14	20	13
		小组	5	2	3	2	14	3	3	4
	无压		17		5		4		6	
合计		个人	166	137	124	106	124	119	169	143
		小组	37	12	31	24	43	10	37	14
		无压	78		31		19		44	

中国队上半场个人防守 381 次(无压 78 次),成功 166 次,失误 215 次,成功率为 43.57%;卡塔尔队为 262 次(无压 19 次),成功 124 次,失误 138 次,成功率为 47.33%。中国队下半场个人防守 261 次(无压 31 次),成功 124 次,失误 137 次,成功率为 47.51%;卡塔尔队为 356 次(无压 44 次),成功 169 次,失误 187 次,成功率为 47.47%。中国队上半场对卡塔尔队的进攻没有进行有效的限制,无压情况明显较多,而卡塔尔队对中国队持球队员的限制则较为成功。卡塔尔队下半场的战术有所变化,回收后场进行防守反击。

中国队上半场小组防守 49 次,成功 37 次,失误 12 次,成功率为 75.51%;卡塔尔队为 53 次,成功 43 次,失误 10 次,成功率为 81.13%。中国队下半场小组防守 55 次,成功 31 次,失误 24 次,成功率为 56.36%;卡塔尔队为 51 次,成功 37 次,失误 14 次,成功率为 72.55%。双方下半场小组防守的成功率都有不同程度的下降。

2.防守对方射门与定位球进攻

中国队与卡塔尔队比赛防守射门与定位球数据统计如表 5-25 所示:中国队防守对方禁区内射门 3 次(成功 2 次,失误 1 次),防守禁区外射门 4 次(成功 3 次,失误 1 次),防守角球 4 次(成功 3 次,失误 1 次),防守后场 30 米任意球进攻 3 次(成功 2 次,被进 1 球)。

卡塔尔队防守对方禁区内射门成功 1 次,防守禁区外射门成功 4 次,防守角球成功 3 次,防守后场 30 米任意球进攻成功 2 次。

表 5-25 中国队与卡塔尔队比赛防守射门与定位球数据统计

			运动战		角球		后场30米任意球			点球	合计
			禁区内	禁区外	左侧	右侧	左侧	中路	右侧		
中国队	上半场	成功	1	1	1			1			4
		失误	1				1				2
		被进球					(1)				(1)
	下半场	成功	1	2	2		1				6
		失误		1	1						2
		被进球									
卡塔尔队	上半场	成功	1	1	1		2				5
		失误									
		被进球									
	下半场	成功		3	1	1					5
		失误									
		被进球									

（二）中国队与卡塔尔队比赛防守态势变化

中国队与卡塔尔队防守态势变化曲线如图 5-50 所示：中国队在上半场前 25 分钟以及第 60 分钟时段防守较弱，而卡塔尔队的防守基本保持较为稳定的势态，在上半场开场和下半场结束前防守较为突出，即使中国队第 70 分钟以后进攻占据优势的情况下，其防守依旧获得了较高的分值。

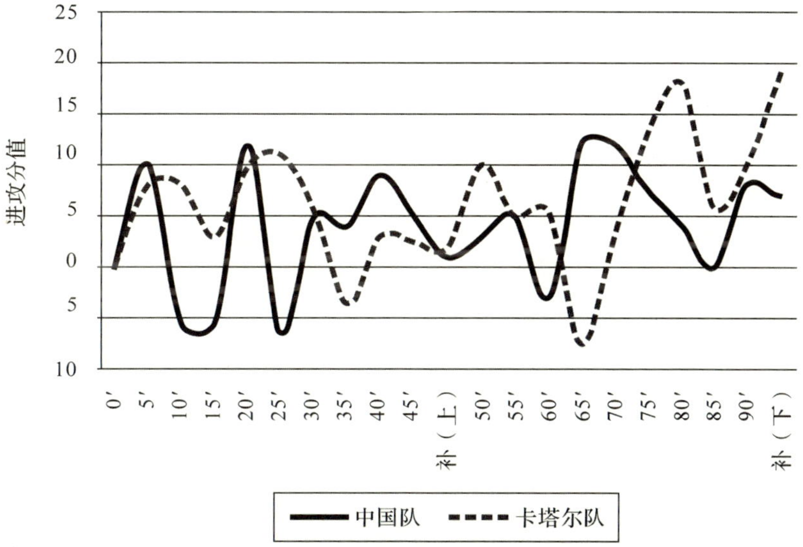

图 5-50 中国队与卡塔尔队比赛防守态势变化曲线

（三）中国队与卡塔尔队比赛防守技术运用

1. 前场 30 米区域防守技术

中国队前场防守技术运用情况如图 5-51 所示：在个人防守中，施压运用 42 次（成功 17

次,失误 25 次,成功率 40.47%),无压 27 次;反抢成功 6 次,失误 3 次;断球成功 5 次,失误 3 次;铲球失误 1 次;小组防守压迫失误 2 次;保护成功 2 次,失误 1 次。

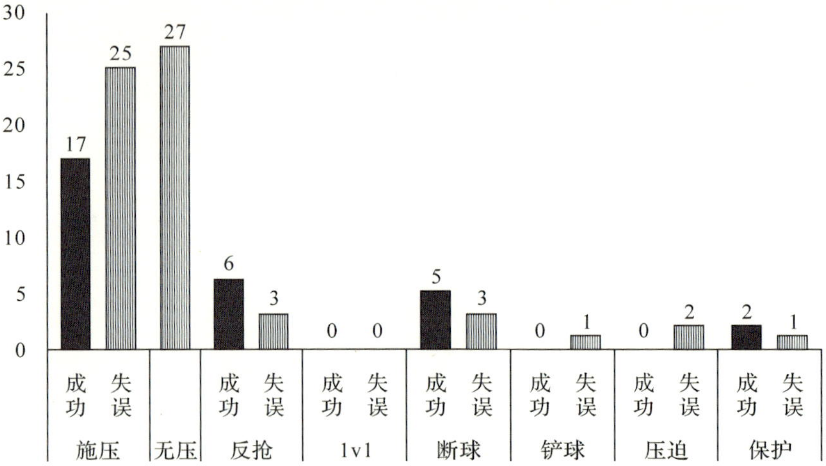

图 5-51　中国队对卡塔尔队前场防守技术运用情况统计

卡塔尔队前场防守技术运用情况如图 5-52 所示:在个人防守中,施压运用 67 次(成功 36 次,失误 31 次,成功率 53.73%),无压 25 次;反抢成功 5 次,失误 9 次;1v1 防守成功 1 次,失误 1 次;断球成功 3 次,失误 5 次。小组防守压迫成功 1 次,失误 2 次;保护成功 4 次,失误 2 次。

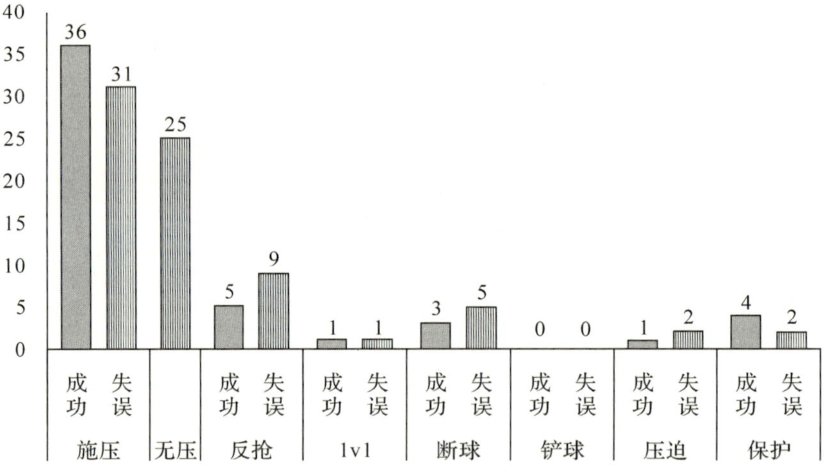

图 5-52　卡塔尔队对中国队前场防守技术运用情况统计

双方都重视限制对方后场发动进攻,中国队后场发动进攻的次数较多,使得卡塔尔队的前场施压次数要高于中国队,其成功率也相对较高。双方无压的情况较为接近,都有一些对持球人限制上的疏漏。中国队反抢和断球的效果要好于对手。

2. 中场区域防守技术

中国队中场防守技术运用情况如图 5-53 所示:在个人防守中,施压运用 213 次(成功 120 次,失误 93 次,成功率 56.34%),无压 60 次;反抢成功 15 次,失误 11 次;1v1 防守成功 2 次,失误6次;断球成功15次,失误3次;铲球成功1次,失误1次;回追成功5次,失误2次;争顶成功12次,失误16次。小组防守压迫成功8次,失误10次;保护成功26次,失误7次。

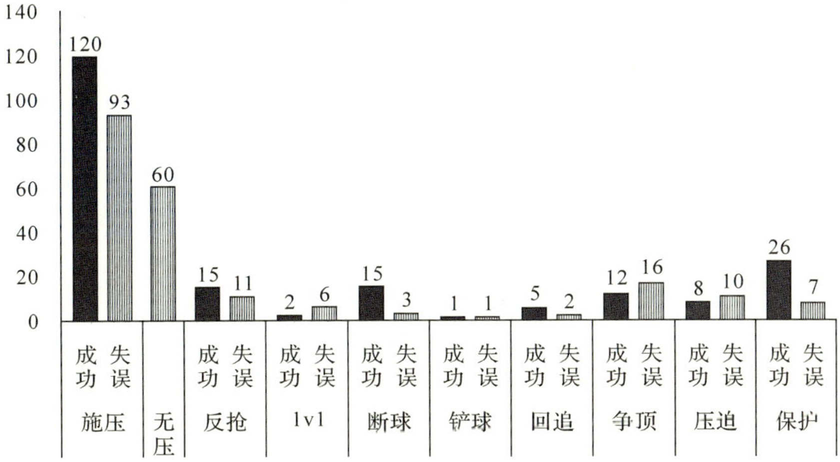

图5-53　中国队对卡塔尔队中场防守技术运用情况统计

卡塔尔队中场防守技术运用情况图5-54所示:在个人防守中,施压运用188次(成功96次,失误92次,成功率51.01%),无压28次;反抢成功10次,失误10次;1v1防守成功3次,失误4次;断球成功22次,失误7次;铲球失误2次;回追成功1次,失误1次;争顶成功7次,失误14次。小组防守压迫成功5次,失误2次;保护成功28次,失误7次。

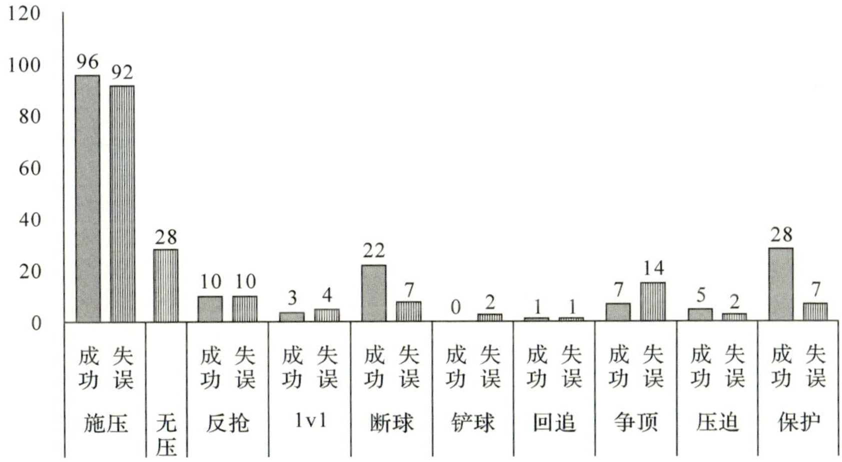

图5-54　卡塔尔队对中国队中场防守技术运用情况统计

中国队在中场的施压次数和成功率要高于卡塔尔队,但无压的情况也远多于对手,说明中国队的防守还有疏漏,而卡塔尔队的防守相对更为严密。中国队反抢、断球以及小组保护的效果还比较好。

3.后场区域防守技术

中国的后场防守技术运用情况如图5-55所示:在个人防守中,施压运用100次(成功44次,失误56次,成功率44%),无压22次;反抢成功8次,失误6次;1v1防守成功8次,失误4次;断球成功11次,失误2次;铲球失误4次;回追成功6次,失误2次;争顶成功12次,失误 5 次;解围成功 3 次,无失误。小组防守压迫成功 2 次,失误 12 次;保护成功 26 次,失误 4 次;补位成功 4 次。

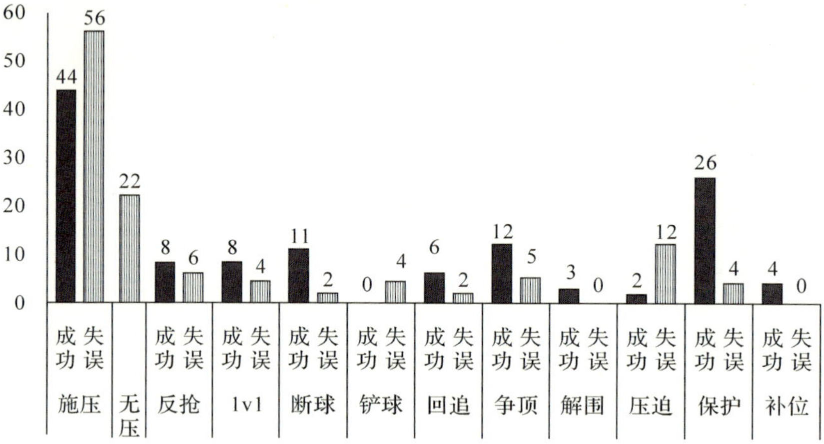

图 5-55　中国队对卡塔尔队后场防守技术运用情况统计

卡塔尔队后场防守技术运用情况如图 5-56 所示:在个人防守中,施压防守运用 113 次(成功 53 次,失误 60 次,成功率 46.90%),无压 10 次;反抢成功 5 次,失误 6 次;1v1 防守成功 6 次,失误 7 次;断球成功 16 次,失误 4 次;铲球失误 1 次;回追成功 2 次,失误 1 次;争顶成功 19 次,失误 5 次;解围成功 8 次,失误 2 次。小组防守压迫成功 5 次,失误 6 次;保护成功 34 次,失误 5 次;补位防守成功 3 次。

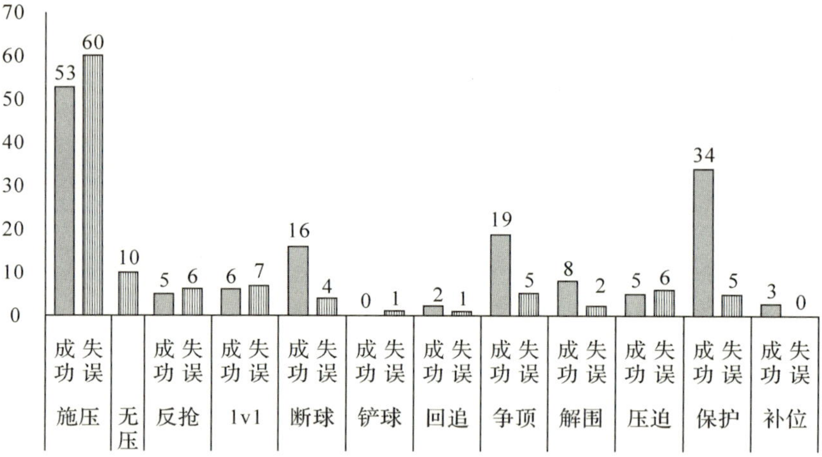

图 5-56　卡塔尔队对中国队后场防守技术运用情况统计

卡塔尔队在下半场调整了战术,整体队型回收半场,防守次数明显增多,对持球人的限制也比较成功。中国队的反抢、1v1 防守、断球、回追的效果要好于卡塔尔队,但铲球和小组压迫的失误较多。本场比赛双方都重视对外围人员的防守,因而小组保护和补位的成功率较为接近,起到了后场保护的效果。

（四）中国队与卡塔尔队比赛守门员技术比较

中国队与卡塔尔队比赛守门员技术统计如表 5-26 所示：中国队守门员（王大雷）处理球 9 次，成功 7 次，失误 2 次，被进 1 球，成功率 77.78%。其中，扑救球 4 次（成功 3 次，被进 1 球），正面接球成功 2 次，扑单刀成功 1 次，摘传中球失误 1 次，禁区外断球成功 1 次。

卡塔尔队守门员（勒孔特）处理球 9 次，均为成功。其中，扑救球成功 3 次，正面接球成功 1 次，托球成功 1 次，摘传中球成功 3 次，禁区外断球成功 1 次。

表 5-26　中国队与卡塔尔队比赛守门员技术统计

			扑救球	正面接球	扑单刀	托球	摘传中球	禁外断球	拳击球	守点球	合计
中国队	上半场	成功	1	2							3
		失误	1				1				2
		被进球	(1)								(1)
	下半场	成功	2		1			1			4
		失误									
		被进球									
卡塔尔队	上半场	成功	3				1	1			5
		失误									
		被进球									
	下半场	成功		1		1	2				4
		失误									
		被进球									

四、中国队与卡塔尔队比赛攻守转换分析

（一）中国队与卡塔尔队由守转攻情况

中国队与卡塔尔队比赛由守转攻数据统计如表 5-27 所示：中国队全场比赛由守转攻 116 次，成功 93 次，失误 23 次，成功率为 80.17%；卡塔尔队为 141 次，成功 94 次，失误 47 次，成功率为 66.67%。中国队由守转攻的次数低于卡塔尔队，表明卡塔尔队全场的逼抢更为积极，但成功率中国队更高一些，由守转攻的效果更好一点。

其中，中国队前场由守转攻 13 次，成功 9 次，失误 4 次，成功率为 69.23%；卡塔尔队为 15 次，成功 11 次，失误 4 次，成功率为 73.33%。中国队中场由守转攻 52 次，成功 46 次，失误 6 次，成功率为 88.46%；卡塔尔队为 61 次，成功 36 次，失误 25 次，成功率为 59.02%。中国队后场由守转攻 51 次，成功 38 次，失误 13 次，成功率为 74.51%；卡塔尔队为 65 次，成功 47 次，失误 18 次，成功率为 72.31%。中国队前场由守转攻的效果略低于卡塔尔队，但在中场和后场都要好于对手，尤其是在中场，由守转攻的成功率远高于卡塔尔队。

中国队上半场由守转攻 44 次，成功 40 次，失误 4 次，成功率为 90.91%；卡塔尔队为 73 次，成功 46 次，失误 27 次，成功率为 63.01%。中国队下半场由守转攻为 72 次，成功 53 次，失误 19 次，成功率为 73.61%；卡塔尔队为 68 次，成功 48 次，失误 20 次，成功率为

70.59%。中国队上半场由守转攻的次数虽然较少,但成功率却很高,下半场成功率明显下降,卡塔尔队则有所提高。

表 5-27 中国队与卡塔尔队比赛由守转攻数据统计

		前场		中场		后场		合计	
		成功	失误	成功	失误	成功	失误	成功	失误
中国队	上半场	2	1	17	1	21	2	40	4
	下半场	7	3	29	5	17	11	53	19
卡塔尔队	上半场	5	4	21	20	20	3	46	27
	下半场	6	0	15	5	27	15	48	20

(二)中国队与卡塔尔队由攻转守情况

中国队与卡塔尔队比赛由攻转守数据统计如表 5-28 所示:中国队全场比赛由攻转守 49 次,成功 29 次,失误 20 次,成功率为 59.18%;卡塔尔队为 45 次,成功 20 次,失误 25 次,成功率为 44.44%。中国队进攻受阻的次数略多于卡塔尔队,但由攻转守的成功率要高于对手。

其中,中国队前场由攻转守 9 次,成功 6 次,失误 3 次,成功率为 66.67%;卡塔尔队为 14 次,成功 5 次,失误 9 次,成功率为 35.71%。中国队中场由攻转守 26 次,成功 15 次,失误 11 次,成功率为 57.69%;卡塔尔队为 20 次,成功 10 次,失误 10 次,成功率为 50%。中国队后场由攻转守 14 次,成功 8 次,失误 6 次;成功率 57.14%;卡塔尔队为 11 次,成功 5 次,失误 6 次,成功率为 45.45%。

中国队上半场由攻转守 27 次,成功 14 次,失误 13 次,成功率为 51.85%;卡塔尔队为 29 次,成功 12 次,失误 17 次,成功率为 41.38%。中国队下半场由攻转守为 22 次,成功 15 次,失误 7 次,成功率为 68.18%;卡塔尔队为 16 次,成功 8 次,失误 8 次,成功率为 50%。双方下半场的由攻转守次数明显减少,但成功率都有所增加。

表 5-28 中国队与卡塔尔队比赛由攻转守数据统计

		前场		中场		后场		合计	
		成功	失误	成功	失误	成功	失误	成功	失误
中国队	上半场	2	0	9	9	3	4	14	13
	下半场	4	3	6	2	5	2	15	7
卡塔尔队	上半场	3	7	7	6	2	4	12	17
	下半场	2	2	3	4	3	2	8	8

第五节 中国队(主场)与不丹队比赛技术实力分析

2015 年 11 月 12 日,中国队主场在长沙贺龙体育场与不丹队进行了第五场比赛,主裁判阿瓦吉。比赛结果 12∶0,中国队的梅方在第 10 分钟攻入 1 球,杨旭在第 13、21、37、52 分钟时共打入 4 球,于大宝在第 16、39 分钟时打进 2 球,于汉超在第 34、72 分钟的时候打进 2 球,王永珀在第 66、81 分钟的时候攻入 2 球,张稀哲在第 88 分钟的时候攻入 1 球。

一、中国队与不丹队出场阵容

（一）中国队出场阵容

中国队比赛阵型为 4-2-3-1，首发阵容：王大雷（23，守门员）、郜正（7）、任航（2）、梅方（3）、张呈栋（17）、蔡慧康（8）、吴曦（15）、于汉超（20）、于海（21）、于大宝（22）、杨旭（9）。

替补队员为：黄博文（16 号，第 41 分钟上场替换于大宝）、张稀哲（14 号，第 46 分钟上场替换于海）、王永珀（11 号，第 60 分钟上场替换吴曦）。

（二）不丹队出场阵容

不丹队比赛阵型为 3-4-3，首发阵容：哈日古隆（21，守门员）、迪瓦苏巴（10）、巴哈杜尔（5）、晋美次仁多吉（4）、伦多达瓦（12）、嘎玛协珠次仁（8）、比仁巴内（17）、次仁多吉（16）、切米多吉（6）、辰卓坚赞（7）嘎如古隆（23）。

替补队员为：达瓦坚赞（20 号，第 71 分钟上场替换切米多吉）、愣珠多吉（11 号，第 80 分钟上场替换比仁巴内）、格桑旺堆（22 号，第 92 分钟上场替换伦多达瓦）。

二、中国队与不丹队比赛进攻行为分析

（一）中国队与不丹队比赛进攻行为基础数据

1. 各区域进攻行为与时段

中国队与不丹队比赛进攻行为数据统计如表 5-29 所示：中国队全场比赛整体进攻行为 740 次，成功率为 86.08%；不丹队为 288 次，成功率为 51.04%。两队进攻实力相差悬殊，中国队占据绝对优势。

其中，中国队前场个人进攻行为 244 次，成功 191 次，成功率为 78.28%；不丹队为 22 次，成功 9 次，成功率为 40.91%。中国队中场个人进攻行为 401 次，成功 358 次，成功率为 89.28%；不丹队为 138 次，成功 79 次，成功率为 57.25%。中国队后场个人进攻行为为 95 次，成功 88 次，成功率为 92.63%；不丹队为 128 次，成功 59 次，成功率为 46.09%。可以看出，中国队的进攻主要是在前场和中场，而不丹队的进攻却很难进入中、前场。

中国队上半场进攻行为 366 次，成功 311 次，成功率为 84.97%；不丹队为 127 次，成功 58 次，成功率为 45.67%。中国队下半场进攻行为为 374 次，成功 326 次，成功率为 87.17%；不丹队为 161 次，成功 89 次，成功率为 55.28%。中国队上、下半场进攻比较均衡，不丹队下半场的进攻次数和成功率略有加强。

表 5-29　中国队与不丹队比赛各场区进攻行为数据统计

			前场			中场			后场			合计
			左边	中路	右边	左边	中路	右边	左边	中路	右边	
中国队	上半场	成功	45	24	26	78	59	30	10	29	10	311
		失误	14	7	9	10	7	4	1	3	0	55
	下半场	成功	24	34	38	62	61	68	10	26	3	326
		失误	7	7	9	5	11	6	0	2	1	48

续表

			前场			中场			后场			合计
			左边	中路	右边	左边	中路	右边	左边	中路	右边	
不丹队	上半场	成功	1	1	0	7	16	8	9	13	3	58
		失误	5	0	0	9	16	7	4	22	6	69
	下半场	成功	5	2	0	21	20	7	6	24	4	89
		失误	5	1	2	12	7	8	8	21	8	72

2. 射门与定位球进攻

中国队与不丹队比赛射门与定位球进攻情况如表5-30所示：中国队运动战禁区内射门30次(射正17次，进10球)，禁区外射门8次(射正4次，进1球)，角球6次(射门1次，失误5次)，前场30米任意球进攻失误1次，点球1次(进球)。全场比赛射正率为55%，进球率为30%。

不丹队运动战禁区内射门2次(射正)，禁区外射门1次，角球失误1次。全场比赛射正率为66.67%。

表5-30 中国队与不丹队比赛射门与定位球进攻数据统计

			运动战		角球		前场30米任意球			点球	合计
			禁区内	禁区外	左侧	右侧	左侧	中路	右侧		
中国队	上半场	失误			2	2	1				5
		射门	18	3		1				1	23
		射正	(11)	(2)						(1)	(14)
		进球	(6)							(1)	(7)
	下半场	失误			1						1
		射门	12	5							17
		射正	(6)	(2)							(8)
		进球	(4)	(1)							(5)
不丹队	上半场	失误									
		射门									
		射正									
		进球									
	下半场	失误			1						1
		射门	2	1							3
		射正	(2)								(2)
		进球									

(二)中国队与不丹队比赛进攻态势变化

中国队与不丹队进攻态势变化曲线如图5-57所示，从中可以看出，中国队在整场比赛中，占据了绝对优势，表明比赛双方在进攻实力方面有非常大的差距。不丹队的进攻一直处于负值，进攻态势变化曲线反映了比分(12∶0)的真实情况。

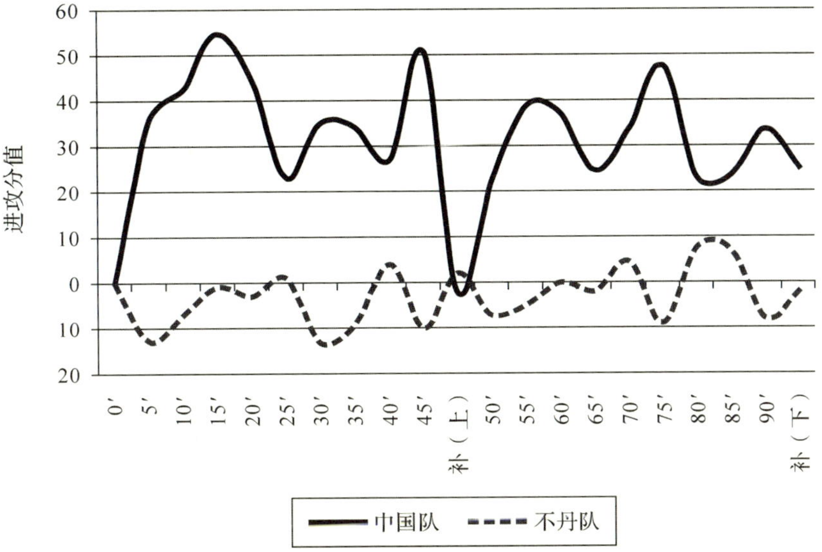

图 5-57　中国队与不丹队比赛进攻态势变化曲线

（三）中国队与不丹队比赛进攻技术行为运用

1. 前场 30 米区域进攻技术

中国队前场 30 米进攻技术行为运用情况如图 5-58 所示：进攻性技术行为运用 141 次，成功 96 次，失误 45 次，成功率为 68.09%。其中，个人突破成功 14 次，失误 14 次；直传球成功 21 次，失误 3 次；直传身后成功 1 次，失误 4 次；直传脚下成功 3 次，无失误；斜传球成功 15 次，失误 3 次；二过一成功 10 次，失误 2 次；传中成功 28 次，失误 19 次；内切成功 4 次，无失误。过渡性技术行为运用 103 次，成功 95 次，失误 8 次，成功率为 92.23%。

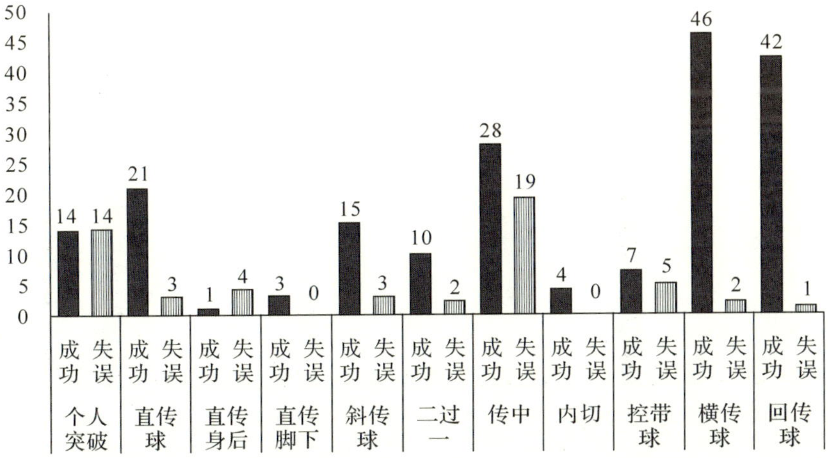

图 5-58　中国队对不丹队前场进攻技术运用情况统计

不丹队前场 30 米进攻技术行为运用情况如图 5-59 所示：进攻性技术行为运用 15 次，成功 5 次，失误 10 次，成功率为 33.33%。其中，个人突破成功 2 次，失误 6 次；直传球成功

3 次,无失误;直传脚下失误 1 次;传中失误 3 次。过渡性技术行为运用 7 次,成功 4 次,失误 3 次,成功率为 57.14%。

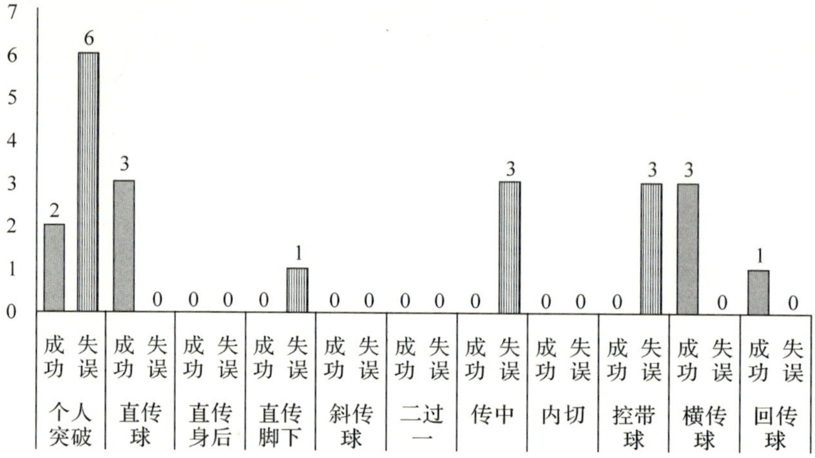

图 5-59　不丹队对中国队前场进攻技术运用情况统计

中国队在前场占据了绝对的优势,各项进攻性技术行为次数和成功率都远高于不丹队,完全控制了前场的比赛节奏。中国队直传身后的打法效果不是很好,原因是中国队的传球配合并没有把对手横向防线拉开,纵向防线上提,从而形成可以利用的空档,这是中国队对待密集防守战术上的一个弱点。

2. 中场区域进攻技术

中国队中场进攻技术运用情况如图 5-60 所示:进攻性技术行为运用 208 次,成功 172 次,失误 36 次,成功率为 82.69%。其中,向前带球成功 11 次,失误 1 次;中长直传成功 12 次,失误 3 次;短直传成功 79 次,失误 13 次;直传身后失误 5 次;直传脚下成功 3 次,失误 1 次;长传转移成功 9 次,失误 2 次;二过一成功 2 次,失误 1 次;斜传边路成功 47 次,失误 3 次;边路斜传成功 9 次,失误 7 次。过渡性技术行为运用 193 次,成功 186 次,失误 7 次,成功率为 96.37%。

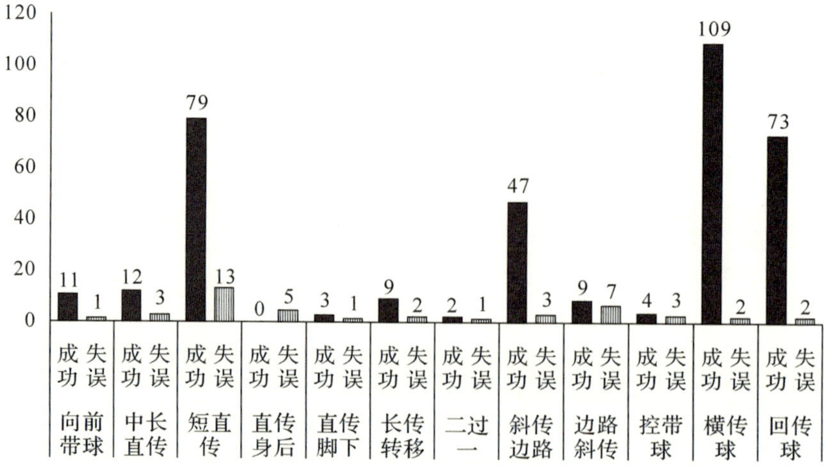

图 5-60　中国队对不丹队中场进攻技术运用情况统计

不丹队中场进攻技术运用情况如图 5-61 所示：进攻性技术行为运用 75 次，成功 28 次，失误 47 次，成功率为 37.33%。其中，向前带球成功 4 次，失误 11 次；中长直传成功 1 次，失误 4 次；短直传成功 15 次，失误 16 次；直传身后失误 7 次；直传脚下成功 2 次，无失误；长传转移成功 1 次，失误 1 次；斜传边路成功 5 次，失误 2 次；边路斜传失误 6 次。过渡性技术行为运用 63 次，成功 51 次，失误 12 次，成功率为 80.95%。

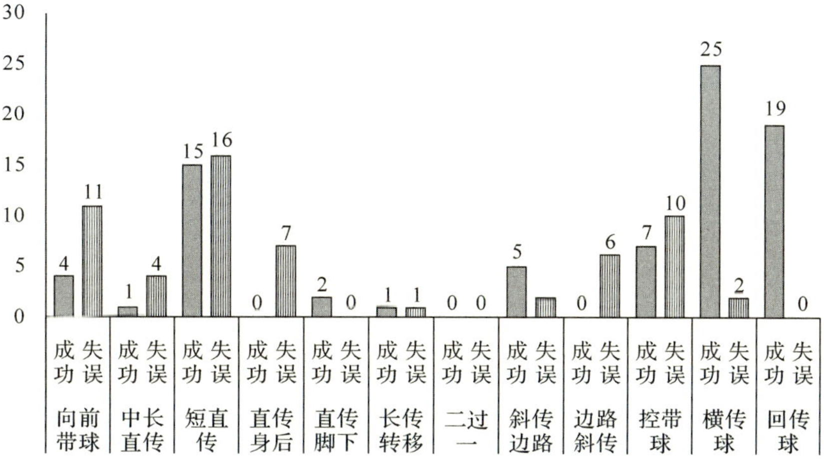

图 5-61　不丹队对中国队中场进攻技术运用情况统计

中国队中场的进攻同样占据着绝对的优势。在个人技术运用中，不丹队向前带球多于中国队，是因为不丹队中场传球配合较少，得球后向前带球进攻较多所致，但在中国队紧逼的情况下，其失误较多。中国队和不丹队直传身后的成功率都为零，这也表明中国队直传身后打法在不丹队后场收缩战术中运用的效果较差，对于收缩后场的密集防守，中国队尚无有效的解决办法。

3. 后场区域进攻技术

中国队后场进攻技术运用情况如图 5-62 所示：进攻性技术行为运用 53 次，成功 46 次，失误 7 次，成功率为 86.79%。其中，向前带球 5 次，无失误；向前长传成功 2 次，失误 3 次；向前中传成功 4 次，失误 1 次；斜传边路成功 14 次，失误 2 次；短直传成功 21 次，失误 1 次。过渡性技术行为运用 42 次，均为成功。

不丹队后场进攻技术运用情况如图 5-63 所示：进攻性技术行为运用 95 次，成功 41 次，失误 54 次，成功率为 43.16%。其中，向前带球成功 3 次，失误 3 次；向前长传成功 6 次，失误 27 次；向前中传成功 9 次，失误 11 次；斜传边路成功 7 次，失误 6 次；短直传成功 16 次，失误 7 次。过渡性技术运用 33 次，成功 18 次，失误 15 次，成功率为 54.55%。

不丹队在本场比赛中，处于被动收缩在后场状态，其在后场进攻组织的次数虽多于中国队，但在中国队前场高压防守下，其成功率较低。

三、中国队与不丹队比赛防守行为分析

（一）中国队与不丹队比赛防守行为基础数据

1. 各区域防守行为与时段

中国队与不丹队比赛防守行为数据统计如表 5-31 所示：中国队全场比赛个人防守行为

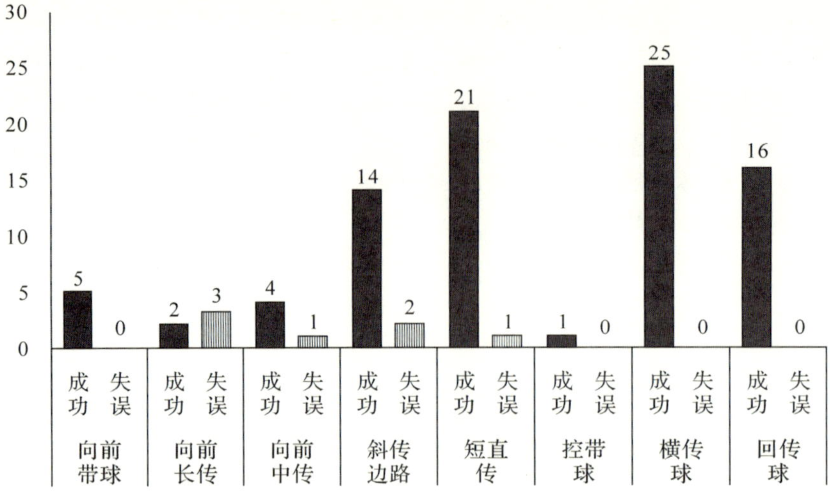

图 5-62 中国队对不丹队后场进攻技术运用情况统计

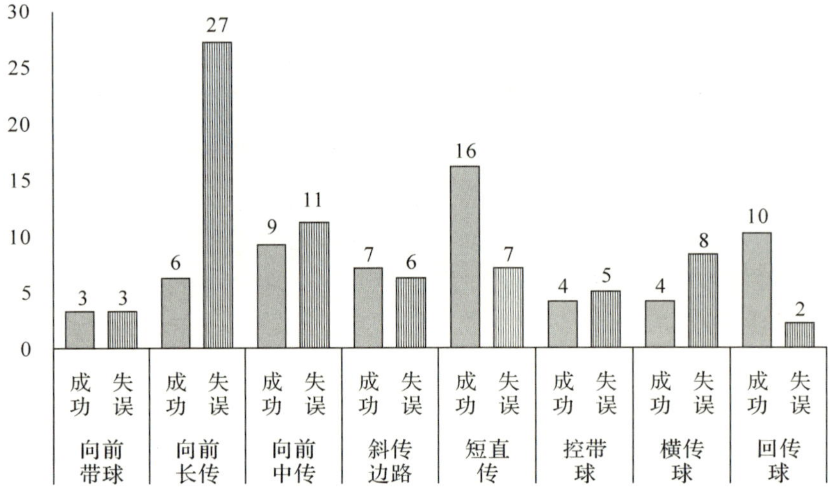

图 5-63 不丹队对中国队后场进攻技术运用情况统计

382 次[包括无压(以下简称无压)12 次],成功 242 次,失误 140 次,成功率为 63.35%;不丹队为 868 次(无压 87 次),成功 424 次,失误 444 次,成功率为 48.85%。中国队由于在进攻中占有极大的优势,对球的控制率远高于不丹队,因此个人防守的次数低于不丹队,但成功率要明显高于对手。

其中,中国队前场个人防守 115 次(无压 8 次),成功 61 次,失误 54 次,成功率为 53.04%;不丹队为 101 次(无压 32 次),成功 33 次,失误 68 次,成功率为 32.67%。中国队中场个人防守 210 次(无压 4 次),成功 139 次,失误 71 次,成功率为 66.19%;不丹队为 418 次(无压 54 次),成功 200 次,失误 218 次,成功率为 47.85%。中国队后场个人防守 57 次,成功 42 次,失误 15 次,成功率 73.68%;不丹队为 349 次(无压 1 次),成功 191 次,失误 158 次,成功率也是 54.73%。中国队的防守主要在前场和中场,且有较高的成功率。尤其在前场,中国队采取高压防守策略,防守次数也超过了不丹队,且无压情况非常少。而不丹队主要在中场和后场,个人的防守能力较差,成功率均明显低于中国队。

中国队小组防守 54 次，成功 44 次，失误 10 次，成功率为 81.48%；不丹队为 149 次，成功 90 次，失误 59 次，成功率为 60.40%。不丹队大部分时间处于防守状态，因此其小组防守的次数远高于中国队，但成功率并不高。

其中，中国队前场小组防守成功 2 次，失误 1 次；不丹队前场无小组防守。中国队中场小组防守 29 次，成功 21 次，失误 8，成功率为 72.41%；不丹队为 25 次，成功 18 次，失误 7 次，成功率为 72%。中国队后场小组防守 22 次，成功 21 次，失误 1 次，成功率为 95.45%；不丹队后场小组防守 124 次，成功 72 次，失误 52 次，成功率为 58.06%。中国队后场小组防守的成功率高，使不丹队很难形成突破。不丹则后场防守失误较多，这是其大比分输掉比赛的主要原因之一。

表 5-31　中国队与不丹队比赛各场区防守行为数据统计

场地区域与防守类型			中国队				不丹队			
			上半场		下半场		上半场		下半场	
			成功	失误	成功	失误	成功	失误	成功	失误
前场	左边	个人	8	2	7	7	8	6	3	1
		小组	0	0	0	0	0	0	0	0
	中路	个人	20	11	14	15	6	6	8	11
		小组	0	0	0	1	0	0	0	0
	右边	个人	7	3	5	8	3	5	5	7
		小组	1	0	1	0	0	0	0	0
	无压		3		5		20		12	
中场	左边	个人	16	12	13	8	27	19	38	29
		小组	3	0	1	5	1	2	1	0
	中路	个人	32	16	34	9	28	25	35	29
		小组	4	0	3	1	6	0	3	0
	右边	个人	17	9	27	13	41	36	31	26
		小组	4	0	6	2	6	3	1	2
	无压		0		4		25		29	
后场	左边	个人	3	0	8	2	19	21	35	29
		小组	1	0	4	0	7	13	8	0
	中路	个人	6	1	7	4	46	31	44	36
		小组	3	0	6	0	20	17	20	13
	右边	个人	11	1	7	7	20	30	27	10
		小组	3	0	4	1	11	5	6	4
	无压		0		0		1		0	
合计		个人	120	55	122	73	198	179	226	178
		小组	19	0	25	10	51	40	39	19
		无压	3		9		46		41	

中国队上半场个人防守行为 178 次（无压 3 次），成功 120 次，失误 58 次，成功率为 67.42%；不丹队为 423 次（无压 46 次），成功 198 次，失误 225 次，成功率为 46.81%。中国队下半场个人防守 204 次（无压 9 次），成功 122 次，失误 82 次，成功率为 59.80%；不丹队为 445 次（无压 41 次），成功 226 次，失误 219 次，成功率为 50.79%。

中国队上半场小组防守 19 次,均为成功;不丹队为 91 次,成功 51 次,失误 40 次,成功率为 56.04%;中国队下半场小组防守 35 次,成功 25 次,失误 10 次,成功率为 71.43%;不丹队为 58 次,成功 39 次,失误 19 次,成功率为 67.24%。

2. 防守对方射门与定位球进攻

中国队与不丹队比赛防守射门与定位球数据统计如表 5-32 所示:中国队防守对方运动战禁区内射门成功 2 次,防守禁区外射门成功 1 次,防守角球成功 2 次。

不丹队防守对方运动战禁区内射门 29 次(成功 16 次,失误 13 次,被进 10 球),防守禁区外射门 8 次(成功 7 次,被进 1 球),防守角球 6 次(成功 5 次,失误 1 次),防守点球失 1 球。

表 5-32　中国队与不丹队比赛防守射门与定位球数据统计

			运动战		角球		后场 30 米任意球			点球	合计
			禁区内	禁区外	左侧	右侧	左侧	中路	右侧		
中国队	上半场	成功				1					1
		失误									
		被进球									
	下半场	成功	2	1		1					4
		失误									
		被进球									
不丹队	上半场	成功	10	3	2	2					17
		失误	8		1					1	10
		被进球	(6)							(1)	(7)
	下半场	成功	6	4		1					11
		失误	5	1							6
		被进球	(4)	(1)							(5)

(二)中国队与不丹队比赛防守态势变化

中国队与不丹队防守态势变化曲线如图 5-64 所示:中国队在本场比赛中的防守明显强于不丹队,防守分值全场均为正值。而不丹队的防守分值绝大部分时间处于负值,在上、下半场的前半段时间防守效果均较差。

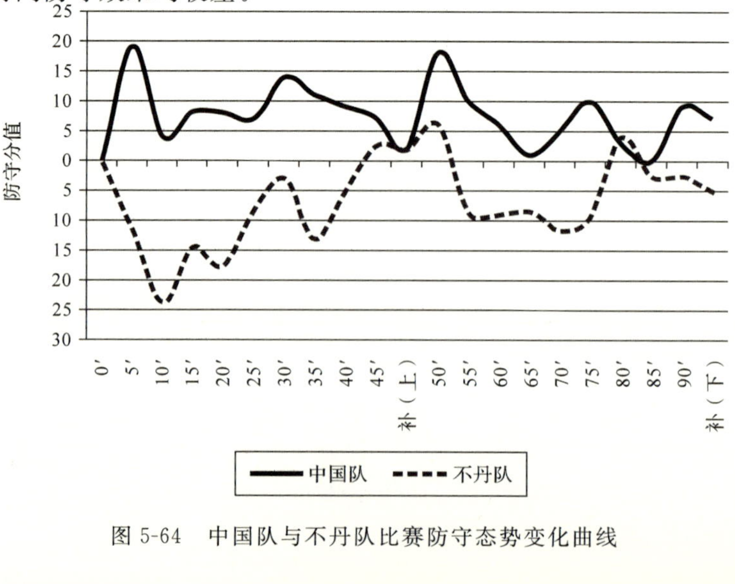

图 5-64　中国队与不丹队比赛防守态势变化曲线

（三）中国队与不丹队比赛防守技术运用

1. 前场 30 米区域防守技术

中国队前场防守技术运用情况如图 5-65 所示：在个人防守中，施压运用 75 次（成功 36 次，失误 39 次，成功率为 48%），无压 8 次；反抢成功 13 次，失误 5 次；1v1 防守成功 2 次，失误 1 次；断球成功 10 次，失误 1 次。小组防守压迫成功 2 次，无失误；保护失误 1 次。

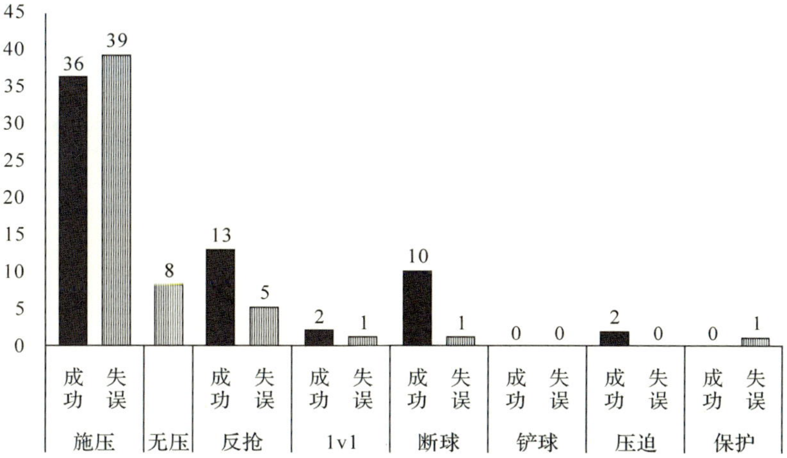

图 5-65　中国队对不丹队前场防守技术运用情况统计

不丹队前场防守技术运用情况如图 5-66 所示：在个人防守中，施压运用 58 次（成功 28 次，失误 30 次，成功率为 48.27%），无压 32 次；反抢成功 3 次，失误 6 次；断球成功 2 次，无失误。

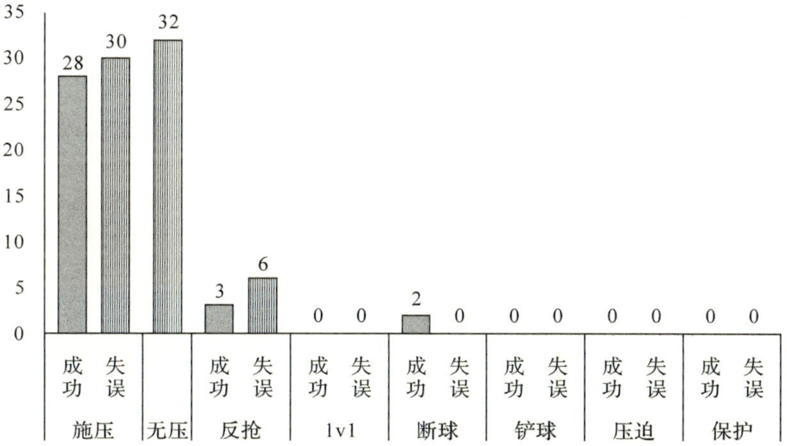

图 5-66　不丹队对中国队前场防守技术运用情况统计

中国队采用了前场高压防守，主动施压的次数较多，但是效果一般；反抢和断球的成功率高，效果较好。不丹队前场的施压次数不如中国队，但成功率与中国队相近，无压情况也远多于中国队。

2. 中场区域防守技术

中国队中场防守技术运用情况如图 5-67 所示：在个人防守中，施压运用 120 次（成功 60 次，失误 60 次，成功率为 50%），无压 4 次；反抢成功 7 次，无失误；1v1 防守成功 13 次，失误

2次;断球成功31次,无失误;回追成功3次,无失误;争顶成功25次,失误5次。小组防守压迫成功8次,失误5次;保护成功13次,失误3次。

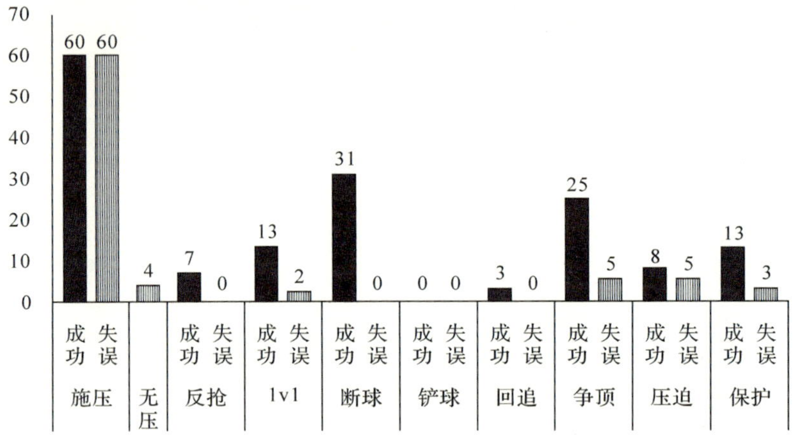

图5-67 中国队对不丹队中场防守技术运用情况统计

不丹队中场防守技术运用情况图5-68所示:在个人防守中,施压运用315次(成功170次,失误145次,成功率为53.97%),无压54次;反抢成功5次,失误8次;1v1防守成功2次,失误4次;断球成功19次,无失误;回追成功2次,失误3次;争顶成功2次,失误4次。小组防守压迫成功5次,失误6次;保护成功13次,失误1次。

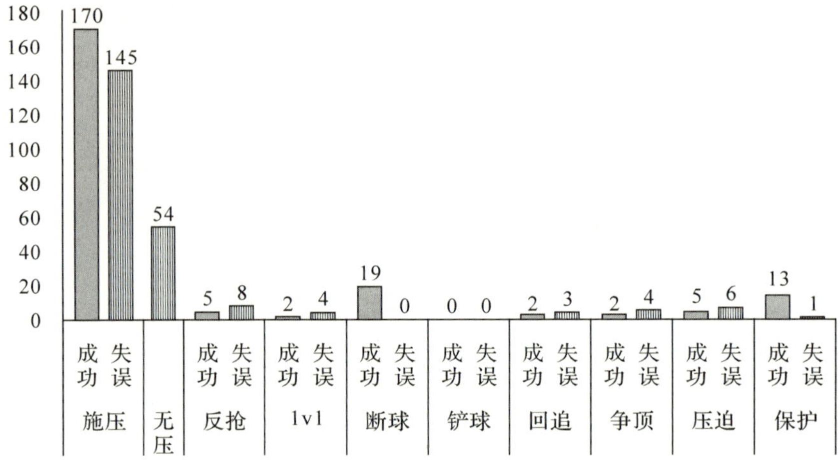

图5-68 不丹队对中国队中场防守技术运用情况统计

在本场比赛中,中国队进攻占据主导地位,不丹队大部分时间处于防守状态,因此中国队的个人施压的次数低于不丹队,成功率也略低于对手。中国队对持球人的无压情况很少,而不丹队则高达54次。其他各项防守技术,如反抢、1v1防守、断球、争顶等中国队要明显好于不丹队。

3.后场区域防守技术

中国队后场防守技术运用情况如图5-69所示:在个人防守中,施压运用29次(成功18次,失误11次,成功率为62.07%),反抢成功2次,无失误;1v1防守成功6次,失误1次;断球成功 8 次，无失误；铲球成功 1 次，无失误；回追成功 5 次，无失误；争顶成功 1 次，失误 2 次；解围成功 1 次，失误 1 次。小组防守压迫成功 3 次，失误 1 次；保护成功 12 次，无失误；补位成功 6 次，无失误。

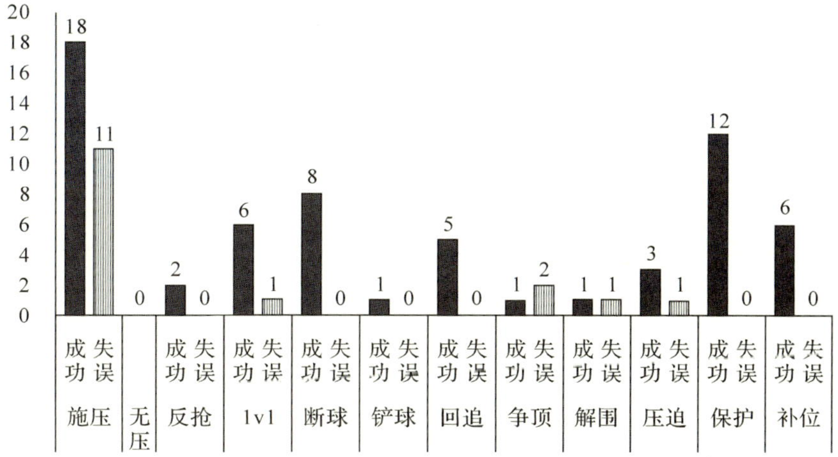

图 5-69　中国队对不丹队后场防守技术运用情况统计

不丹队后场防守技术运用情况如图 5-70 所示：在个人防守中，施压防守运用 228 次（成功 110 次，失误 118 次，成功率为 48.24%），无压 1 次；反抢成功 3 次，失误 1 次；1v1 防守成功 10 次，失误 14 次；断球成功 25 次，失误 1 次；铲球成功 5 次，无失误；回追成功 7 次，失误 4 次；争顶成功 18 次，失误 18 次；解围成功 13 次，失误 1 次。小组防守压迫成功 1 次，失误 9 次；保护成功 53 次，失误 31 次；补位成功 18 次，失误 12 次。

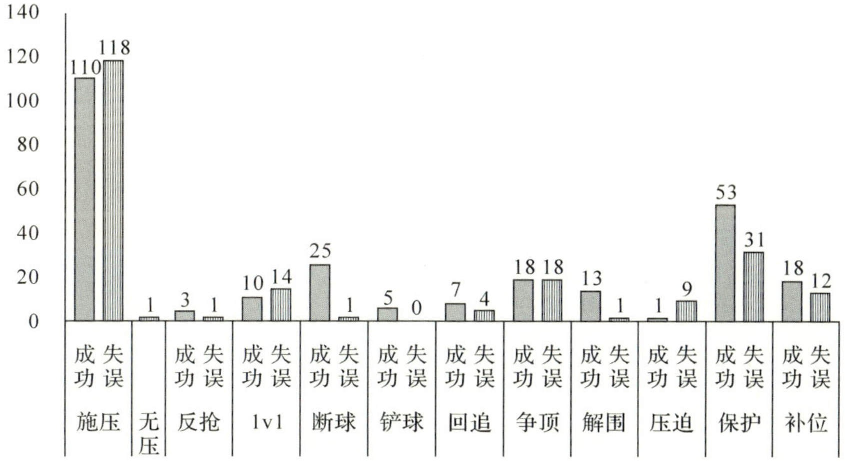

图 5-70　不丹队对中国队后场防守技术运用情况统计

后场是不丹队防守的重地，主动施压的次数很多，但成功率一般。其他个人防守技术，如断球、铲球、回追以及解围等技术的成功率还比较高，但小组防守的失误较多。中国队在后场防守的次数不多，但防守效果良好。

(四)中国队与不丹队比赛守门员技术比较

中国队与不丹队比赛守门员技术统计如表 5-33 所示：中国队守门员（王大雷）处理球 4 次，均为成功。其中，扑救球成功 2 次，正面接球成功 1 次，禁区外断球成功 1 次。

不丹队守门员（哈日古隆）处理球 26 次，成功 12 次，失误 14 次（被进 12 球），成功率为 46.15%。其中，扑救球 15 次（成功 4 次，被进 11 球），正面接球成功 4 次，扑单刀成功 1 次，摘传中球 2 次（成功 1 次，失误 1 次），拳击球失误 1 次，守点球被进 1 球。

表 3-33　中国队与不丹队比赛守门员技术统计

			扑救球	正面接球	扑单刀	托球	摘传中球	禁外断球	拳击球	守点球	合计
中国队	上半场	成功		1				1			2
		失误									
		被进球									
	下半场	成功	2								2
		失误									
		被进球									
不丹队	上半场	成功	2	4	1						7
		失误	6			1			1	1	9
		被进球	(6)							(1)	(7)
	下半场	成功	2	2			1				5
		失误	5								5
		被进球	(5)								(5)

四、中国队与不丹队比赛攻守转换分析

(一)中国队与不丹队由守转攻情况

中国队与不丹队比赛由守转攻数据统计如表 5-34 所示：中国队全场比赛由守转攻 138 次，成功 126 次，失误 12 次，成功率为 91.30%；不丹队为 136 次，成功 106 次，失误 30 次，成功率为 77.94%。中国队由守转攻次与不丹队相差不大，而成功率则明显高于对手，表明中国队全场比赛防守积极性较高，也很有成效，对球的控制力强于不丹队。

其中，中国队前场由守转攻 33 次，成功 29 次，失误 4 次，成功率 87.88%；不丹队为 7 次，成功 6 次，失误 1 次，成功率为 85.71%。中国队中场由守转攻 72 次，成功 66 次，失误 6 次，成功率为 91.67%；不丹队为 40 次，成功 32 次，失误 8 次，成功率为 80%。中国队后场由守转攻 33 次，成功 31 次，失误 2 次，成功率为 93.94%；不丹队为 89 次，成功 68 次，失误 21 次，成功率为 76.40%。中国队在中场和后场由守转攻的效果明显好于不丹队。

中国队上半场由守转攻 73 次，成功 68 次，失误 5 次，成功率为 93.15%；不丹队为 69 次，成功 51 次，失误 18 次，成功率为 73.91%。中国队下半场由守转攻为 65 次，成功 58 次，失误 7 次，成功率为 89.23%；不丹队为 67 次，成功 55 次，失误 12 次，成功率为 82.09%。

表 5-34　中国队与不丹队比赛由守转攻数据统计

		前场		中场		后场		合计	
		成功	失误	成功	失误	成功	失误	成功	失误
中国队	上半场	18	3	31	2	19	0	68	5
	下半场	11	1	35	4	12	2	58	7
不丹队	上半场	3	0	19	5	29	13	51	18
	下半场	3	1	13	3	39	8	55	12

（二）中国队与不丹队由攻转守情况

中国队与不丹队比赛由攻转守数据统计如表 5-35 所示：中国队全场比赛由攻转守 27 次，成功 22 次，失误 5 次，成功率为 81.48％；不丹队为 26 次，成功 11 次，失误 15 次，成功率为 42.31％。双方进攻受阻的次数差不多，但由攻转守后对对方施压和反抢效果中国队明显好于不丹队。

其中，中国队前场由攻转守 18 次，成功 13 次，失误 5 次，成功率为 72.22％；不丹队为 9 次，成功 3 次，失误 6 次，成功率为 33.33％。中国队中场由攻转守成功 7 次，无失误；不丹队为 13 次，成功 5 次，失误 8 次，成功率为 38.46％。中国队后场由攻转守成功 2 次，无失误；不丹队为 4 次，成功 3 次，失误 1 次，成功率 75％。中国队在前场出现由攻转守的情况较多，并且出现了少量的失误，在中场和后场由攻转守均为成功。不丹队在前场和中场由攻转守的成功率比较低。

中国队上半场由攻转守 21 次，成功 18 次，失误 3 次，成功率为 85.71％；不丹队为 15 次，成功 6 次，失误 9 次，成功率为 40％。中国队下半场由攻转守为 6 次，成功 4 次，失误 2 次，成功率为 66.67％；不丹队为 11 次，成功 5 次，失误 6 次，成功率为 45.45％。

表 5-35　中国队与不丹队比赛由攻转守数据统计

		前场		中场		后场		合计	
		成功	失误	成功	失误	成功	失误	成功	失误
中国队	上半场	11	3	5	0	2	0	18	3
	下半场	2	2	2	0	0	0	4	2
不丹队	上半场	1	3	4	5	1	1	6	9
	下半场	2	3	1	3	2	0	5	6

第六节　中国队（客场）与中国香港队比赛技术实力分析

2015 年 11 月 17 日，中国队在香港客场与中国香港队进行了小组赛第六场比赛，主裁判德洛夫斯基，比赛结果为 0∶0。

一、中国队与中国香港队出场阵容

(一)中国队出场阵容

中国队比赛阵型为 4-3-3,首发阵容:王大雷(23 号,守门员)、张琳芃(5)、梅方(3)、冯潇霆(6)、邹正(4)、黄博文(16)、郑智(10)、吴曦(15)、武磊(7)、杨旭(9)、于大宝(22)。

替补队员为:于海(21 号,第 64 分钟上场替换吴曦)、王永珀(11 号,第 73 分钟上场替换黄博文)、毕津浩(18 号,第 81 分钟上场替换武磊)。

(二)中国香港队出场阵容

中国香港队比赛阵型为 4-2-3-1,首发阵容:叶鸿辉(1 号,守门员)、李志豪(2)、基拉马(5)、法图斯(3)、张健峰(13)、积施利(14)、白鹤(4)、麦基(22)、梁振邦(16)、桑德罗(11)、保利尼奥(17)。

替补队员为:阿坎德(9 号,第 79 分钟上场替换保利尼奥)、陈肇麒(7 号,第 86 分钟上场替换桑德罗)、陈俊乐(6 号,第 89 分钟上场替换白鹤)。

二、中国队与中国香港队比赛进攻行为分析

(一)中国队与中国香港队比赛进攻行为基础数据

1. 各区域进攻行为与时段

中国队与中国香港队比赛进攻行为数据统计如表 5-36 所示:中国队全场比赛进攻行为 693 次,成功率为 84.70%;中国香港队为 283 次,成功率为 61.13%。中国队掌握了本场比赛的主动权,进攻行为的次数和成功率均高于中国香港队。

其中,中国队前场进攻行为 206 次,成功 148 次,成功率为 71.84%;中国香港队仅为 29 次,成功 26 次,成功率为 89.66%。中国队中场进攻行为 407 次,成功 370 次,成功率为 90.91%;中国香港队为 136 次,成功 86 次,成功率为 63.24%。中国队后场进攻行为 80 次,成功 69 次,成功率为 86.25%;中国香港队为 118 次,成功 61 次,成功率为 51.69%。中国队进攻的重心在前场和中场,进攻行为远多于中国香港队,但对手收缩在后场进行顽强的抵抗,使得中国队前场进攻的成功率受到了较大的限制。中国队在中、前场投入了较多的人员,后场防守有些空虚,中国香港队利用为数不多的反击,取得了一定的进攻效果。

中国队上半场进攻行为 388 次,成功 329 次,成功率为 84.79%;中国香港队为 127 次,成功 73 次,成功率为 57.48%。中国队下半场进攻行为 305 次,成功 258 次,成功率为 84.59%;中国香港队为 156 次,成功 100 次,成功率为 64.10%。中国队上半场的进攻行为多于下半场,成功率则基本相等。中国香港队下半场进攻行为的次数和成功率都有所加强。

表 5-36　中国队与中国香港队比赛各场区进攻行为数据统计

			前场			中场			后场			合计
			左边	中路	右边	左边	中路	右边	左边	中路	右边	
中国队	上半场	成功	36	11	40	81	51	81	9	9	11	329
		失误	13	5	11	12	6	5	1	4	2	59
	下半场	成功	16	15	30	67	32	58	15	20	5	258
		失误	12	6	11	6	3	5	2	2	0	47
中国香港队	上半场	成功	1	4	6	11	14	16	7	11	3	73
		失误	0	0	1	9	3	9	9	18	5	54
	下半场	成功	4	1	10	15	15	15	7	24	9	100
		失误	0	2	0	7	9	13	3	16	6	56

2. 射门与定位球进攻

中国队与中国香港队比赛射门与定位球进攻情况如表 5-37 所示：中国队运动战禁区内射门 9 次（射正 3 次），禁区外射门 3 次（射正 1 次），角球 5 次（射正 1 次，失误 4 次），前场 30 米任意球进攻失误 5 次。全场比赛射正率为 38.46%。

中国香港队运动战禁区内射门 1 次（射正 1 次），禁区外射门 5 次（射正 1 次），角球 3 次（射门 2 次，失误 1 次），前场 30 米任意球进攻 3 次（射门 2 次，射正 1 次，失误 1 次）。全场比赛射正率为 30%。

表 5-37　中国队与中国香港队比赛射门与定位球进攻数据统计

			运动战		角球		前场 30 米任意球			点球	合计
			禁区内	禁区外	左侧	右侧	左侧	中路	右侧		
中国队	上半场	失误				2	1		1		4
		射门	4	2							6
		射正	（1）	（1）							（2）
		进球									
	下半场	失误			2		2	1			5
		射门	5	1	1						7
		射正	（2）		（1）						（3）
		进球									
中国香港队	上半场	失误							1		1
		射门	1	3	1		1				6
		射正	（1）	（1）							（2）
		进球									
	下半场	失误			1						1
		射门		2		1			1		4
		射正							（1）		（1）
		进球									

（二）中国队与中国香港队比赛进攻态势变化

中国队与中国香港队进攻态势变化曲线如图 5-71 所示，从中可以看出，中国队在整场比赛中占据绝对的优势,上半场的优势更加明显,下半场的进攻有所减弱。而中国香港队的进攻虽然有所起伏,但一直保持着一种较为稳定的进攻节奏,也反映了他们整体战术思想。

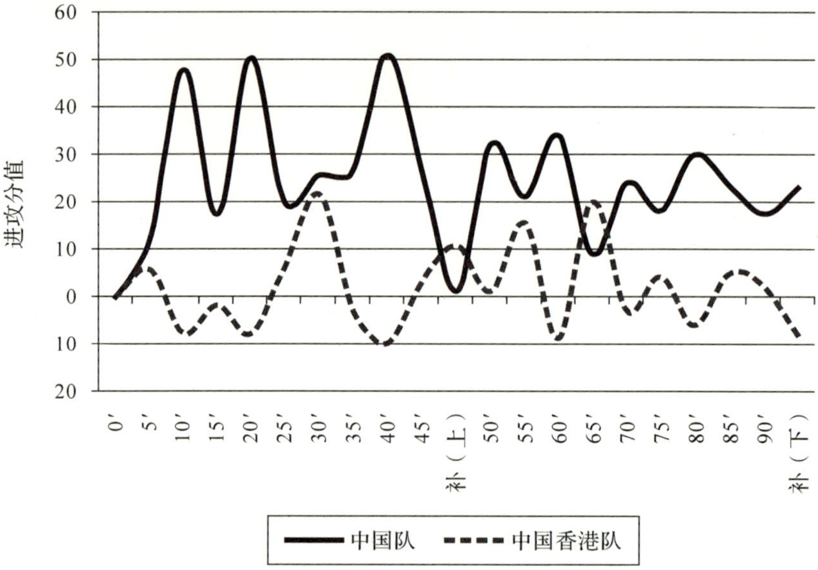

图 5-71 中国队与中国香港队比赛进攻态势变化曲线

(三)中国队与中国香港队比赛进攻技术行为运用

1.前场 30 米区域进攻技术

中国队前场 30 米进攻技术行为运用情况如图 5-72 所示:进攻性技术行为运用 95 次,成功 60 次,失误 35 次,成功率为 63.16%。其中,个人突破成功 10 次,失误 7 次;直传球成功 8 次,失误 4 次;直传身后成功 2 次,失误 2 次;斜传球成功 8 次,失误 2 次;二过一成功 9 次,失误 3 次;传中成功 16 次,失误 16 次;内切成功 7 次,失误 1 次。过渡性技术行为运用 111 次,成功 88 次,失误 23 次,成功率为 79.28%。

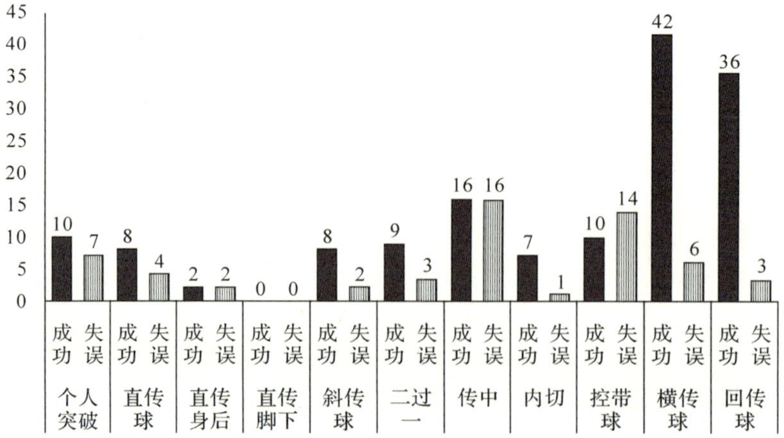

图 5-72 中国队对中国香港队前场进攻技术运用情况统计

中国香港队前场 30 米进攻技术行为运用情况如图 5-73 所示：进攻性技术行为运用 12 次，成功 9 次，失误 3 次，成功率为 75%。其中，个人突破成功 2 次，失误 1 次；直传球成功 1 次，无失误；直传身后成功 1 次，失误 1 次；斜传球成功 1 次；传中成功 3 次，失误 1 次；内切成功 1 次，无失误。过渡性技术行为运用 17 次，均为成功。

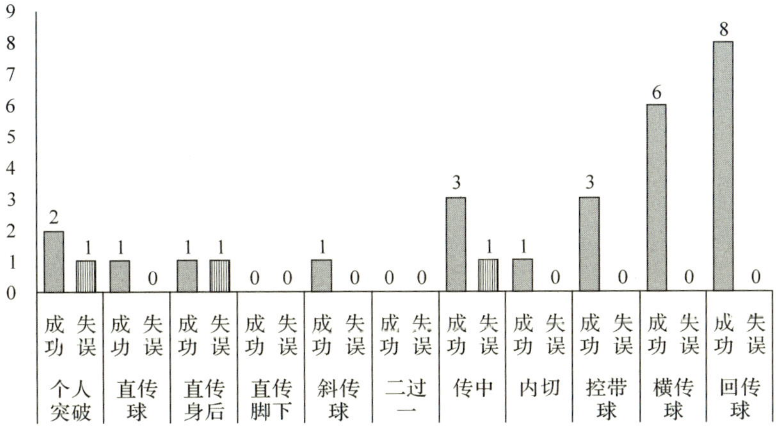

图 5-73　中国香港队对中国队前场进攻技术运用情况统计

中国队在前场的进攻行为次数远多于对手，但中国香港队采用了密集的后场深度防守，使得中国队的进攻没有达到预期的效果，成功率不高，再次反映了中国队在对方人员密集防守的情况下，技战术配合还不够细腻，缺乏有效突破手段等问题。

2. 中场区域进攻技术

中国队中场进攻技术运用情况如图 5-74 所示：进攻性技术行为运用 210 次，成功 182 次，失误 28 次，成功率为 86.67%。其中，向前带球成功 26 次，失误 1 次；中长直传成功 9 次，失误 5 次；短直传成功 58 次，失误 8 次；直传身后成功 2 次，失误 4 次；直传脚下成功 3 次，无失误；长传转移成功 6 次，无失误；二过一成功 1 次，失误 1 次；斜传边路成功 63 次，失误 3 次；边路斜传成功 14 次，失误 6 次。过渡性技术行为运用 197 次，成功 188 次，失误 9 次，成功率为 95.43%。

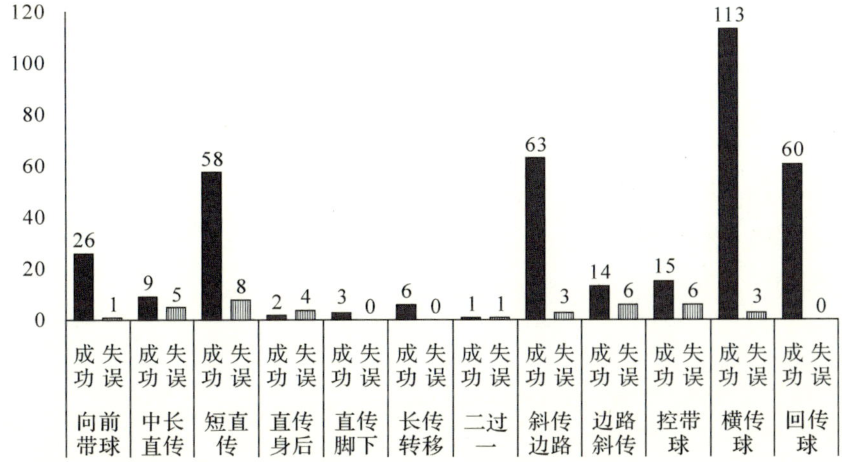

图 5-74　中国队对中国香港队中场进攻技术运用情况统计

中国香港队中场进攻技术运用情况如图 5-75 所示:进攻性技术行为运用 73 次,成功 33 次,失误 40 次,成功率为 45.21%。其中,向前带球成功 7 次,失误 2 次;中长直传成功 2 次,失误 17 次;短直传成功 14 次,失误 10 次;直传身后失误 4 次;直传脚下失误 1 次;斜传边路成功 9 次,无失误;边路斜传成功 1 次,失误 6 次。过渡性技术行为运用 63 次,成功 53 次,失误 10 次,成功率为 84.13%。

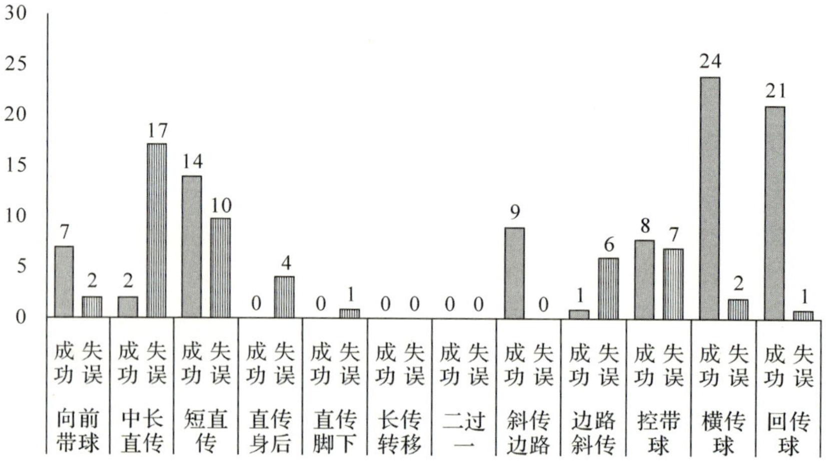

图 5-75　中国香港队对中国队中场进攻技术运用情况统计

中国队完全控制了中场的主动权,通过快速向前带球、中长直传、短直传、长传转移、斜传边路和边路斜传向前推进与渗透,并有比较高的成功率。但受到了中国香港队后场密集防守的限制,中国队的威胁性传球,直传身后效果并不好。中国香港队向前带球、短直传和斜传边路的成功率相对较高,但其他各项技术相对较差。

3. 后场区域进攻技术

中国队后场进攻技术运用情况如图 5-76 所示:进攻性技术行为运用 60 次,成功 51 次,失误 9 次,成功率为 85%。其中,向前带球 8 次,无失误;向前长传成功 3 次,失误 3 次;向前中传成功 4 次,失误 3 次;斜传边路成功 18 次,失误 2 次;短直传成功 18 次,失误 1 次。过渡性技术行为运用 20 次,成功 18 次,失误 2 次,成功率为 90%。

中国香港队后场进攻技术运用情况如图 5-77 所示:进攻性技术行为运用 105 次,成功 48 次,失误 57 次,成功率为 45.71%。其中,向前带球成功 6 次,失误 2 次;向前长传成功 5 次,失误 24 次;向前中传成功 10 次,失误 12 次;斜传边路成功 14 次,失误 9 次;短直传成功 13 次,失误 10 次。过渡性技术运用 13 次,均为成功。

中国队后场得球后基本上都是快速将球传向中前场,向前带球、斜传边路和短直传的效果很好。由于中国队采取前场高压策略,中国香港队虽然后场进攻行为次数多于中国队,但成功率较低。

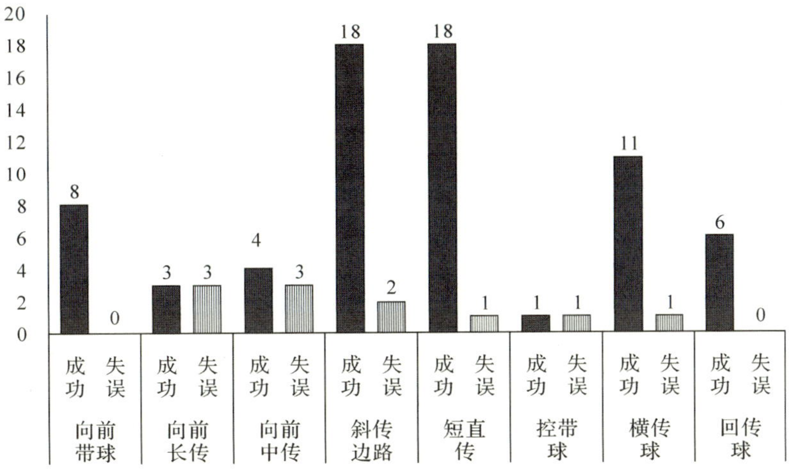

图 5-76　中国队对中国香港队后场进攻技术运用情况统计

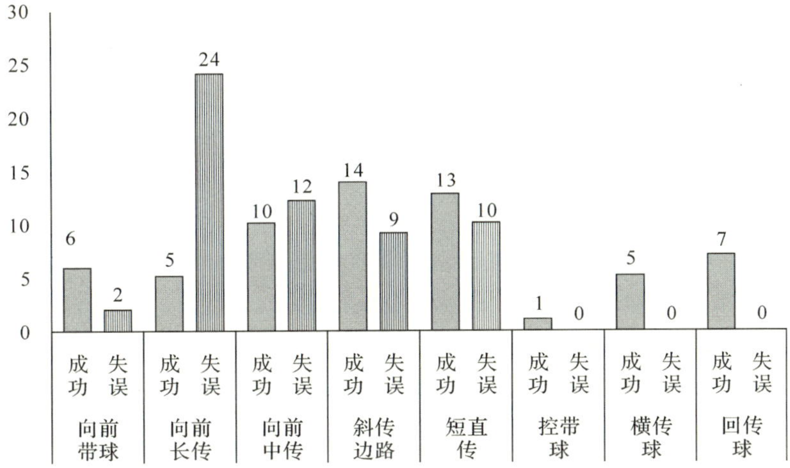

图 5-77　中国香港队对中国队后场进攻技术运用情况统计

三、中国队与中国香港队比赛防守行为分析

(一)中国队与中国香港队比赛防守行为基础数据

1. 各区域防守行为与时段

中国队与中国香港队全场比赛整体防守行为数据如表 5-38 显示：中国队全场比赛个人防守行为 356 次[包括无压(以下简称无压)19 次]，成功 174 次，失误 182 次，成功率为 48.88%；中国香港队为 748 次(无压 145 次)，成功 337 次，失误 411 次，成功率为 45.05%。在本场比赛中，中国香港队大部分时间处于防守状态，但对持球人的无压情况较多，对接应人的限制不够。

其中，中国队前场个人防守 101 次(无压 9 次)，成功 39 次，失误 62 次，成功率为 38.61%；中国香港队为 48 次(无压 25 次)，成功 11 次，失误 37 次，成功率为 22.92%。中国队中场个人防守 182 次(无压 10 次)，成功 93 次，失误 89 次，成功率为 51.10%；中国香港队为 418 次(无压 115 次),成功 169 次,失误 249 次,成功率为 40.43%。中国队后场个人防守 73 次,成功 42 次,失误 31 次,成功率 57.53%;中国香港队为 282 次(无压 5 次),成功 157 次,失误 125 次,成功率也是 55.67%。中国队在前场实施高压防守策略,使得防守次数与成功率都要高于中国香港队。在中场中国队的防守效果也要好于对手,并且对持球人的限制较为成功,中国香港队的无压情况要远多于中国队,后场则是中国香港队的主要防守区域。

中国队小组防守 66 次,成功 45 次,失误 21 次,成功率为 68.18%;中国香港队为 120 次,成功 91 次,失误 29 次,成功率为 75.83%。中国香港队的小组防守效果较好,相互间的保护、补位、压迫较为成功。

其中,中国队前场小组防守成功 4 次,失误 5 次;中国香港队为成功 1 次。中国队中场小组防守 32 次,成功 22 次,失误 10 次,成功率为 68.75%;中国香港队为 24 次,成功 17 次,失误 7 次,成功率为 70.83%。中国队后场小组防守 25 次,成功 19 次,失误 6 次,成功率为 76%;中国香港队为 95 次,成功 73 次,失误 22 次,成功率为 76.84%。后场防守是中国香港队的重点区域。

表 5-38 中国队与中国香港队比赛各场区防守行为数据统计

场地区域与防守类型			中国队				中国香港队			
			上半场		下半场		上半场		下半场	
			成功	失误	成功	失误	成功	失误	成功	失误
前场	左边	个人	2	5	9	8	2	0	0	1
		小组	1	1	1	1	0	0	0	0
	中路	个人	6	7	9	22	3	2	1	2
		小组	1	2	0	1	0	0	0	0
	右边	个人	9	4	4	7	0	2	5	5
		小组	1	0	0	0	0	0	1	0
	无压		3		6		8		17	
中场	左边	个人	25	11	16	20	37	27	18	24
		小组	7	4	5	1	1	3	1	1
	中路	个人	11	9	21	15	26	15	25	17
		小组	3	2	1	2	3	0	3	1
	右边	个人	7	9	13	15	35	29	28	22
		小组	4	0	2	1	5	1	4	1
	无压		7		3		65		50	
后场	左边	个人	5	7	8	8	36	29	15	24
		小组	1	2	3	0	14	5	3	5
	中路	个人	10	6	6	2	22	10	36	24
		小组	4	2	7	0	17	2	24	4
	右边	个人	6	4	7	4	19	16	29	17
		小组	1	1	3	1	8	4	7	2
	无压		0		0		4		1	
合计		个人	81	62	93	101	180	130	157	136
		小组	23	14	22	7	48	15	43	14
		无压	10		9		77		68	

中国队上半场个人防守行为 153 次(无压 10 次),成功 81 次,失误 72 次,成功率为 52.94%;中国香港队为 387 次(无压 77 次),成功 180 次,失误 207 次,成功率为 46.51%。中国队下半场个人防守 203 次(无压 9 次),成功 93 次,失误 110 次,成功率为 45.81%;中国香港队为 361 次(无压 68 次),成功 157 次,失误 204 次,成功率为 43.49%。

中国队上半场小组防守 37 次,成功 23 次,失误 14 次,成功率为 62.16%;中国香港队为 63 次,成功 48 次,失误 15 次,成功率为 76.19%。中国队下半场小组防守 29 次,成功 22 次,失误 7 次,成功率为 75.86%;中国香港队为 57 次,成功 43 次,失误 14 次,成功率为 75.44%。

2. 防守对方射门与定位球进攻

中国队与中国香港队比赛防守射门与定位球数据统计如表 5-39 所示:中国队防守对方运动战禁区内射门 2 次(成功 1 次,失误 1 次),防守禁区外射门成功 4 次,防守角球 4 次(成功 2 次,失误 2 次),防守后场 30 米任意球进攻成功 4 次。

中国香港队防守对方禁区内射门 8 次(成功 6 次,失误 2 次),防守禁区外射门 3 次(成功 2 次,失误 1 次)。防守角球成功 3 次,防守后场 30 米任意球进攻成功 5 次。

表 5-39 中国队与中国香港队比赛防守射门与定位球数据统计

			运动战		角球		后场 30 米任意球			点球	合计
			禁区内	禁区外	左侧	右侧	左侧	中路	右侧		
中国队	上半场	成功	1	2			1		1		5
		失误	1			2					3
		被进球									
	下半场	成功		2	1	1	1		1		6
		失误									
		被进球									
中国香港队	上半场	成功	2	1	2		1		1		7
		失误	1	1							2
		被进球									
	下半场	成功	4	1		1		1	2		9
		失误	1								1
		被进球									

(二)中国队与中国香港队比赛防守态势变化

中国队与中国香港队防守态势变化曲线如图 5-78 所示:本场比赛双方的防守曲线交替起伏,中国队略好,绝大部分时间里双方的防守分值为正值,尤其是中国香港队全场只有在第 30~35 分钟时段为负值,表明中国香港队在本场比赛中防守是非常出色的。

(三)中国队与中国香港队比赛防守技术运用

1. 前场 30 米区域防守技术

中国队前场防守技术运用情况如图 5-79 所示:在个人防守中,施压运用 64 次(成功 23 次,失误 41 次,成功率 35.94%),无压 9 次;反抢成功 10 次,失误 8 次;1v1 防守成功 1 次,失误 1 次;断球成功 5 次,失误 2 次;铲球失误 1 次。小组防守压迫成功 1 次,失误 3 次;保护成功 3 次,失误 2 次。

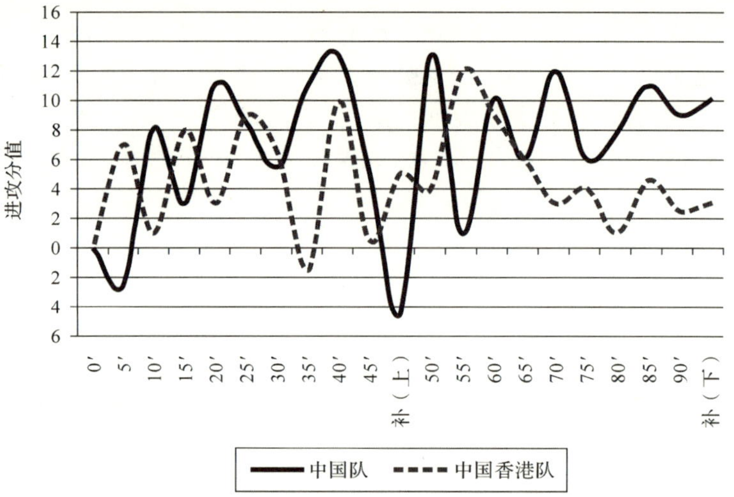

图 5-78　中国队与中国香港队比赛防守态势变化曲线

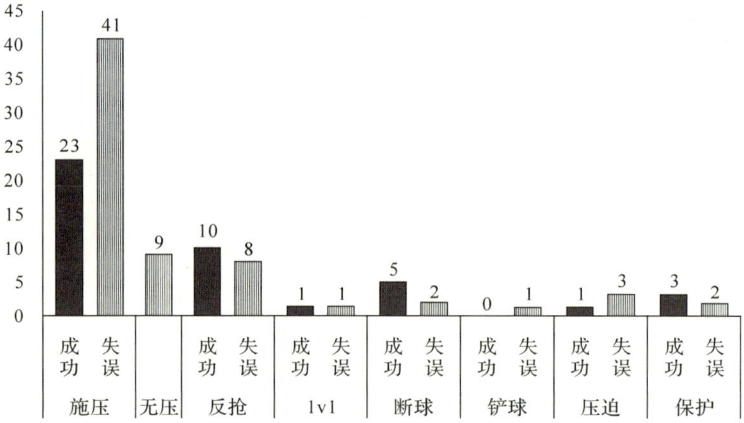

图 5-79　中国队对中国香港队前场防守技术运用情况统计

中国香港队前场防守技术运用情况如图 5-80 所示:在个人防守中,施压运用 19 次(成功 7 次,失误 12 次,成功率 36.84%),无压 25 次;反抢成功 3 次,无失误;断球成功 1 次,无失误。小组防守保护成功 1 次。

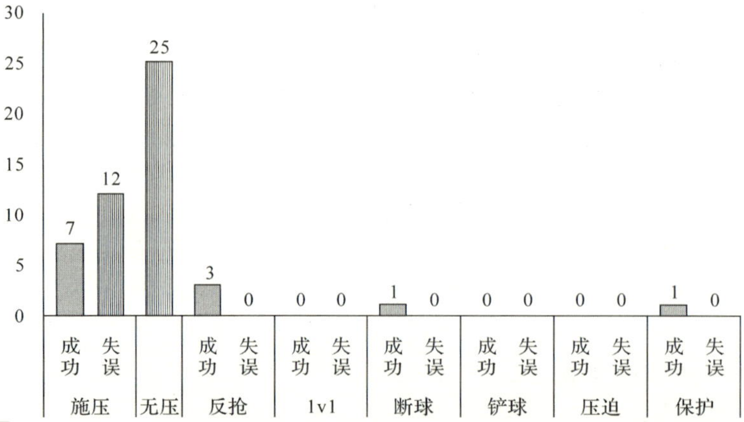

图 5-80　中国香港队对中国队前场防守技术运用情况统计

中国队在本场比赛中注重前场防守，施压、反抢、断球及小组防守的次数明显多于中国香港队，但效果很一般。中国香港队在前场施压次数较少，且无压的情况较多，表明中国香港队在前场并没有采用积极的防守行为。

2. 中场区域防守技术

中国队中场防守技术运用情况如图 5-81 所示：在个人防守中，施压运用 99 次（成功 51 次，失误 48 次，成功率 51.51%），无压 10 次；反抢成功 1 次，失误 5 次；1v1 防守成功 2 次，失误 5 次；断球成功 23 次，失误 5 次；回追成功 3 次，失误 2 次；争顶成功 13 次，失误 14 次。小组防守压迫成功 2 次，失误 2 次；保护成功 20 次，失误 8 次。

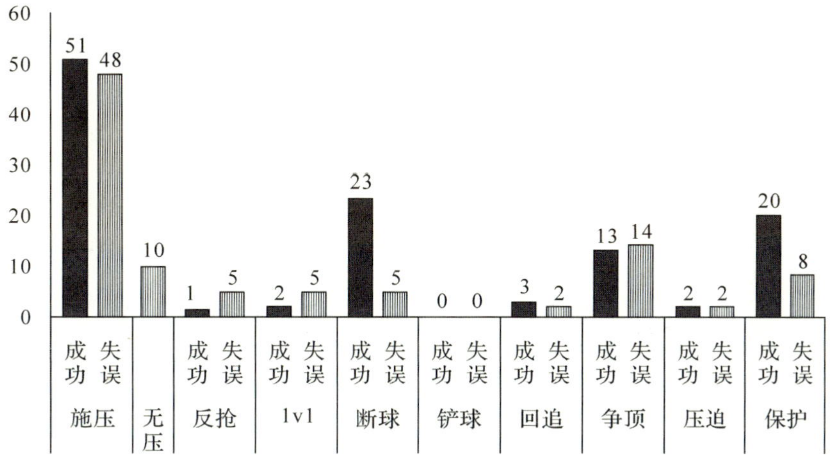

图 5-81　中国队对中国香港队中场防守技术运用情况统计

中国香港队中场防守技术运用情况图 5-82 所示：在个人防守中，施压运用 251 次（成功 144 次，失误 107 次，成功率 57.37%），无压 115 次；反抢成功 3 次，失误 1 次；1v1 防守成功 4 次，失误 7 次；断球成功 7 次，失误 3 次；铲球成功 2 次，无失误；回追成功 2 次，失误 2 次；争顶成功 7 次，失误 14 次。小组防守压迫成功 2 次，失误 4 次；保护成功 15 次，失误 3 次。

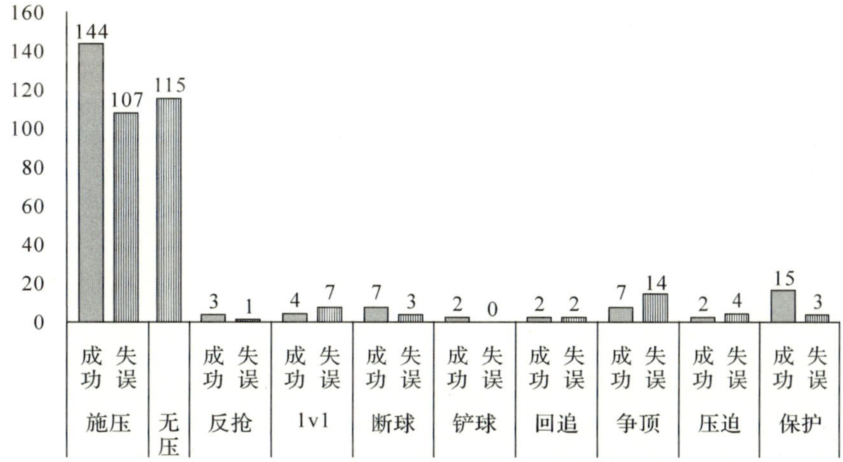

图 5-82　中国香港队对中国队中场防守技术运用情况统计

为了减缓后场的压力，中国香港队在中场加强了逼抢的强度，施压次数和成功率都要高于中国队,说明中场的防守效果还比较好,但中国香港队无压情况较多。中国队在中场以进攻为主,主要目的是攻破对方球门,因而在控球进攻占优的情况下,对方进攻时的施压防守的意识被相对弱化。

3.后场区域防守技术

中国的后场防守技术运用情况如图 5-83 所示:在个人防守中,施压运用 43 次(成功 24 次,失误 19 次,成功率 55.81%),反抢成功 2 次,失误 1 次;1v1 防守成功 3 次,失误 5 次;断球成功 4 次,无失误;铲球成功 1 次,无失误;回追成功 2 次,无失误;争顶成功 6 次,失误 6 次。小组防守压迫失误 4 次;保护成功 18 次,失误 2 次;补位成功 1 次,无失误。

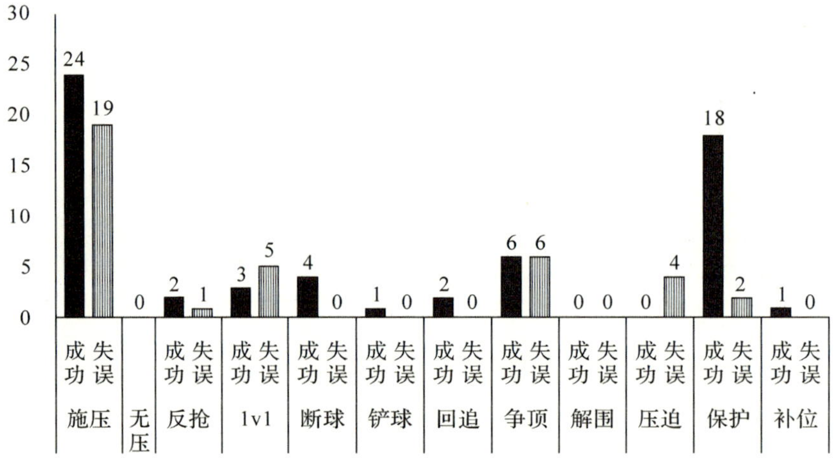

图 5-83 中国队对中国香港队后场防守技术运用情况统计

中国香港队后场防守技术运用情况如图 5-84 所示:在个人防守中,施压防守运用 174 次(成功 87 次,失误 87 次,成功率 50%),无压 5 次;反抢成功 3 次,无失误;1v1 防守成功 6 次,失误 10 次;断球成功 13 次,无失误;铲球成功 5 次,失误 2 次;回追成功 3 次,失误 5 次;争顶成功 19 次,失误 16 次;解围成功 21 次,无失误。小组防守压迫成功 4 次,失误 6 次;保护成功 59 次,失误 11 次;补位防守成功 10 次,失误 5 次。

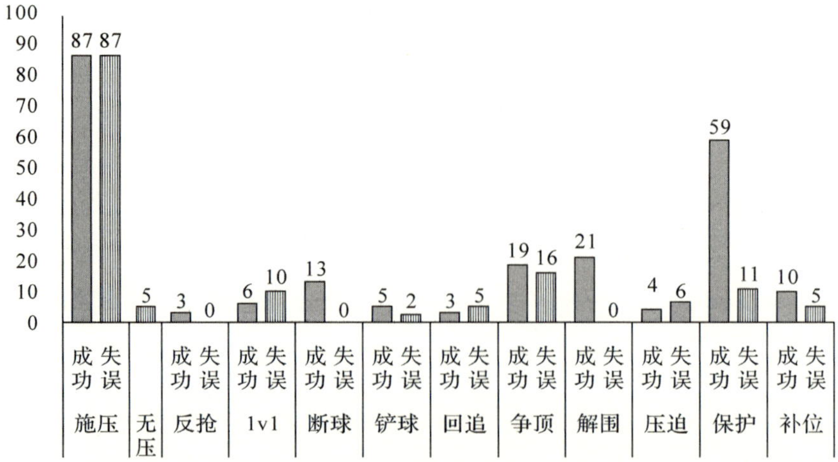

图 5-84 中国香港队对中国队后场防守技术运用情况统计

中国香港队在本场比赛采用收缩防守战术，在后场的施压次数远多于中国队，且反抢、断球、解围的效率极高，基本上做到了零失误。小组保护和补位也很成功，从而确保了本场比赛球门不被攻破。

(四)中国队与中国香港队比赛守门员技术比较

中国队与中国香港队比赛守门员技术统计数据如表 5-40 显示：中国队守门员(王大雷)处理球 4 次，成功 3 次，失误 1 次，成功率为 75%。其中，扑救球成功 1 次，正面接球成功 1 次，摘传中球 2 次(成功 1 次，失误 1 次)。

中国香港队守门员(叶鸿辉)处理球 17 次，成功 16 次，失误 1 次，成功率为 94.12%。其中，上半场扑救球 5 次(成功 4 次，失误 1 次)，正面接球成功 4 次，扑单刀成功 3 次，摘传中球成功 4 次，拳击球成功 1 次。此项数据表明，中国香港队守门员叶鸿辉的技术稳定性较高，发挥也非常出色，使得中国香港队能够确保不失球。

表 5-40　中国队与中国香港队比赛守门员技术统计

			扑救球	正面接球	扑单刀	托球	摘传中球	禁外断球	拳击球	守点球	合计
中国队	上半场	成功		1							1
		失误									
		被进球									
	下半场	成功	1				1				2
		失误					1				1
		被进球									
中国香港队	上半场	成功	1	2	2		2		1		8
		失误									
		被进球									
	下半场	成功	3	2	1		2				8
		失误	1								1
		被进球									

四、中国队与中国香港队比赛攻守转换分析

(一)中国队与中国香港队由守转攻情况

中国队与中国香港队比赛由守转攻数据统计如表 5-41 所示：中国队全场比赛由守转攻 148 次，成功 117 次，失误 31 次，成功率为 79.05%；中国香港队为 144 次，成功 117 次，失误 27 次，成功率为 81.25%。双方由守转攻的次数和成功率差异不大，表明中国队和中国香港队的防守及对球的控制能力差异不大。

其中，中国队前场由守转攻 33 次，成功 26 次，失误 7 次，成功率 78.79%；中国香港队为成功 4 次，无失误。中国队中场由守转攻 66 次，成功 54 次，失误 12 次，成功率为 81.82%；中国香港队为 34 次，成功 27 次，失误 7 次，成功率为 79.41%。中国队后场由守转攻 49 次，成功 37 次，失误 12 次，成功率为 75.51%；中国香港队为 106 次，成功 86 次，失

误20次,成功率为81.13%。由于中国香港队在本场比赛中采用的是防守反击战术,因此在前场和中场中国队由守转攻的次数和成功率明显高于对手,中国香港队的由守转攻主要在后场,且有较高的成功率。

中国队上半场由守转攻75次,成功63次,失误12次,成功率为84%;中国香港队为70次,成功56次,失误14次,成功率为80%。中国队下半场由守转攻为73次,成功54次,失误19次,成功率为73.97%;中国香港队为74次,成功61次,失误13次,成功率为82.43%。

表5-41 中国队与中国香港队比赛由守转攻数据统计

		前场		中场		后场		合计	
		成功	失误	成功	失误	成功	失误	成功	失误
中国队	上半场	17	2	27	6	19	4	63	12
	下半场	9	5	27	6	18	8	54	19
中国香港队	上半场	2	0	16	5	38	9	56	14
	下半场	2	0	11	2	48	11	61	13

(二)中国队与中国香港队由攻转守情况

中国队与中国香港队比赛由攻转守数据统计如表5-42所示:中国队全场比赛由攻转守27次,成功13次,失误14次,成功率为48.15%;中国香港队为10次,成功9次,失误1次,成功率为90%。此项数据表明,中国队的进攻受到了一定程度的干扰,对方就地反抢的能力比较强。

其中,中国队前场由攻转守18次,成功10次,失误8次,成功率为55.56%;中国香港队为成功3次,无失误。中国队中场由攻转守6次,成功1次,失误5次,成功率为16.67%;中国香港队为4次,成功3次,失误1次,成功率为75%。中国队后场由攻转守3次,成功2次,失误1次,成功率66.67%;中国香港队为3次,均为成功。中国队重视前场由攻转守的二次进攻机会,但是成功率一般。中国香港队在中场和后场的由攻转守则有较高效率。

中国队上半场由攻转守14次,成功6次,失误8次,成功率为42.86%;中国香港队为6次,成功5次,失误1次,成功率为83.33%。中国队下半场由攻转守为13次,成功7次,失误6次,成功率为53.85%;中国香港队为成功4次,无失误。

表5-42 中国队与中国香港队比赛由攻转守数据统计

		前场		中场		后场		合计	
		成功	失误	成功	失误	成功	失误	成功	失误
中国队	上半场	5	3	0	4	1	1	6	8
	下半场	5	5	1	1	1	0	7	6
中国香港队	上半场	2	0	2	1	1	0	5	1
	下半场	1	0	1	0	2	0	4	0

第六章　中国队技术实力综合分析

第一节　中国队 2015 年比赛概况

2015 年，中国国家男子足球队分别参加了亚洲杯、热身赛、东亚杯和 2018 年世界杯亚洲区预选赛 40 强共 15 场比赛，如表 6-1 所示。其中，胜 7 场，负 3 场，平 5 场，进 32 球，失 11 球（包括 1 个乌龙球）。杨旭和于大宝各进 8 球；孙可和王永珀各进 3 球；于海、武磊和于汉超各进 2 球；吴曦、张琳芃、梅方和张稀哲各进 1 球。

表 6-1　中国队 2015 年参加的比赛概况

时间	地点	比赛	比赛对手	阵形	结果	实力系数	进球队员
1 月 10 日	布里斯班	亚洲杯	沙特	4-2-3-1	1∶0	1.16	于海
1 月 14 日	布里斯班	亚洲杯	乌兹别克斯坦	5-4-1	2∶1	1.53	吴曦、孙可
1 月 18 日	堪培拉	亚洲杯	朝鲜	4-2-3-1	2∶1	0.90	孙可进 2 球
1 月 22 日	布里斯班	亚洲杯	澳大利亚	4-3-3	0∶2	0.68	
3 月 27 日	长沙	热身赛	海地	4-2-3-1	2∶2	1.12	杨旭、于海
3 月 31 日	南京	热身赛	突尼斯	4-3-3	1∶1	1.18	于大宝
8 月 2 日	武汉	东亚杯	韩国	4-2-3-1	0∶2	0.67	
8 月 5 日	武汉	东亚杯	朝鲜	4-2-3-1	2∶0	0.86	于大宝、王永珀
8 月 9 日	武汉	东亚杯	日本	4-3-3	1∶1	0.78	武磊
6 月 16 日	延布	世预赛	不丹 （客场）	4-5-1	6∶0	8.65*	杨旭进 3 球 武磊进 1 球 于大宝进 2 球
9 月 3 日	深圳	世预赛	中国香港（主场）	4-2-3-1	0∶0	2.83*	
9 月 8 日	沈阳	世预赛	马尔代夫 （客场）	4-2-3-1	3∶0	2.42*	于大宝进 2 球 张琳芃进 1 球
10 月 8 日	多哈	世预赛	卡塔尔 （客场）	4-5-1	0∶1	0.86	
11 月 12 日	长沙	世预赛	不丹 （主场）	4-2-3-1	12∶0	**	梅方进 1 球 杨旭进 4 球 于大宝进 2 球 于汉超进 2 球 王永珀进 2 球 张稀哲进 1 球
11 月 17 日	香港	世预赛	中国香港（客场）	4-3-3	0∶0	1.13	

注：* 表示该场比赛双方实力相差悬殊，未列入后续的综合分析之中。

** 表示该场比赛超出了正常的实力系数计算范畴。

表 6-1 中的实力系数是根据比赛双方的进球数、失球数、射门数和被射门数构建的一个综合值(第一章第三节),反映了双方技术实力的发挥情况。中国队参加的 15 场比赛中,实力系数最大的为 8.65(世预赛中国队客场对不丹队),最小的是 0.67(东亚杯中国队对韩国),主场对不丹队的比赛超过了正常值,因此未予以计算。为了使综合分析的各项技术数据更具客观性,剔除了实力悬殊的比赛(即实力系数中打"*"和"**"的 4 场比赛)。

中国队共有 38 人上场比赛,如表 6-2 所示,其中首发最多的是王大雷(13 次),其次是吴曦和任航(12 次),第三为郑智和梅方(11 次)。替补出场最多的是杨旭(5 次),其次是于大宝、孙可和王永珀(4 次),第三为于海、于汉超、姜至鹏和刘彬彬(3 次)。

上场比赛(首发+替补)超过 10 次的有 8 人(王大雷、吴曦、任航、郑智、梅方、武磊、于大宝、杨旭);超过 5 次有 12 人(蔡慧康、张琳梵、张呈栋、吉翔、于海、郜林、于汉超、姜至鹏、冯潇霆、孙可、刘建业、王永珀)。可以看出,以上 20 人应该是中国队 2015 年参加比赛的主力队员。

表 6-2 中国队上场比赛队员情况

编号	队员	首发次数	替补次数	编号	队员	首发次数	替补次数
1	王大雷	13		20	郑　龙	3	
2	吴　曦	12	2	21	邹　正	3	
3	任　航	12	1	22	王永珀	2	4
4	郑　智	11	1	23	高俊闵	2	1
5	梅　方	11	1	24	饶伟辉	2	
6	武　磊	10	1	25	颜骏凌	1	1
7	蔡慧康	9		26	王博文	1	1
8	张琳梵	8		27	曾　诚	1	
9	于大宝	7	4	28	雷腾龙	1	
10	张呈栋	7	1	29	王　彤	1	
11	吉　翔	7		30	于　洋	1	
12	杨　旭	6	5	31	刘彬彬		3
13	于　海	6	3	32	张池明		3
14	郜　林	6	1	33	李　昂		1
15	于汉超	5	3	34	张文钊		1
16	姜至鹏	5	3	35	宋博轩		1
17	冯潇霆	5		36	张稀哲		1
18	孙　可	4	4	37	毕津浩		1
19	刘建业	3	2	38	朴　成		1

第二节　中国队进攻技术实力综合分析

一、进攻行为综合分析

中国队比赛进攻行为分析如表 6-3 所示,前场进攻行为成功均值为 62.64 次,失误均值为 30.91 次,成功率均值为 65.64%;中场成功均值为 272 次,失误均值为 49.18 次,成功率均值为 83.63%；后场成功均值为 104.36 次，失误均值为 27.09 次，成功率均值为 79.57%；全场进攻行为成功均值为 439 次，失误均值为 107.18 次，成功率均值为 79.44%。

表 6-3　中国队比赛进攻行为分析（N=11）

		均值	标准差	极小值	极大值
前场	成功	62.64	35.78	28	148
	失误	30.91	12.47	14	58
	成功率(%)	65.64	5.19	57.14	72.26
中场	成功	272.00	91.39	171	467
	失误	49.18	11.04	33	70
	成功率(%)	83.63	5.20	76.95	92.84
后场	成功	104.36	21.51	69	133
	失误	27.09	12.35	11	49
	成功率(%)	79.57	7.78	68.53	91.04
全场	成功	439.00	125.94	297	688
	失误	107.18	12.80	86	133
	成功率(%)	79.44	4.98	73.89	88.89

图 6-1 是中国队比赛前场、中场和后场进攻行为成功率的比较，前场成功率最低，但相对比较平稳；中场的成功率是最高的，但有一定的起伏变化；后场的成功率介于前场和中场之间，但起伏变化是最大的。中国队 15 场比赛进攻行为数据如表 6-4 所示。

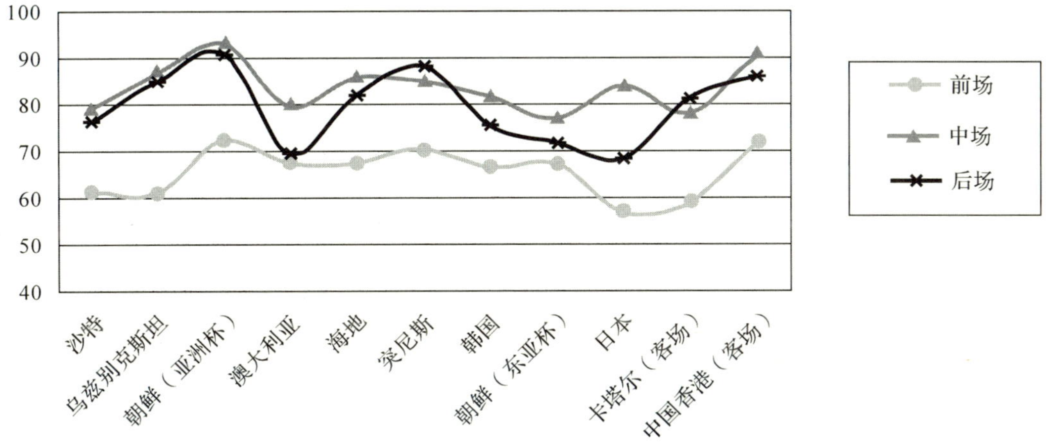

图 6-1　中国队比赛前场、中场和后场进攻行为成功率比较

二、射门和定位球进攻综合分析

中国队射门和定位球进攻分析如表 6-5 所示，每场比赛平均角球 2.82 次，前场 30 米任意球 3.27 次，射门为 10.27 次，射正为 4 次，射正率为 40.05%，进球 1 个，进球率为 10.66%。中国队 15 场比赛射门和定位球进攻数据如表 6-6 所示。

表 6-4 中国队进攻行为数据统计

对手	前场			中场			后场			全场		
	成功	失误	成功率（%）	成功	失误	成功率（%）	成功	失误	成功率（%）	成功	失误	成功率（%）
沙特	49	31	61.25	219	58	79.06	84	26	76.36	352	115	75.37
乌兹别克斯坦	58	37	61.05	301	46	86.74	127	22	85.23	486	105	82.23
朝鲜	99	38	72.26	467	36	92.84	122	12	91.04	688	86	88.89
澳大利亚	44	21	67.69	179	46	79.56	75	33	69.44	298	100	74.87
海地	58	28	67.44	313	52	85.75	101	22	82.11	472	102	82.23
突尼斯	85	36	70.25	312	56	84.78	133	18	88.08	530	110	82.81
韩国	28	14	66.67	223	51	81.39	107	35	75.35	358	100	78.17
朝鲜	37	18	67.27	187	56	76.95	124	49	71.68	348	123	73.89
日本	28	21	57.14	171	33	83.82	98	45	68.53	297	99	75.00
不丹(客场)	169	58	74.45	298	46	86.63	129	14	90.21	596	118	83.47
中国香港(主场)	207	64	76.38	326	26	92.61	65	7	90.28	598	97	86.04
马尔代夫(客场)	112	59	65.50	386	66	85.40	56	14	80.00	554	139	79.94
卡塔尔(客场)	55	38	59.14	250	70	78.13	108	25	81.20	413	133	75.64
不丹(主场)	191	53	78.28	358	43	89.28	88	7	92.63	637	103	86.08
中国香港(客场)	148	58	71.84	370	37	90.91	69	11	86.25	587	106	84.70

表 6-5 中国队射门和定位球进攻分析($N=11$)

	均值	标准差	极小值	极大值
角球	2.82	1.60	0	5
前场 30 米任意球	3.27	1.95	1	7
射门	10.27	3.04	6	15
射正	4.00	1.41	1	5
射正率(%)	40.05	16.44	16.67	71.43
进球	1.00	0.89	0	2
进球率(%)	10.66	10.31	0.00	28.57

表 6-6　中国队射门和定位球进攻数据统计

对手	运动战禁区内			运动战禁区外			角球				前场 30 米任意球				点球		合计				
	射门	射正	进球	射门	射正	进球	射门	射正	进球	失误	射门	射正	进球	失误	成功	失误	射门	射正	射正率（%）	进球	进球率（%）
沙特	2			2						4	4	2	1	3			8	2	25.00	1	12.50
乌兹别克斯坦	6	2	1	4	1	1				2	3			2			13	3	23.08	2	15.38
朝鲜（亚洲杯）	4	3	2	2	2					1	1						7	5	71.43	2	28.57
澳大利亚	6	3		6	2		1			1				2			13	5	38.46	0	0.00
海地	5	3	1	6	1		1	1	1	4				5			12	5	41.67	2	16.67
突尼斯	7	1	1	3	2		3	1			2	1		1			15	5	33.33	1	6.67
韩国	1			4	1						1						6	1	16.67	0	0.00
朝鲜（东亚杯）	5	3	1	1	1					2	1			1	1		8	5	62.50	2	25.00
日本	3	1		4	3	1	1			2				2			8	4	50.00	1	12.50
不丹（客场）	24	11	5	11	1		10	7	1	6				1			45	19	42.22	6	13.33
中国香港（主场）	13	5		14	3		8			4	4	1		1			39	9	23.08	0	0.00
马尔代夫（客场）	9	4		6	2	1	4	1	1	2	2	2	1	1			21	9	42.86	3	14.29
卡塔尔（客场）	2	2		5	1		1			3	2	1		1			10	4	40.00	0	0.00
不丹（主场）	30	17	10	8	4	1	1			5				1	1		40	22	55.00	12	30.00
中国香港（客场）	9	3		3	1		1	1		4				5			13	5	38.46	0	0.0

第三节 中国队防守技术实力综合分析

一、个人防守综合分析

中国队比赛个人防守分析如表6-7所示,前场个人防守成功均值为30.18次,失误均值为64.91次,成功率均值为31.66%;中场成功均值为160.64次,失误均值为181.91次,成功率均值为47.16%;后场成功均值为85.09次,失误均值为72.55次,成功率均值为54.02%;全场个人防守成功均值为275.91次,失误均值为319.36次,成功率均值为46.42%。

表6-7 中国队比赛个人防守分析($N=11$)

		均值	标准差	极小值	极大值
前场	成功	30.18	7.53	20	43
	失误	64.91	13.59	48	93
	成功率(%)	31.66	4.00	25.30	38.61
中场	成功	160.64	36.49	93	202
	失误	181.91	47.08	89	234
	成功率(%)	47.16	4.30	39.13	52.94
中场	成功	85.09	33.02	42	138
	失误	72.55	28.99	31	128
	成功率(%)	54.02	7.23	41.67	66.05
全场	成功	275.91	58.02	174	353
	失误	319.36	69.30	182	444
	成功率(%)	46.42	3.42	42.23	53.01

图6-2是中国队比赛前场、中场和后场个人防守成功率的比较,前场成功率最低,但相对比较平稳;中场的成功率要高于前场,但低于后场,成功率起伏变化较大;后场的成功率最高,起伏变化也是最大的,表明中国队后场个人防守还不够稳定。中国队15场比赛个人防守数据如表6-8所示。

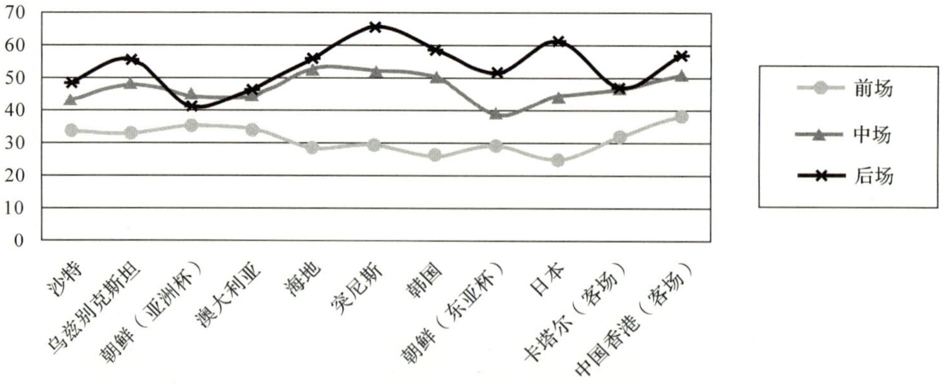

图6-2 中国队比赛前场、中场和后场个人防守成功率比较

表 6-8　中国队个人防守行为数据统计

对手	前场			中场			后场			全场		
	成功	失误	成功率（%）	成功	失误	成功率（%）	成功	失误	成功率（%）	成功	失误	成功率（%）
沙特	35	68	33.98	177	231	43.38	48	50	48.98	260	349	42.69
乌兹别克斯坦	29	58	33.33	201	217	48.09	58	46	55.77	288	321	47.29
朝鲜	27	49	35.53	138	171	44.66	60	84	41.67	225	304	42.53
澳大利亚	43	82	34.40	192	234	45.07	114	128	47.11	349	444	44.01
海地	38	93	29.01	144	128	52.94	61	47	56.48	243	268	47.55
突尼斯	25	59	29.76	159	144	52.48	107	55	66.05	291	258	53.01
韩国	27	74	26.73	202	199	50.37	124	85	59.33	353	358	49.65
朝鲜	20	48	29.41	108	168	39.13	92	85	51.98	220	301	42.23
日本	21	62	25.30	183	228	44.53	138	86	61.61	342	376	47.63
不丹（客场）	53	39	57.61	115	67	63.19	38	13	74.51	206	119	63.38
中国香港（主场）	55	61	47.41	101	63	61.59	49	20	71.01	205	144	58.74
马尔代夫（客场）	42	54	43.75	131	52	71.58	52	13	80.00	225	119	65.41
卡塔尔（客场）	28	59	32.18	170	192	46.96	92	101	47.67	290	352	45.17
不丹（主场）	61	54	53.04	139	71	66.19	42	15	73.68	242	140	63.35
中国香港（客场）	39	62	38.61	93	89	51.10	42	31	57.53	174	182	48.88

二、小组防守综合分析

中国队比赛小组防守分析如表6-9所示，前场小组防守成功均值为1.73次，失误均值为1.82次，成功率均值为52.53%(中国对韩国、中国对日本的两场比赛中，前场的小组防守仅为1次成功，从而提高了小组防守成功率的极大值)；中场成功均值为22.18次，失误均值为11.18次，成功率均值为67.37%；后场成功均值为41.36次，失误均值为10.82次，成功率均值为78.33%；全场小组防守成功均值为65.27次，失误均值为23.82次，成功率均值为73.45%。

表6-9　中国队比赛小组防守分析($N=11$)

		均值	标准差	极小值	极大值
前场	成功	1.73	1.19	0	4
	失误	1.82	1.47	0	5
	成功率	52.53	31.22	0.00	100.00
中场	成功	22.18	7.37	11	34
	失误	11.18	5.12	5	20
	成功率	67.37	5.67	56.52	75.00
后场	成功	41.36	17.92	19	75
	失误	10.82	5.81	4	21
	成功率	78.33	10.93	60.38	93.75
全场	成功	65.27	12.95	45	91
	失误	23.82	10.09	9	43
	成功率	73.45	9.57	58.65	89.16

图6-3是中国队比赛前场、中场和后场小组防守成功率的比较，前场小组防守成功率最低，由于前场小组防守的次数较少，所以成功率很容易受到防守次数的影响，表现为前场成功率曲线的波折度很大；中场的小组防守成功率为第二，且保持相对平稳状态，说明中国队中场防守发挥比较稳定；后场小组防守成功率最高，但成功率起伏变化要大于中场。中国队15场比赛小组防守数据如表6-10所示。

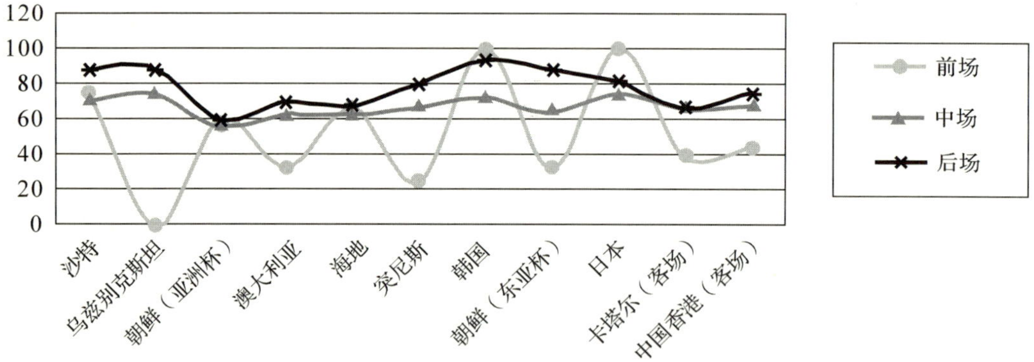

图6-3　中国队比赛前场、中场和后场小组防守成功率比较

三、防守射门和定位球进攻综合分析

中国队防守射门和定位球进攻分析如表6-11所示，每场比赛防守禁区内射门平均成功为2.36次，失误2.82次；防守禁区外射门成功2.82次，失误1.55次；防守角球平均成功3.27次，失误0.64次；防守前场30米任意球平均成功1.82次，失误0.45次；平均每场比赛被进球1次。中国队15场比赛防守射门和定位球数据如表6-12所示。

表 6-10 中国队小组防守行为数据统计

对手	前场			中场			后场			全场		
	成功	失误	成功率（%）	成功	失误	成功率（%）	成功	失误	成功率（%）	成功	失误	成功率（%）
沙特	3	1	75.00	32	13	71.11	30	4	88.24	65	18	78.31
乌兹别克斯坦	0	1	0.00	20	7	74.07	39	5	88.64	59	13	81.94
朝鲜	3	2	60.00	26	20	56.52	32	21	60.38	61	43	58.65
澳大利亚	1	2	33.33	26	16	61.90	32	14	69.57	59	32	64.84
海地	2	1	66.67	20	12	62.50	28	13	68.29	50	26	65.79
突尼斯	1	3	25.00	25	12	67.57	41	10	80.39	67	25	72.83
韩国	1	0	100.00	13	5	72.22	60	4	93.75	74	9	89.16
朝鲜	1	2	33.33	11	6	64.71	67	9	88.16	79	17	82.29
日本	1	0	100.00	15	5	75.00	75	17	81.52	91	22	80.53
不丹(客场)	3	1	75.00	23	7	76.67	23	1	95.83	49	9	84.48
中国香港(主场)	3	3	50.00	8	4	66.67	20	2	90.91	31	9	77.50
马尔代夫(客场)	4	0	100.00	21	3	87.50	28	2	93.33	53	5	91.38
卡塔尔(客场)	2	3	40.00	34	17	66.67	32	16	66.67	68	36	65.38
不丹(主场)	2	1	66.67	21	8	72.41	21	1	95.45	44	10	81.48
中国香港(客场)	4	5	44.44	22	10	68.75	19	6	76.00	45	21	68.18

表 6-11　中国队防守射门和定位球进攻分析($N=11$)

		均值	标准差	极小值	极大值
防守禁区内射门	成功	2.36	1.50	0	5
	失误	2.82	1.89	1	7
防守禁区外射门	成功	2.82	2.14	0	7
	失误	1.55	1.37	0	5
防守角球	成功	3.27	1.90	1	6
	失误	0.64	0.81	0	2
防守前场 30 米任意球	成功	1.82	1.60	0	5
	失误	0.45	0.69	0	2
被进球		1.00	0.77	0	2

表 6-12　中国队防守射门与定位球进攻数据统计

对手	运动战禁区内			运动战禁区外			角球			前场 30 米任意球			点球		合计		
	成功	失误	被进球	成功	失误	被进球	成功	失误	被进球	成功	失误	被进球	成功	失误	成功	失误	被进球
沙特	4	1		2			3						1		10	1	0
乌兹别克斯坦	3	1			1	1	1			2					6	2	1
朝鲜	2	4		7	2		1			1					11	6	1*
澳大利亚	4	7	2	3	5		6	1		1	2				14	15	2
海地		4	2	2	2		2			1					5	6	2
突尼斯	5	3	1	1	1		6						1		13	4	1
韩国	1	4	2		2		5			1					7	6	2
朝鲜	2	3		5	2		2	1		5	1				14	7	0
日本	2	2	1	4	1		5	2		3	1				14	6	1
不丹(客场)		2		2	1		1			1					4	3	0
中国香港(主场)		1		1			3	1							4	2	0
马尔代夫(客场)	1			1	1		4			3					9	1	0
卡塔尔(客场)	2	1		3	1		3	1		2	1	1			10	4	1
不丹(主场)	2			1			2								5	0	0
中国香港(客场)	1	1		4			2	2		4					11	3	0

注：* 为乌龙球。

第四节　中国队攻守转换综合分析

一、由守转攻综合分析

中国队比赛由守转攻分析如表 6-13 所示，前场由守转攻成功均值为 9.09 次，失误均值为 3.6 次，成功率均值为 74.75%；中场成功均值为 39.64 次，失误均值为 13.73 次，成功率均值为 73.80%；后场成功均值为 42.36 次，失误均值为 14.45 次，成功率均值为 72.59%；全场由守转攻成功均值为 91.09 次，失误均值为 31.55 次，成功率均值为 73.64%。

表 6-13　中国队比赛由守转攻分析(N=11)

		均值	标准差	极小值	极大值
前场	成功	9.09	6.14	3	26
	失误	3.36	2.38	0	7
	成功率(%)	74.75	17.44	41.67	100.00
中场	成功	39.64	10.73	22	55
	失误	13.73	4.63	6	20
	成功率(%)	73.80	9.10	53.66	88.46
后场	成功	42.36	15.90	10	74
	失误	14.45	5.54	7	27
	成功率(%)	72.59	14.60	33.33	88.89
全场	成功	91.09	21.91	39	119
	失误	31.55	9.83	17	52
	成功率(%)	73.64	10.00	47.56	83.65

图 6-4 是中国队比赛前场、中场和后场由守转攻成功率的比较，前场由守转攻平均成功率虽然最高，但其标准差也最大，从前场成功率曲线中也可以看出其起伏比较大。每场比赛中场由守转攻的成功率曲线起伏不大，表明中国队在中场由守转攻发挥比较稳定。除了第一场对沙特队的比赛，其他各场比赛后场由守转攻的成功率一直保持在一个较高的水平上。中国队 15 场比赛由守转攻数据如表 6-14 所示。

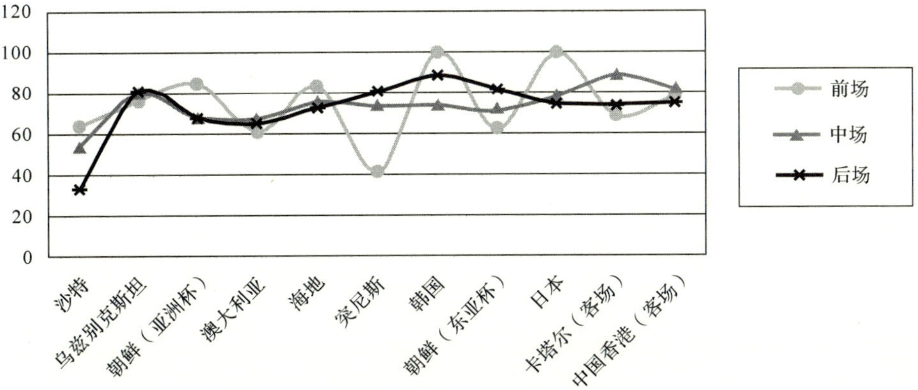

图 6-4　中国队比赛前场、中场和后场由守转攻成功率比较

表 6-14 中国队比赛由守转攻数据统计

对手	前场			中场			后场			全场		
	成功	失误	成功率(%)	成功	失误	成功率(%)	成功	失误	成功率(%)	成功	失误	成功率(%)
沙特	7	4	63.64	22	19	53.66	10	20	33.33	39	43	47.56
乌兹别克斯坦	10	3	76.92	44	11	80.00	43	10	81.13	97	24	80.17
朝鲜	11	2	84.62	32	15	68.09	32	15	68.09	75	32	70.09
澳大利亚	8	5	61.54	41	20	67.21	51	27	65.38	100	52	65.79
海地	10	2	83.33	55	18	75.34	39	14	73.58	104	34	75.36
突尼斯	5	7	41.67	45	16	73.77	38	9	80.85	88	32	73.33
韩国	3	0	100.00	28	10	73.68	56	7	88.89	87	17	83.65
朝鲜	5	3	62.50	40	16	71.43	74	16	82.22	119	35	77.27
日本	6	0	100.00	29	8	78.38	48	16	75.00	83	24	77.57
不丹(客场)	28	4	87.50	71	6	92.21	33	1	97.06	132	11	92.31
中国香港(主场)	33	4	89.19	51	7	87.93	30	7	81.08	114	18	86.36
马尔代夫(客场)	23	2	92.00	58	4	93.55	37	5	88.10	118	11	91.47
卡塔尔(客场)	9	4	69.23	46	6	88.46	38	13	74.51	93	23	80.17
不丹(主场)	29	4	87.88	66	6	91.67	31	2	93.94	126	12	91.30
中国香港(客场)	26	7	78.79	54	12	81.82	37	12	75.51	117	31	79.05

二、由攻转守综合分析

中国队比赛由攻转守分析如表 6-15 所示，前场由攻转守成功均值为 4.45 次，失误均值为 4.09 次，成功率均值为 50.45%；中场成功均值为 7.36 次，失误均值为 6.91 次，成功率均值为 46.82%（中国客场对香港的比赛攻转守的成功率仅 16.67%，使得成功率平均值较低）；后场成功均值为 3.09 次，失误均值为 2.36 次，成功率均值为 58.79%；全场由攻转守成功均值为 14.91 次，失误均值为 13.36 次，成功率均值为 51.79%。

表 6-15　中国队比赛由攻转守分析（$N=11$）

		均值	标准差	极小值	极大值
前场	成功	4.45	2.66	1	10
	失误	4.09	1.76	2	8
	成功率（%）	50.45	17.94	14.29	72.73
中场	成功	7.36	4.74	1	15
	失误	6.91	2.95	4	12
	成功率（%）	46.82	15.14	16.67	71.43
后场	成功	3.09	1.92	1	8
	失误	2.36	1.80	0	6
	成功率（%）	58.79	17.12	42.86	100.00
全场	成功	14.91	6.33	6	29
	失误	13.36	4.50	8	20
	成功率（%）	51.79	9.19	35.29	70.37

由于比赛中由攻转守发生的次数比较少，每一次的由攻转守行为对成功率的影响都很大，因此表 6-15中各场区的成功率及图 6-5 中的成功率曲线比较仅供参考。

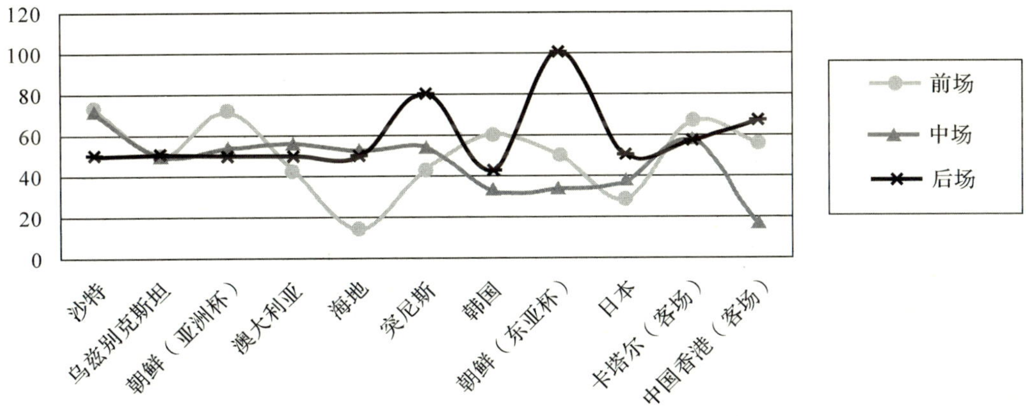

图 6-5　中国队比赛前场、中场和后场由攻转守成功率比较

表 6-16 中国队比赛由攻转守数据统计

对手	前场			中场			后场			全场		
	成功	失误	成功率(%)	成功	失误	成功率(%)	成功	失误	成功率(%)	成功	失误	成功率(%)
沙特	8	3	72.73	10	4	71.43	1	1	50.00	19	8	70.37
乌兹别克斯坦	4	4	50.00	12	12	50.00	3	3	50.00	19	19	50.00
朝鲜	5	2	71.43	8	7	53.33	3	3	50.00	16	12	57.14
澳大利亚	3	4	42.86	10	8	55.56	2	2	50.00	15	14	51.72
海地	1	6	14.29	11	10	52.38	4	4	50.00	16	20	44.44
突尼斯	3	4	42.86	7	6	53.85	4	1	80.00	14	11	56.00
韩国	3	2	60.00	2	4	33.33	3	4	42.86	8	10	44.44
朝鲜	4	4	50.00	2	4	33.33	3	0	100.00	9	8	52.94
日本	2	5	28.57	3	5	37.50	1	1	50.00	6	11	35.29
不丹(客场)	14	0	100.00	9	0	100.00	1	1	50.00	24	1	96.00
中国香港(主场)	16	4	80.00	4	1	80.00	1	1	50.00	21	6	77.78
马尔代夫(客场)	9	6	60.00	5	2	71.43	1	0	100.00	15	8	65.22
卡塔尔(客场)	6	3	66.67	15	11	57.69	8	6	57.14	29	20	59.18
不丹(主场)	13	5	72.22	7	0	100.00	2	0	100.00	22	5	81.48
中国香港(客场)	10	8	55.56	1	5	16.67	2	1	66.67	13	14	48.15

第五节　中国队与对手主要技术实力指标比较

一、主要技术实力指标与雷达图

为了能够直观地比较比赛双方的技术实力，选取进球、失球、射门、被射门、角球、前场任意球、进攻成功、进攻失误、防守成功、防守失误、由攻转守成功和由守转攻等12项指标，采用雷达图的方式进行分析。

其中，进球、射门、角球、前场任意球、进攻成功、防守成功、由攻转守成功和由守转攻成功为高优指标，即数值越大，表明技术实力越强，从雷达图中表现为所围成的面积越大越好。

失球、被射门、进攻失误和防守失误为低优指标，即数值越大，表明技术实力越弱，从雷达图中表现为所围成的面积越小越好。

二、中国队与对手的比较与分析

（一）中国队与沙特队比赛的比较与分析

中国队与沙特队主要技术实力指标比较如图6-6所示：中国队在射门与被射门、定位球进攻（前场任意球和角球）和防守成功方面要好于对手，但是攻守转换、进攻成功与失误、防守失误等指标要不如沙特队。从雷达图形上看，中国队略占优势，但沙特队有一定特点。

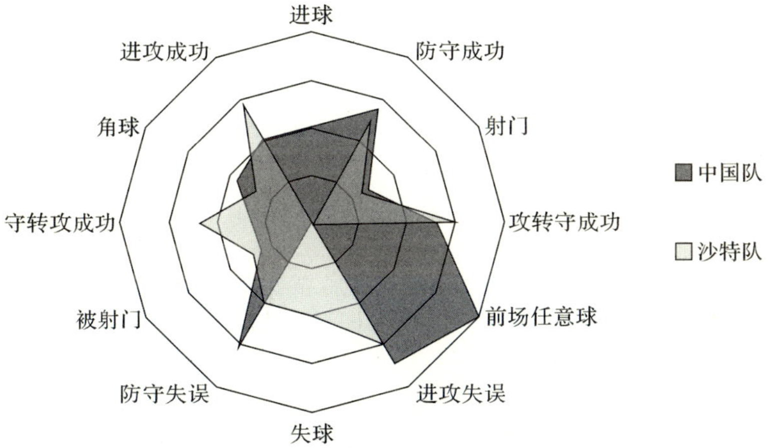

图6-6　中国队与沙特队主要技术实力指标比较

（二）中国队与乌兹别克斯坦队比赛的比较与分析

中国队与乌兹别克斯坦队主要技术实力指标比较如图6-7所示：中国队在射门与被射门、定位球进攻（前场任意球和角球）、防守失误方面要好于对手，进攻成功与失误、攻守转换方面等指标与乌兹别克斯坦队差不多，只是在防守成功上乌兹别克斯坦队要好于中国队。从雷达图形上看，中国队本场比赛占有一定的优势。

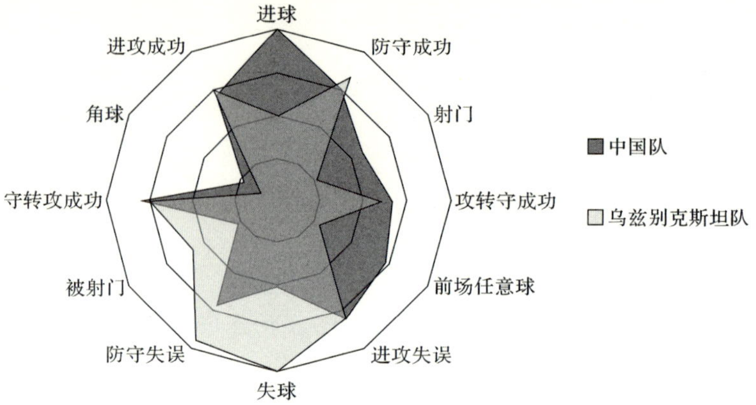

图 6-7　中国队与乌兹别克斯坦队主要技术实力指标比较

(三)中国队与朝鲜队(亚洲杯)比赛的比较与分析

中国队与朝鲜队主要技术实力指标比较如图 6-8 所示:在本场比赛中,中国队的进攻成功、由攻转守和防守失误三项指标好于朝鲜队,定位球进攻(角球和前场任意球)和进攻失误双方差不多,防守成功、射门与被射门和由守转攻方面不如对手。从雷达图形上看,比赛双方各有特点,技术实力相差不多。

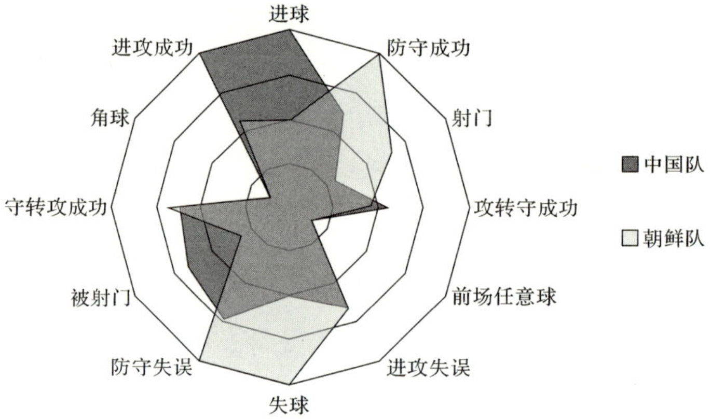

图 6-8　中国队与朝鲜队(亚洲杯)队主要技术实力指标比较

(四)中国队与澳大利亚队比赛的比较与分析

中国队与澳大利亚队主要技术实力指标比较如图 6-9 所示:中国队只有在防守成功一项指标上好于对手,其他各项指标都不如澳大利亚队,尤其是角球、进攻成功、射门、由攻转守等方面明显不如澳大利亚队。从雷达图形上看,中国队与澳大利亚队在技术实力上存在着较大的差距。

(五)中国队与海地队比赛的比较与分析

中国队与海地队主要技术实力指标比较如图 6-10 所示:中国队在射门与被射门、定位球(角球和前场任意球)、进攻成功与失误和防守失误等都要好于对手,海地队防守成功和由攻转守要好于中国队。从雷达图形上看,双方比赛技术实力相差不大,中国队略有优势。

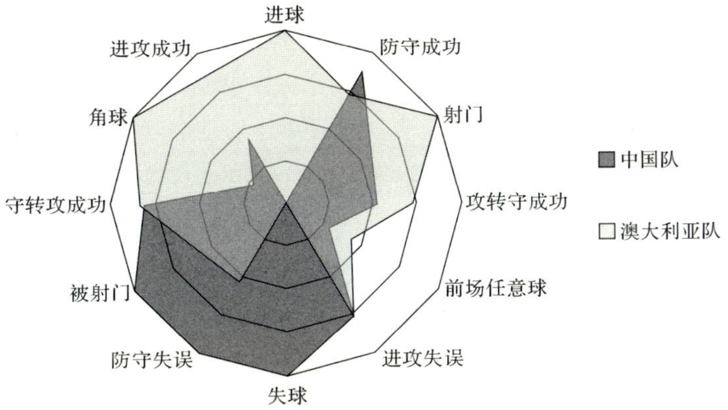

图 6-9　中国队与澳大利亚队主要技术实力指标比较

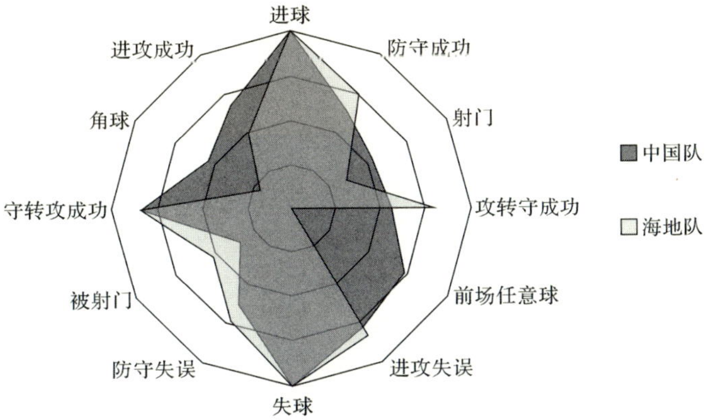

图 6-10　中国队与海地队主要技术实力指标比较

（六）中国队与突尼斯队比赛的比较与分析

中国队与突尼斯队主要技术实力指标比较如图 6-11 所示：中国队在射门与被射门、前场任意球、进攻成功和防守失误四项指标要好于对手，但是防守成功、由攻转守和角球不如突尼斯队，双方的由守转攻相差不大。从雷达图形上看，双方比赛整体技术实力相差不大。

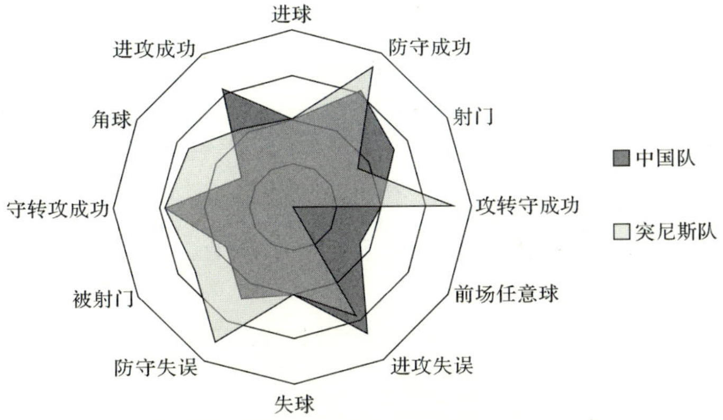

图 6-11　中国队与突尼斯队主要技术实力指标比较

(七)中国队与韩国队比赛的比较与分析

中国队与韩国队主要技术实力指标比较如图 6-12 所示:在本场比赛中,中国队只有防守成功一项指标好于对手,由守转攻与对方相差不大,其他各项指标均不如对手,尤其是进攻成功与失误、防守失误、角球和由攻转守等方面。从雷达图形上看,中国队技术实力发挥明显不如韩国队。

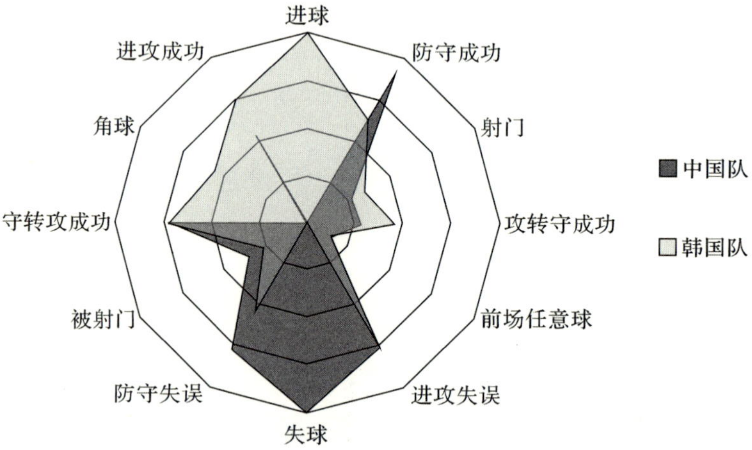

图 6-12　中国队与韩国队主要技术实力指标比较

(八)中国队与朝鲜队(东亚杯)比赛的比较与分析

中国队与朝鲜队(东亚杯)主要技术实力指标比较如图 6-13 所示:中国队的进攻成功与由守转攻两项指标和朝鲜队较为接近,而防守成功、射门与被射门、定位球(角球和前场任意球)和进攻失误等方面不如对手。尽管中国队本场比赛 2∶0 战胜了对手,但从雷达图形上看,中国队的技术实力并不占有优势,这与图 4-15(进攻态势变化)和图 4-22(防守态势变化)的分析相符合。

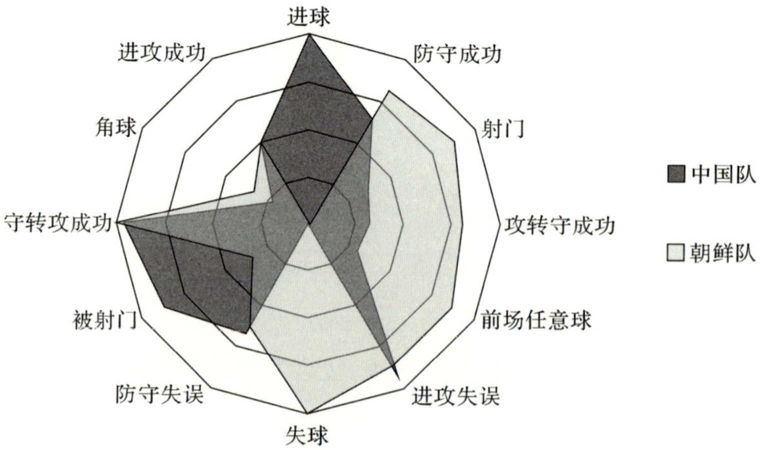

图 6-13　中国队与朝鲜队(东亚杯)主要技术实力指标比较

（九）中国队与日本队比赛的比较与分析

中国队与日本队主要技术实力指标比较如图 6-14 所示：中国队只有防守成功和进攻失误两项指标好于对手，射门与被射门、进攻成功、定位球进攻和攻守转换等方面都不如日本队。本场比赛虽然为 1∶1 打平，但从雷达图形上看，中国队的技术实力发挥要弱于对手。

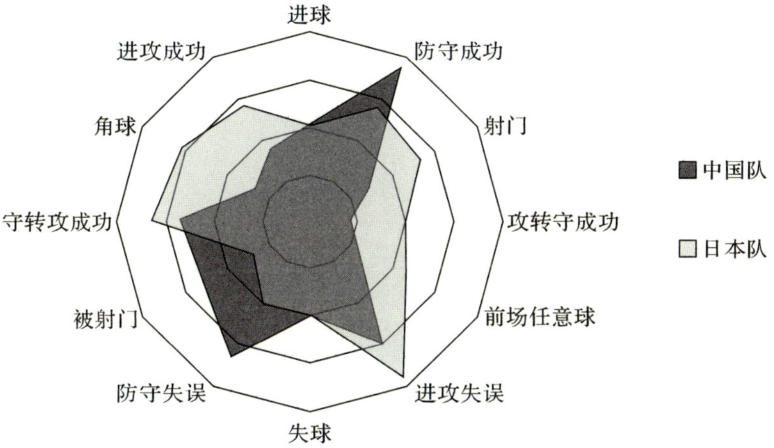

图 6-14　中国队与日本队主要技术实力指标比较

（十）中国队与卡塔尔队比赛的比较与分析

中国队与卡塔尔队主要技术实力指标比较如图 6-15 所示：中国队的由攻转守要明显好于对方，而卡塔尔队的射门与被射门、进攻失误和防守失误要好于中国队，其他各项指标较为接近。本场比赛中国队 0∶1 负于卡塔尔队，但从雷达图形上看，比赛双方技术实力发挥相当。

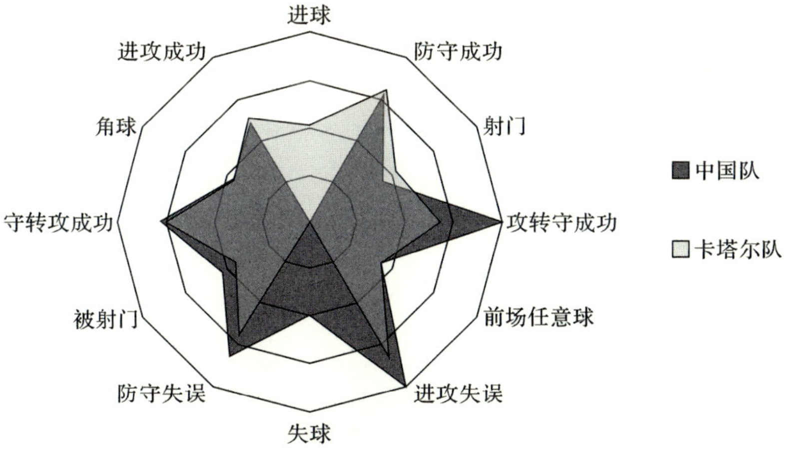

图 6-15　中国队与卡塔尔队主要技术实力指标比较

(十一)中国队(客场)与中国香港队队比赛的比较与分析

中国队与中国香港队主要技术实力指标比较如图 6-16 所示:中国队的进攻成功、射门与被射门、由攻转守、定位球(角球和任意球)和防守失误等指标要明显好于对方,而中国香港队仅仅在防守成功一项指标中明显好于中国队。本场比赛中国队与中国香港队打成 0:0 平局,但从雷达图形上看,中国队还是占据了较大的技术实力优势。

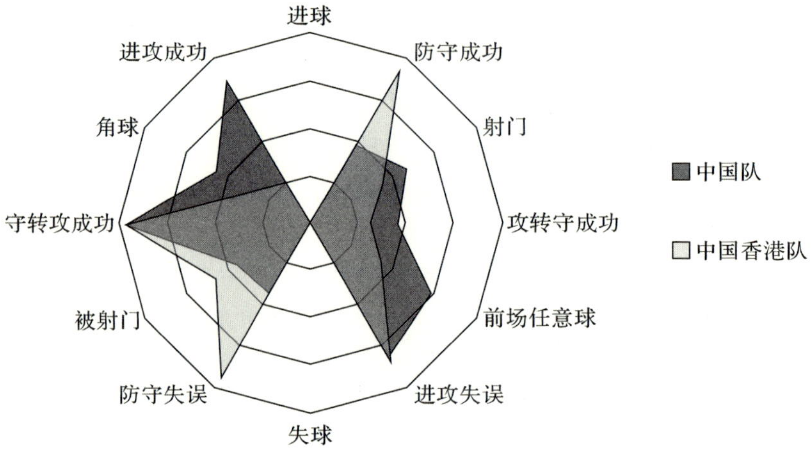

图 6-16 中国队(客场)与中国香港队主要技术实力指标比较

参考文献

[1] 罗德曼·斯蒂芬亚.亚足联A级教练员培训教程[R].北京:中国足球协会,2014.
[2] 何志林等.现代足球[M].北京:人民体育出版社,2000.
[3] 中华人民共和国国家体育运动委员会编.足球[M].北京:人民体育出版社,1997.
[4] 李宝耕,方纫秋等.足球词典[M].上海:上海辞书出版社,1995.
[5] 王崇喜.球类运动——足球[M].北京:高等教育出版社,2005.
[6] 邓达之.足球训练[M].北京:人民体育出版社,1999.
[7] 中国足球协会.足球竞赛规则(2009/2010)[M].北京:人民体育出版社,2009.

图书在版编目(CIP)数据

中国男足技术实力研究报告：绿皮书．2015 / 张辉，成守彬著．—杭州：浙江大学出版社，2016.8
ISBN 978-7-308-16097-1

Ⅰ．①中… Ⅱ．①张… ②成… Ⅲ．①足球运动—实力(体育)—研究报告—中国—2015 Ⅳ．①G843.92

中国版本图书馆 CIP 数据核字(2016)第 179398 号

中国男足技术实力研究报告(绿皮书 2015)

张　辉　成守彬　著

责任编辑	陈佩钰(yukin_chen@zju.edu.cn)
责任校对	杨利军　王荣鑫
封面设计	项梦怡
出版发行	浙江大学出版社 (杭州市天目山路 148 号　邮政编码 310007) (网址：http://www.zjupress.com)
排　　版	杭州中大图文设计有限公司
印　　刷	杭州日报报业集团盛元印务有限公司
开　　本	787mm×1092mm　1/16
印　　张	15.25
字　　数	370 千
版 印 次	2016 年 8 月第 1 版　2016 年 8 月第 1 次印刷
书　　号	ISBN 978-7-308-16097-1
定　　价	48.00 元

浙江大学出版社发行中心联系方式：0571—88925591；http://zjdxcbs.tmall.com